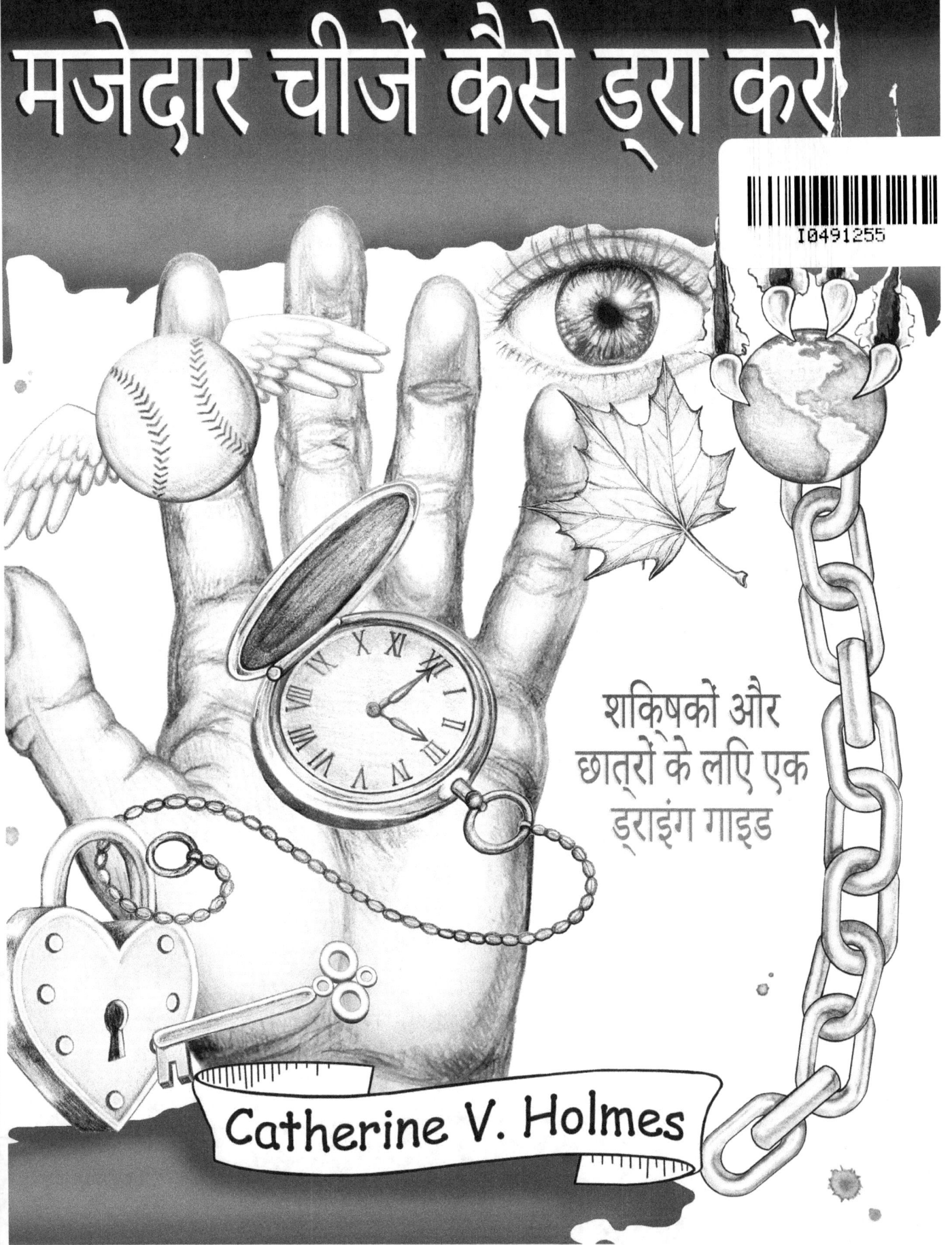

मजेदार चीजें कैसे ड्रा करें

शिक्षकों और छात्रों के लिए एक ड्राइंग गाइड

Catherine V. Holmes

द्वारा प्रकाशति:
Library Tales Publishing, Inc.
www.LibraryTalesPublishing.com
www.Facebook.com/LibraryTalesPublishing

हमारे अन्य उत्पादों और सेवाओं के बारे में सामान्य जानकारी के लिए, कृपया हमारे ग्राहक सेवा वभिाग से 1-800-754-5016 पर संपर्क करें, या 917-463-0892 पर फैक्स करें। तकनीकी सहायता के लिए, कृपया www.LibraryTalesPublishing.com पर जाएं

लाइब्रेरी टेल्स पब्लशिगि भी अपनी पुस्तकों को वभिनि्न प्रकार के इलेक्ट्रॉनकि स्वरूपों में प्रकाशति करता है। प्रटिं में दखिाई देने वाली प्रत्येक सामग्री इलेक्ट्रॉनकि पुस्तकों में उपलब्ध हैं।. लाइब्रेरी ऑफ कांग्रेस कंट्रोल नंबर: 2017944834

978-1956769616

अमेरकिा के संयुक्त राज्य अमेरकिा में छपी

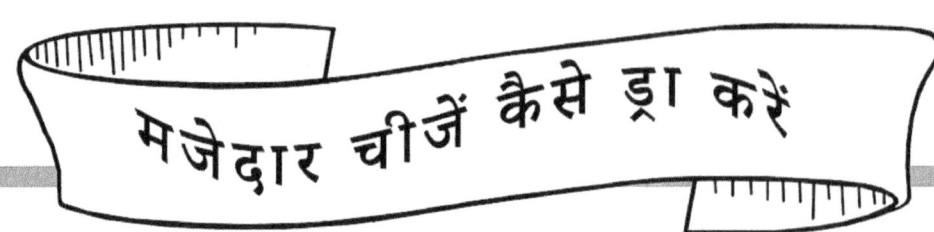

मजेदार चीजें कैसे ड्रा करें

यह वह जगह है जहां आपको भव्य और मनोरंजक कला बनाने के लिए जो कुछ भी चाहिए वह सब कुछ मिल सकता है!

अंदर आपको 100 से ज्यादा कैसे-करें, स्टेप-बाय-स्टेप चित्र मिलेंगे जो फॉलो करने में सरल और करने में मज़ेदार हैं।

कलाकारों के लिए: डिज़ाइन के एलिमेंट्स (तत्वों), मानव चेहरे के हिस्सों, पर्सपेक्टिव (नजरिया), छुट्टियों, जानवरों, प्राणियों, और ज्यादा को कवर करने वाले अध्यायों के साथ व्यवस्थित, "मजेदार चीजें कैसे ड्रा करें" सैकड़ों चित्र प्रस्तुत करती है जो उन इमेजेस को प्रदर्शित करती है जिन्हें आप सरल शेप के संयोजन से बना सकते हैं। कुछ सरल चरणों में, कलाकार किसी वस्तु के भीतर निहित मूलभूत शेप्स की पहचान करना सीखेंगे और उन्हें कला के जटिल कार्यों में बदल देंगे। आप इन व्यावहारिक गतिविधियों का उपयोग करके अपनी क्षमताओं का सम्मान कर सकते हैं और मूल, आकर्षक चित्र बना सकते हैं।

शिक्षकों के लिए: यदि आपके पास सीमित बजट है, सीमित समय है, सीमित संसाधन हैं, या ऐसे छात्र हैं जो चित्र बनाना पसंद करते हैं - यह किताब आपके लिए है! विभिन्न कौशल स्तरों के विद्यार्थियों को कला सिखाने के लिए उपयोग किए जा सकने वाले कई पोर्टेबल पाठ अंदर पाए जा सकते हैं। प्रत्येक पाठ में सरल निर्देश होते हैं जो पूरी प्रक्रिया को ग्राफिक्स की एक श्रृंखला और बहुत कम पाठ के माध्यम से दिखाते हैं। प्रत्येक कला प्रोजेक्ट में एक चार्ट भी शामिल होता है जिसमें आपके छात्रों द्वारा सीखे जाने वाले मूलभूत विचारों और क्षमताओं के साथ-साथ उनके अंतिम आकलन के लिए गतिविधियाँ भी शामिल होती हैं। सबसे अच्छी बात यह है कि युवा इन चीजों का स्केच बनाना चाहते हैं।

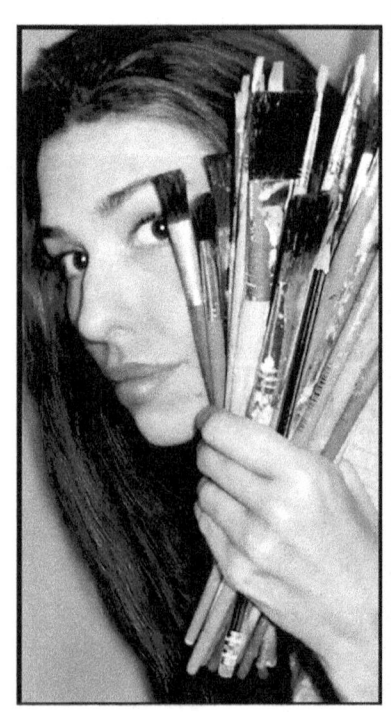

कमाल की चीजें बनाना शुरू करने के लिए आपको केवल एक पेंसिल और कागज की जरूरत है!

वषियसूची

अध्याय 1
मूल बातें

अध्याय दो
मानव चेहरा

अध्याय 3
पर्सपेक्टवि (नजरयिा)

अध्याय 4
छुट्टयिाँ और मौसम

अध्याय 5
जानवर और क्रीचरस

अध्याय 6
मजेदार चीजें

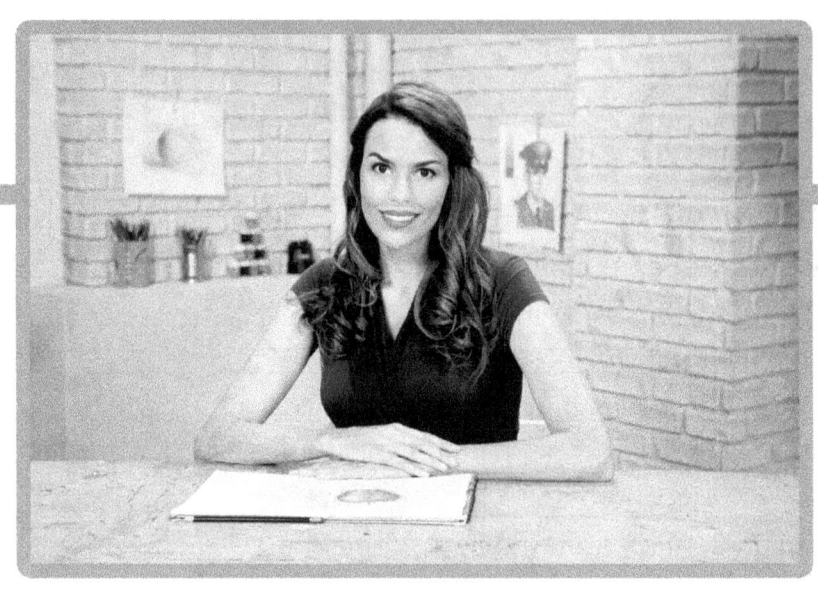

लेखक के बारे में

कैथरीन वी. होम्स एक माँ, शिक्षक, कलाकार, युवा अधिवक्ता और "मजेदार चीजें कैसे ड्रा करें" की लेखिका/चित्रकार हैं।

होम्स को औपचारिक रूप से बोस्टन यूनिवर्सिटी स्कूल फॉर द आर्ट्स में प्रशिक्षित किया गया था और वर्तमान में वह स्वतंत्र रूप से बनाने के लिए इस्तेमाल की जाने वाली विभिन्न तकनीकों को सीख रही है और उनके बारे में जान रही है। जब तक वह कुछ कर रही होती है, तब तक वह जो कुछ भी बनाती है उसके बारे में बहुत अधिक परवाह नहीं करती है। होम्स ने हाल ही में अपने जुड़वा बच्चों के लिए विस्तृत ड्रैमैटिक प्ले स्टेशन और सेंसरी बिन डिजाइन करने पर ध्यान केंद्रित किया।

होम्स का मानना है ये कि हर कोई कला का हकदार है। हालांकि हर किसी में आविष्कार करने की इच्छा होती है और कला की सराहना करने के लिए कला का निर्माण नहीं करना पड़ता है। कला हमारे चारों ओर है और इसका आनंद लिया जा सकता है चाहे हम इसे बनाते हैं, इसे गाते हैं, इसे लिखते हैं, इसके बारे में पढ़ते हैं या बस इसे देखते हैं। कला एक ऐसा तत्व है जो हमें सबसे अधिक मानव बनाता है।

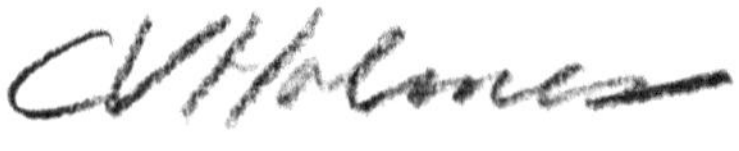

परिचय

यह पुस्तक जरूरत के वजह से बनी है। मैंने कला पुस्तकों, पुस्तकालयों, और किताबों की दुकानों के "कैसे ड्रॉ करें" सेक्शन्स को देखा, और जब मैं कुछ उपयोगी सामग्री लेकर आई, तो उनमें से कोई भी ड्राइंग बुक मेरी सभी आवश्यकताओं को पूरा नहीं कर पा रही थी। कुछ अवधारणाएँ मेरे बडे, अधिक रचनात्मक बच्चों के लिए अत्यधिक सरल और अक्सर अपमानजनक थीं। अन्य सामग्री बिना किसी स्पष्ट निर्देश के अति सुंदर कलाकृति का प्रदर्शन प्रतीत हो रही थी।

मुझे एक ऐसे संसाधन की जरूरत है जो पोर्टेबल हो और जिसका उपयोग मिडिल स्कूल से हाई स्कूल और उसके बाद के बच्चों के सभी स्तरों को शिक्षित करने के लिए किया जा सके क्योंकि मैं सीमित बजट और तैयारी के समय के साथ एक "ट्रेवलिंग" आर्ट टीचर हूं। मैं इस किताब को उन शिक्षकों और कलाकारों के साथ शेयर करना चाहती हूं जो समान परिस्थितियों में हैं क्योंकि यह उस जरूरत को पूरा करने के लिए लिए ही लिखी गई है। इन परियोजनाओं की मदद से, आप आकर्षक और शैक्षिक पाठ दे सकते हैं जिनके अलग-अलग लक्ष्य हैं और बहुआयामी या महंगे संसाधनों पर बहुत पैसा खर्च किए बिना उपलब्धि को प्रोत्साहित करते हैं। कुछ मामलों में आपको रूलर या फाइन पेन की भी जरूरत हो सकती है। सफलता के लिए महंगे कागज, फैंसी आर्ट पेंसिल, या गूंथे हुए इरेज़र के उपयोग की जरूरत नहीं होती है। प्रत्येक पेज की छात्रों द्वारा समीक्षा की गई है और स्वीकृति दी गई है।

कताब के ववरण:

अंदर आपको वशिष अभ्यास मलिंगे जो अलग-अलग वषियों को ड्रॉ करने के लिए स्टेप-बाय-स्टेप गाइडलाइन्स प्रदान करते हैं। प्रत्येक पाठ एक ड्रॉ करने में सरल शेप से शुरू होता है जो ड्राइंग की मूल स्ट्रक्चर बन जाएगा। वहां से, प्रत्येक स्टेप उस स्ट्रक्चर में एलमिंट्स (तत्व) जोड़ता है, जसिसे कलाकार अपनी रचना पर नरि्माण कर सकता है और ज्यादा डटिल्ड इमेज बना सकता है।

प्रत्येक कला प्रोजेक्ट जानकारी सहति एक चार्ट के साथ आती है जसि कलाकार जानें (तथ्यों, बेसकि कौशल), समझें (बडे़ वचिार, अवधारणाएं, आवश्यक प्रश्न), और फरि पाठ के अंत तक करें (अंतमि मूल्यांकन, प्रदर्शन, उद्देश्यों का मापन)।

यह अतरिक्ति जानकारी इन पेजेस को 'कला के लिए कला' की तुलना में ज्यादा शक्तदिेती है - यह नहीं कआिपको इसकी जरूरत है - क्योंकिकला अपने आप में काफी महत्वपूर्ण है! सुंदर और दलिचस्प कलाकृतबिनाने की प्रक्रयिा के माध्यम से कलाकार अभवि्यंजक आत्माओं के रूप में अपने बारे में अधकि खोज कर रहे हैं।

सबसे अच्छी बात यह है कयिह वही चीजें है जसि कलाकार बनाना चाहते हैं।

इस कताब का इस्तेमाल करने वाले शक्षिकों के लिए सूचना:

इस मैनुअल का उपयोग करते समय, शक्षिक नशि्चति हो सकते हैं कवि कक्षा के समय का इस तरह उपयोग कर रहे हैं जसिसे उनके वद्यिार्थयिों को लाभ हो। प्रत्येक पाठ स्पष्ट नरि्देश और जटलि चति्रों की एक श्रृंखला प्रदान करता है जो पूरी प्रक्रयिा को दर्शाता है। इन दृष्टांतों को ऐतहिासकि घटनाओं, आपके पाठ्यक्रम की सीखने की आवश्यकताओं से जोडा़ जा सकता है, या उन्हें कला एकीकरण पाठ बनने के लिए संशोधति कयिा जा सकता है। आप प्रत्येक प्रोजेक्ट के लिए कठोरता के स्तर का चयन करें।

ग्राफक्सि और पाठ के संयोजन के माध्यम से, परयिोजनाओं को वद्यिार्थयिों की अलग-अलग सीखने की शैलयिों का जवाब देने के लिए अनुकूलति कयिा जा सकता है।

सर्वोत्तम परणिामों के लिए, यहाँ कुछ सुझाव दिए गए हैं:

- आसानी से पुनरुत्पादन के लिए पाठ अधकितर एक तरफा शीट पर प्रदान किए जाते हैं। यदि संभव हो तो उन्हें अपने स्कूल की कॉपी मशीन की फोटो सेटिंग पर कॉपी करें। शेडडि एरयिा अपनी बेस्ट वैल्यू बनाए रखेंगे।

- बोर्ड पर प्रदान की गई "जानें, समझें, करें" शीट पोस्ट करें ताकि छात्र पाठ के उद्देश्यों को स्पष्ट फॉर्म से देख सकें।

- अपने वद्यिार्थयिों को प्रोत्साहति करें कि वे कोई भी स्टेप न छोड़ें। शक्षिकों को लग सकता है कि कई छात्र तत्काल संतुष्टि चाहते हैं और अक्सर प्रक्रयिा का पालन किए बनिा अंतमि स्टेप पर जाने की कोशशि करते हैं। कुछ कला छात्र हैं जनिके पास ड्राइंग के लिए "प्रतभिा" है या जटलि फॉर्म्स को चत्रिति करने का पूर्व अनुभव है और उन्हें स्टेप्स की जरूरत नहीं है, हालांकि, अपना सर्वश्रेष्ठ परणिाम प्राप्त करने के लिए अधकिांश को अनुक्रम का पालन करने की जरूरत है। ज्यादा सफलता के लिए, उन्हें स्टेप्स का पालन करना चाहिए! ऐसा करके, छात्र अपने दमिाग को पूरे ऑब्जेक्ट के बजाय कसिी ऑब्जेक्ट के भीतर शेप्स को देखने के लिए प्रशक्षिति कर रहे हैं। यह ड्राइंग प्रक्रयिा को सरल करेगा।

- छात्रों को हल्के से चत्रि बनाने के लिए कहें। एक बार जब उनके पास मूल फॉर्म लाइन और कुछ डटिेल हो जाते हैं, तो छात्र अपनी लाइन्स को गहरा और ज्यादा स्थायी बना सकते हैं। भारी-हाथों वाले कलाकारों के लिए हल्के से चत्रि बनाना एक नरिंतर लड़ाई हो सकती है, लेकनि एक बार लाभ देखने के बाद संघर्ष इसके लायक हो जाता है। मटिाना सरल हो जाता है और कम कागज मरोड़े या फेंके जाते हैं।

- इन ड्राइंग गाइडों के साथ प्रत्येक शक्षिार्थी की सफलता अलग-अलग होगी। पुस्तक में कार्यों से इसे अलग करने के लिए वद्यिार्थयिों को अपने काम में "एक्स्ट्रास" और अधकि सुवधिाएँ जोड़ने के लिए प्रोत्साहति करें। कला का प्रत्येक टुकड़ा इतना वशिष्टि और व्यक्तगित है।

- शक्षिार्थी अपनी सुवधिा के स्तर के अनुरूप इन सीधे चरणों का पालन करके अपने काम में किए जाने वाले प्रयास के स्तर को समायोजति कर सकते हैं। नोट: एक महान कला शक्षिक के रूप में, आपको हमेशा अपने छात्रों को उनकी सुवधिा के स्तर से परे जाने की चुनौती देनी चाहिए क्योंकि हम इसी तरह सीखते हैं!

- इस पुस्तक में वर्णति तरीके और रणनीतियाँ आपके छात्र द्वारा पूरी तरह से करने योग्य हैं। कुछ छात्र कभी-कभी नराश हो सकते हैं और हार मान लेना चाहते हैं। कभी-कभी एक छात्र असाइनमेंट शुरू करने से पहले ही हार मान लेगा। वैसा नहीं होना चाहिए! कला बनाने में शामलि प्रक्रयिा पर बच्चों को शक्षिति करें। अपने शष्यि को इस तरह की स्थतियिों में पहला कदम उठाने के लिए प्रोत्साहति करें। वे देखेंगे कि पहला स्टेप अपेक्षाकृत सरल है और अगले स्टेप का प्रयास करने के लिए प्रेरति हो सकता है, आदि ।

- अपने छात्र को ट्रेस करने की अनुमति देना एक अच्छा वचिार हो सकता है यदि उनके सभी कलात्मक प्रयास वफिल हो गए हों। हालांकि इन पृष्ठों पर चत्रि आकार में छोटे हैं ताकि ट्रेसगि को हतोत्साहति कयिा जा सके, यह बेहतर है कि अपने शष्यि को कुछ भी न करने पर ट्रेसगि की अनुमति दी जाए। यदि आवश्यक हो, असाइनमेंट में संशोधन ट्रेसगि द्वारा कयिा जा सकता है; बस छात्र को छायांकति करके अपना वशिष स्पर्श जोड़ने के लिए कहें या "एक्स्ट्रा" शामलि करें जो नमूनों में नहीं दखिाए गए हैं। बनि कोशशि कए ट्रेस करना ठीक नहीं है।

- यह कताब सब्स्टट्यिूट के लिए बहुत अच्छी है। इन शक्षिाओं की कई प्रतयिाँ बनाएँ, उन्हें एक सबफ़ोल्डर में रखें, और चंता कए बनि एक अनर्धारति दनि की छुट्टी लें।

छात्रों को जल्द ही पर्याप्त अभ्यास के साथ "कैसे करें" पुस्तक की जरूरत नहीं होगी। आपके बच्चों का दमाग बदल जाएगा, और वे आपकी मदद के बनि अधकि कठनि के नीचे छपिी सरल छव किो मानसकि रूप से वखिंडति करने में सक्षम होंगे। वे तब सुपर स्मार्ट कलाकार बनेंगे!

<u>इस कताब का इस्तेमाल करने वाले कलाकारों के लिए जानकारी:</u>

इन कार्यों का उपयोग करने से आपको अपने कौशल को सुधारने में मदद मलिगी और चीजों को अधकि जटलि वस्तुओं के भीतर नहिति बुनयिादी रूपों के संदर्भ में देखना शुरू हो जाएगा। पेशेवर आर्ट पेंसलि और कागज कई प्रकार के प्रभाव उत्पन्न कर सकते हैं, लेकनि इस पुस्तक की अवधारणाओं को सामान्य सामग्री के साथ भी सफलतापूर्वक लागू कयिा जा सकता है।

हालाँकि यह पुस्तक सहज ज्ञान युक्त है, फरि भी कुछ कठनि कार्य हो सकते हैं। इष्टतम परणिामों के लिए, नीचे सूचीबद्ध सलाह पर ध्यान दें।

- उस जानकारी को अवरुद्ध करने का प्रयास करें जसिकी आपको जरूरत नही है। जब आप इस कताब में कसिी एक कलाकृत को चत्रिति करना शुरू करते हैं, तो पहले वाले को छोड़कर सभी स्टेप्स को एक खाली कागज़ के टुकडे. के साथ कवर करें। उजागर होने वाले पहले स्टेप को ड्रा करें। उस स्टेप के समाप्त होने के बाद, अगले स्टेप को उजागर करें और उस पर कार्य करें। जनि स्टेप्स पर आप काम नहीं कर रहे हैं उन्हें अवरुद्ध करने से, कलाकृत का प्रयास करना कम चुनौतीपूर्ण हो जाता है। प्रत्येक स्टेप को एक-एक करके खोलना जारी रखें और अपनी कलाकृत को तब तक जोड़ते रहें जब तक कि यह पूरा न हो जाए। यह एक सरल युक्ति है लेकनि यह आपको एक समय में केवल एक क्रयाि पर ध्यान फोकस्ड करने के लिए प्रेरति करती है।

- धैर्य आवश्यक है। जल्दी नही करें, अपना समय लें और धैर्य का अभ्यास करें। हर बार जब आप कोई गलती करते हैं तो नराशि होकर अपने पेपर को फाडे. नहीं। अपनी कलाकृत को देखें और उन लाइनों का पता लगाएं जो काम करती हैं और जो लाइनें नहीं करती हैं। उन्हें जरूरतनुसार बदलें।

<u>यह सरल है जब आप:</u>

- हल्के से ड्रा करें। एक हल्की, स्केची फॉर्म लाइन के साथ शुरू करें और जैसे-जैसे ड्राइंग आगे बढ़ती है, ज्यादा डटिेल जोडें.। एक बार सभी लाइनें आपको सही लगने लगें, तो उन्हें गहरा और ज्यादा स्थायी बनाया जा सकता है।

- अपनी ड्राइंग को कताब की तरह बनाने की कोशशि करने में बहुत ज्यादा चतिति न हों या एक अनुमानति समिट्रिकिल ऑब्जेक्ट के दोनों साइड्स को समान बनाने की कोशशि में बहुत समय व्यतीत करें। यहाँ तक क हिमारे चेहरे भी पूरी तरह समिट्रकिल नहीं हैं। आपका अनोखा (और कभी-कभी अपूर्ण) पॉइंट ऑफ व्यू वह है जो कलाकृत को आकर्षक और सुंदर बना देगा। यद आिपका ड्रॉइंग्स "पूर्ण" नही दखिता है, तो कोई बात नही!

- चाहते हैं क आिपका आर्टवर्क और भी ज्यादा पेशेवर दखिे? अपने ऑब्जेक्ट को बडा़ बनाएं फरि फोटो सेटगिं का इस्तेमाल करके इसे कॉपयिर पर श्रकिं करें। डटिेल और लाइनें बेहतर दखिाई देती हैं और आपका कार्य ज्यादा डटिेल्ड दखिाई देता है। आजमाने के लिए एक बढ़यिा ट्रकि!

- अंत में, इस बारे में चिंता न करें कि आपके पड़ोसी की कलाकृति कैसी दिखती है। याद रखें: हर कोई ड्रॉ कर सकता है लेकिन कोई भी आपके जैसा नहीं बना सकता है। यही कला को इतना खास बनाता है। अगर हम सब बिल्कुल एक ही तरह से चित्रकारी करते हैं, तो कला उबाऊ होगी और इसका कोई मतलब नहीं होगा। जिस तरह से आपकी कलाकृति समाप्त होने के बाद दिखाई देती है उसे देखें और अपने पिछले काम से इसकी तुलना करें। आप शायद खुद से प्रभावित होंगे!

शेडिंग के लिए टिप्स:

- "मूल बातें" अध्याय कई अलग-अलग शेडिंग तकनीकों को प्रदर्शित करता है। अपनी पेंसिल के साथ भारी दबाव का इस्तेमाल करने से गहरी लाइनें बन जाएँगी क्योंकि हल्का दबाव हल्के निशान छोड़ देगा। एक से दूसरे में क्रमिक संक्रमण के साथ दोनों का संयोजन रीयलिस्टिक शेडिंग के लिए एक पॉइंट ऑफ व्यू है। अलग-अलग प्रकार के टोन बनाने के लिए अलग-अलग पेंसिल दबावों का इस्तेमाल करने का अभ्यास करें।

- अगर आप शेडिंग इफेक्ट पैदा करने के लिए अपनी कलाकृति को स्मज करना चुनते हैं तो सावधान रहें। शैडो बनाने के लिए एक उंगली से कलाकृति को स्मज करने की तकनीक कुछ हल्की लाइन्स को स्मज कर सकती है और एक सुंदर चित्र को बर्बाद कर सकती है। हालांकि, जब ठीक से किया जाता है, तो स्मजिंग किसी कलाकृति में गहराई जोड़ने का एक तेज़ और प्रभावी तरीका हो सकता है। यह एक स्वीकार्य अभ्यास हो सकता है, बस सब मटमैला करने से सावधान रहें! यदि आप बहुत अधिक रगड़ते हैं, तो वे सभी सूक्ष्म आकृतियाँ और आकर्षक रंग एक अव्यवस्थित, सपाट ग्रे टोन में विलीन हो जाएंगे। यह गहराई को ड्राइंग से दूर ले जाता है और काम कम डिटेल्ड दिखाई देता है। फिंगर रब तकनीक से शेडिंग करते समय सर्वोत्तम परिणामों के लिए, बस थोड़ा सा स्मज करें।

- आप इस किताब में कुछ ऐसे उदाहरण देखेंगे जहाँ हैचिंग और क्रॉस-हैचिंग का इस्तेमाल किया जाता है। यह एक और शेडिंग तकनीक है जो शेडिंग इफेक्ट पैदा करते समय स्मज या पेंसिल दबाव का एक अनोखा विकल्प हो सकता है। उन सभी को आजमाएं और देखें कि कौन सा आपके लिए सबसे अच्छा काम करता है।

हमें कला की जरूरत क्यों है

ड्राइंग आपको स्मार्ट बनाती है! मानें या न मानें, जब एक कलाकार इस पुस्तक में दिए गए अभ्यासों का उपयोग करता है, तो वे केवल उसकी नक़ल बिना सोचे-समझे नहीं कर रहे हैं। इन प्रोजेक्ट्स को पूरा करके, कलाकारों को उनकी रचनात्मकता और कलात्मक आत्मविश्वास को बढ़ाने के साथ-साथ दृश्य रचनाएँ बनाने की प्रक्रिया को समझने के लिए महत्वपूर्ण उपकरण देती हैं। दरअसल, छात्र दुनिया को अलग तरह से देखने के लिए अपने दिमाग को फिर से तार-तार कर रहे हैं। नतीजतन, वे खुद को अभिव्यक्त कर सकते हैं और कला और जीवन दोनों में सक्षम, साक्षर, आविष्कारशील और समझदार बनने के लिए अपने कौशल और ज्ञान का विकास कर सकते हैं। कला के महत्व को अपने विद्यार्थियों, सहकर्मियों और आम जनता के साथ साझा करें!

अध्याय 1

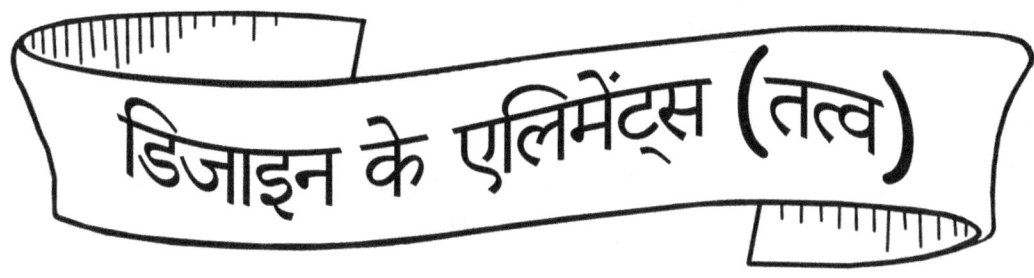

डिजाइन के एलिमेंट्स (तत्व)

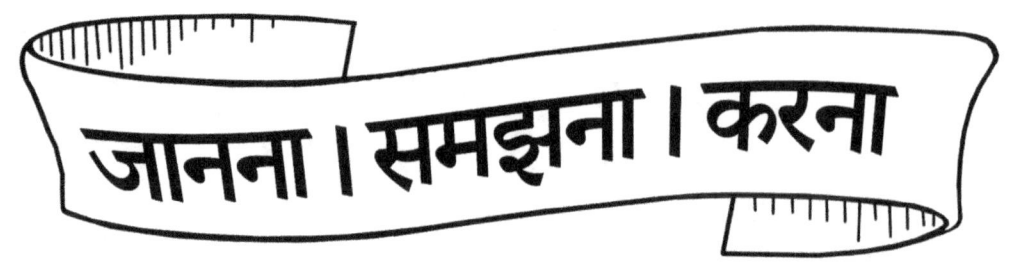

जानना । समझना । करना

डजि़ाइन के एलमिेंट्स (तत्व)

<u>जानें:</u>

डजि़ाइन के एलमिेंट्स (तत्व): रंग, वैल्यू, लाइन, शेप, फॉर्म, टेक्स्चर (बनावट) और स्पेस

<u>समझें:</u>

- कलाकृतयिों को बनाते समय कलाकार द्वारा इस्तेमाल कएि जाने वाले मूल कॉम्पोनेन्ट्स (अंश)
- उन कॉम्पोनेन्ट्स (अंश) का इस्तेमाल कैसे कयिा जाता है
- शेप (लंबाई और चौड़ाई) और फॉर्म (गहराई जोड़ें) के बीच का अंतर

<u>करें:</u>

हैंडआउट पर उदाहरणों के आगे दएि गए स्पेस में एक बढ़यिा काले पेन का इस्तेमाल करके फॉर्म और स्पेस का अभ्यास करें। आप जो देखते हैं उसे कॉपी करें या अपने खुद के डजि़ाइन बनाएं। बॉक्स नंबर 7 में जगह का इस्तेमाल करें और ऊपर के बॉक्स में अभ्यास कएि गए डजि़ाइन के कम से कम 4 एलमिेंट्स (तत्वों) का इस्तेमाल करके एक ओरजिनिल डजि़ाइन बनाएं।

<u>अतरिकि्त:</u>

डजि़ाइन के 7 एलमिेंट्स (तत्वों) में से कम से कम 6 एलमिेंट्स (तत्वों) का इस्तेमाल करके कागज के एक अलग टुकड़े पर एक ओरजिनिल कलाकृत बिनाएं। अपने डजि़ाइन से कागज को एक कनिारे से दूसरे कनिारे तक भरें।

<u>शब्दावली:</u>

डजि़ाइन के एलमिेंट्स (तत्व) - रंग, वैल्यू, लाइन, शेप, फॉर्म, टेक्स्चर (बनावट) और स्पेस। कला को बनाते समय कलाकार द्वारा इस्तेमाल कएि जाने वाले मूल कॉम्पोनेन्ट्स (अंश)। कला के एलमिेंट्स (तत्व) एक कलाकृत मिें सब्जेक्ट मैटर (वषियवस्तु) बनाने के लएि इस्तेमाल कएि जाने वाले पार्ट हैं।

डिजाइन के एलिमेंट्स (तत्व)

डिजाइन के एलिमेंट्स (तत्व): रंग, वैल्यू, लाइन, शेप, फॉर्म, टेक्स्चर (बनावट) और स्पेस

प्रदान की गई जगहों में प्रत्येक के उदाहरण बनाएं

नीचे दिए गए अभ्यासों को पूरा करने के लिए एक तेज पेंसिल या पतले काले पेन का इस्तेमाल करें (फिलहाल हम रंग छोड़ देंगे)

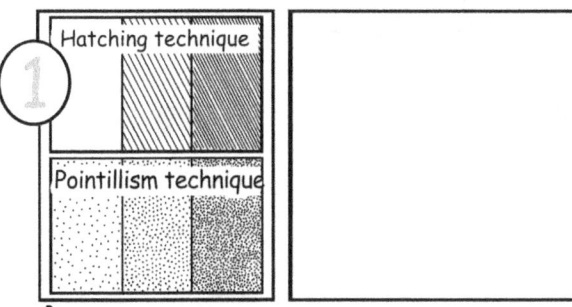

1

वैल्यू - किसी रंग का हलकापन या गहरापन।
इस बॉक्स में आप लाइन्स या डॉट्स का इस्तेमाल करके वैल्यू दिखाएंगे।

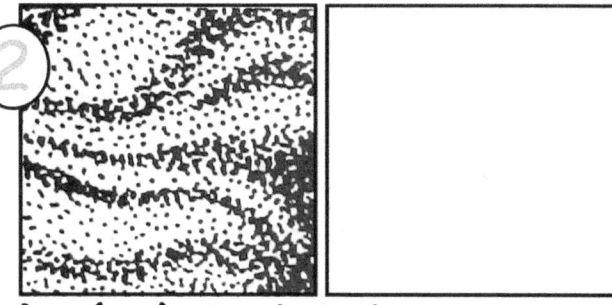

2

टेक्स्चर (बनावट) - कोई चीज कैसी दिखती है, कलाकृति में उसका एहसास देना। इस बॉक्स में आप जो देखते है उसे चित्रित करें या अपना खुद का टेक्स्चर बनाएं।

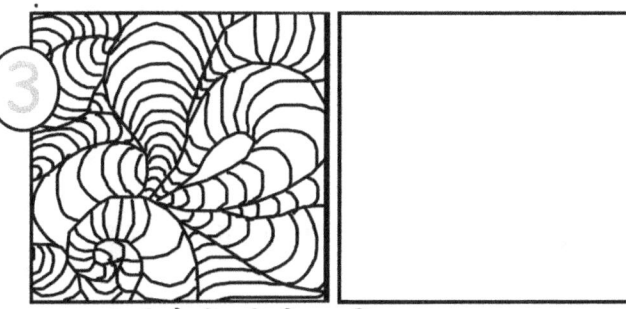

3

लाइन - लंबाई और दिशा दिखने वाला चिन्ह।
इस बॉक्स में आप जो देखते है उसे बनाए या अपनी स्वयं की लाइन कला बनाएं।

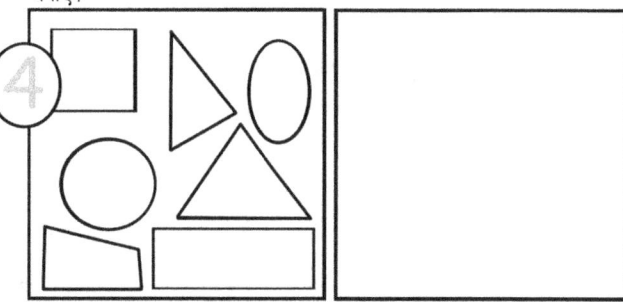

4

शेप - लंबाई और चोड़ाई दिखाने वाला एक बंद स्पेस और इस बॉक्स में, कम से कम **4** अलग-अलग शेप्स बनाएं।

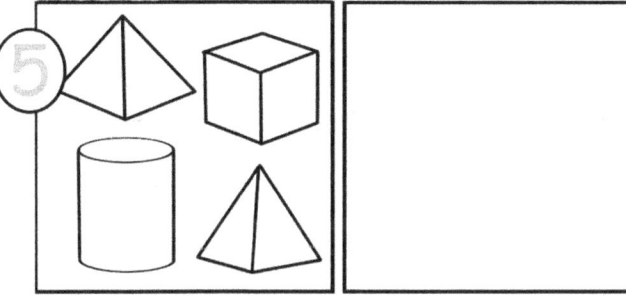

5

फॉर्म - ऊंचाई, चौड़ाई और गहराई दिखाने वाला एक बंद स्पेस, इस बॉक्स में बाई ओर दिख रहे फॉर्म को ड्रॉ करें।

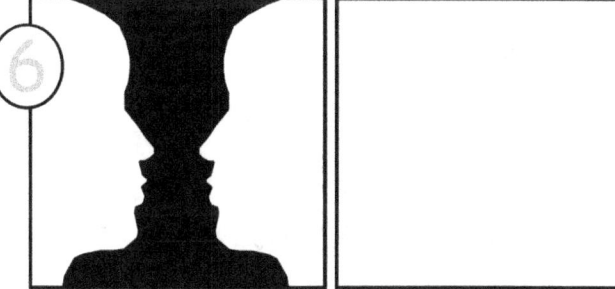

6

स्पेस- दूरी या चीजों के बीच, आसपास और भीतर का एरिया। इस बॉक्स में बाई ओर दिखाई देने वाली सकारात्मक और नकारात्मक जगह बनाएं।

7

ऊपर अभ्यास किए गए डिजाइन तत्वों में से कम से कम **4** का इस्तेमाल करके एक मूल डिजाइन बनाने के लिए **इस एरिया का इस्तेमाल करें।**

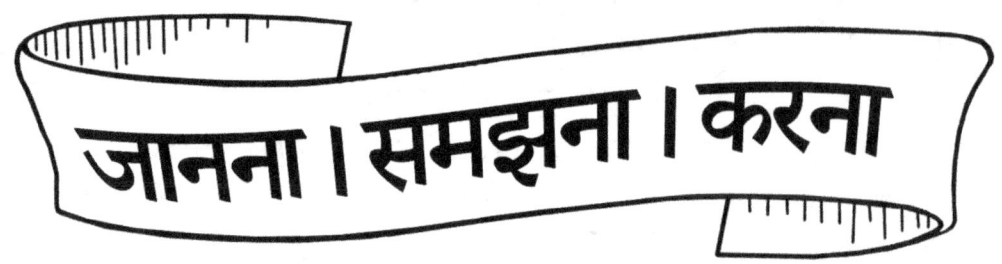

जानना । समझना । करना

शेप्स की शेडगि

जानें:

शेडगि, शैडो (छाया) और ब्लेंडगि टोंस

समझें:

- ड्रॉइंग्स द्वारा फॉर्म (3D) बनाने पर शेप (2D) में जोड़ी गई वैल्यू
- कसिी वैल्यू का हल्कापन या गहरापन कसिी ऑब्जेक्ट पर लाइट सोर्स को इंडीकेट करता है

करें:

- "शेडगि शेप्स" हैंडआउट पर 9 उदाहरणों को फरि से बनाएँ, एक वैल्यू स्केल बनाने के साथ शुरू करें
- वैल्यू स्केल के अनुसार प्रत्येक ऑब्जेक्ट को शेड दें।
- वैल्यूस को ब्लेन्ड करें

शब्दावली:

ब्लेंड - एक सतह पर लागू टोन को मर्ज करना (मलिाना) ताकि एक टोन की शुरुआत या अंत का संकेत देने वाली कोई स्पष्ट लाइन न हो

शेडगि - एक चति्र में लाइट से डार्क या डार्क से लाइट में परविर्तन दखिाना

शैडो (छाया) - वपिरीत दशिा में प्रकाशति ऑब्जेक्ट द्वारा नर्मिति एक डार्क एरयिा

शेड -एक रंग जसि गहरा या हल्का करने के लएि उसमें काले या सफेद रंग को जोड़ा जाता है

वैल्यू - कला का एक एलमिेंट (तत्व) जो कसिी रंग के हल्केपन या गहरेपन को दर्शाता है

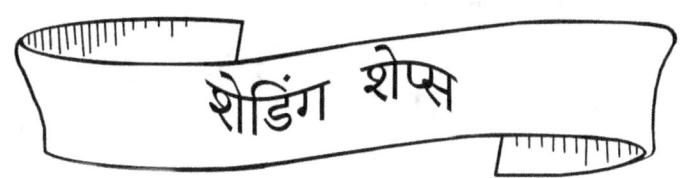

शेडिंग शेप्स

1. वैल्यू स्केल

5 स्क्वायर के साथ एक रेक्टेंगल बनाएँ

उन्हें नंबर दें: 1 2 3 4 5

स्क्वायर को शेड दें

सफेद छोड़ दें | हल्का ग्रे | मध्यम ग्रे | गहरा ग्रे | काला

1 2 3 4 5

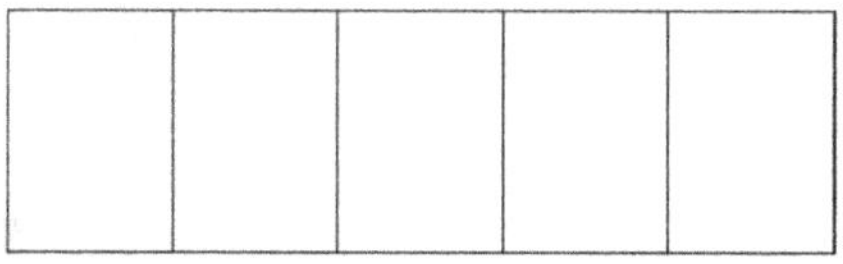

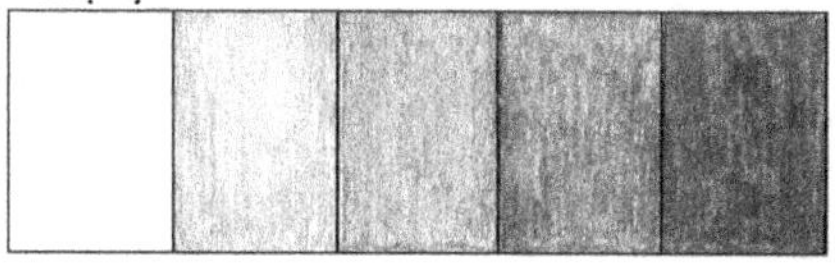

2. फ्लैट शेडिंग - क्यूब

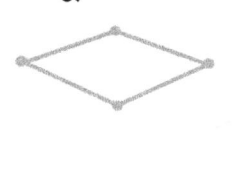

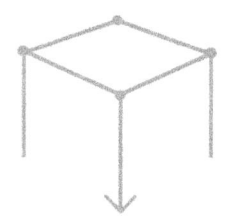

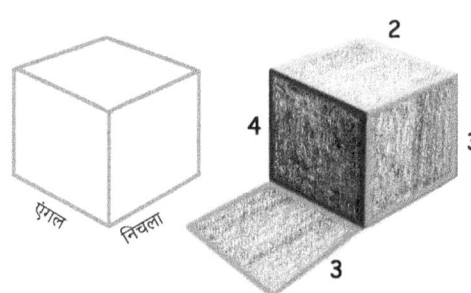

3
3

3. राउंड़ शेडिंग - स्फीयर

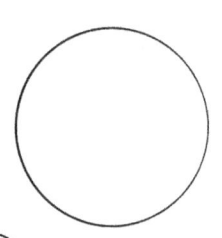

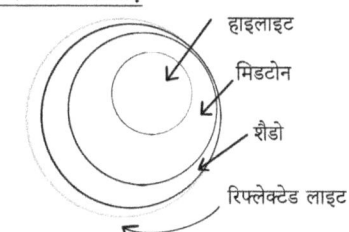

3 सर्कल और जोड़ें
हाइलाइट
मिडटोन
शैडो
रिफ्लेक्टेड लाइट
शेड दें
ब्लेंड

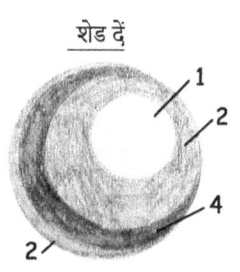

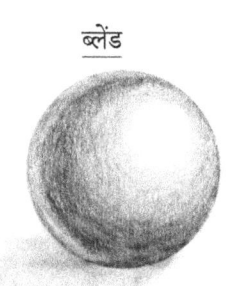

4. बैनर शेडिंग

फोल्ड्स के अंदर सबसे डार्क शेड दें

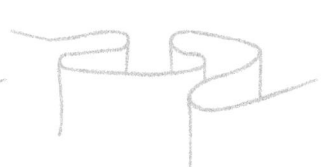

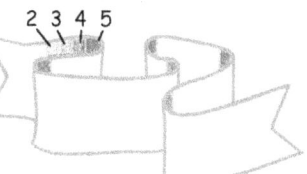

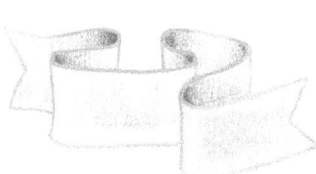

5. पिरामिड शेडिंग

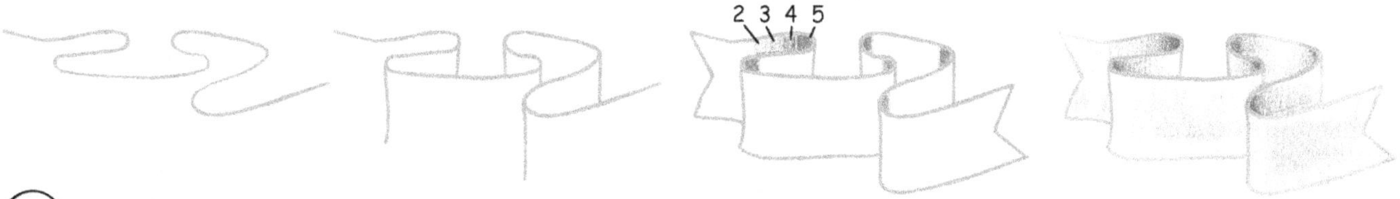

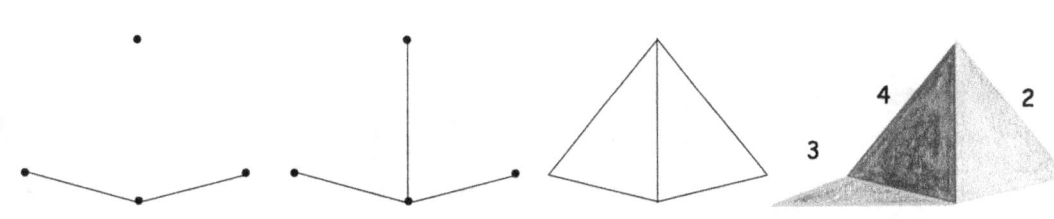

3

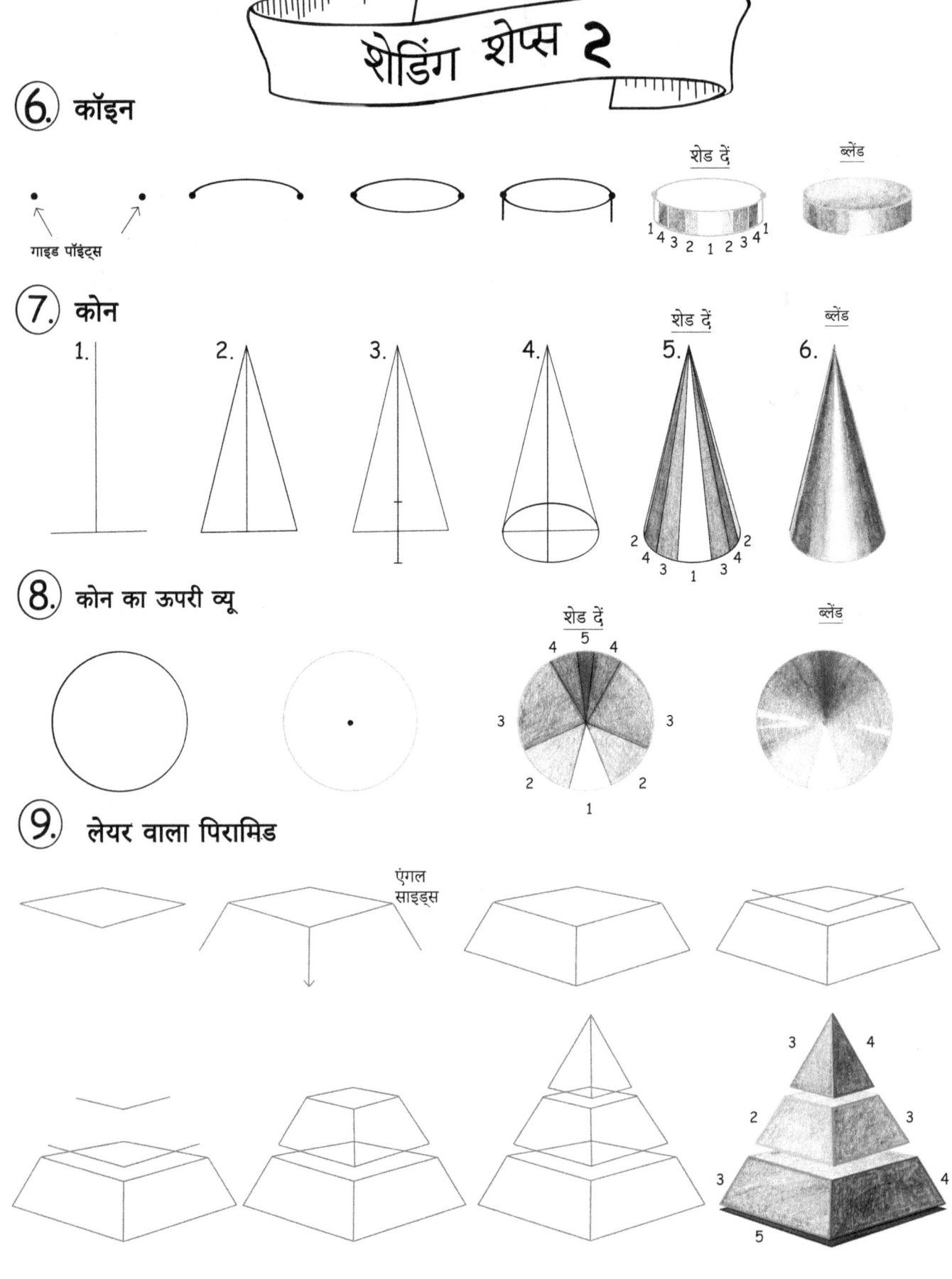

शेडिंग शेप्स २

(6.) कॉइन

गाइड पॉइंट्स

शेड दें

ब्लेंड

1 4 3 2 1 2 3 4 1

(7.) कोन

1. 2. 3. 4. शेड दें 5. ब्लेंड 6.

2 4 3 1 3 4 2

(8.) कोन का ऊपरी व्यू

शेड दें

5
4   4
3   3
2   2
1

ब्लेंड

(9.) लेयर वाला पिरामिड

एंगल साइड्स

3   4
2   3
3   4
5

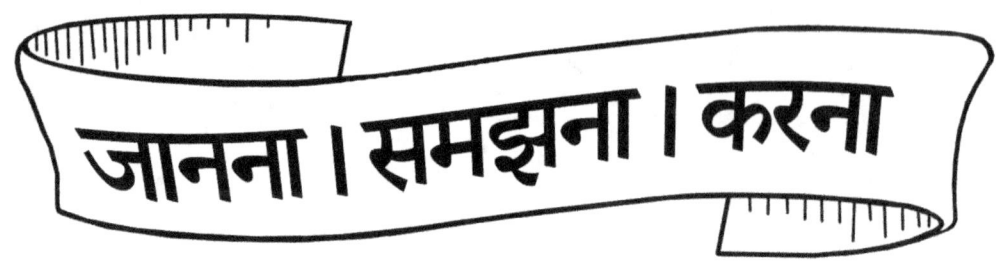

जानना। समझना। करना

ड्रॉ करने के लिए तैयार होना

जानें:

क्रॉस-हैचगि, हैचगि, टेक्स्चर (बनावट), वैल्यू स्केल

समझें:

• टेक्स्चर (बनावट) का इस्तेमाल कलाकारों द्वारा यह दखिाने के लिए कयिा जाता है कि कोई चीज़ कैसी महसूस हो सकती है या यह कसि चीज से बनी है
• ड्रॉइंग्स द्वारा फॉर्म (3D) बनाने पर शेप (2D) में जोडी़ गई वैल्यू
• कसिी वैल्यू का हल्कापन या गहरापन कसिी ऑब्जेक्ट पर लाइट सोर्स को इंडीकेट करता है

करें:

अलग-अलग प्रकार की शेडगि का अभ्यास करने के लिए, हैंडआउट पर प्रदान की गई जगह में वैल्यू स्केल, हैचगि और क्रॉस-हैचगि एक्सर्साइजसि को पूरा करें। कागज के एक अलग शीट पर, एक पेड़ (या अन्य ऑब्जेक्ट) बनाएं जसिमें हैंडआउट पर अभ्यास कएि जाने वाले शेडगि के प्रकार शामलि हों।

शब्दावली:

हैचगि - पास-पास बनाई हुई पैरेलल लाइन्स के साथ टोनल या शेडगि इफेक्ट बनाना। जब इस तरह की और लाइन्स पहले के आर-पार एक एंगल पर रखी जाती हैं, तो इसे क्रॉस-हैचगि कहा जाता है।

शेडगि - कसिी चति्र में उन जगहों को डार्क करके जो छायादार हैं और बाकि जगहों को लाइट छोड़कर लाइट से डार्क या डार्क से लाइट में परवित्र्तन दखिाना

टेक्स्चर (बनावट) - कसिी ऑब्जेक्ट की सतह की क्वालटिी या "एहसास"; इसकी चकिनाई

वैल्यू - कला का एक एलमिंट (तत्व) जो कसिी रंग के हल्केपन या गहरेपन को दर्शाता है

ड्रा करने के लिए तैयार होना

वैल्यू, हैचिंग और क्रॉस-हैचिंग के साथ बर्च पेड़ का सैम्पल

अपना खुद का बनाएं

वैल्यू स्केल

सफेद छोड़ दें
हल्का ग्रे
गहरा ग्रे
काला

कम से कम चार उदाहरण ड्रॉ करें

हैचिंग

कम से कम चार उदाहरण ड्रॉ करें

क्रॉस-हैचिंग

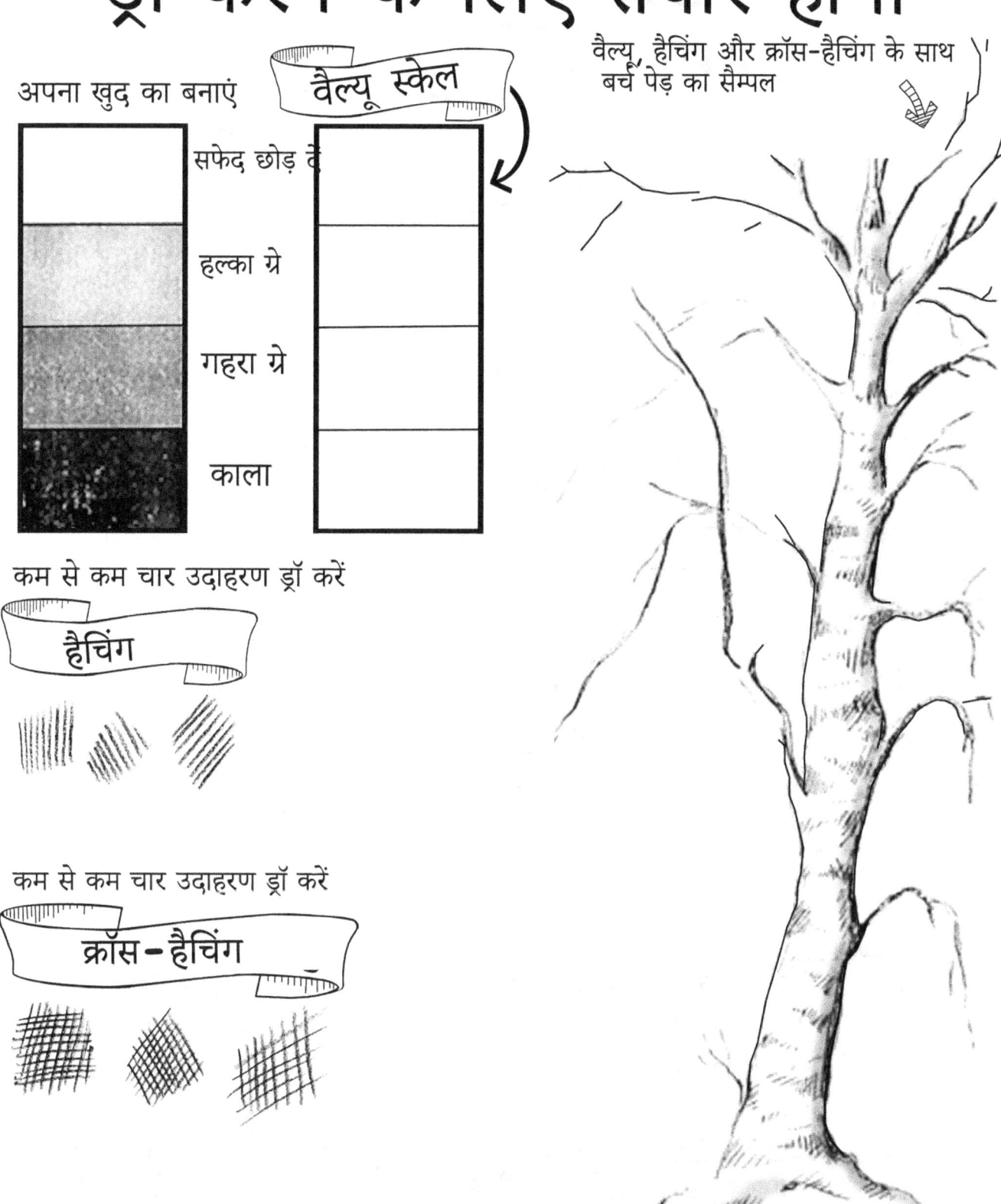

असाइनमेंट: कागज़ के एक अलग टुकड़े पर, एक पेड़ (या अन्य वस्तु) को ड्रॉ करें, जो हैचिंग, क्रॉस-हैचिंग और वैल्यू स्केल को दिखाता है।

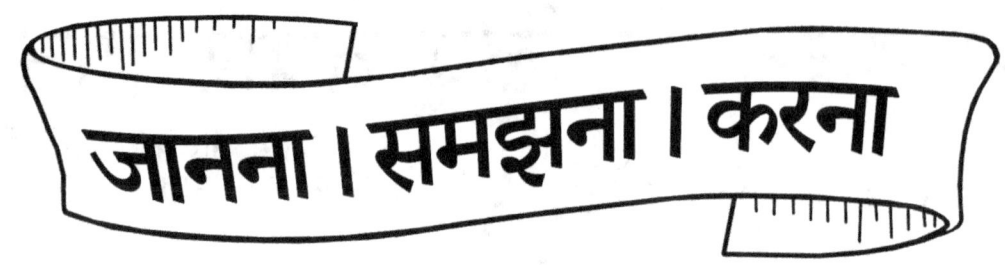

जानना । समझना । करना

लाइन क्वालिटी (कबूतर)

<u>जानें:</u>
लाइनें कम्युनिकेशन के लिए टूल्स हैं

<u>समझें:</u>
• एक कलाकृति में अलग-अलग प्रकार की लाइन गहराई और इंटरेस्ट जोड़ती हैं, स्पेस, गति, लाइट, और/या मोटाई (3D किनारा) का संकेत देती हैं
• लाइन क्वालिटी में रेंज एक कलाकृति (टेक्स्चर (बनावट), मूवमेंट, लाइट, स्पेस, आदि) में वर्णनात्मक क्षमता को बढ़ाता है।

<u>करें:</u>
डिटेल्ड लाइन आर्ट का इस्तेमाल करके लाइन क्वालिटी पर फोकस करने वाली एक ओरिजिनल इमेज बनाएं। प्रदान किए गए कबूतर की कलाकृति बनाकर एक्सपेरिमेंट करें और वर्कशीट पर हाइलाइट किए गए सभी जगहों में लाइन वेट जोड़ें। इसके बाद, इस तकनीक को अपने चुने हुए किसी आइटम पर आजमाएं, यह सुनिश्चित करते हुए कि कुछ लाइन्स आगे (मोटी) आती हैं और अन्य पीछे (पतली) होती जाती हैं।

<u>शब्दावली:</u>
लाइन क्वालिटी (वजन/वेट) - एक ड्रॉ की गई लाइन का अनोखा करैक्टर क्योंकि यह हल्कापन/गहरापन दिशा, झुकाव, या चौड़ाई बदलता है; एक कलाकृति में पतली और मोटी लाइन्स जो फॉर्म और शैडो (छाया) का इल्यूशन पैदा करती हैं

लाइन की क्वालिटी एक लाइन के उपस्थिति का वर्णन करती है - यह इसकी दिखावट है, न कि इसकी दिशा (यानी मोटी, पतली, हल्की, गहरी, ठोस, टूटी हुई, आदि)

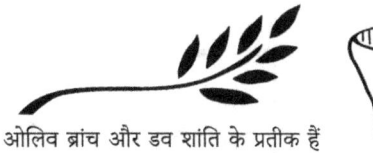

ओलिव ब्रांच और डव शांति के प्रतीक हैं

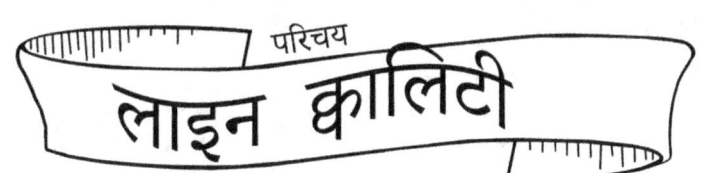

परिचय

लाइन क्वालिटी

लाइन क्वालिटी एक लाइन (मोटी, पतली, हल्की, गहरी ठोस, टूटी हुई, आदि) की दिखावट का वर्णन करती है।

1. एक छोटा सर्कल बनाइये

2. एक ओवल जोड़ें

यहाँ थोड़ा ओवरलैप है

3. चेस्ट के लिए घुमाव जोड़ें

डॉट वाले हिस्सों को मिटाएं

4. एक मुस्कान और पंखे की पूँछ को जोड़ें

मुस्कान शेप

Round fan tail

5. एक आँख और दो पैर जोड़ें

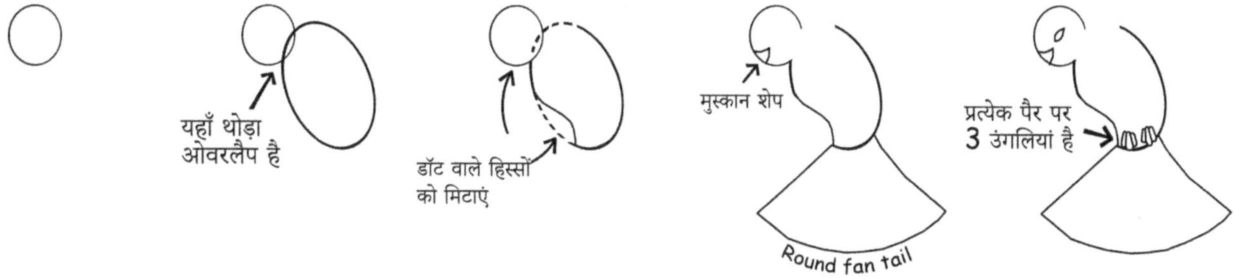

प्रत्येक पैर पर 3 उंगलियां है

6. एक लंबी, घुमावदार लाइन को जोड़ें

बम्प

डेंट

ट्राएंगल चोंच

7. एक विंग ड्रॉ करें

राउंड किया हुआ विंग शेप

8. पंख का विवरण जोड़ें

विंग गाइड लाइन को मिटा दें

छोटे, एंगल ट्राएंगल ड्रॉ करें

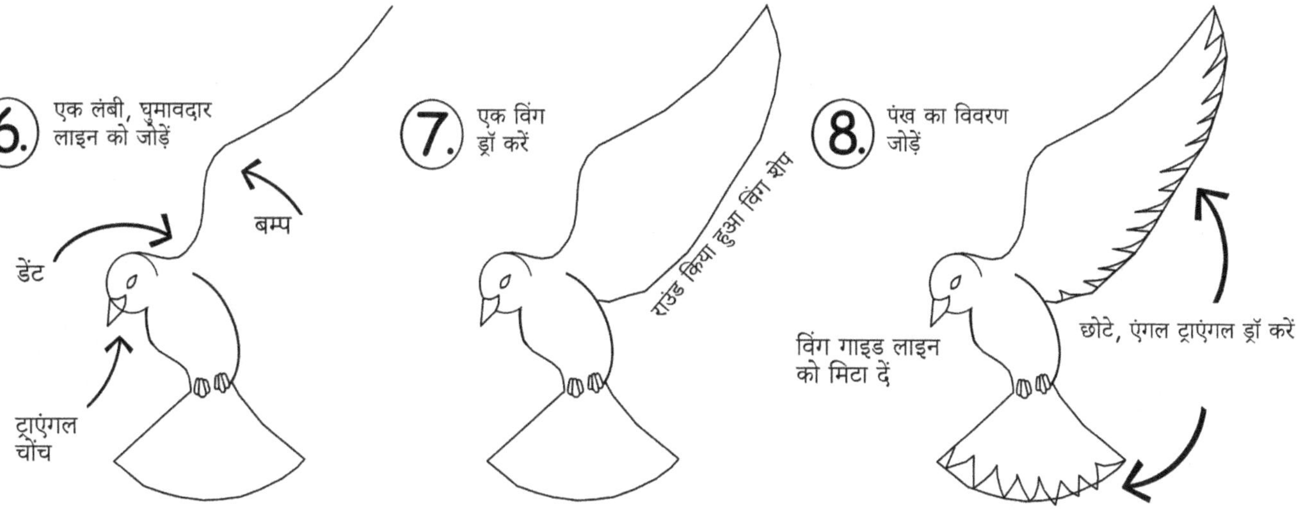

9. चेस्ट विंग और टेल पर कॉन्टूर लाइन्स को जोड़ें

10. दूसरा विंग जोड़ें

11. रुचि जोड़ने और लाइन क्वालिटी दिखाने के लिए कुछ लाइन्स को मोटा करें

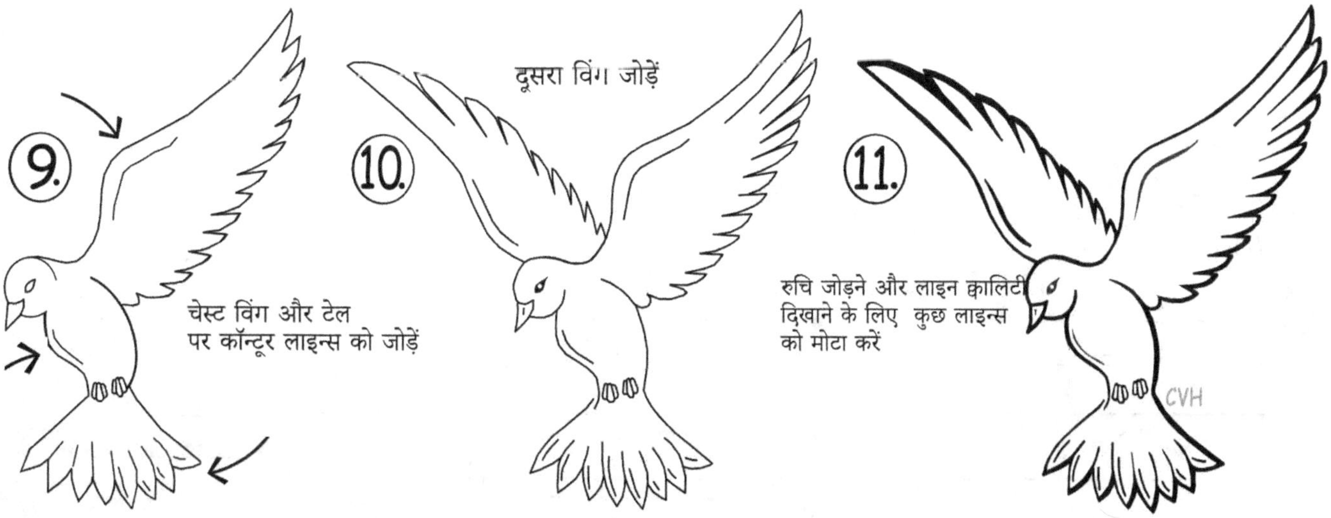

CVH

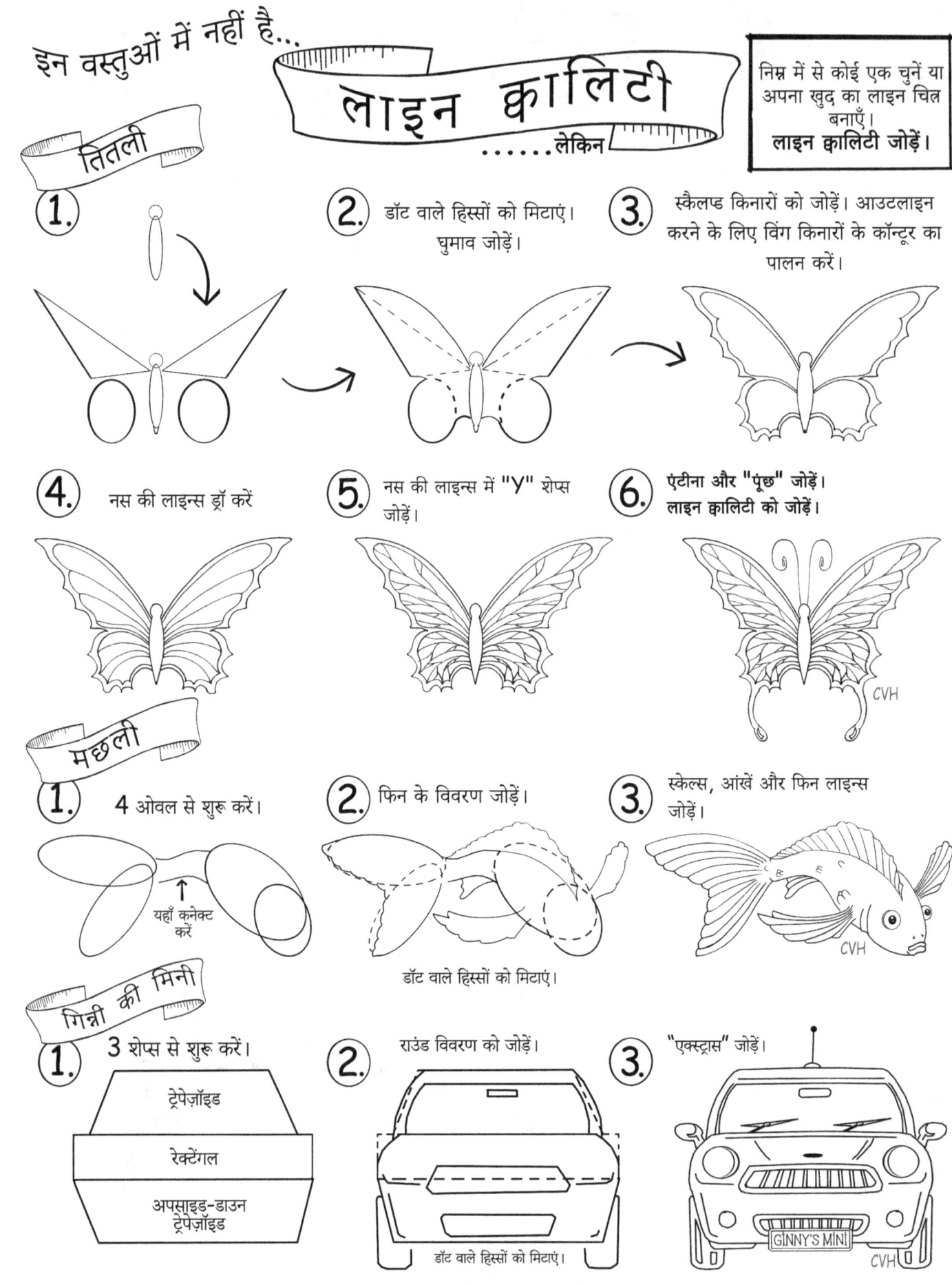

इन वस्तुओं में नहीं है...

लाइन क्वालिटी

......लेकिन

निम्न में से कोई एक चुनें या अपना खुद का लाइन चित्र बनाएँ।
लाइन क्वालिटी जोड़ें।

तितली

1.

2. डॉट वाले हिस्सों को मिटाएं। घुमाव जोड़ें।

3. स्कैलप्ड किनारों को जोड़ें। आउटलाइन करने के लिए विंग किनारों के कॉन्टूर का पालन करें।

4. नस की लाइन्स ड्रॉ करें

5. नस की लाइन्स में "Y" शेप्स जोड़ें।

6. एंटीना और "पूंछ" जोड़ें। **लाइन क्वालिटी को जोड़ें।**

मछली

1. 4 ओवल से शुरू करें।

यहाँ कनेक्ट करें

2. फिन के विवरण जोड़ें।

डॉट वाले हिस्सों को मिटाएं।

3. स्केल्स, आंखें और फिन लाइन्स जोड़ें।

CVH

गिन्नी की मिनी

1. 3 शेप्स से शुरू करें।

ट्रेपेज़ॉइड

रेक्टेंगल

अपसाइड-डाउन ट्रेपेज़ॉइड

2. राउंड विवरण को जोड़ें।

डॉट वाले हिस्सों को मिटाएं।

3. "एक्स्ट्रास" जोड़ें।

GINNY'S MINI

CVH

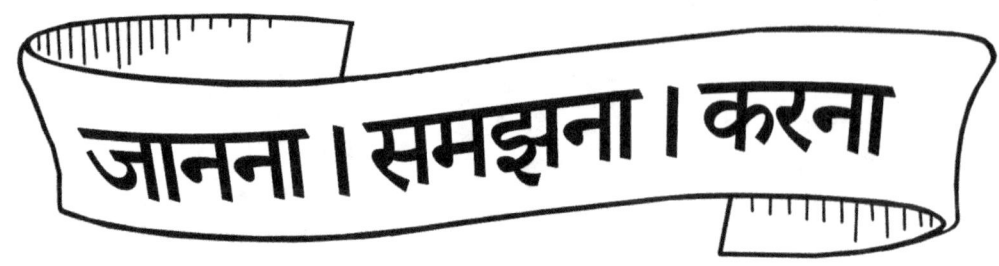

जानना । समझना । करना

फोरशॉर्टनगि

जानें:

• शेप्स को फॉर्म्स में बदलने के सरल तरीका

• 3D का इल्यूशन कैसे पैदा करें

समझें:

• फोरशॉर्टनगि एक ऑब्जेक्ट का प्रतनिधित्वि करने का एक तरीका है जसिसे कयिह गहराई का इल्यूशन प्रकट करता है (3D)

• फोरशॉर्टगि तब होती है जब कोई ऑब्जेक्ट स्पेस में आगे की ओर जाता हुआ या पीछे जाता हुआ दखिाई देती है

करें:

• हैंडआउट पर देखे गए 7 मनिी ड्रॉइंग्स (5 सामने और 2 पीछे) को फरि से बनाकर फोरशॉर्टगि करने का अभ्यास करें। ट्रेस नहीं करें। शेड दें।

• कागज़ के एक अलग टुकडे़ पर एक सीन की एक ओरजिनल ड्रॉइंग बनाएं जो फोरशॉर्टगि के कम से कम 5 उदाहरण दखिाती हो

शब्दावली:

फोरशॉर्टनगि - कसिी ऑब्जेक्ट का प्रतनिधित्वि करने का एक तरीका जसिसे कवि गहराई का इल्यूशन प्रकट करता है, ऐसा प्रतीत होता है कवि स्पेस में आगे बढ़ रहा है या पीछे जा रहा है

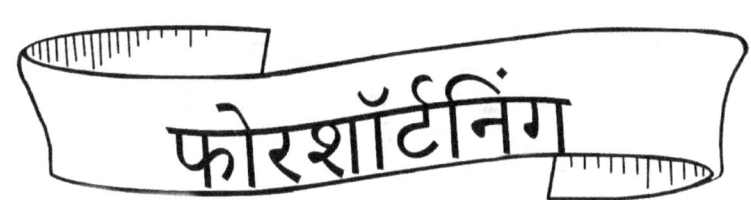

फोरशॉर्टनिंग

1. आसान केक

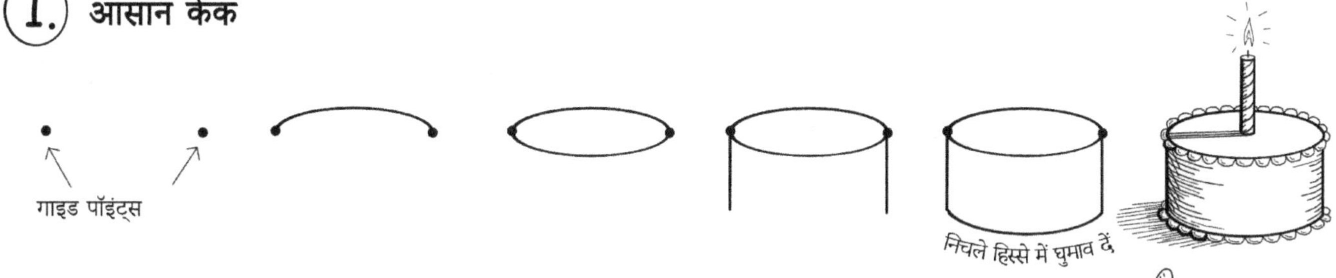

गाइड पॉइंट्स

निचले हिस्से में घुमाव दें

2. जादू की टोपी

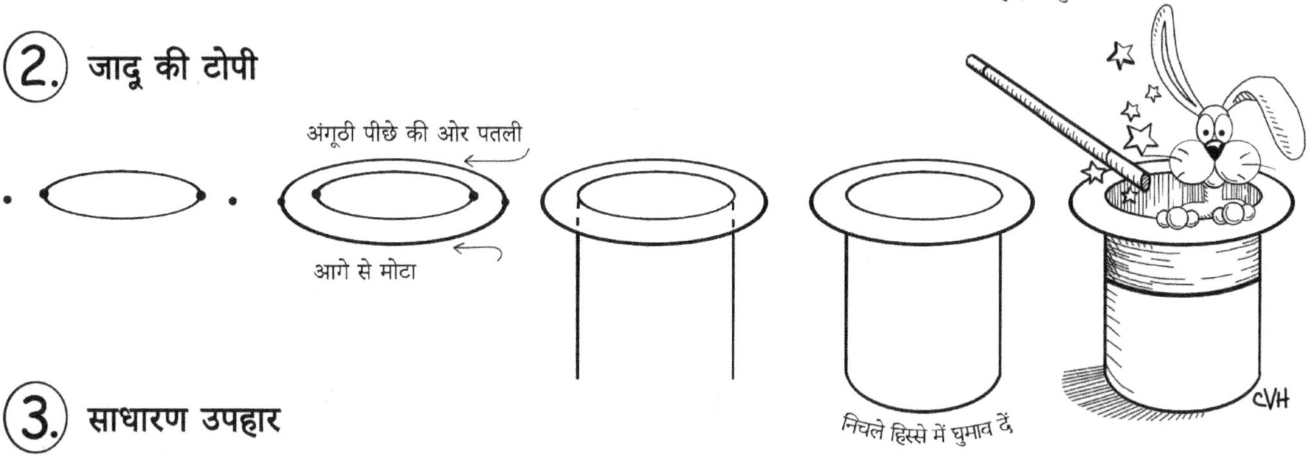

अंगूठी पीछे की ओर पतली

आगे से मोटा

निचले हिस्से में घुमाव दें

3. साधारण उपहार

केंद्र में अधिक लंबा

एंगल   नीचे का

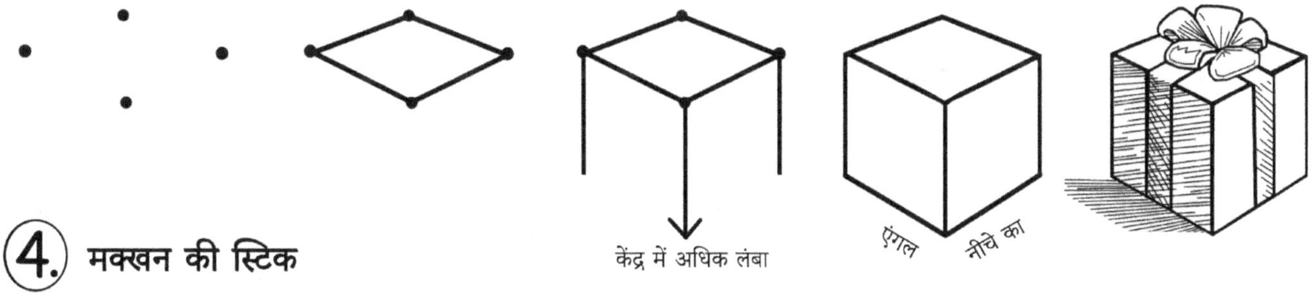

4. मक्खन की स्टिक

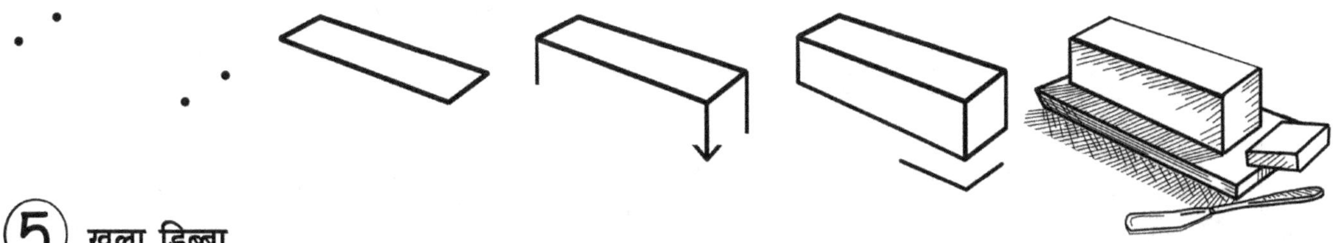

5. खुला डिब्बा

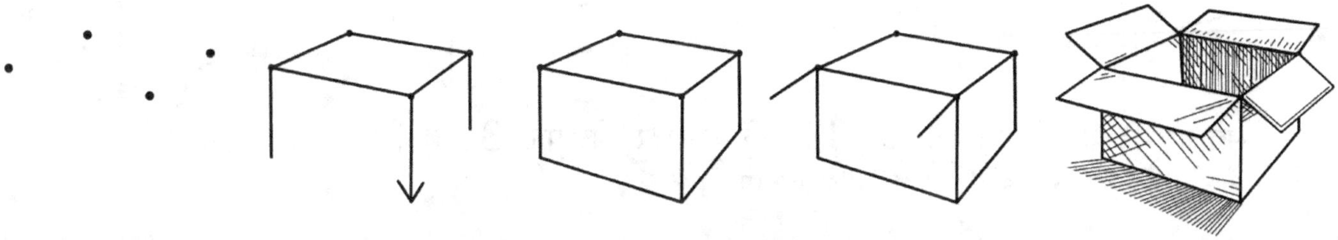

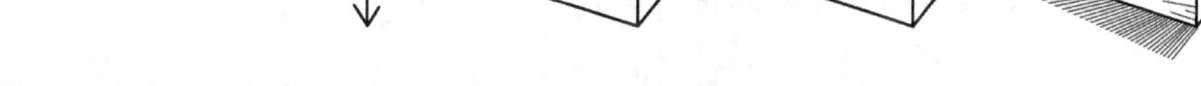

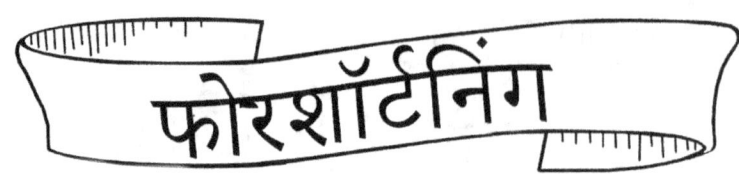

फोरशॉर्टनिंग

1. परतों वाला केक

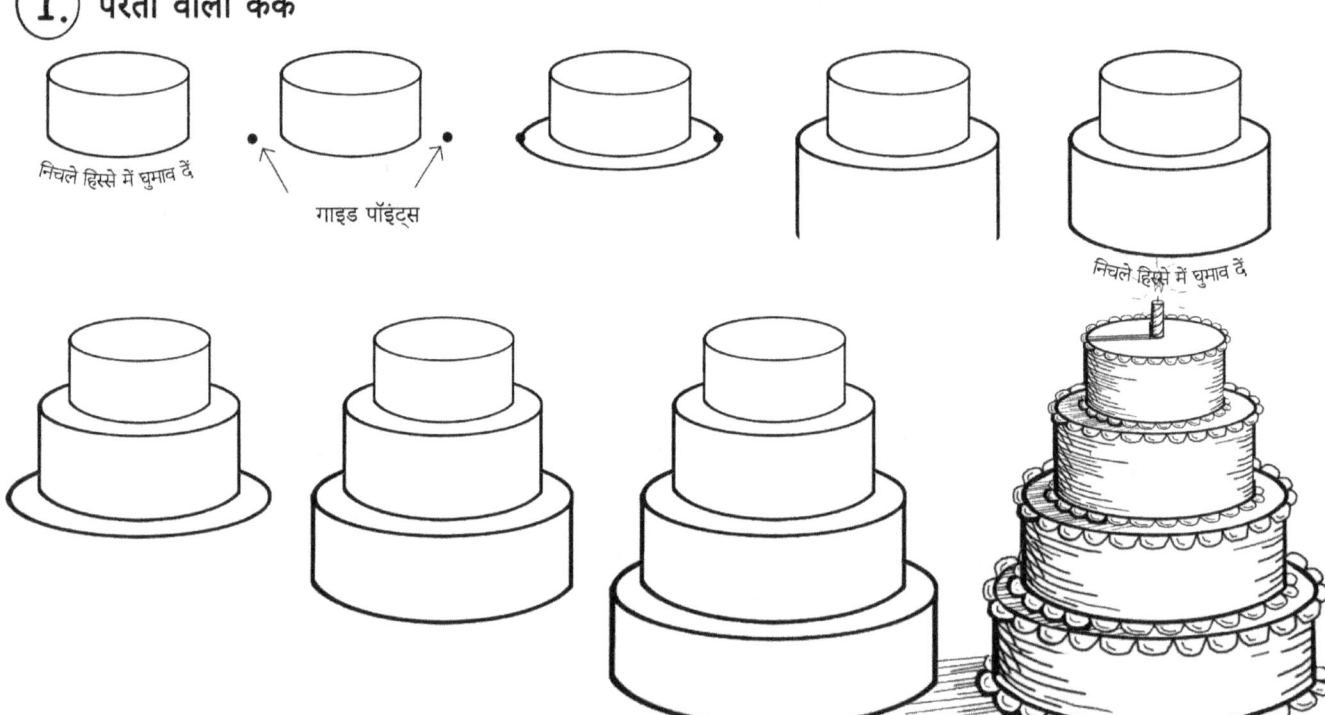

निचले हिस्से में घुमाव दें
गाइड पॉइंट्स
निचले हिस्से में घुमाव दें

2. एक डिब्बे में एक डिब्बे में एक डिब्बा

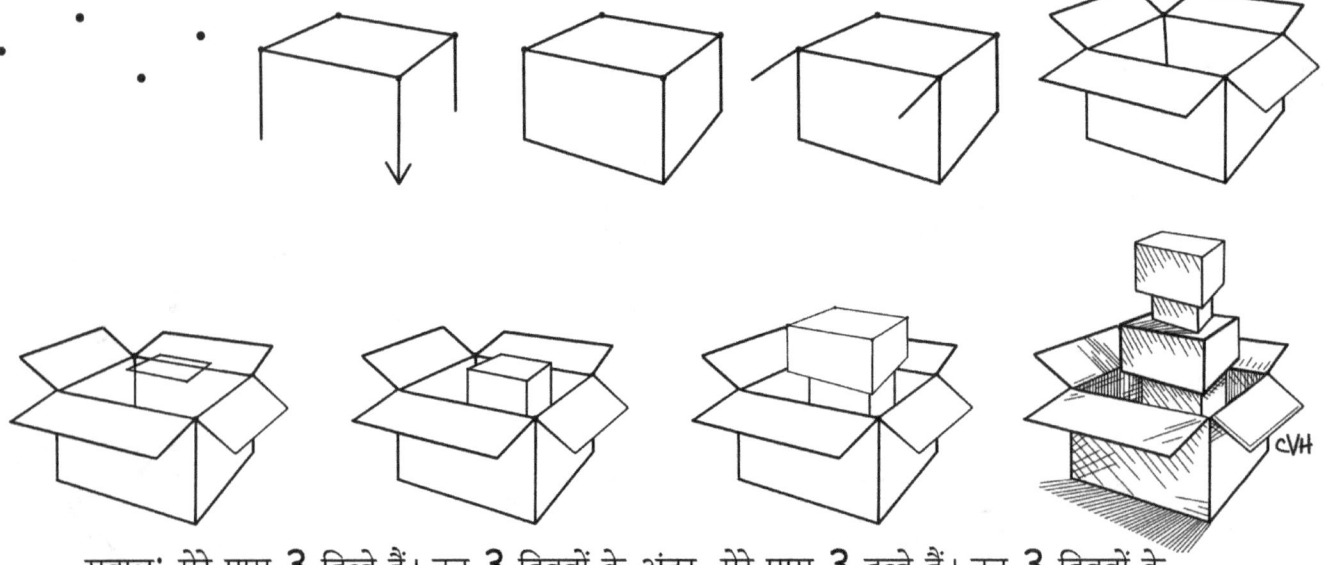

सवालः मेरे पास 3 डिब्बे हैं। उन 3 डिबबों के अंदर, मेरे पास 3 डब्बे हैं। उन 3 डिबबों के अंदर, मेरे पास 3 डिब्बे हैं। मेरे पास कितने डिब्बे हैं?

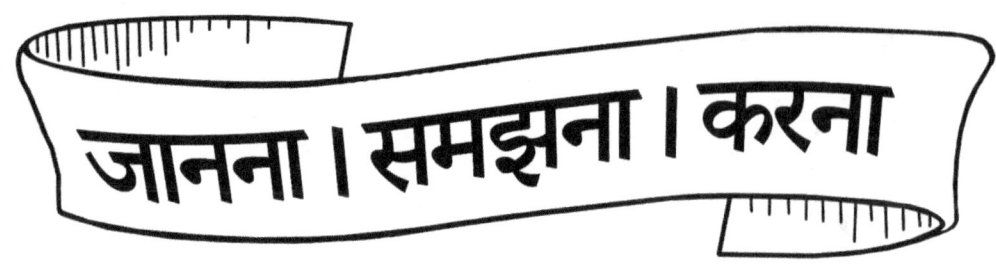

जानना । समझना । करना

फोर्शॉर्टन्ड व्यक्ति

जानें:

पॉइंट ऑफ व्यू

समझें:

पर्सपेक्टवि (नजरयिा) जसिमें कसिी सब्जेक्ट के पास और दूर के हसि्सों के आकार बहुत अलग होते हैं। पास के हसि्से बडे़ होते हैं और दूर के हसि्से बहुत छोटे होते हैं।

करें:

ऊपर से देखा जाता हुआ मानकर खुद का एक फोर्शॉर्टन्ड व्यक्ता कि रूप बनाकर फोरशॉर्टगि का अभ्यास करें। फोरशॉर्टगि का आभास देने के लिए सुनश्चिति करें क आिपके करैक्टर का सरि पैरों की तुलना में बहुत बड़ा है। ट्रेस नहीं करें। शेड दें।

शब्दावली:

फोरशॉर्टगि - कसिी ऑब्जेक्ट का प्रतनिधित्वि करने का एक तरीका जसिसे क वि‍ह गहराई का इल्यूशन प्रकट करता है, ऐसा प्रतीत होता है क वि‍ह आगे बढ़ रहा है या स्पेस में वापस जा रहा है। फोरशॉर्टगि की सफलता अक्सर एक पॉइंट ऑफ व्यू या पर्सपेक्टवि (नजरयिा) पर नरि्भर करती है जसिमें कसिी सब्जेक्ट के पास और दूर के हसि्सों के आकार बहुत अलग होते हैं।

पर्सपेक्टवि (नजरयिा) - तकनीक कलाकार थ्री डायमेंशनल दुनयिा के इल्यूशन को टू-डायमेंशनल सतह पर प्रोजेक्ट करने के लिए इस्तेमाल करते हैं। पर्सपेक्टवि (नजरयिा) गहराई या घटती हुई जगह का आभास पैदा करने में मदद करता है।

पॉइंट ऑफ व्यू - एक स्थतिि या एंगल जसिसे कुछ देखा या माना जाता है, और दर्शक की नजर की दशिा

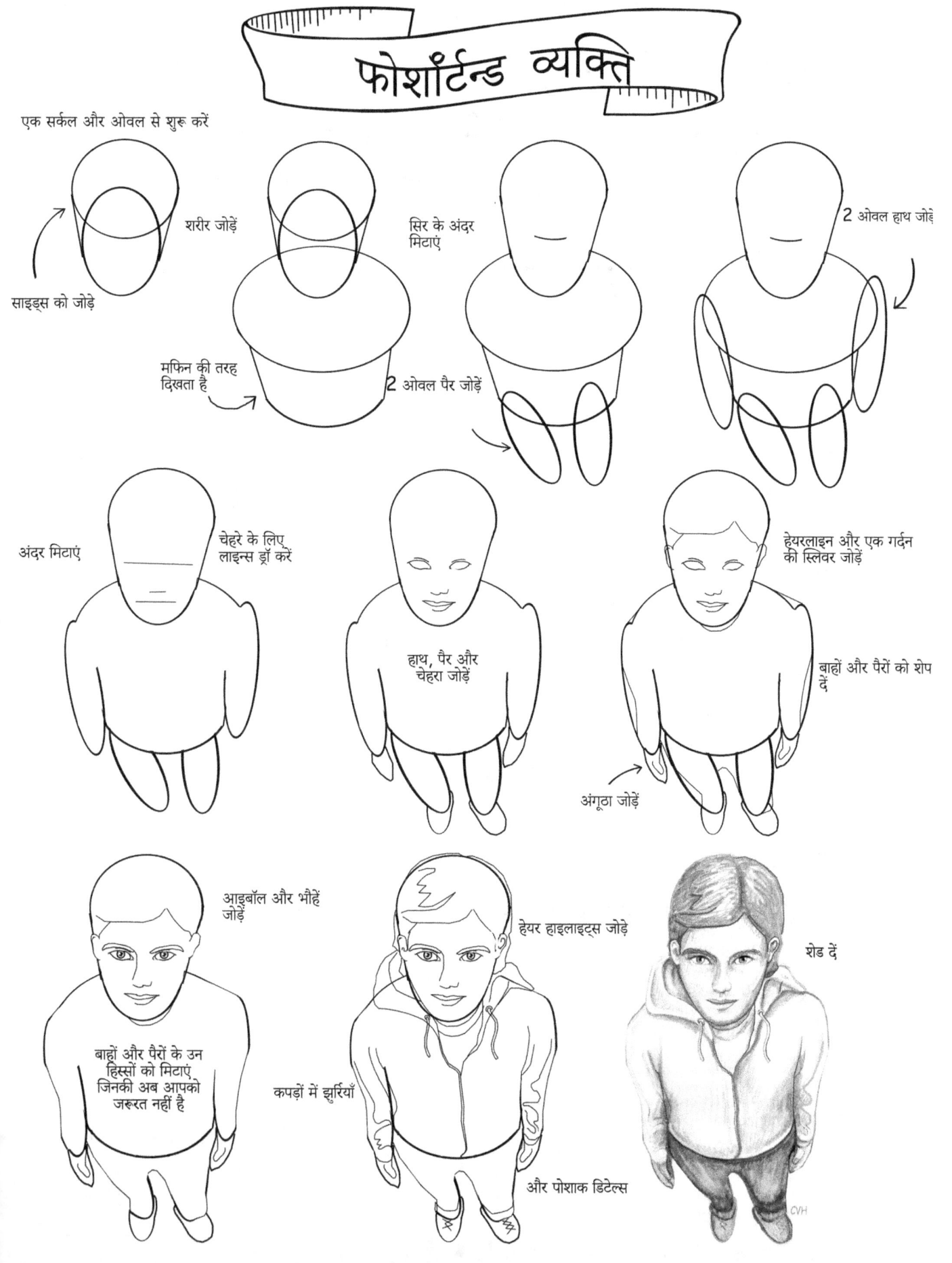

फोशॉर्टन्ड व्यक्ति

एक सर्कल और ओवल से शुरू करें

शरीर जोड़ें

सिर के अंदर मिटाएं

2 ओवल हाथ जोड़ें

साइड्स को जोड़े

मफिन की तरह दिखता है

2 ओवल पैर जोड़ें

अंदर मिटाएं

चेहरे के लिए लाइन्स ड्रॉ करें

हाथ, पैर और चेहरा जोड़ें

हेयरलाइन और एक गर्दन की स्लिवर जोड़ें

बाहों और पैरों को शेप दें

अंगूठा जोड़ें

आइबॉल और भौहें जोड़ें

हेयर हाइलाइट्स जोड़ें

शेड दें

बाहों और पैरों के उन हिस्सों को मिटाएं जिनकी अब आपको जरूरत नहीं है

कपड़ों में झुर्रियाँ

और पोशाक डिटेल्स

CVH

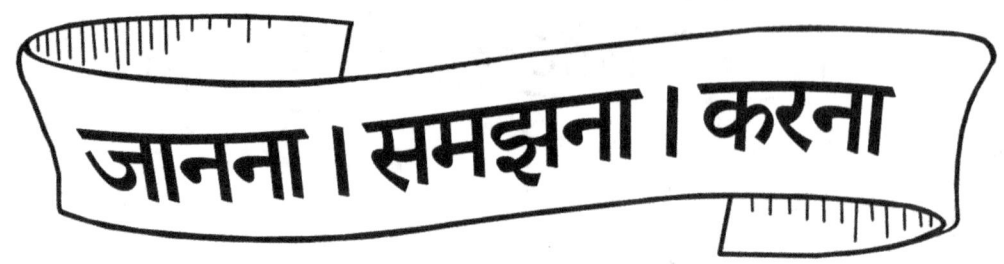

जानना । समझना । करना

कॉन्टूर (रूपरेखा) लाइन्स और ट्यूब

जानें:

कॉन्टूर (रूपरेखा) लाइन्स ऑब्जेक्ट के कनिारों को घेरती हैं और डफिाइन करती हैं

समझें:

कसिी आउटलाइन कएि हुए ऑब्जेक्ट के अंदर लाइन जोड़ने से उसे शेप और वॉल्यूम मलिता है

करें:

• एक अलग कागज के टुकड़े पर, हैंडआउट पर दखिाई देने वाले 5 मनिी-ड्राइंग को पूरा करें

• सभी लाइन्स के इस्तेमाल पर फोकस करते हुए अपना खुद का ओरजिनिल वर्क बनाएं। शामलि करें: कम से कम 5 बैंडगि ट्यूब्स, 4 एक के ऊपर एक राउन्ड शेप, 3 क्यूब्स, 2 “रोएंदार” ऑब्जेक्ट्स और 1 “एक्स्ट्रा”।

• शैडो (छाया) मत भूलना!

शब्दावली:

कॉन्टूर - कसिी ऑब्जेक्ट की रूपरेखा और अन्य दखिने वाले कनिारे

कॉन्टूर लाइन्स - वे लाइन्स जो कसिी सब्जेक्ट के कनिारों को घेरती हैं और उसे शेप और वॉल्यूम देती हैं

ट्यूब - एक खोखला सलिंडर

वॉल्यूम - एक फॉर्म के भीतर स्पेस

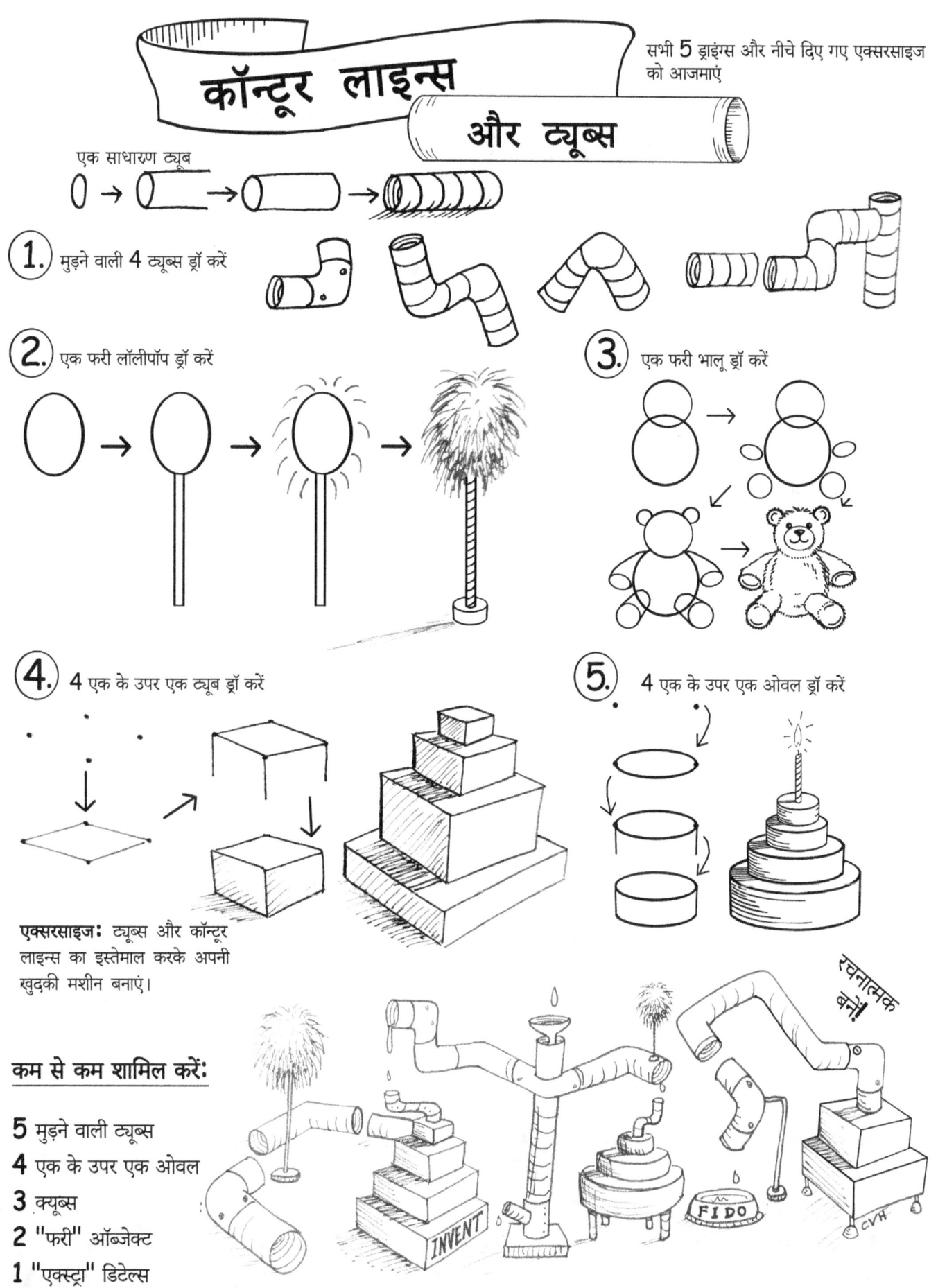

कॉन्टूर लाइन्स और ट्यूब्स

सभी 5 ड्राइंग्स और नीचे दिए गए एक्सरसाइज को आजमाएं

एक साधारण ट्यूब

1. मुड़ने वाली 4 ट्यूब्स ड्रॉ करें

2. एक फरी लॉलीपॉप ड्रॉ करें

3. एक फरी भालू ड्रॉ करें

4. 4 एक के उपर एक ट्यूब ड्रॉ करें

5. 4 एक के उपर एक ओवल ड्रॉ करें

एक्सरसाइज: ट्यूब्स और कॉन्टूर लाइन्स का इस्तेमाल करके अपनी खुदकी मशीन बनाएं।

रचनात्मक बनो!

कम से कम शामिल करें:

5 मुड़ने वाली ट्यूब्स
4 एक के उपर एक ओवल
3 क्यूब्स
2 "फरी" ऑब्जेक्ट
1 "एक्स्ट्रा" डिटेल्स

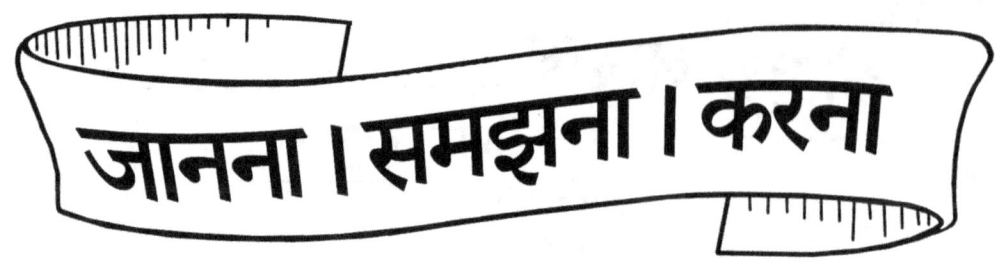

जानना । समझना । करना

फॉर्म्स के लिए शेप

जानें:

- ड्राइंग में बेसकि सलिंडर नर्िमाण
- शेप और फॉर्म कला के 7 एलमिंट्स (तत्वों) में से 2 हैं

समझें:

- शेप और फॉर्म में अंतर
- वॉल्यूम

करें:

प्रदान की गई शेप्स की 2D इमेजेस को देखें और उन्हें 3D फॉर्म्स के रूप में फरि से बनाने के लिए सीखी गई तकनीकों का इस्तेमाल करें

असाइनमेंट:

बर्फ के टुकडे़ और एक स्ट्रॉ के साथ एक साफ़ लक्विडि का गलिास बनाएं। भूलना नहीं - बर्फ के टुकडे़ तैरते हैं!

शब्दावली:

फॉर्म - एक थ्री-डायमेंशनल शेप (ऊंचाई, चौड़ाई और गहराई) जसिमें वॉल्यूम होती है

शेप - एक बंद स्पेस

वॉल्यूम - एक फॉर्म के भीतर स्पेस

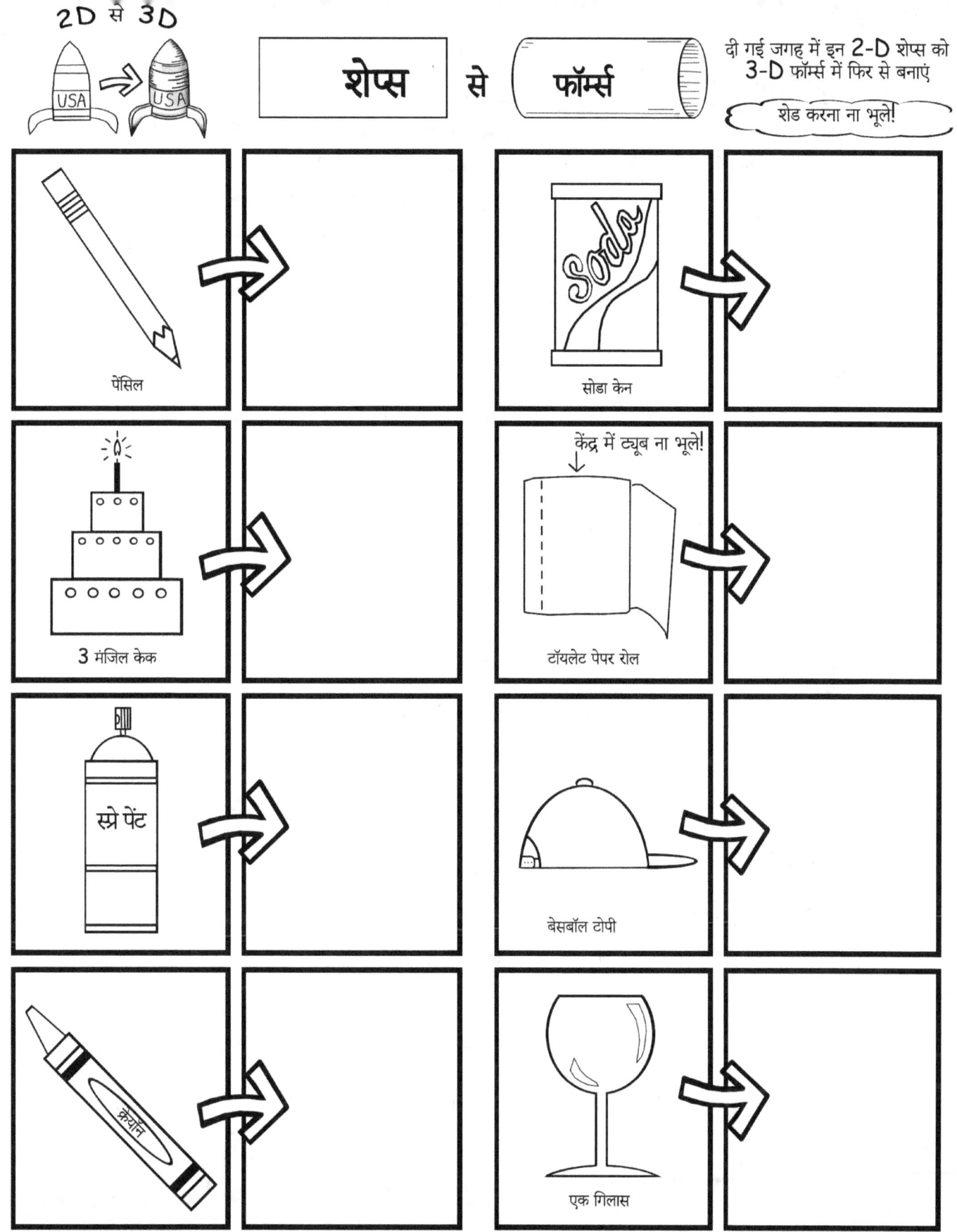

2D से 3D

शेप्स से फॉर्म्स

दी गई जगह में इन 2-D शेप्स को 3-D फॉर्म्स में फिर से बनाएं

शेड करना ना भूले!

पेंसिल

सोडा केन

3 मंजिल केक

केंद्र में ट्यूब ना भूले!

टॉयलेट पेपर रोल

स्प्रे पेंट

बेसबॉल टोपी

क्रेयॉन

एक गिलास

असाइनमेंट: कागज के एक अलग टुकड़े पर, बर्फ और एक स्ट्रॉ के साथ एक गिलास पानी ड्रॉ करें ।

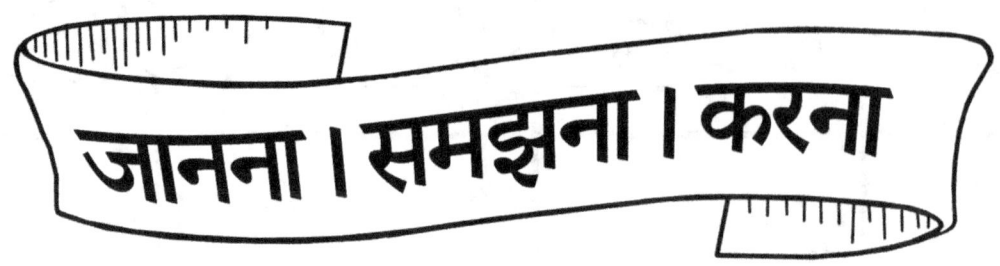

जानना । समझना । करना

सलिंडर और डस्कि

जानें:

कई ऑब्जेक्ट्स (मानव द्वारा बनाए गए और प्राकृतकि) सलिंडर पर आधारति हैं

समझें:

- कला में सलिंडर एक 3D गोलाकार ट्यूब जैसे दखिते हैं
- डस्कि छोटे सलिंडर होते हैं
- अलग-अलग प्रकार के ऑब्जेक्ट्स में 3D ट्यूब की दखिावट कैसे बनाएं

करें:

- हैंडआउट में देखे गए 7 मनिी-ड्राइंग को 3D में फरि से बनाएं
- कागज के एक अलग टुकड़े पर, अपने हाथ की आउटलाइन को ट्रेस करें और इसे अलग-अलग कएि हुए सलिंडर्स की एक श्रृंखला में बदल दें

शब्दावली:

सलिंडर - एक ट्यूब जो थ्री-डायमेंशनल दखिाई देती है

डस्कि - प्लेन में जगह जो एक सर्कलि से घरिी होती है

प्लेन - एक सपाट, टू-डायमेंशनल सतह

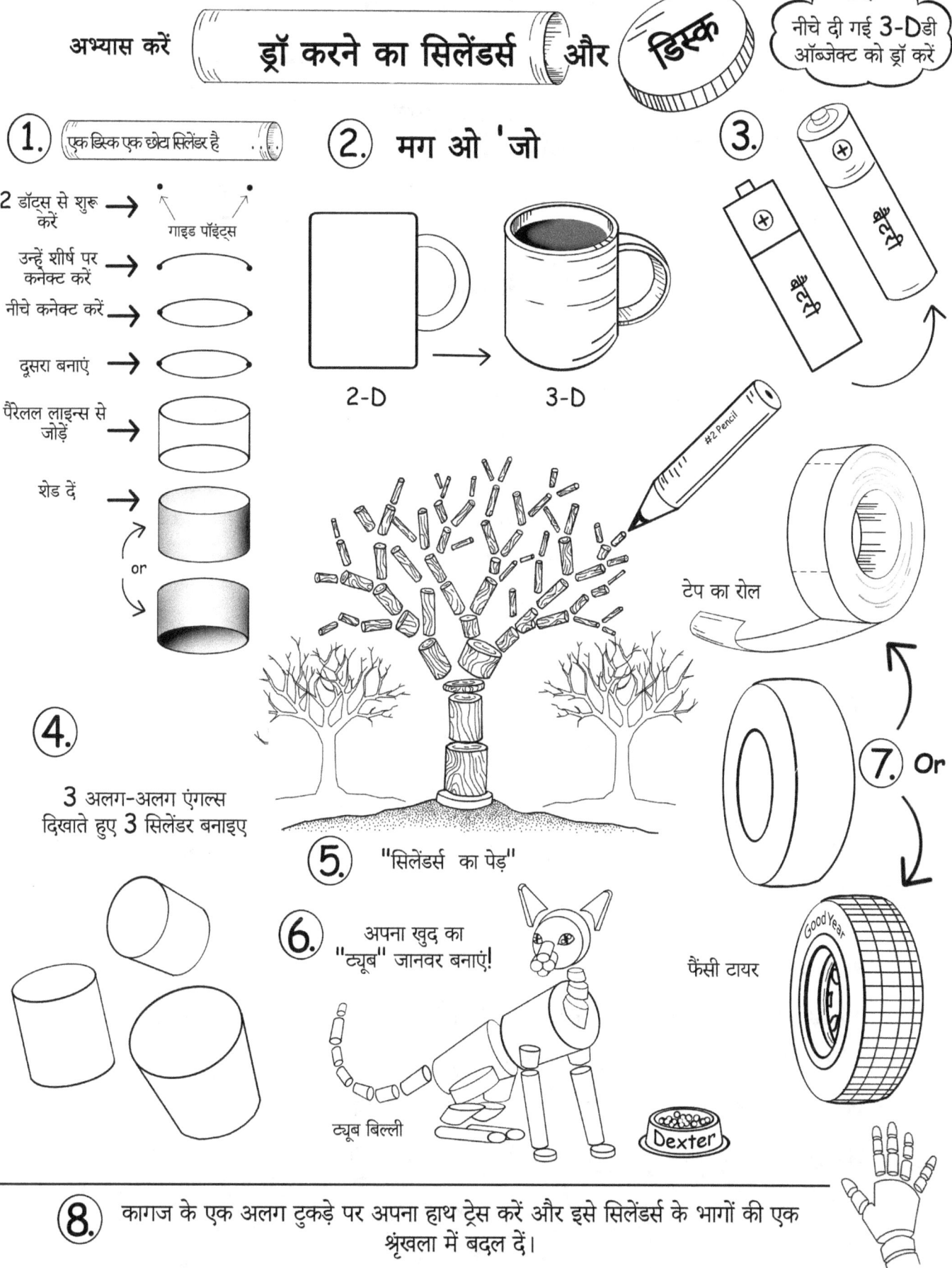

अभ्यास करें ड्रॉ करने का सिलेंडर्स और डिस्क

नीचे दी गई 3-Dडी ऑब्जेक्ट को ड्रॉ करें

1. एक डिस्क एक छोटा सिलेंडर है

2 डॉट्स से शुरू करें →

उन्हें शीर्ष पर कनेक्ट करें →

नीचे कनेक्ट करें →

दूसरा बनाएं →

पैरेलल लाइन्स से जोड़ें →

शेड दें →

गाइड पॉइंट्स
or

2. मग ओ 'जो

2-D

3.

बैटरी
बैटरी

4.

3 अलग-अलग एंगल्स दिखाते हुए 3 सिलेंडर बनाइए

#2 Pencil

5. "सिलेंडर्स का पेड़"

6. अपना खुद का "ट्यूब" जानवर बनाएं!

ट्यूब बिल्ली
Dexter

7. Or

टेप का रोल

फैंसी टायर
GoodYear

8. कागज के एक अलग टुकड़े पर अपना हाथ ट्रेस करें और इसे सिलेंडर्स के भागों की एक श्रृंखला में बदल दें।

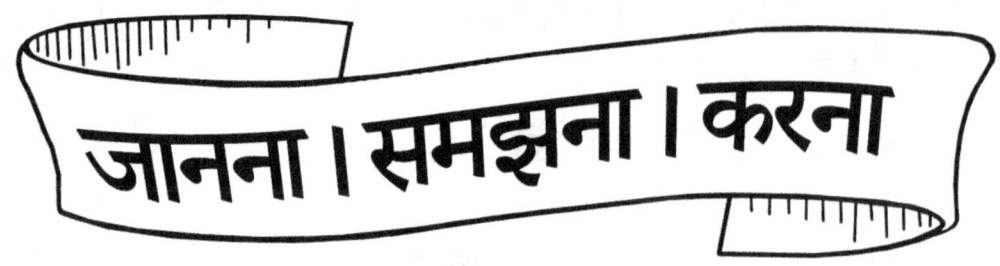

जानना । समझना । करना

मंजलिों वाला केक

जानें:

सलिंडर्स की स्टैकगि और लेयरगि अनोखे स्ट्रक्चर बना सकती हैं

समझें:

• एक ट्यूब ड्राइंग पर ऊपर और नीचे दोनों इलप्सि को इंडीकेट करना (फरि जो जगह दखिाई नहीं दे रहा है उसे मटिा देना) एक बराबर सलिंडर के नरि्माण में सहायता कर सकता है

• सलिंडर उन चार ओरजिनिल फॉर्म्स में से एक हैं जो कसिी कलाकृत को थ्री-डायमेंशनल दखिाने में मदद करते हैं

करें:

• अपने पेपर के शीर्ष पर शुरू करें और एक दूसरे के ऊपर मंजलिों वाला छोटे सलिंडर बनाने का अभ्यास शुरू करें

• कोशशि करें और पेज भर जाने तक जतिने "केक" आप कर सकते हैं उन्हें ढेर कर दें। इसे अनोखा बनाने के लिए प्रत्येक लेयर के लिए अलग-अलग सजावट जोड़ें। कुछ वचिार मोमबत्तयिाँ, कैंडीज, घुमावदार फ्रॉस्टगि, फूल आद हैं।

शब्दावली:

सलिंडर - एक ट्यूब जो थ्री डायमेंशनल दखिाई देता है

डस्कि - प्लेन में जगह जो एक सर्कल से घरिी होती है

एलप्सि - एक एंगल पर देखा गया सर्कल (ओवल रूप में ड्रॉ कयिा जाता है)

लेयर - एक आइटम जो कसिी अन्य आइटम के ऊपर या नीचे होता है

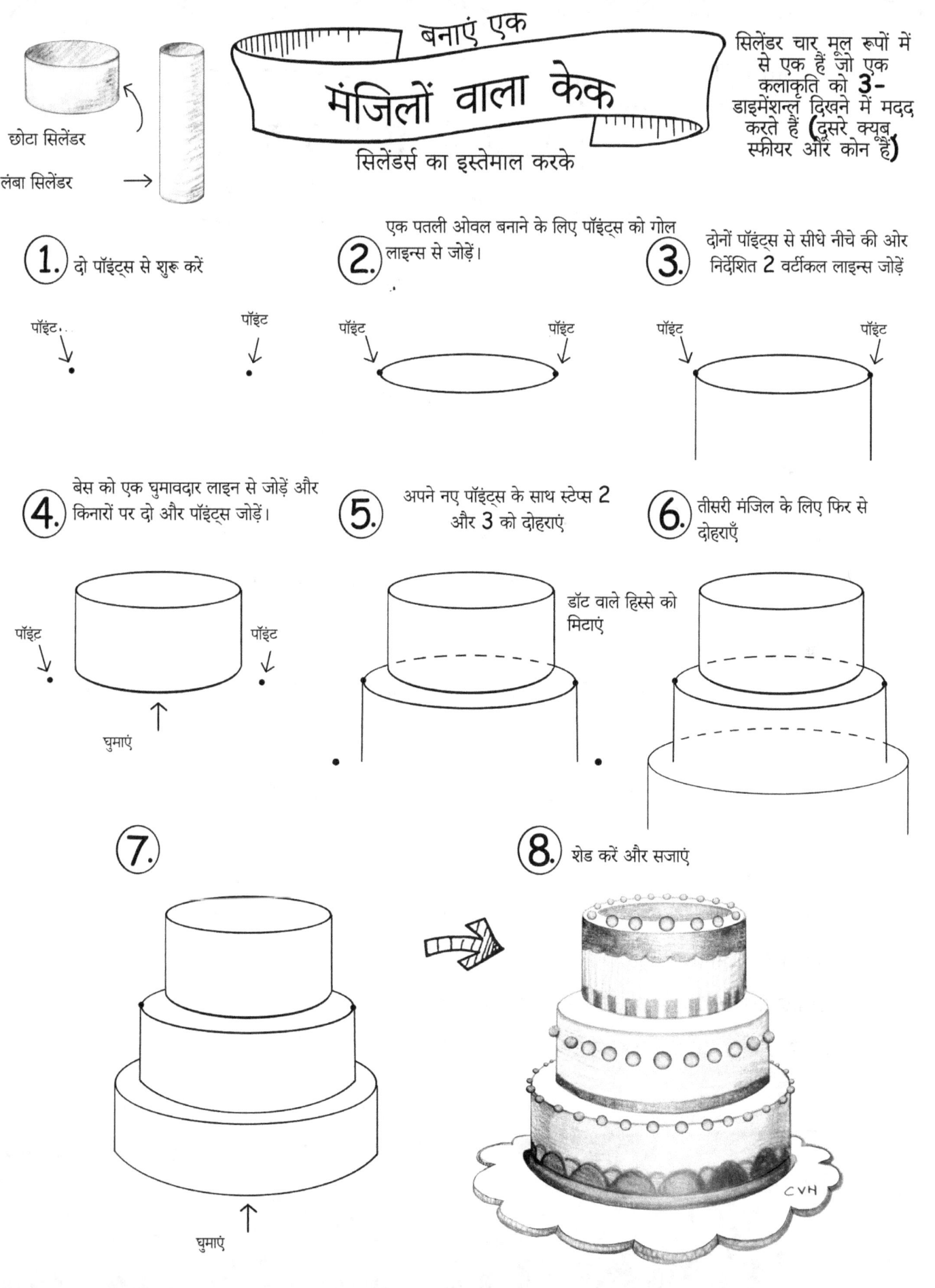

छोटा सिलेंडर
लंबा सिलेंडर

बनाएं एक मंजिलों वाला केक

सिलेंडर्स का इस्तेमाल करके

सिलेंडर चार मूल रूपों में से एक हैं जो एक कलाकृति को **3-डाइमेंशन्ल** दिखने में मदद करते हैं (दूसरे क्यूब, स्फीयर और कोन हैं)

1. दो पॉइंट्स से शुरू करें

पॉइंट
पॉइंट

2. एक पतली ओवल बनाने के लिए पॉइंट्स को गोल लाइन्स से जोड़ें।

पॉइंट
पॉइंट

3. दोनों पॉइंट्स से सीधे नीचे की ओर निर्देशित 2 वर्टीकल लाइन्स जोड़ें

पॉइंट
पॉइंट

4. बेस को एक घुमावदार लाइन से जोड़ें और किनारों पर दो और पॉइंट्स जोड़ें।

पॉइंट
पॉइंट
घुमाएं

5. अपने नए पॉइंट्स के साथ स्टेप्स 2 और 3 को दोहराएं

डॉट वाले हिस्से को मिटाएं

6. तीसरी मंजिल के लिए फिर से दोहराएँ

7.

घुमाएं

8. शेड करें और सजाएं

CVH

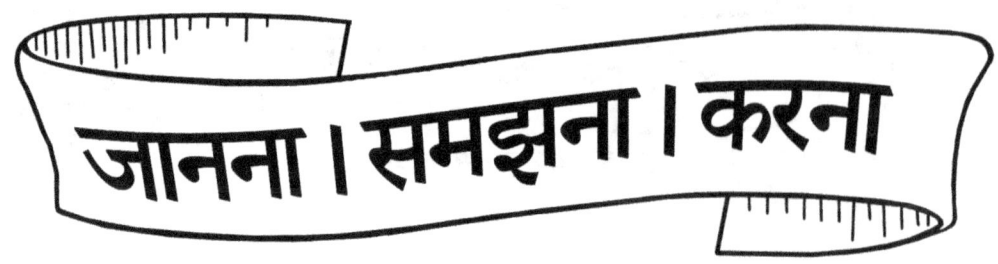

जानना । समझना । करना

केक का टुकड़ा

जानें:

शेप को फॉर्म में बदलने के लिए इस्तेमाल की जाने वाली तकनीकें

समझें:

- शेप और फॉर्म में अंतर
- पैरेलल लाइन्स कसिी ऑब्जेक्ट की दशिा के साथ-साथ कनिारों को भी दर्शाती हैं
- ऑब्जेक्ट्स को वास्तवकि रूप से ड्रॉ करते समय छोटे-छोटे बारीकयिाँ बड़ी डटिेल बन सकती हैं

करें

ट्राइएंगुलर प्रज़्मि के फॉर्म में केक का एक टुकड़ा बनाने के लिए दिए गए स्टेप्स को फॉलो करें। एक अनोखी कलाकृत बिनाने के लिए डटिेल, शेडगि और "एक्स्ट्रास" जोड़ें।

नोट: "एक्स्ट्रा" छोटे डटिेल हैं जो कलाकार कल्पना करता है और बनाता है।

शब्दावली:

फॉर्म - एक थ्री-डायमेंशनल शेप (ऊंचाई, चौड़ाई और गहराई) जसिमें वॉल्यूम होती है

शेप - एक बंद स्पेस

ट्राइएंगुलर प्रज़्मि - एक तीन तरफा प्रज़्मि (पॉलीहेड्रॉन)

वॉल्यूम - एक फॉर्म के भीतर स्पेस को रेफर करता है

केक का टुकड़ा

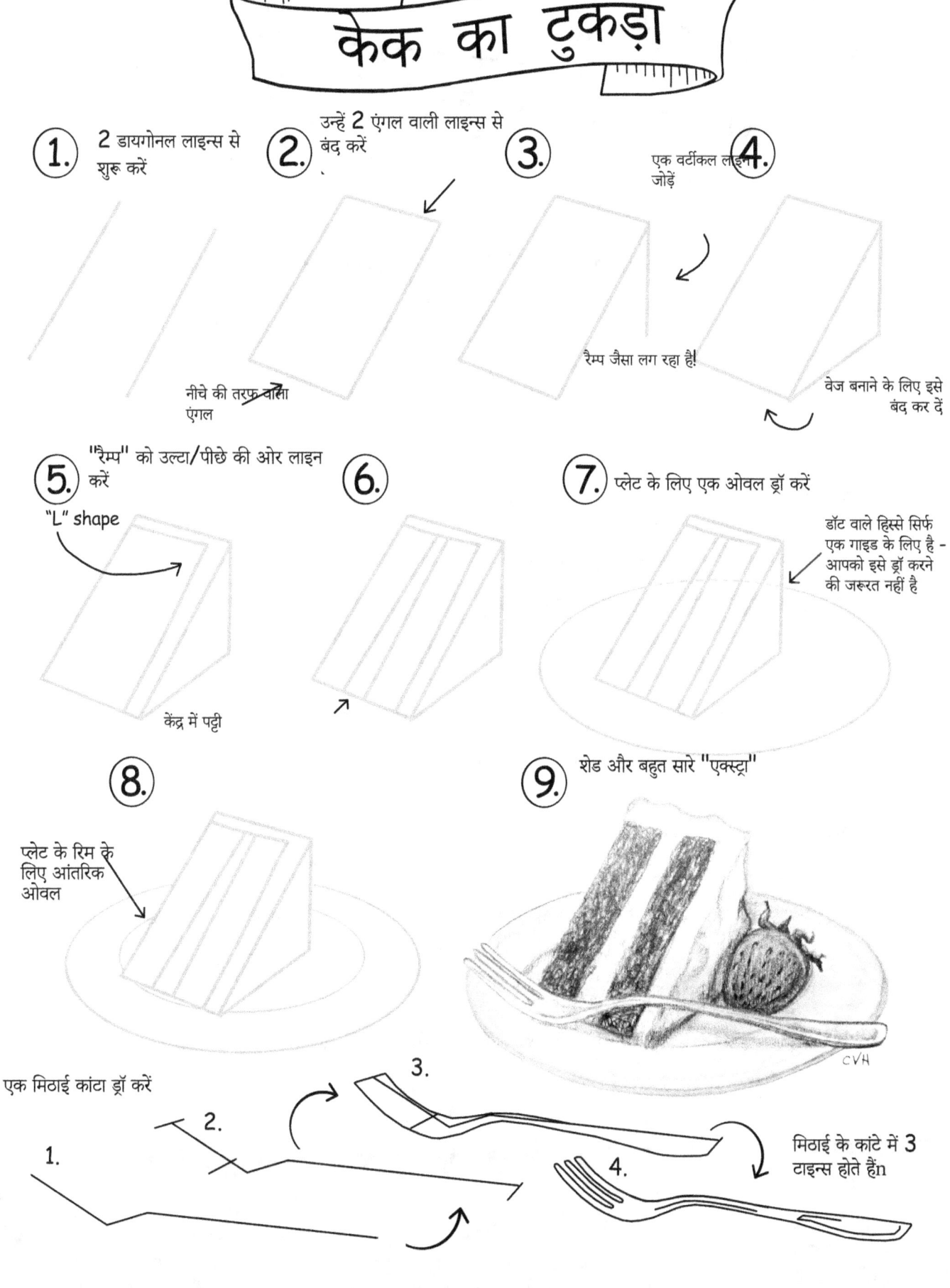

1.
2 डायगोनल लाइन्स से शुरू करें
2.
उन्हें 2 एंगल वाली लाइन्स से बंद करें
नीचे की तरफ वाला एंगल
3.
रैम्प जैसा लग रहा है!
4.
एक वर्टीकल लाइन जोड़ें
वेज बनाने के लिए इसे बंद कर दें
5.
"रैम्प" को उल्टा/पीछे की ओर लाइन करें
"L" shape
केंद्र में पट्टी
6.
7.
प्लेट के लिए एक ओवल ड्रॉ करें
डॉट वाले हिस्से सिर्फ एक गाइड के लिए है - आपको इसे ड्रॉ करने की जरूरत नहीं है
8.
प्लेट के रिम के लिए आंतरिक ओवल
9.
शेड और बहुत सारे "एक्स्ट्रा"
CVH
एक मिठाई कांटा ड्रॉ करें
1.
2.
3.
4.
मिठाई के कांटे में 3 टाइन्स होते हैंn

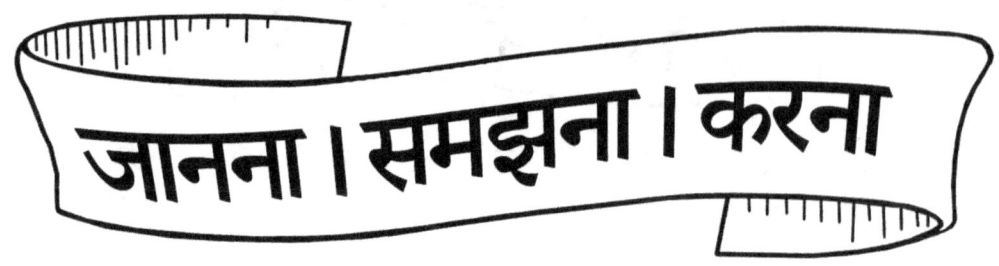

जानना । समझना । करना

रबिनस, स्क्रॉलस और बैनरस

जानें:

ओवरलैपगि, रसीडगि लाइन्स

समझें:

- गहराई का इल्यूशन प्रकट करना
- रसीडगि प्लेन पर अलग शेप और स्पेस
- ओवरलैपगि और शेडगि 3D का आभास देता है

करें

प्रदान की गई तकनीकों का इस्तेमाल करके अपना खुद का बैनर/रबिन/स्क्रॉल बनाकर ओवरलैपगि और शेडगि का अभ्यास करें। ट्रेस नहीं करें। शेड दें।

शब्दावली:

ओवरलैप - जब एक चीज पूरी तरह से या आंशकि रूप से कसिी और चीज को ढक लेती है

पर्सपेक्टवि (नजरयिा) - तकनीक कलाकार 3D के इल्यूशन को 2D सतह पर प्रोजेक्ट करने के लिए इस्तेमाल करते हैं। पर्सपेक्टवि (नजरयिा) गहराई या घटती हुई जगह का एहसास पैदा करने में मदद करता है।

रसीडगि लाइन - कोई भी लाइन जो स्पेस में पीछे जाती हुई दखिाई पड़ती है

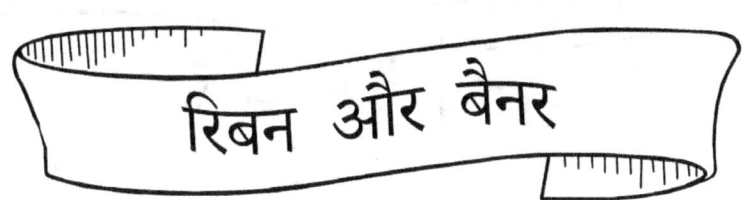

रिबन और बैनर

1. थोड़ी घुमावदार पैरेलल लाइन्स से शुरू करें

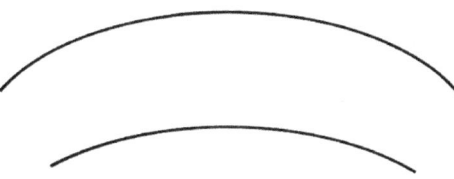

2. जैसा कि नीचे देखा गया है, 4 एंगल वाली वर्टीकल लाइन्स जोड़ें

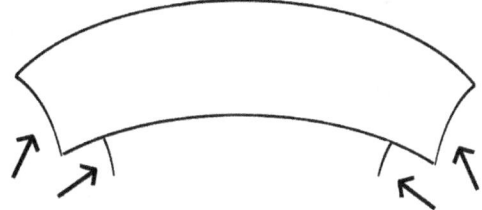

3. रिबन के निचले भाग को जोड़ें

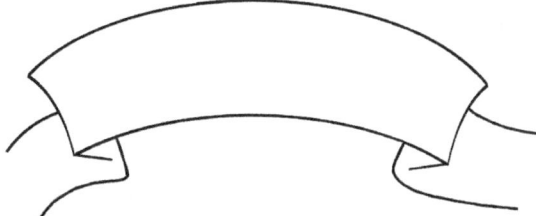

4. रिबन के सिरों को बंद करें और पुराने जैसी दिखावट के लिए "दरारें" जोड़ें

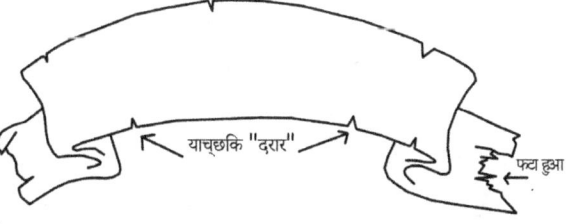

याच्छकि "दरार"   फटा हुआ

1. एक लंबी, घुमावदार लाइन से शुरू करें

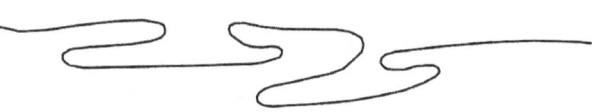

2. प्रत्येक घुमावदार किनारे से नीचे आने वाली एक छोटी वर्टीकल लाइन जोड़ें

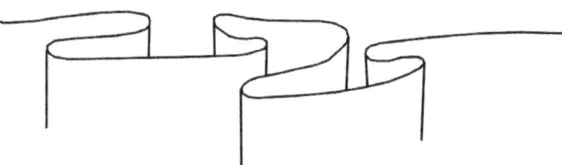

3. रिबन के निचले भाग को घुमावदार लाइन्स से बंद करें

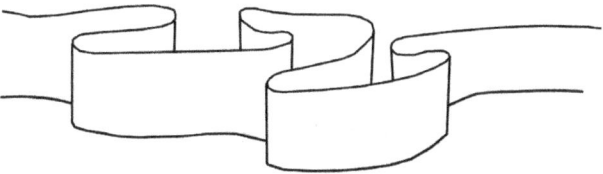

4. रिबन के दोनों सिरों को एक "<" शेप देकर बंद करें

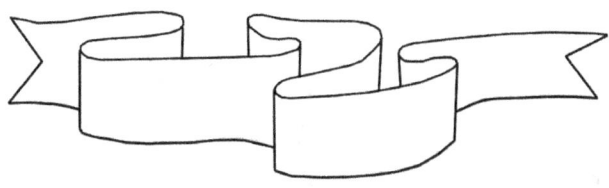

5. शब्दों और शेडिंग के साथ समाप्त करें

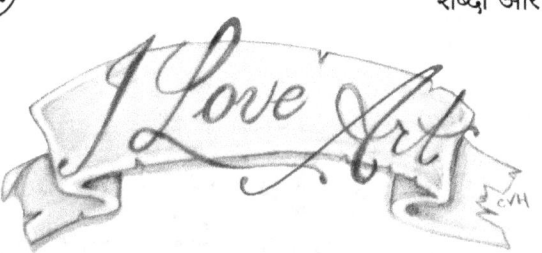

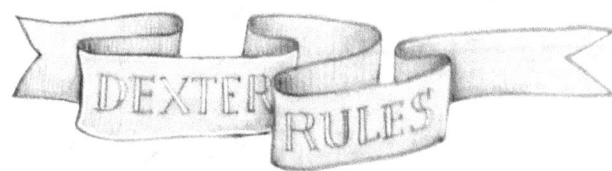

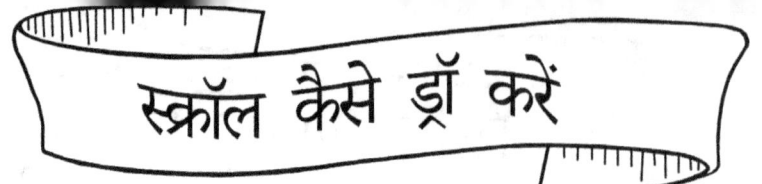

स्क्रॉल कैसे ड्रॉ करें

1. इस तरह एक घुमावदार लाइन से शुरू करें

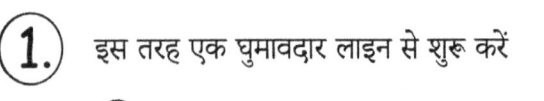

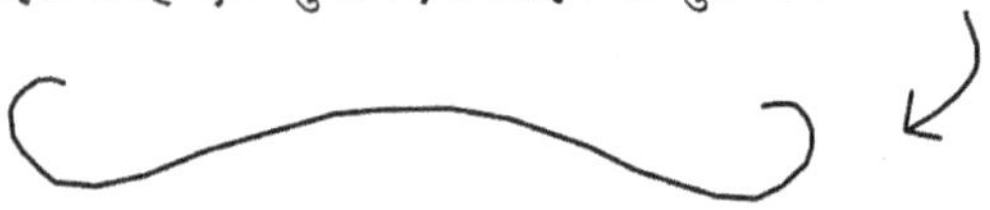

2. प्रत्येक छोर पर स्वर्ल जोड़ें

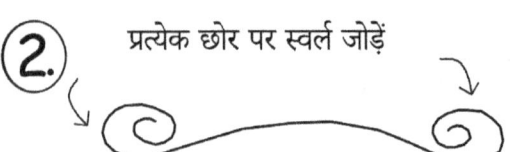

3. 4 वर्टीकल लाइन्स जोड़ें। ये स्क्रॉल का अंत होगा।

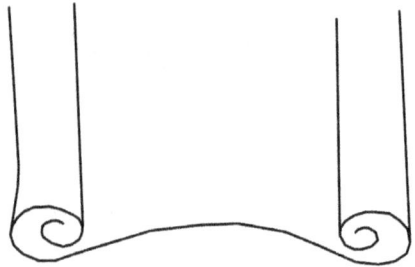

4. 3 गोलाकार लाइन्स के साथ शीर्ष कनेक्ट करें।

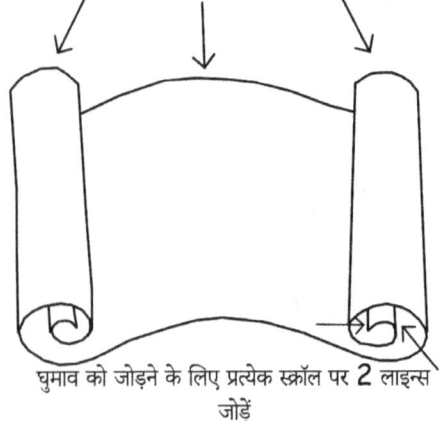

घुमाव को जोड़ने के लिए प्रत्येक स्क्रॉल पर **2** लाइन्स जोड़ें

5. शेड दें

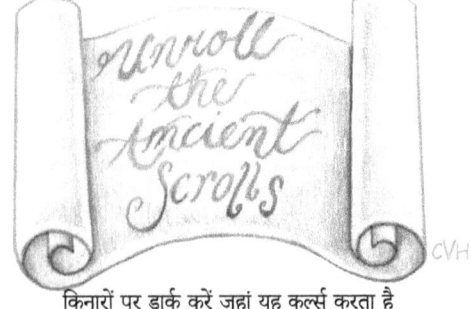

किनारों पर डार्क करें जहां यह कर्ल्स करता है

1. पीछे की ओर "S" से शुरू करें **2.** अंत में स्वर्ल जोड़ें

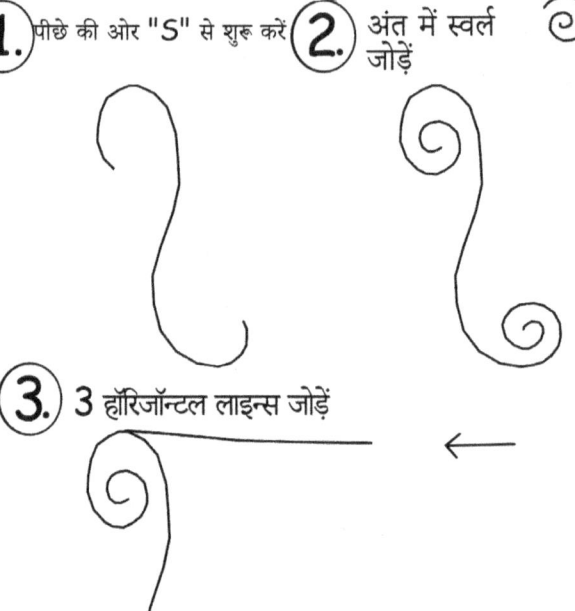

3. 3 हॉरिजॉन्टल लाइन्स जोड़ें

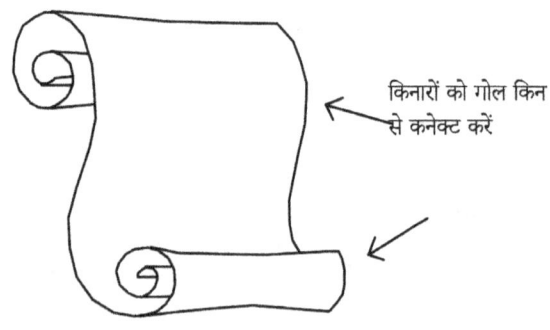

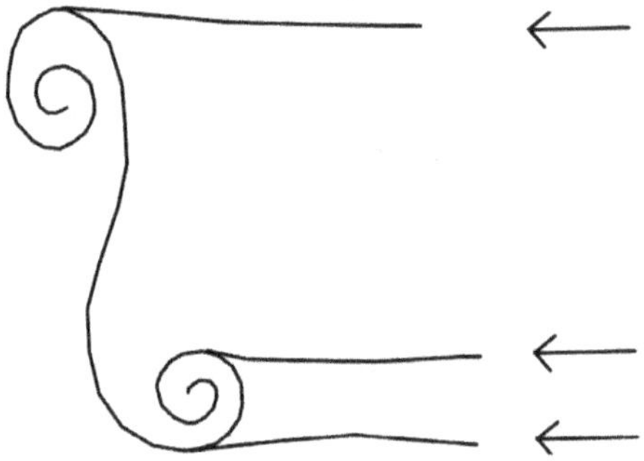

4. स्वर्ल को वर्टीकल लाइन्स से जोड़ें

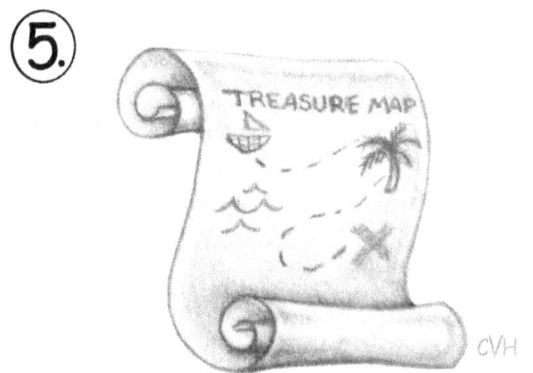

किनारों को गोल किन से कनेक्ट करें

5.

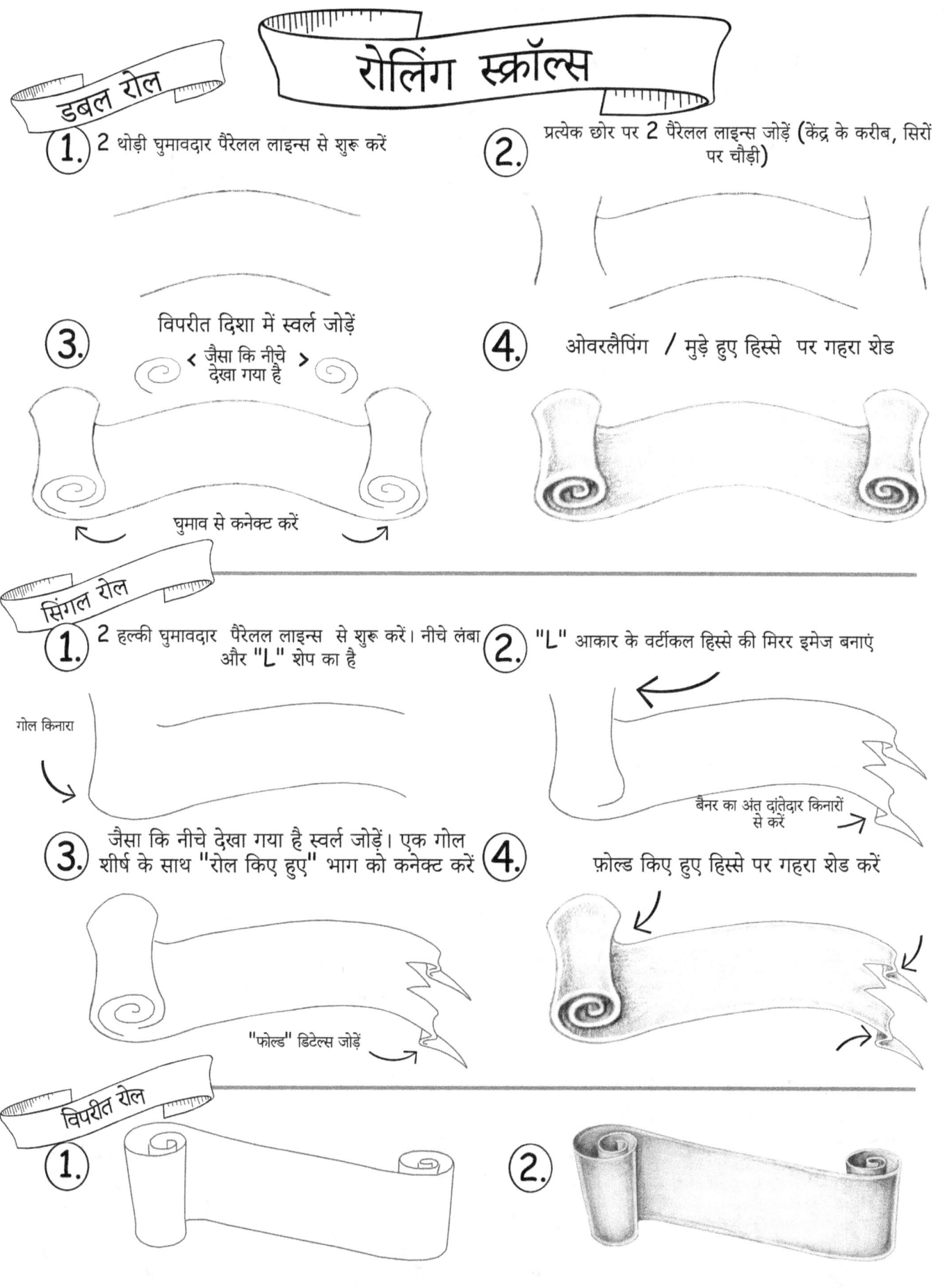

रोलिंग स्क्रॉल्स

डबल रोल

1. 2 थोड़ी घुमावदार पैरेलल लाइन्स से शुरू करें

2. प्रत्येक छोर पर 2 पैरेलल लाइन्स जोड़ें (केंद्र के करीब, सिरों पर चौड़ी)

3. विपरीत दिशा में स्वर्ल जोड़ें
‹ जैसा कि नीचे ›
देखा गया है

घुमाव से कनेक्ट करें

4. ओवरलैपिंग / मुड़े हुए हिस्से पर गहरा शेड

सिंगल रोल

1. 2 हल्की घुमावदार पैरेलल लाइन्स से शुरू करें। नीचे लंबा और "L" शेप का है

गोल किनारा

2. "L" आकार के वर्टीकल हिस्से की मिरर इमेज बनाएं

बैनर का अंत दांतेदार किनारों से करें

3. जैसा कि नीचे देखा गया है स्वर्ल जोड़ें। एक गोल शीर्ष के साथ "रोल किए हुए" भाग को कनेक्ट करें

"फोल्ड" डिटेल्स जोड़ें

4. फ़ोल्ड किए हुए हिस्से पर गहरा शेड करें

विपरीत रोल

1.

2.

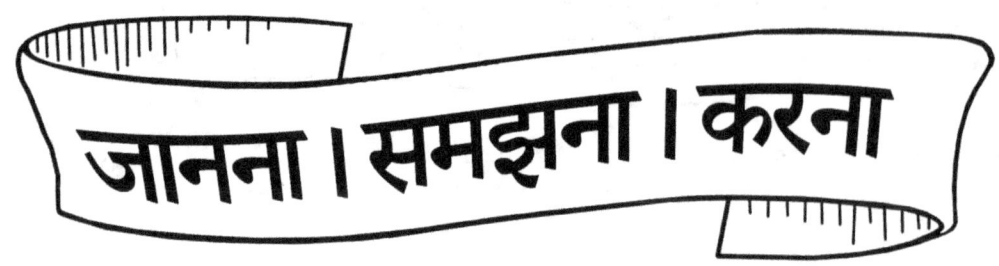

जानना । समझना । करना

लहराते बैनर

जानें:

घुमाव, ओवरलैपगि, पर्सपेक्टवि (नजरयिा), रसिीडगि लाइन्स

समझें:

- गाइड के रूप में एक सरल लाइन का इस्तेमाल करके कोई भी 3D फॉर्म (बैनर) बनाया जा सकता है
- गहराई का इल्यूशन प्रकट करना
- ओवरलैपगि और शेडगि 3D का आभास देता है

करें

- प्रदान की गई तकनीकों का इस्तेमाल करके अपना खुद का बैनर/रबिन/स्क्रॉल बनाएं
- डायमेंशन और इंटरेस्ट बनाने के लिए कम से कम 2 फ़ोल्डस जोड़ें.
- पूरा पेपर भरें। ट्रेस नहीं करें। शेड दें।

शब्दावली:

घुमाव - एक लाइन या कनिारा जो सीधेपन से स्मूद, नरितर तरीके से रास्ता बदलता है

ओवरलैप - जब एक चीज पूरी तरह से या आंशकि रूप से कसिी और चीज को ढक लेती है

पर्सपेक्टवि (नजरयिा) - तकनीक कलाकार 3D के इल्यूशन को 2D सतह पर प्रोजेक्ट करने के लिए इस्तेमाल करते हैं। पर्सपेक्टवि (नजरयिा) गहराई या रसिीडगि जगह का एहसास पैदा करने में मदद करता है।

रसिीडगि लाइन - कोई भी लाइन जो स्पेस में पीछे जाती हुई दखिाई पड़ती है

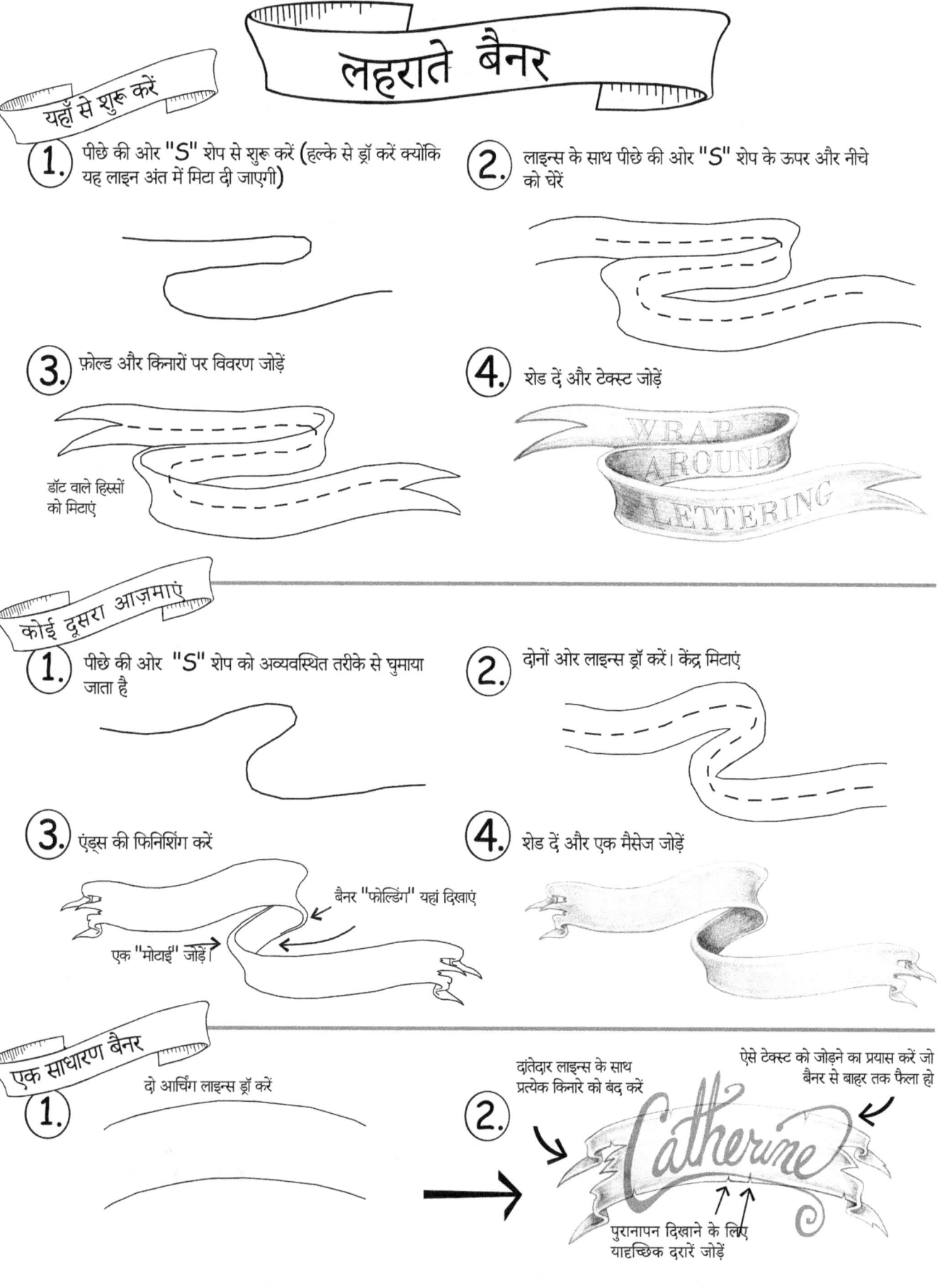

लहराते बैनर

यहाँ से शुरू करें

1. पीछे की ओर "S" शेप से शुरू करें (हल्के से ड्रॉ करें क्योंकि यह लाइन अंत में मिटा दी जाएगी)

2. लाइन्स के साथ पीछे की ओर "S" शेप के ऊपर और नीचे को घेरें

3. फ़ोल्ड और किनारों पर विवरण जोड़ें

डॉट वाले हिस्सों
को मिटाएं

4. शेड दें और टेक्स्ट जोड़ें

WRAP
AROUND
LETTERING

कोई दूसरा आज़माएं

1. पीछे की ओर "S" शेप को अव्यवस्थित तरीके से घुमाया जाता है

2. दोनों ओर लाइन्स ड्रॉ करें। केंद्र मिटाएं

3. एंड्स की फिनिशिंग करें

बैनर "फोल्डिंग" यहां दिखाएं
एक "मोटाई" जोड़ें।

4. शेड दें और एक मैसेज जोड़ें

एक साधारण बैनर

1. दो आर्चिंग लाइन्स ड्रॉ करें

2.

दांतेदार लाइन्स के साथ
प्रत्येक किनारे को बंद करें
ऐसे टेक्स्ट को जोड़ने का प्रयास करें जो
बैनर से बाहर तक फैला हो
Catherine
पुरानापन दिखाने के लिए
याहच्छिक दरारें जोड़ें

अधिक लहराते बैनर

1.

2.

1.

2.

1.

2.

1.

2.

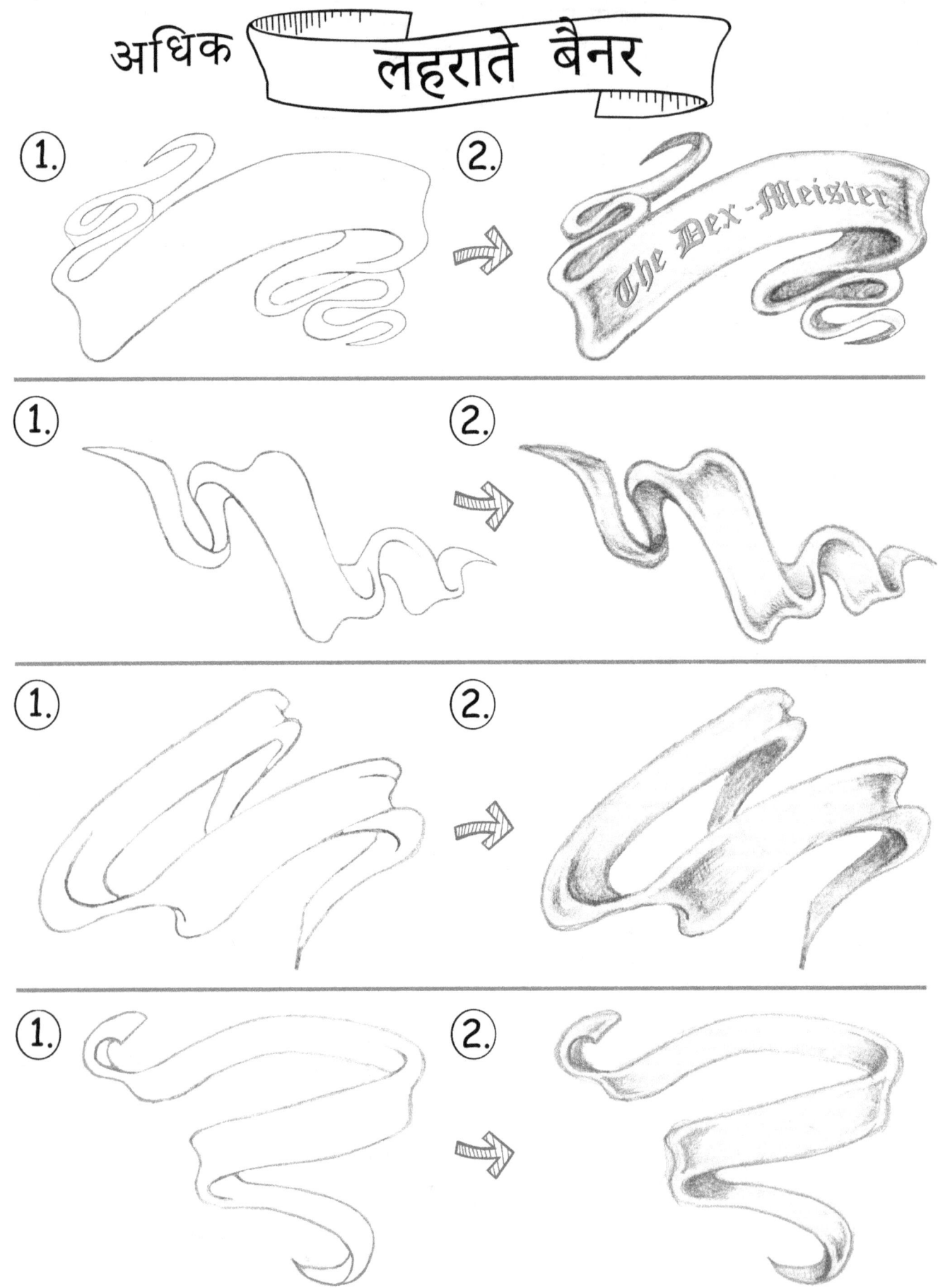

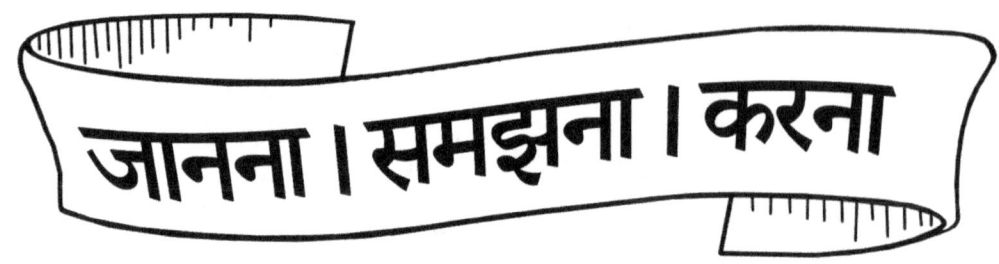

जानना । समझना । करना

अमेरकिा का झंडा

जानें:

ओवरलैपगि शेप्स की एक सरल रेपटिशिन (दोहराव) एक लहराते झंडे का रूप दे सकती है

समझें:

• फोल्ड्स का इल्यूशन प्रकट करना

• सतह के घुमावों के चारों ओर स्ट्राइप्स या पैटर्न लपेटने से यथार्थवाद और गहराई का संकेत मलिता है

करें

• प्रदान की गई टप्सि और तकनीकों का इस्तेमाल करके अमेरकिी झंडे का लहराता हुआ रूप बनाएं

• ओरजिनल 13 कॉलोनयिों का प्रतनिधित्वि करने के लए 13 स्ट्राइप्स जोडें

• 50 राज्यों का प्रतनिधित्वि करने के लए 50 स्टार जोडें

• ट्रेस न करें। शेड दें।

शब्दावली:

ओवरलैप - जब एक चीज पूरी तरह से या आंशकि रूप से कसिी और चीज को ढक लेती है

रेपटिशिन (दोहराव) - एक ही शेप को फरि से बनाना

लपेटना - फॉर्म दखिाने के लए कॉन्टूर (रूपरेखा) लाइन्स का इस्तेमाल करके कसिी ऑब्जेक्ट पर ड्रॉ करना

अमेरिका का झंडा

1. एक एंगल्ड वाले रेक्टेंगल से शुरू करें

2 एंगल्ड लाइन्स

2 पैरेलल लाइन्स

2. स्टेप 1 के समान शेप को दोहराएं

हल्का सा नीचे

3. फिर से दोहराएं

और नीचे

4. 2 अक्षर "V" शेप जोड़ें

5. डॉट वाले हिस्से को मिटाएं

ट्राएंगल को रेक्टेंगल कनेक्ट करें

6.

7. पॉइंट्स को गोल करें

इन 3 को गोल करें

इन 4 को गोल करें

8. पट्टियां और वे हिस्से जोड़ें जहां सितारे जाएंगे

6 पट्टियाँ स्टार के हिस्से के नीचे होनी चाहिए

मूल 13 कालोनियों का प्रतिनिधित्व करने के लिए कुल 13 पट्टियां जोड़ें

9. शेड दें

नीला

लाल

सफेद

50 सफेद स्टार जोड़ें (या इसे सरल रखें और केवल सफेद सर्कल का एक गुच्छा जोड़ें)

CVH

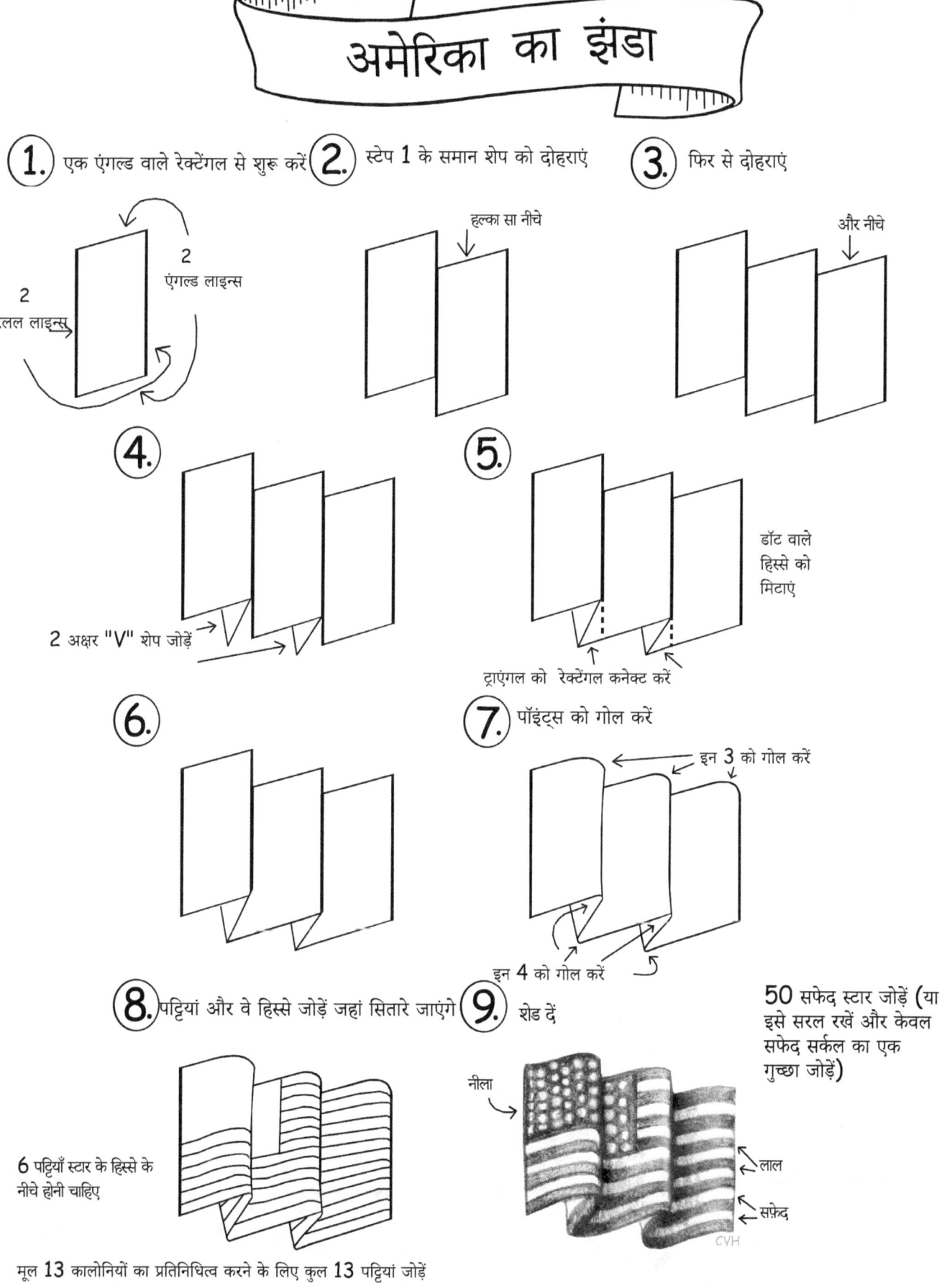

अध्याय दो

मानव चेहरे के हिस्से

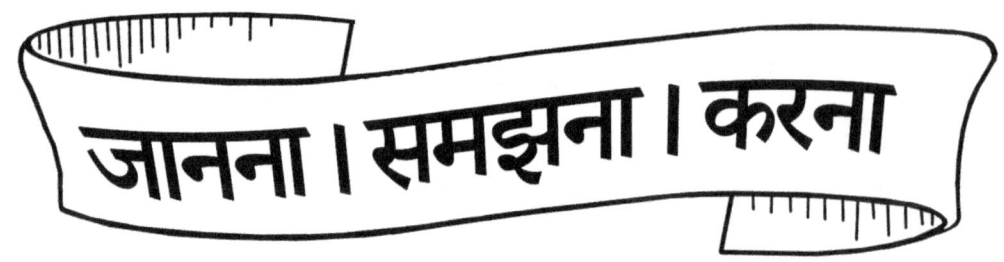

जानना । समझना । करना

मानव आंख

<u>जानें:</u>
आंख के वजिबिल पार्ट (आईरसि, प्यूपलि, स्क्लेरा)

<u>समझें:</u>
• मानक दशिा-नर्िदेशों/माप का इस्तेमाल करके सामान्य मानव आंख बनाई जा सकती है
• मानव की आंख गोलाकार है
• सामान्य मानव आंख, आँखों के बीच की दूरी जतिनी चौड़ी होती है (एक आंख की चौड़ाई की दूरी पर)

<u>करें</u>
• बताई गई तकनीकों का इस्तेमाल करके एक आम मानव आंख बनाने का अभ्यास करें
• ऐसी लाइन्स खीचें जो पुतली से बाहर नकिलती हैं (जैसे साइकलि के पहएि पर स्पोक) डटिल के कई पहलुओं को इंडीकेट करने के लएि
• भौहें और पलकें अंत में जोड़ें
• शेड दें। एक हाइलाइट के लएि आईरसि के अंदर एक छोटे से जगह को मटिा दें।

<u>शब्दावली:</u>
आईरसि - आंख का रंगीन पार्ट
प्यूपलि - आंख का सबसे काला भाग,आईरसि के केंद्र में पाया जाता है
स्क्लेरा – आइबॉल का सफेद पार्ट
स्फीयर - एक थ्री-डायमेंशनल बॉल शेप, सपाट सर्कलि नही

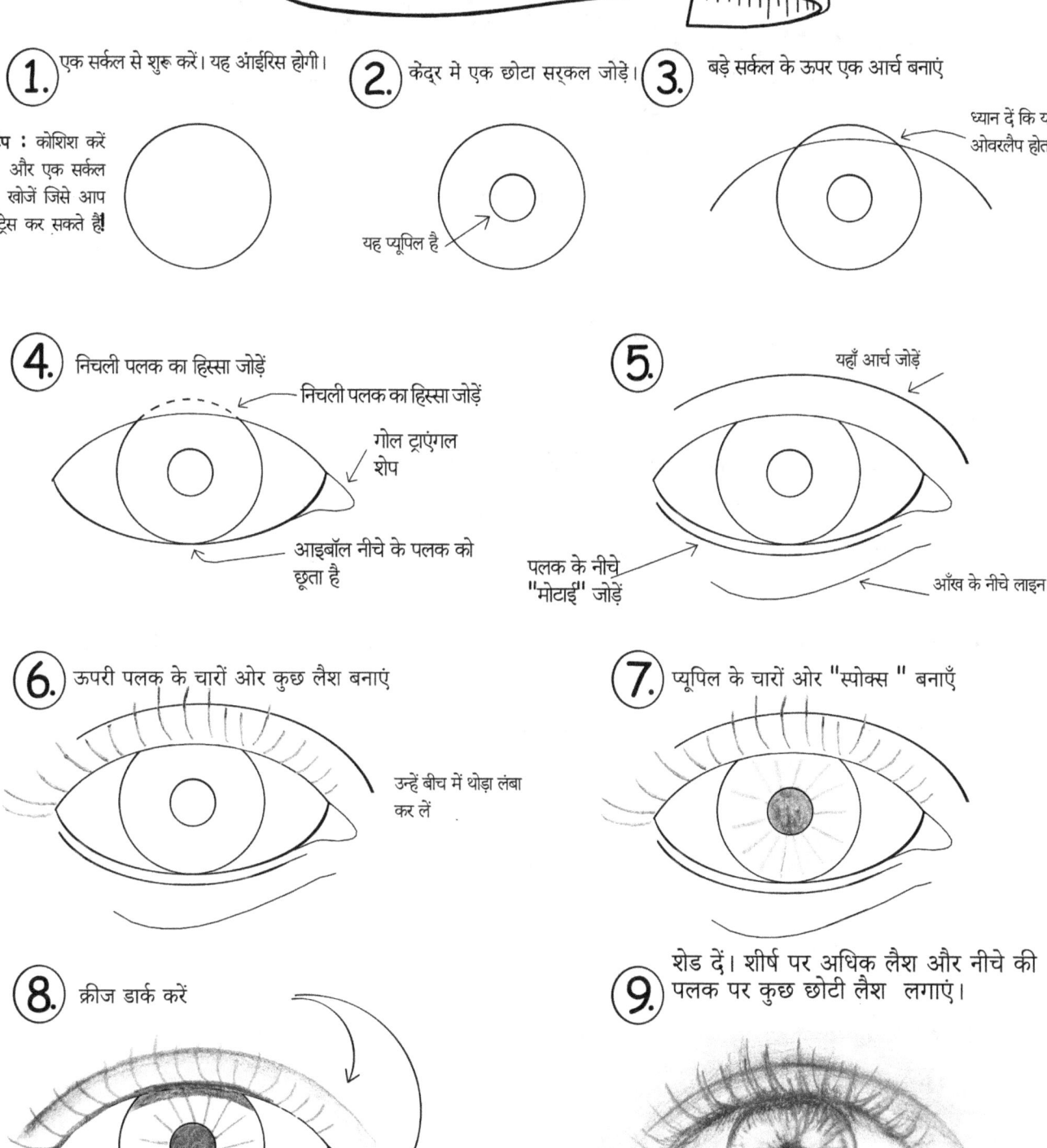

एक मानव आँख ड्रॉ करे

1. एक सर्कल से शुरू करें। यह आंईरिस होगी।

टिप : कोशिश करें और एक सर्कल खोजें जिसे आप ट्रेस कर सकते हैं!

2. केंद्र में एक छोटा सर्कल जोड़ें।

यह प्यूपिल है

3. बड़े सर्कल के ऊपर एक आर्च बनाएं

ध्यान दें कि यह कैसे ओवरलैप होता है

4. निचली पलक का हिस्सा जोड़ें

निचली पलक का हिस्सा जोड़ें
गोल ट्राएंगल शेप
आइबॉल नीचे के पलक को छूता है

5.

यहाँ आर्च जोड़ें
पलक के नीचे "मोटाई" जोड़ें
आँख के नीचे लाइन

6. ऊपरी पलक के चारों ओर कुछ लैश बनाएं

उन्हें बीच में थोड़ा लंबा कर लें

7. प्यूपिल के चारों ओर "स्पोक्स " बनाएँ

8. क्रीज डार्क करें

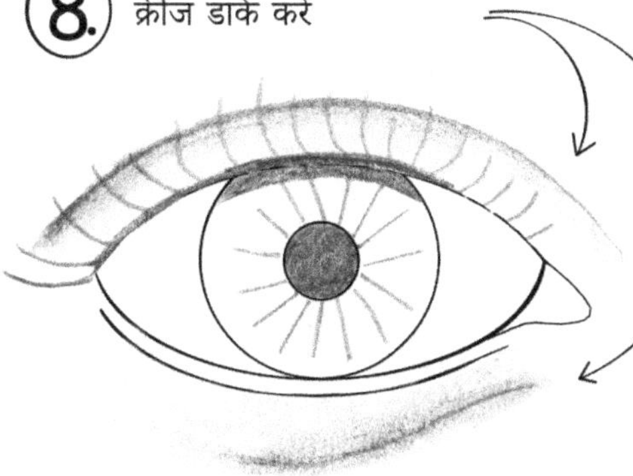

9. शेड दें। शीर्ष पर अधिक लैश और नीचे की पलक पर कुछ छोटी लैश लगाएं।

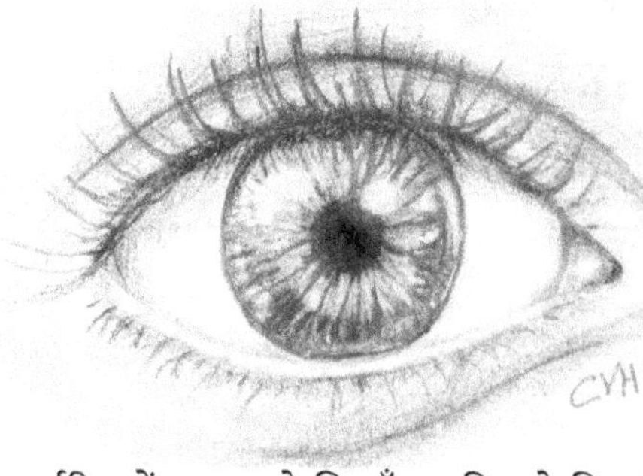

चमक दिखाने के लिए आईरिस में कुछ धब्बे मिटाएँ। प्यूपिल से निकलती हुई और स्पोक्स जोड़ें।

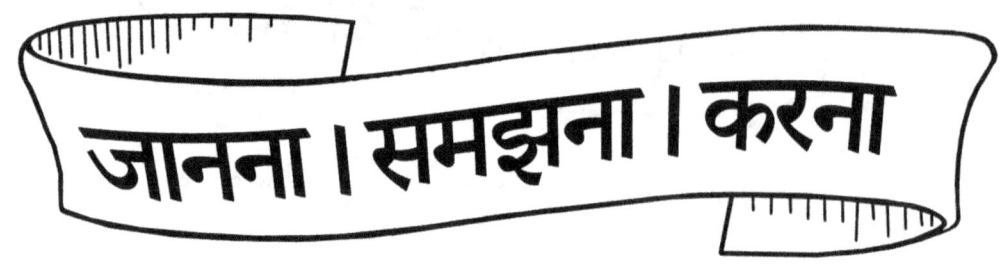

जानना । समझना । करना

आइबॉल

<u>जानें:</u>

आइरसि, प्यूपलि, स्क्लेरा, स्फीयर, लेयरगि

<u>समझें:</u>

- शेप (लंबाई और चौड़ाई) और फॉर्म (गहराई जोडें) के बीच का अंतर
- रीयलस्टिकि आइबॉल बनाने के लएि प्रपोर्शन (अनुपात) और ऑब्जरवेशन का इस्तेमाल
- सरल जयिोमेट्रकि शेप्स की एक श्रृंखला को जोड़ने से एक जटलि (ऑर्गेनकि) ऑब्जेक्ट बन सकता है
- एक सीन में लेयरगि और ऑब्जेक्ट्स के शेप में अंतर गहराई के इल्यूशन को प्राप्त करने में मदद करते हैं
- हाई कंट्रास्ट शेडगि फॉर्म और 3D का आभास देता है

<u>करें</u>

- बैलेंस, शेडगि और ब्लेंडगि टोन पर ध्यान फोकस करते हुए एक ओरजिनल आइबॉल डजिाइन बनाने के लएि दएि गए स्टेप्स को फॉलो करें
- पेंसलि या रंगीन पेंसलि से शेड दें

<u>शब्दावली:</u>

आइरसि – आंख का रंगीन पार्ट

प्यूपलि - आंख का सबसे काला भाग, आईरसि के केंद्र में पाया जाता है

स्क्लेरा - आइबॉल का सफेद पार्ट

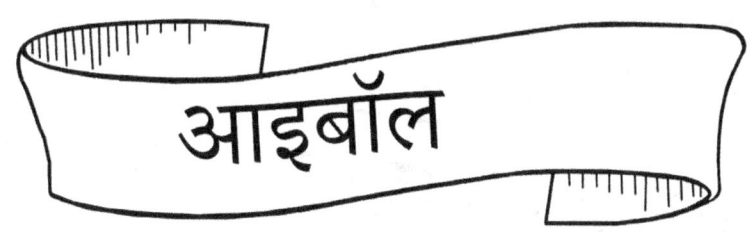

आइबॉल

1. एक सर्कल से शुरू करें

टिप : एक ऐसा सर्कल खोजने का प्रयास करें जिसका आप ट्रेस कर सकें

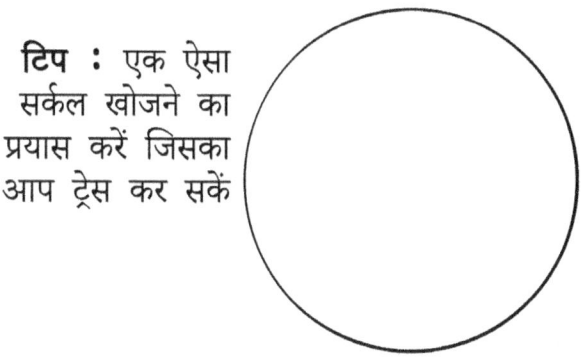

2. केंद्र में एक छोटा सर्कल जोड़ें। यह आईरिस होगा।

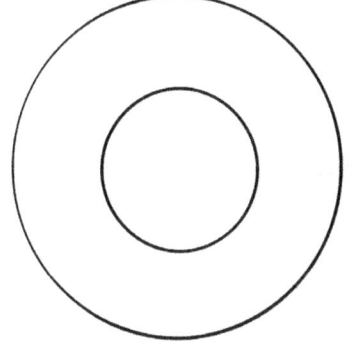

3. आईरिस के केंद्र में अंतिम सबसे छोटा सर्कल जोड़ें।

यह प्यूपिल है

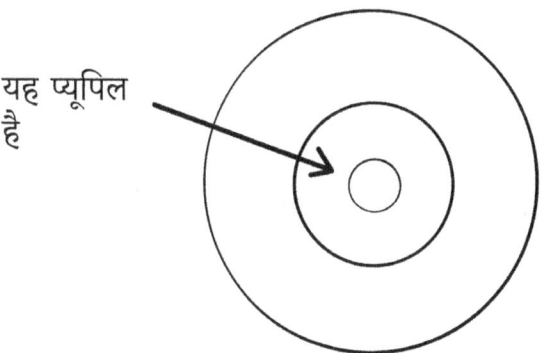

4. प्यूपिल को काला कर दें। प्यूपिल के चारों ओर "स्पोक्स" बनाएँ।

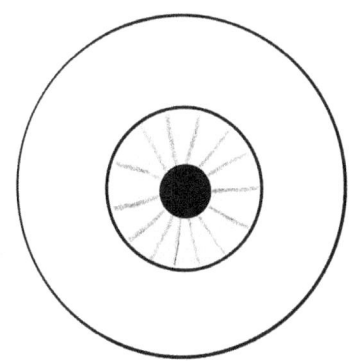

5. आईरिस के किनारों को गहरा करें, अधिक "स्पोक्स" जोड़ें।

बाहरी आइबॉल रिम को काला करने के लिए स्मज/शेड करें

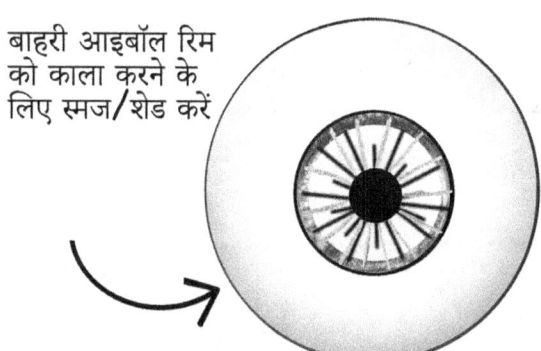

6. पूरे आईरिस को शेड करें। आवश्यकतानुसार और स्पोक्स जोड़ें।

"चमक" इंडीकेट करने के लिए आईरिस पर कुछ हिस्सों को मिटाएं

नसों के लिए कुछ पतली लाइन्स जोड़ें

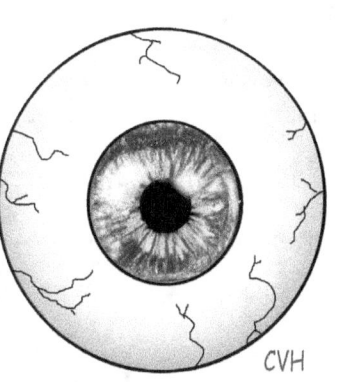

CVH

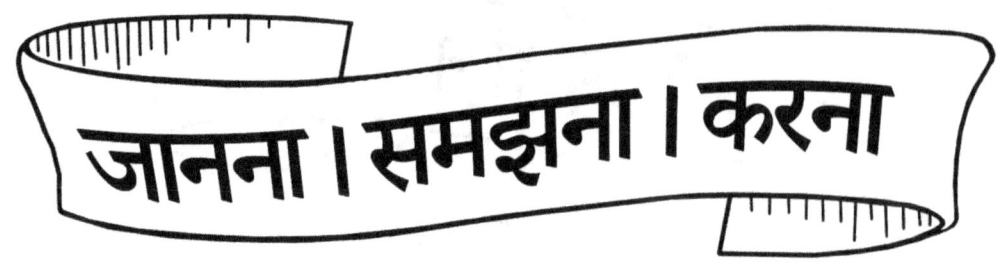

जानना । समझना । करना

मानव नाक

जानें:

मानक गाइडलाइन्स/मापों का इस्तेमाल करके सामान्य मानव नाक बनाई जा सकती हैं

समझें:

• सामान्य मानव नाक आंखों के बीच की दूरी जतिनी चौड़ी होती है

• नाक उभरी हुई होती है और आमतौर पर बीच में हल्की और कनिारों पर गहरी होती है (लाइट सोर्स के आधार पर)

• एक इंसान की नाक आंखों के बीच के पॉइंट पर पतली होती है और जैसे-जैसे यह चेहरे से नीचे की ओर जाती है, चौड़ी होती जाती है

करें

बताई गई तकनीकों का इस्तेमाल करके एक सामान्य मानव नाक बनाने का अभ्यास करें। पेंसलि से शेड दें। और शेडगि, शैडो और ब्लेंडगि टोन पर ध्यान दें।

टपि्स: नॉस्ट्रलि को बहुत ज्यादा काला न करें क्योंकवि चेहरे के बाकी हसि्सों से ध्यान आकर्षति करेंगे और "सुअर जैसी" भी दखिेंगे

शब्दावली:

शेडगि - एक वैल्यू की दूसरे में ब्लेंडगि। कसिी चत्रि में उन जगहों को डार्क करके जो छायादार हैं और बाकी जगहों को लाइट छोड़कर लाइट से डार्क या डार्क से लाइट में परवरि्तन दखिाना। शेडगि का इस्तेमाल डायमेंशन और गहराई के इल्यूशन पैदा करने के लएि कयिा जाता है।

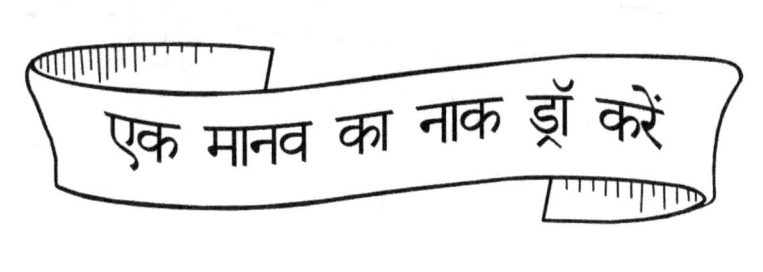

एक मानव का नाक ड्रॉ करें

एक साधारण नाक

1. "U" शेप से शुरू करें
2. साइड्स में 2 छोटे "U" शेप्स जोड़ें
3. हल्के से नाक के साइड्स को ड्रॉ करें
4. एक तरफ गहरा शेड करें

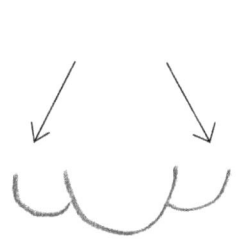

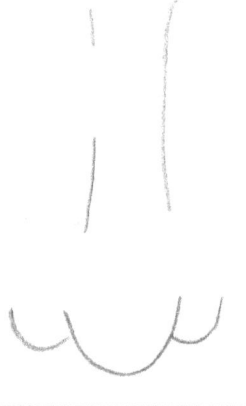

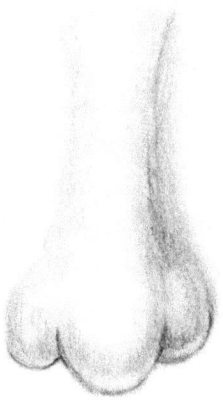

नाक हमेशा ऊपर से पतली और बेस से चौड़ी होती है

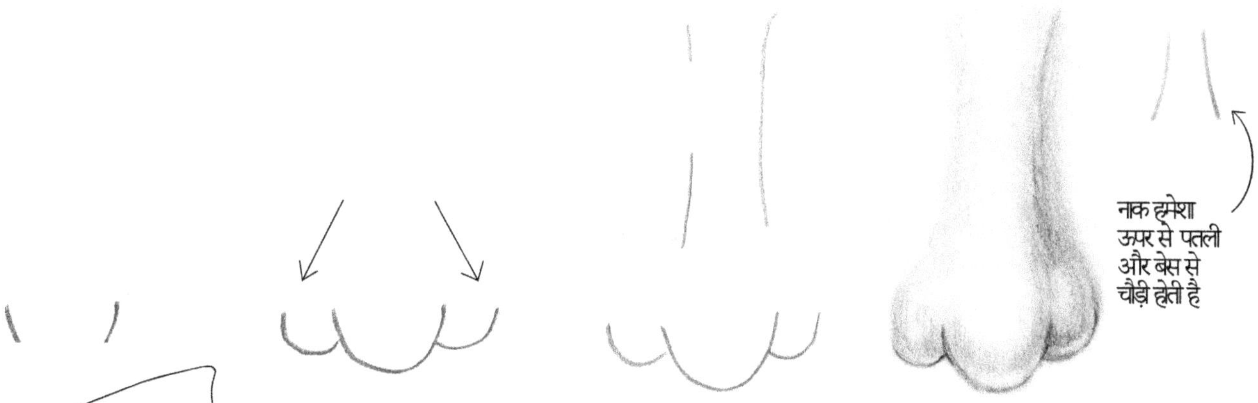

और उन्नत

1. एक चौड़े "U" से शुरू करें और सिरों को घुमाव करें
2. साइड्स में एक "कोष्ठक" शेप जोड़ेंc
3. हल्के से नाक के साइड्स को ड्रॉ करें
4. एक तरफ गहरा शेड करें

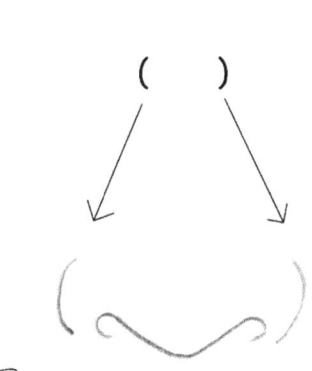

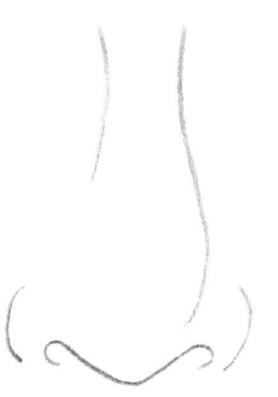

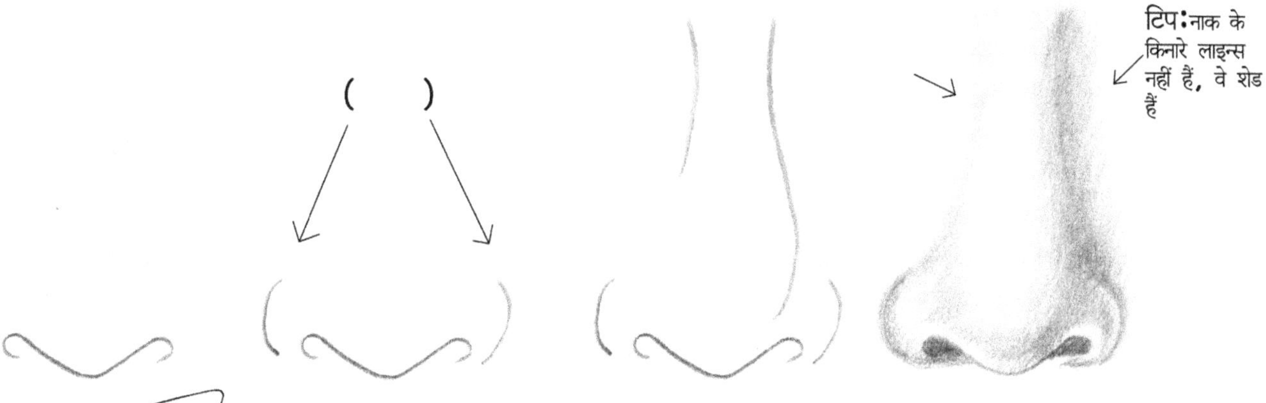

टिप: नाक के किनारे लाइन्स नहीं हैं, वे शेड हैं

दूसरा

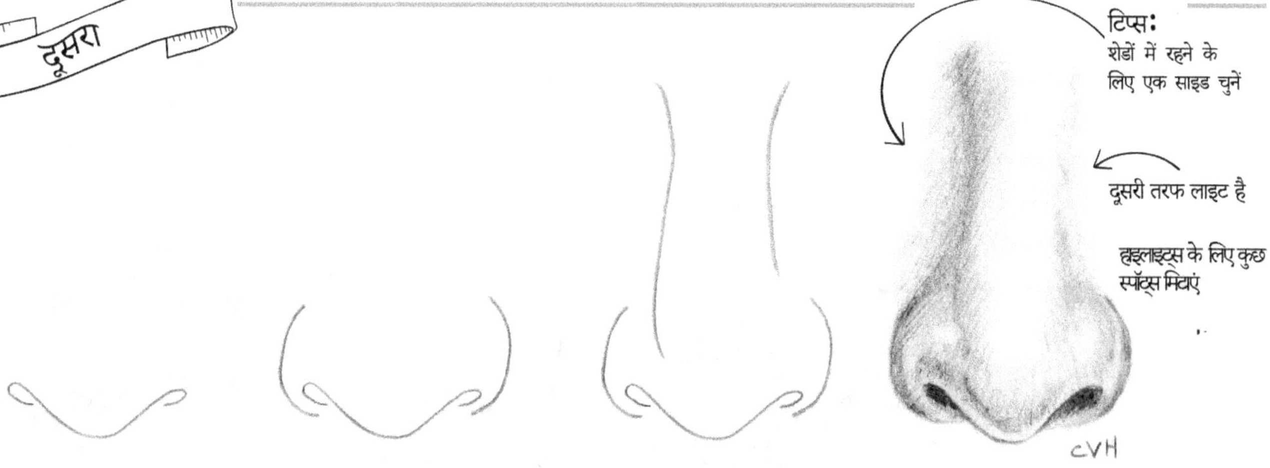

टिप्स:
शेडों में रहने के लिए एक साइड चुनें
दूसरी तरफ लाइट है
हइलाइट्स के लिए कुछ स्पॉट्स मिटाएं
CVH

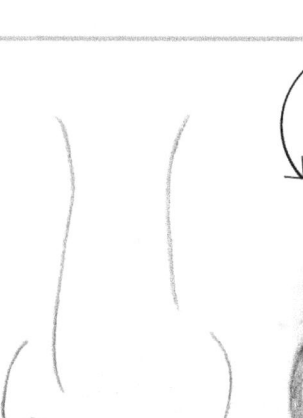

एक नाक चुनें

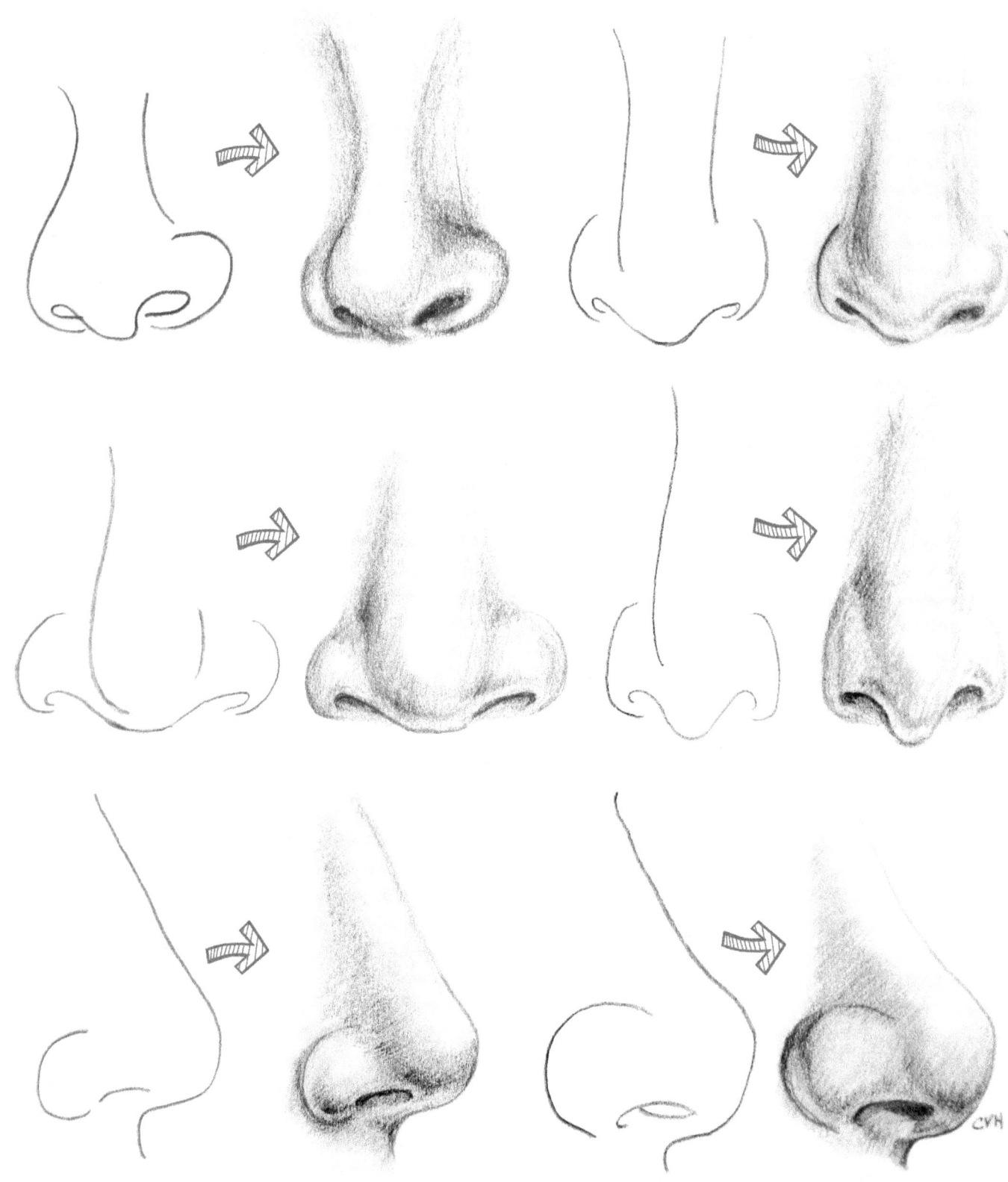

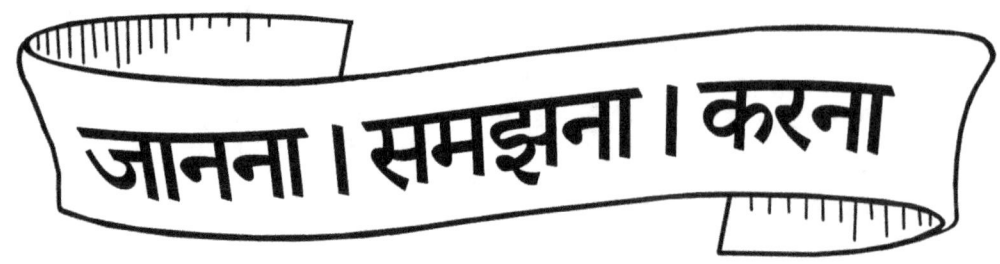

जानना । समझना । करना

मानव मुँह

जानें:

मानक गाइडलाइन्स/मापों का इस्तेमाल करके सामान्य मानव मुंह को वास्तविक रूप से ड्रॉ किया जा सकता है। (चेहरा ड्रॉ करते समय, चौड़ाई के लिए पुतलियों से नीचे की ओर मापें)।

समझें:

- सामान्य मानव निचला होंठ ऊपरी होंठ की तुलना में भरा हुआ और बड़ा होता है (ज़्यादातर लोगों में!)
- होठों के तलों की दिशा में शेडिंग से फॉर्म बनता है, घुमावदार लाइन्स कॉन्टूर (रूपरेखा) बनाती हैं

करें

- बताई गई तकनीकों का इस्तेमाल करके एक सामान्य मानव मुंह बनाने का अभ्यास करें
- शेड दें।
- उस लाइन पर सबसे गहरी वैल्यू बनाएं जहां होंठ मिलते हैं। प्राकृतिक चमक इफेक्ट पैदा करने के लिए नीचे के होंठ में केंद्र के कुछ धब्बे मिटा दें।

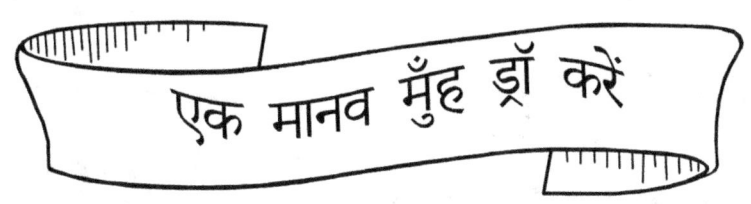

एक मानव मुँह ड्रॉ करें

1. "सूर्यास्त" शेप से शुरू करें

2. केंद्र में राउंड इंडेंट बनाएं

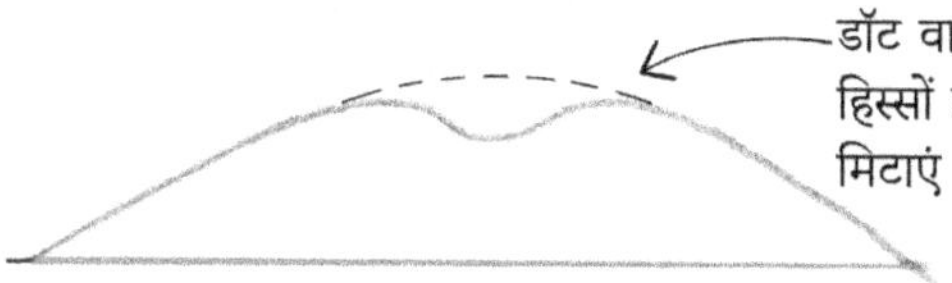

डॉट वाले हिस्सों को मिटाएं

3. 2 और राउंड इंडेंट बनाएं (इस बार नीचे)

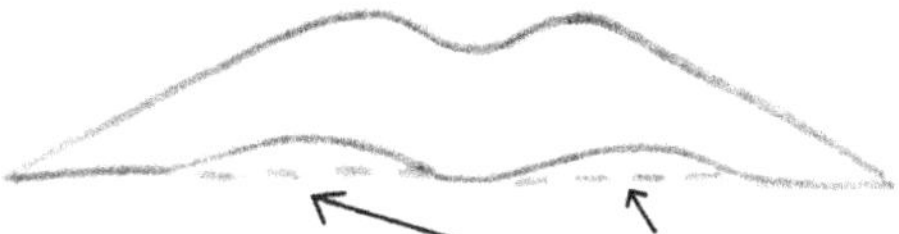

डॉट वाले हिस्सों को मिटाएं

4. निचले होंठ के स्थान को इंगित करने के लिए एक छोटी लाइन जोड़ें

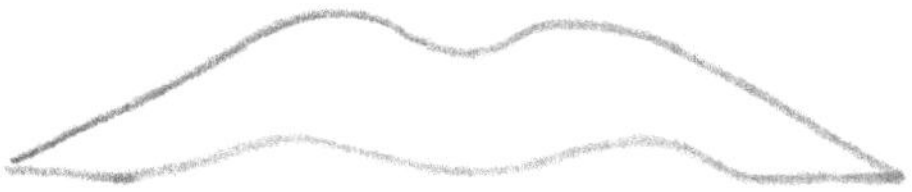

अधिकतर लोगों का निचला होंठ ऊपर से बड़ा होता है

5. निचले होंठ को कर्विंग लाइन से कनेक्ट करें

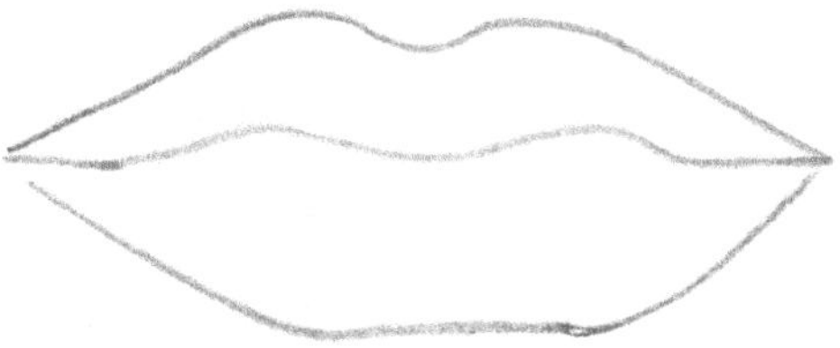

6. होंठ की लाइन्स जोड़ें

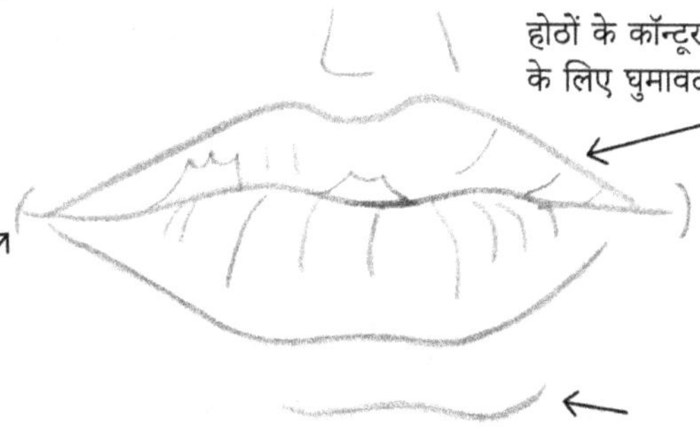

होठों के कॉन्टूर को दिखाने के लिए घुमावदार लाइन्स

मुस्कान लाइन्स

शेडो लाइन

7. शेड दें

टिप:
दोनों साइड्स को परफेक्ट बनाने की कोशिश न करें। मानव चेहरे एकदम सिमेट्रीकल नहीं होते हैं!

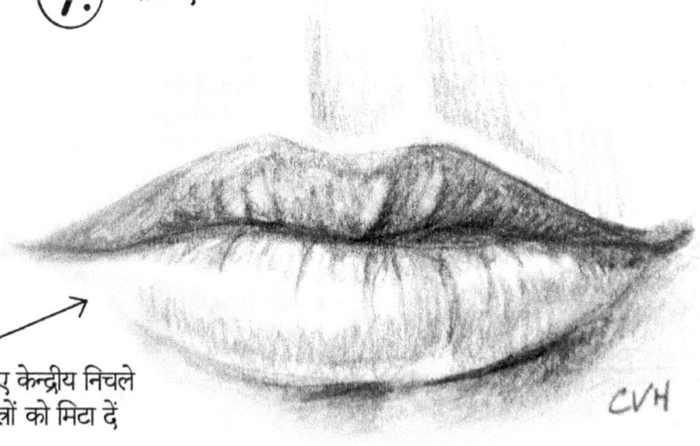

हाइलाइट्स के लिए केन्द्रीय निचले होंठ के कुछ क्षेत्रों को मिटा दें

CVH

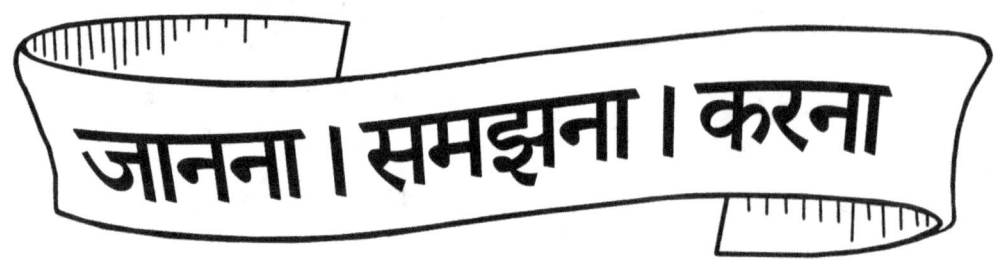

जानना। समझना। करना

मानव कान

जानें:

• कान मानव शरीर का वह अंग है जो ध्वनकिा पता लगाता है और बैलेंस और शरीर की पोजीशन में सहायता करता है

• मानव कान सरि के वपिरीत दशिा में कुछ हद तक समिट्रीकली स्थति होते हैं

समझें:

• मानक गाइडलाइन/मापों का उपयोग करके औसत मानव कान को वास्तवकि रूप से ड्रॉ कयिा जा सकता है (सरि पर कान ड्रॉ करते समय आंख की रेखा के कनिारे से नाक की रेखा के नीचे तक माप)

• वैल्यू स्केल टोन का उपयोग करके शेडगिं करने से अधकि रीयलस्टिकि रेंडरगिं प्राप्त होगी

करें

• प्रस्तावति तकनीकों का उपयोग करके एक बुनयिादी मानव कान बनाने का अभ्यास करें

• "सर्कल" के अंदर और शीर्ष गोल क्षेत्र के नीचे सबसे गहरा मान बनाएं। प्राकृतकि चमक प्रभाव बनाने के लिए लोब पर कुछ हस्सि मटिा दें।

शब्दावली:

समिट्री - दोनों तरफ समान; बैलेंस्ड प्रपोर्शन

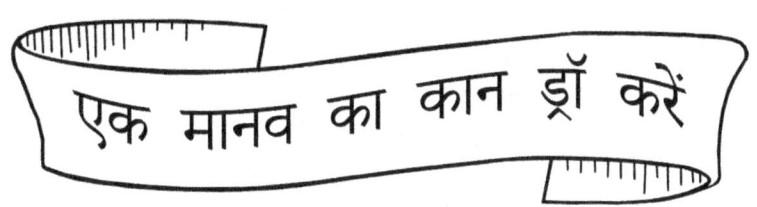

एक मानव का कान ड्रॉ करें

1. एक डायगोनल पर **2** ओवरलैप करते हुए सर्कल्स के साथ शुरू करें

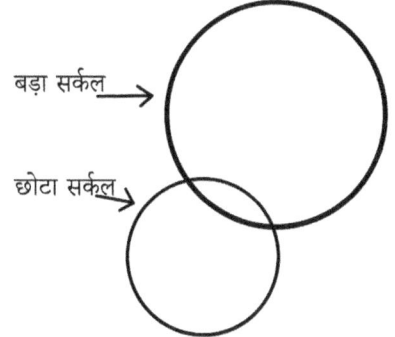

बड़ा सर्कल →

छोटा सर्कल →

2. डैश लाइन्स से दिखाए गए भागों को मिटाएं

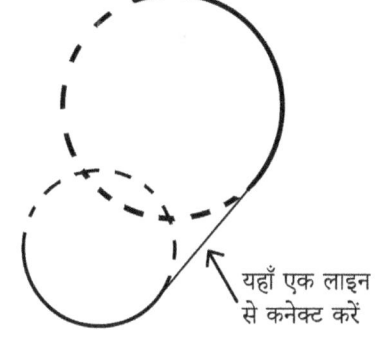

यहाँ एक लाइन से कनेक्ट करें

3. एक प्रश्न चिह्न शेप के शीर्ष को ड्रॉ करें

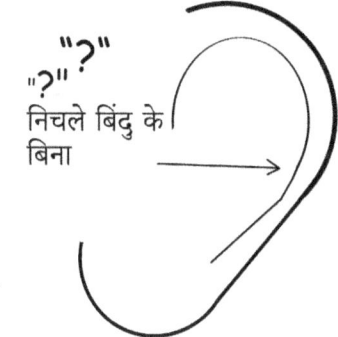

"?" "?"
निचले बिंदु के बिना →

4. एक छोटा गोला जोड़ें

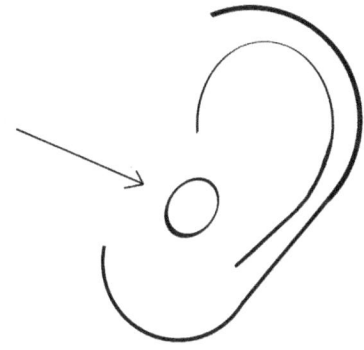

5. नीचे देखे गए अनुसार अधिक जोड़ें...

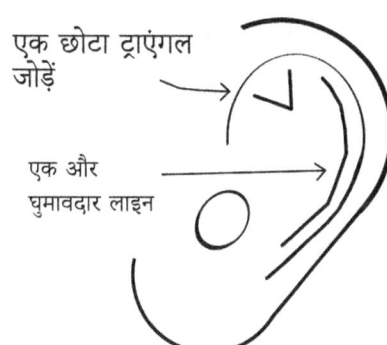

एक छोटा ट्राएंगल जोड़ें →

एक और घुमावदार लाइन →

6. कुछ और विवरण जोड़ें

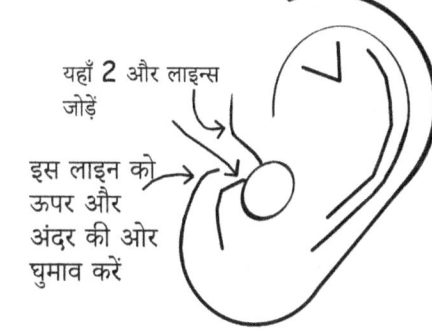

यहाँ **2** और लाइन्स जोड़ें →

इस लाइन को ऊपर और अंदर की ओर घुमाव करें →

7. इन **2** शेप्स को बनाइये और उन्हें शेप दीजिए

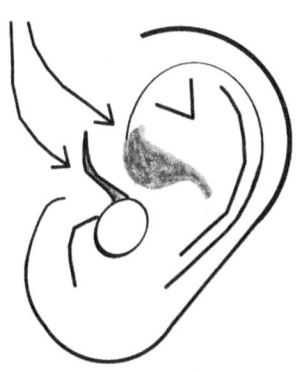

8. नीचे देखे गए क्षेत्रों को भरें

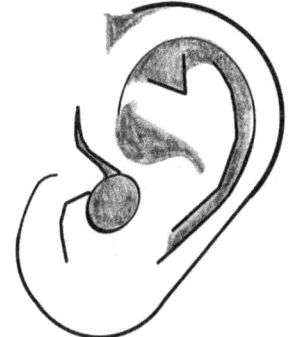

9. शेड दें

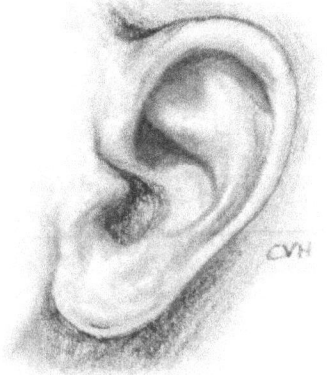

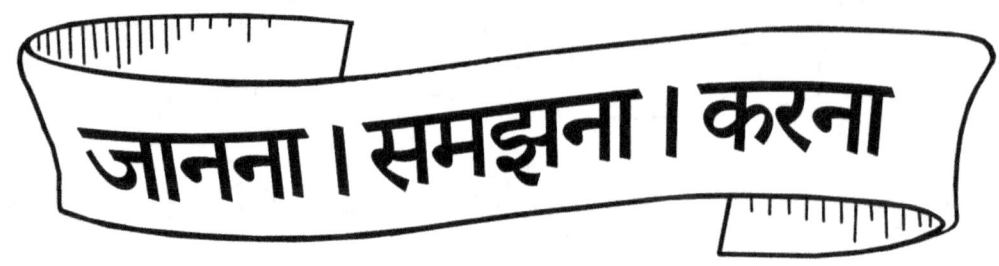

जानना। समझना। करना

मानव सरि

<u>जानें:</u>

मानव चेहरा बनाने के सरल तरीका

<u>समझें:</u>

- सरि और सामान्य फीचर्स को बनाने के लिए प्रपोर्शन (अनुपात) का इस्तेमाल
- वशिष फीचर्स की शेप और साइज़ में सूक्ष्म अंतर हमें अनोखा बनाते हैं
- उभरे हुई ऑब्जेक्ट्स (नाक, होंठ,आदि) शैडो बनाती हैं
- मानव सरि को एक ग्रडि पर मापा/नर्मिति कयि जा सकता है

<u>करें</u>

- बताई गई तकनीकों का इस्तेमाल करके एक सामान्य मानव चेहरा/सरि बनाने का अभ्यास करें
- गाइड लाइन के साथ शुरू करें, फीचर्स बनाएं, शेड दें।
- "फेस चेकलसि्ट" को फॉलो करें

<u>बाद में। . .</u>

सेल्फ पोर्ट्रेट्स - ओरजिनल फ़ेस ग्रडि से शुरू करें, फरि अपनी व्यक्तगित फीचर्स के शेप और साइज़ को देखने के लिए मरिर का इस्तेमाल करें। पहचान और व्यक्तत्वि पर ध्यान दें - यह एक सामान्य चेहरे से वे छोटे अंतर हैं जो हमें अनोखा बनाते हैं!

<u>शब्दावली:</u>

प्रपोर्शन (अनुपात) - तुलनात्मक साइज़ और एक भाग का दूसरे के हसिाब से प्लेसमेंट

फेस चेकलसि्ट

<u>सरि:</u>
भौहें, गर्दन, नाक, नचिले होंठ, ठोडी़, और संभवतः चीकबोन्स के नीचे शेड (रोशनी के स्रोत के आधार पर)

<u>होंठ:</u>
- ज्यादातर लोगों का ऊपरी होंठ नचिले होंठ से छोटा (और थोडे़ गहरे रंग में शेड हुआ) होता है
- "चमक" के लिए नचिले होंठ के एक स्पॉट को मटिा दें
- आकृता को इंगति करने के लिए गोलाकार, कॉन्टूर लाइन ड्रॉ करें

<u>आँखें:</u>
- प्यूपलि को काला, आइरसि को हल्का रंगें
- ववरिण के लिए पुतली से नकिलने वाली "स्पोक्स" बनाएं
- आंख की पुतली में कहीं सफेद हाइलाइट छोड़ दें
- आंख का ऊपरी हसि्सा (लैश लाइन) नचिले हसि्से की तुलना में गहरा होना चाहिए
- पलकें छोटी होती हैं क्योंकि वे चेहरे के केंद्र की ओर बढ़ती हैं

<u>नाक:</u>
- नाक के कनिारे शेड करें (आउटलाइन नहीं)
- "पगिी" नाक से सावधान रहें

<u>आखरिी बात, लेकनि बहुत ही महत्वपूर्ण है । . .</u>
- गाइडलाइन को मटिाएं
- भौहें, पलकें और हेयर स्टाइल बनाएं

नोट: ज्यादातर लोगों के बाल आमतौर पर त्वचा की तुलना में गहरे रंग के होते हैं। आपके पेपर पर सबसे गहरा रंग होना चाहिए: बाल, आइबॉल (आइरसि/प्यूपलि) और भौहें। यह अधकिांश चेहरों के लिए है लेकनि कुछ अपवाद हैं।

टपि्स: अपना चेहरा बनाते समय, मरिर को सीधे अपने सामने रखें। कुछ छात्र मरिर में नीचे देखते हैं और सीधे अपनी नाक ऊपर देखते हैं! यह एक अप्रभावी आत्म-चति्र बनाता है।

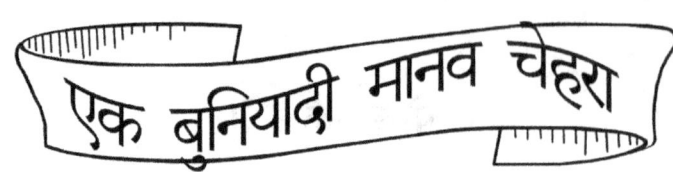

एक बुनियादी मानव चेहरा

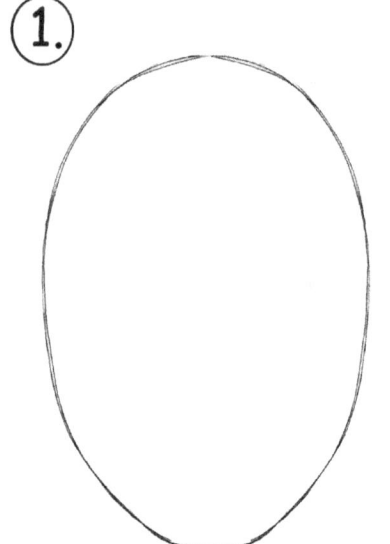

1.

अंडाकार या "उल्टा" अंडे के आकार से शुरू करें। ऊपर का हिस्सा थोड़ा भरा हुआ होना चाहिए।

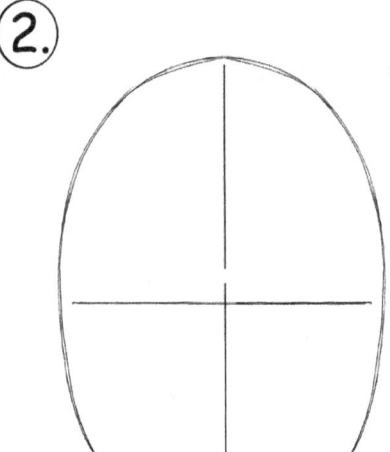

2.

चेहरे के केंद्र में एक छोटा अक्षर "t" बनाएं।

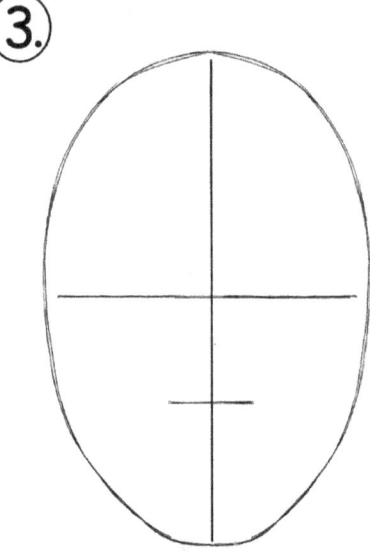

3.

अपनी उंगली को "t" के बीच में और अपनी दूसरी उंगली को ठोड़ी पर रखें। केंद्र का पता लगाएं और वहां एक लाइन को ड्रॉ करे। यह नाक का निचला हिस्सा होगा।

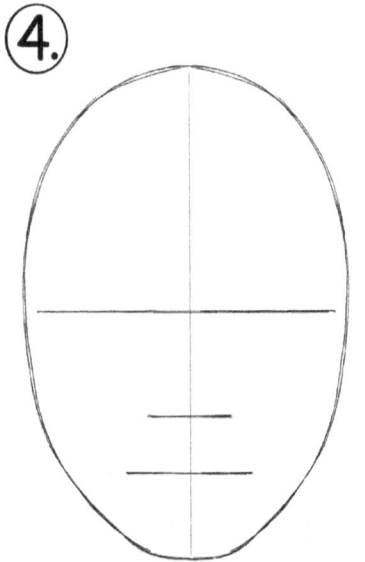

4.

अपनी उंगली को आपके द्वारा अभी बनाई गई लाइन के बीच में और दूसरी उंगली को ठोड़ी पर रखें। मध्य को खोजें , एक आखिरी लाइन बनाइये। यह मुंह होगा।

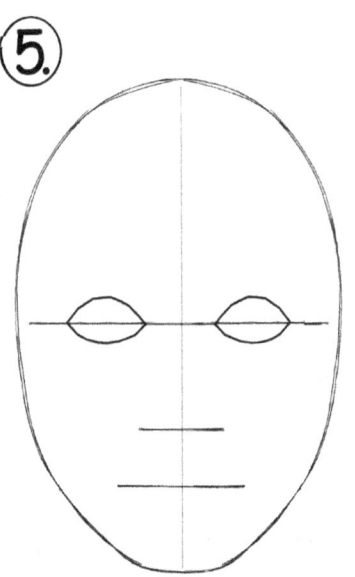

5.

शीर्ष लाइन पर, आँखों के लिए 2 बादाम/फुटबॉल की शेप्स बनाएँ। टिप: आपकी आंखों के बीच की दूरी एक आंख की चौड़ाई के बराबर है।

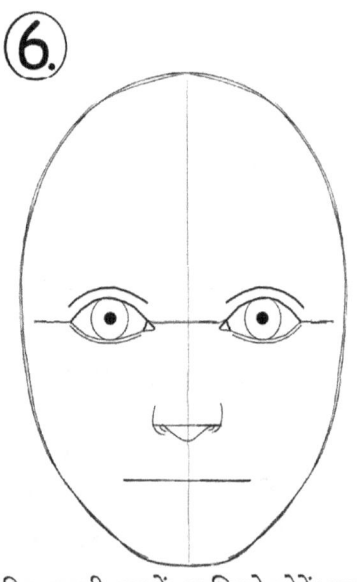

6.

आइरिस, पुतली, पलकें आदि को जोड़ें। दूसरी लाइन में, नाक के निचले हिस्से को ड्रॉ करें। टिप: नाक के निचले हिस्से की चौड़ाई आंखों के बीच की चौड़ाई के बराबर होती है।

एक सामन्य मानव चेहरा

... जारी

7.

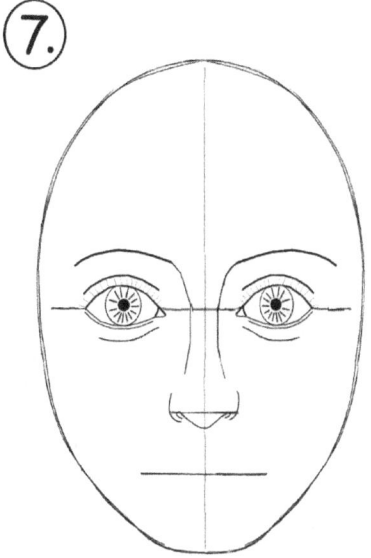

आइरिस में "स्पोक्स" को जोड़ें और भोहों और नाक के साइड्स के लिए लाइन्स ड्रॉ करें। टिप # 1: नाक का सबसे मोटा हिस्सा नीचे होता है, सबसे पतला हिस्सा भोहों के बीच होता है। (ट्राएंगल के शेप जैसा)

8.

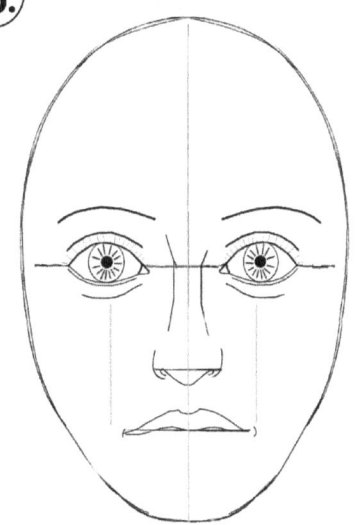

होठों को शुरू करें। मुंह आमतौर पर पुतलियों के बीच की दूरी जितना चौड़ा होता है।
टिप: "क्यूपिड बो " जोड़ना न भूलें: ऊपरी होंठ के शीर्ष पर छोटा सा भाग।

9.

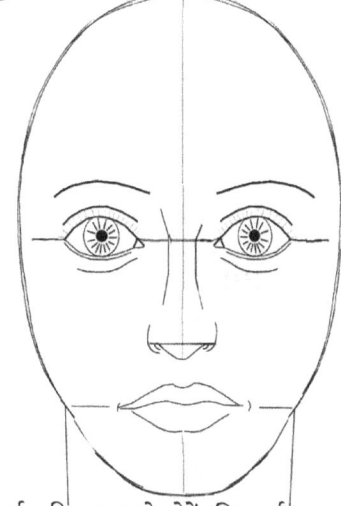

गर्दन की लाइन्स को जोड़ें। टिप: गर्दन मुख लाइन्स के साइड्स जितनी चौड़ी होती है।
निचले होंठ को जोड़ें।
टिप: अधिकांश लोगों के ऊपरी भाग की तुलना में निचला भाग आमतौर पर ज्यादा भरा हुआ होता है

10

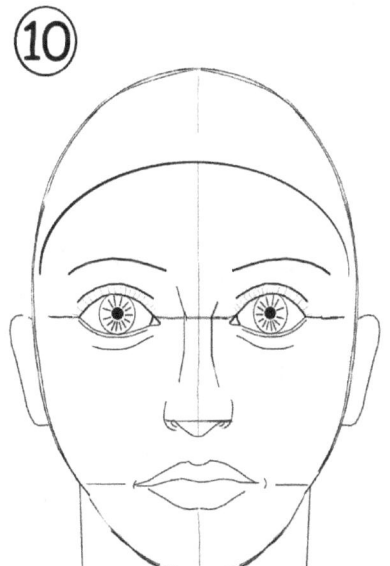

हेयरलाइन को जोड़ें (तैराकी टोपी की तरह दिखता है)।
कान को जोडें।
टिप: कान का शीर्ष आँख की लाइन के बराबर लाइन में होता है, कान का निचला भाग नाक के निचले भाग की लाइन में होता है,

11

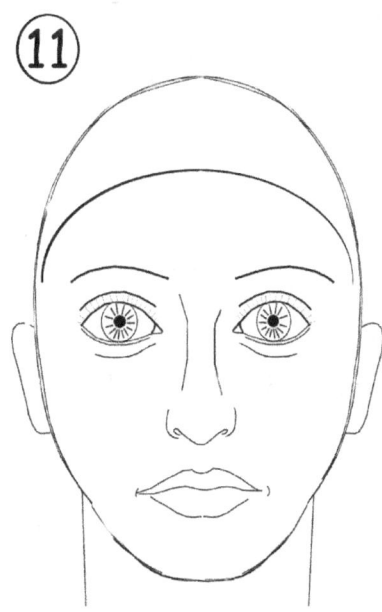

गाइड लाइन को मिटा दें।

12

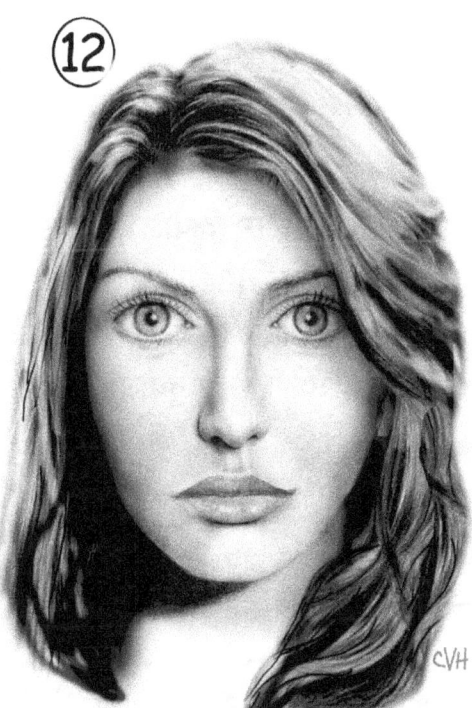

CVH

बाल जोड़ें और शेड दें।

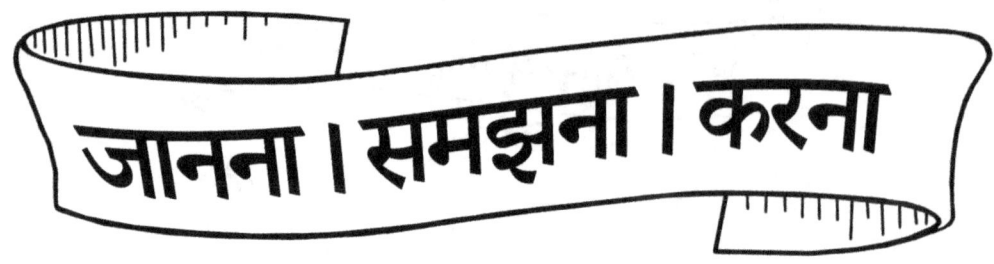

जानना । समझना । करना

मानव खोपड़ी

जानें:

- मानव खोपड़ी बनाने के सरल तरीका
- सरि की प्रमुख हड्डियाँ

समझें:

- खोपड़ी बनाने के लिए प्रपोर्शन (अनुपात) की मूल बातें
- ग्रडि पर मानव सरि की वशिषताओं को मापा/नर्मिति कयाि जा सकता है

करें

- बताई गई तकनीकों का इस्तेमाल करके एक सामान्य मानव चेहरा/सरि बनाने का अभ्यास करें
- गाइड लाइन के साथ शुरू करें, फीचर्स को रखें, शेड दें।

शब्दावली:

क्रैनीअम (कपाल) - खोपड़ी का वह पार्ट जो ब्रेनकेस को घेरता है

मानव खोपड़ी - चेहरे की स्ट्रक्चर्स का समर्थन करता है और मस्तष्कि के लिए कैवटिी बनाता है

मैन्डबिल (जबड़ा) - नचिले जबड़े की हड्डी

प्रपोर्शन (अनुपात) - तुलनात्मक साइज़ और एक भाग का दूसरे के हसिाब से प्लेसमेंट

एक मानव खोपड़ी ड्रॉ करें

1. एक सर्कल से शुरू करें

2. एक रेक्टेंगल जोड़ें

डॉट वाले हिस्सों को मिटा दें

3. जबड़े की लाइन को .जोड़ें

पॉइंट पर एंगल लाइन्स

4.

घुमाव जोड़ें

शार्प किनारों को गोल करें और मिटा दें

5.

आँखें जोड़ें

"घर" के शेप की नाक

मुस्कान

6.

डॉट वाले हिस्सों को मिटा दें

"तीर" पॉइंट्स को जोड़ें

2 घुमावदार "दांत" की लाइन्स को जोड़ें

7.

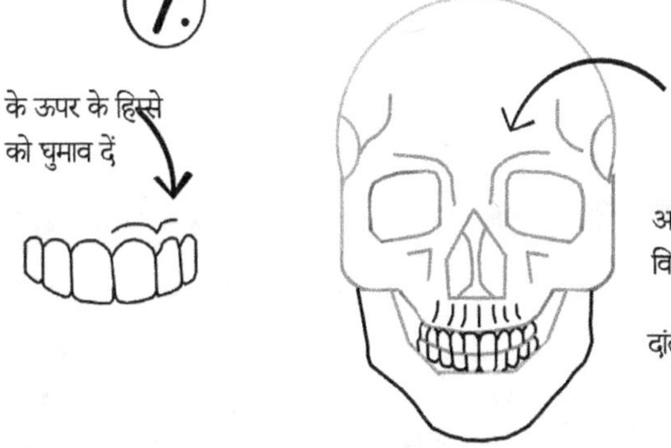

दांतों के ऊपर के हिस्से को घुमाव दें

भोहों की लकीरें

आंतरिक नाक का विवरण

दांतों को जोड़ें

8. शेड दें

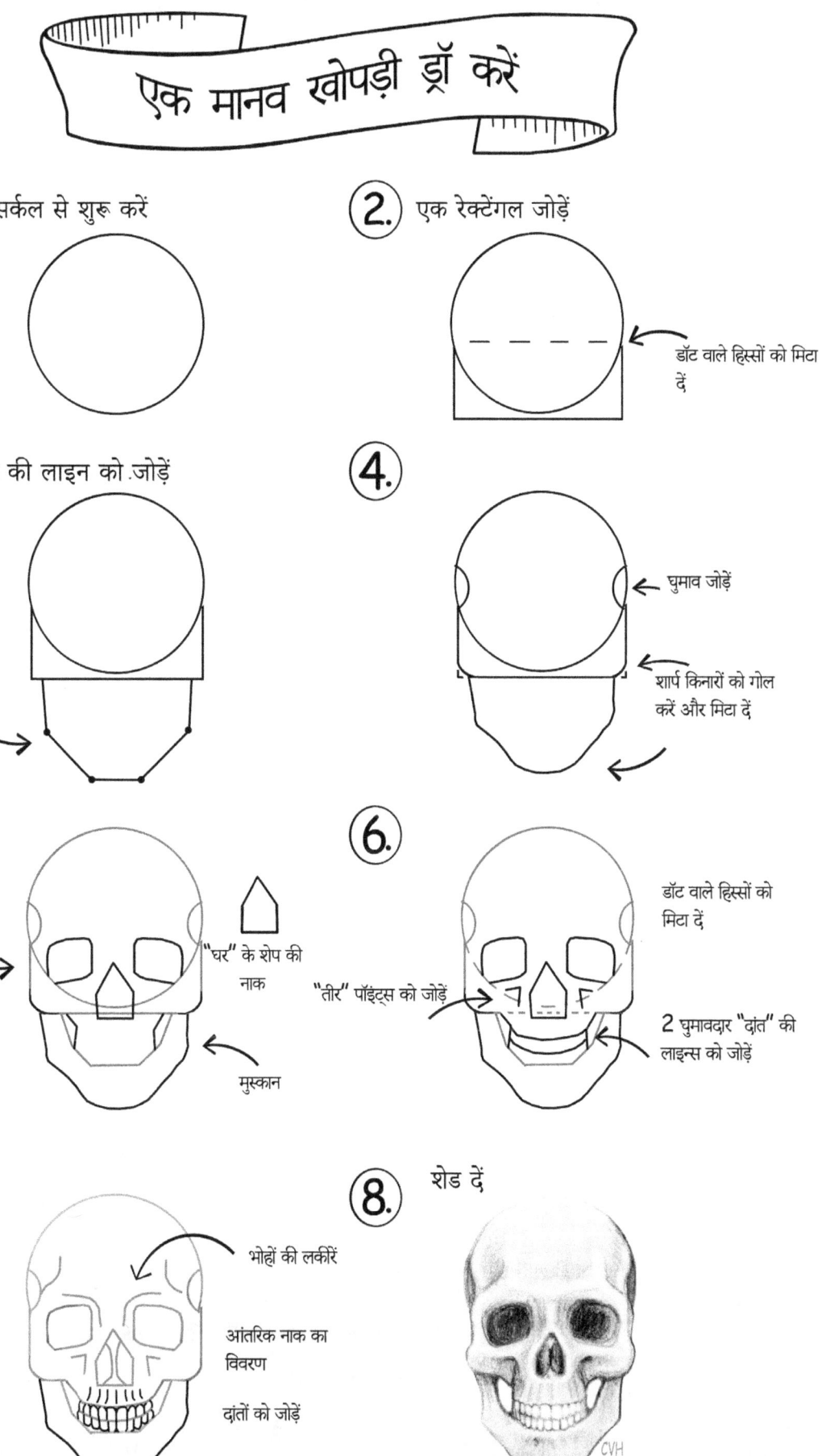

CVH

अध्याय 3

पर्सपेक्टिव (नजरिया)

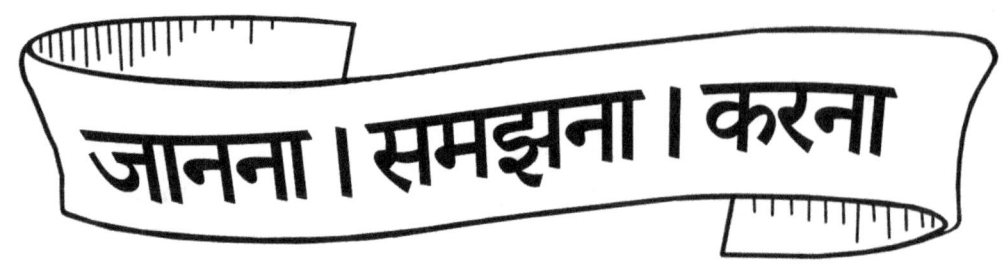

जानना । समझना । करना

वन पॉइंट पर्सपेक्टवि

जानें:
वन पॉइंट पर्सपेक्टवि (नजरयिा)

समझें:
• लीनयिर पर्सपेक्टवि (नजरयिा) में, सभी लाइन्स होराइजन पर एक पॉइंट पर मलिती हुई दखिाई पड़ती हैं
• रसिीडगि लाइन्स सीधी कनिार बनाती हैं जो स्पेस में पीछे जाती हुई दखिाई पड़ती हैं

करें
• 3D के इल्यूशन को इंडीकेट करने के लएि एक होराइजन लाइन, वैनशिगि पॉइंट और रसिीडगि लाइन्स का इस्तेमाल करके एक सड़क के सीन का ओरजिनिल आर्टवर्क बनाएं

शामलि करें:
• कम से कम 6 बलिडगि
• एक सड़क
• खड़िकयिां, ईंटें और दरवाजों जैसे डटिेल
• "एक्स्ट्रास" जैसे कोई कार, सड़क के संकेत या होर्डगि

शब्दावली:
होराइजन लाइन - एक लाइन जहाँ जल या जमीन समाप्त होती दखिाई पड़ती है और आकाश शुरू होता है
वन पॉइंट पर्सपेक्टवि (नजरयिा) - लीनयिर पर्सपेक्टवि (नजरयिा) का एक फॉर्म जसिमें सभी लाइन्स होराइजन पर एक पॉइंट पर मलिती हुई दखिाई पड़ती हैं
रसिीडगि लाइन्स - वे लाइनें जो फोरेग्रॉउंड से पीछे या दूर जाती हैं
वैनशिगि पॉइंट - होराइजन लाइन पर एक पॉइंट जहां गहराई का इल्यूशन पैदा करने के लएि पास और दूर के ऑब्जेक्ट्स के बीच की लाइन्स मलिती हुई दखिाई देती हैं

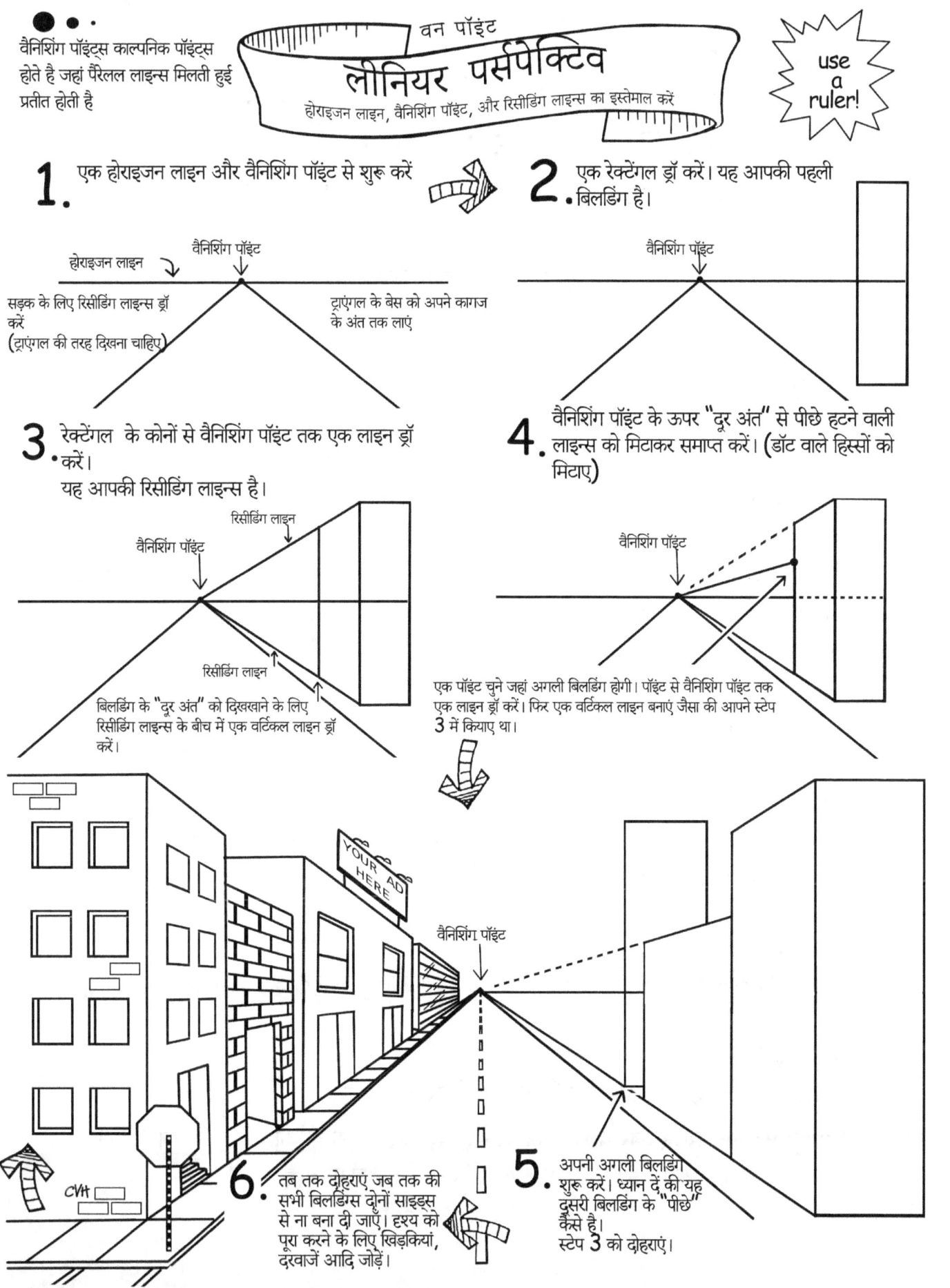

वैनिशिंग पॉइंट्स काल्पनिक पॉइंट्स होते है जहां पैरेलल लाइन्स मिलती हुई प्रतीत होती है

वन पॉइंट

लीनियर पर्सपेक्टिव

होराइजन लाइन, वैनिशिंग पॉइंट, और रिसीडिंग लाइन्स का इस्तेमाल करें

use a ruler!

1. एक होराइजन लाइन और वैनिशिंग पॉइंट से शुरू करें

होराइजन लाइन

वैनिशिंग पॉइंट

सड़क के लिए रिसीडिंग लाइन्स ड्रॉ करें
(ट्राएंगल की तरह दिखना चाहिए)

ट्राएंगल के बेस को अपने कागज के अंत तक लाएं

2. एक रेक्टेंगल ड्रॉ करें। यह आपकी पहली बिल्डिंग है।

वैनिशिंग पॉइंट

3. रेक्टेंगल के कोनों से वैनिशिंग पॉइंट तक एक लाइन ड्रॉ करें।
यह आपकी रिसीडिंग लाइन्स है।

रिसीडिंग लाइन

वैनिशिंग पॉइंट

रिसीडिंग लाइन

बिल्डिंग के "दूर अंत" को दिखखाने के लिए रिसीडिंग लाइन्स के बीच में एक वर्टिकल लाइन ड्रॉ करें।

4. वैनिशिंग पॉइंट के ऊपर "दूर अंत" से पीछे हटने वाली लाइन्स को मिटाकर समाप्त करें। (डॉट वाले हिस्सों को मिटाए)

वैनिशिंग पॉइंट

एक पॉइंट चुने जहां अगली बिल्डिंग होगी। पॉइंट से वैनिशिंग पॉइंट तक एक लाइन ड्रॉ करें। फिर एक वर्टिकल लाइन बनाएं जैसा की आपने स्टेप 3 में किएया था।

YOUR AD HERE

वैनिशिंग पॉइंट

CVA

6. तब तक दोहराएं जब तक की सभी बिल्डिंग्स दोनों साइड्स से ना बना दी जाएं। हृश्य को पूरा करने के लिए खिड़कियां, दरवाजें आदि जोड़ें।

5. अपनी अगली बिल्डिंग शुरू करें। ध्यान दें की यह दूसरी बिल्डिंग के "पीछे" कैसे है।
स्टेप 3 को दोहराएं।

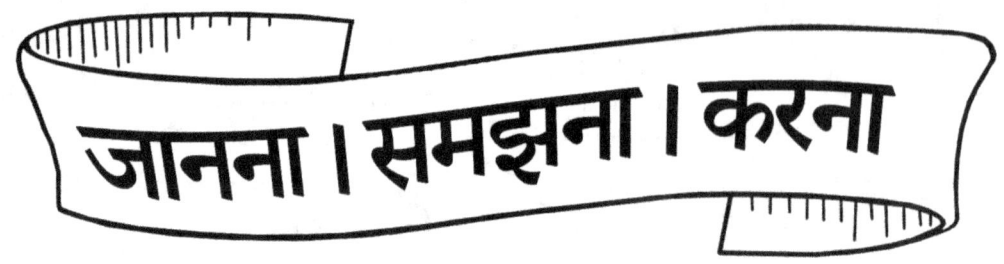

जानना । समझना । करना

<u>टू पॉइंट पर्सपेक्टवि</u>

<u>जानें:</u>
टू पॉइंट पर्सपेक्टवि (नजरयिा)

<u>समझें:</u>

- लीनयिर पर्सपेक्टवि (नजरयिा) में, सभी लाइनें होराइजन पर दो पॉइंट्स में से कसिी एक पर मलिती हुई दखिाई पड़ती हैं
- गहराई का इल्यूशन पैदा करने के लएि पर्सपेक्टवि (नजरयिा) की तकनीकों का इस्तेमाल कयिा जाता है
- सब्जेक्ट्स के शेप के बीच अंतर
- ओवरलैपगिं
- ऑब्जेक्ट्स को पेज पर पास होने पर दर्शाई गई जमीन पर नीचे रखना और दूर होने पर ऊंचा रखना

<u>करें</u>
3D के इल्यूशन को इंडीकेट करने के लएि एक होराइजन लाइन, 2 वैनशिगिं पॉइंट्स और रसिीडगिं लाइन्स का इस्तेमाल करके एक सड़क सीन का ओरजिनिल आर्टवर्क बनाएं

<u>INCLUDE:</u>
कम से कम 7 बल्डिगिंस, 2 सड़कें, खड़िकयिां, ईंटें और दरवाजों जैसी डटिेल, और बहुत सारे "एक्स्ट्रास"

<u>शब्दावली:</u>
गहराई - एक कलाकृति में सामने से पीछे या पास से दूर तक की दूरी

टू पॉइंट पर्सपेक्टवि (नजरयिा) - लीनयिर पर्सपेक्टवि (नजरयिा) का एक फॉर्म जसिमें सभी लाइन्स होराइजन पर दो पॉइंट्स में से एक पर मलिती हुई दखिाई पड़ती हैं

आप जिन बिलडिंग का चित्र बना रहे है वे होराइजन लाइन के नीचे हो सकते है या ऊपर हो सकते है

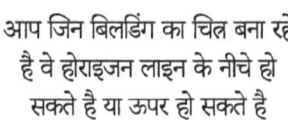

टू-पॉइंट
लीनियर पर्सपेक्टिव
होराइजन लाइन, वैनिशिंग पॉइंट, और रिसीडिंग लाइन्स का इस्तेमाल करें

use a ruler!

1. अपनी पहली बिलडिंग के लिए एक होराइजन लाइन और दो वैनिशिंग पॉइंट्स और एक वर्टिकल लाइन से शुरू करें

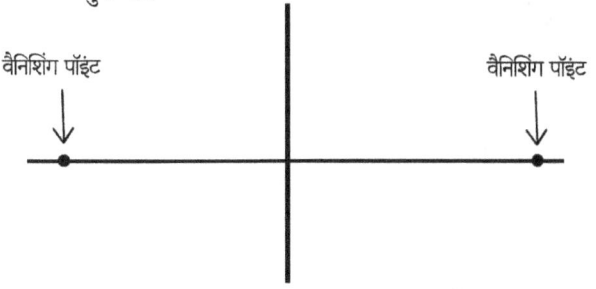

वैनिशिंग पॉइंट

वैनिशिंग पॉइंट

2. इसके बाद अपनी सेंटर वर्टिकल लाइन से दोनों वैनिशिंग पॉइंट्स तक एक रेक्टेंगल बनाएं।

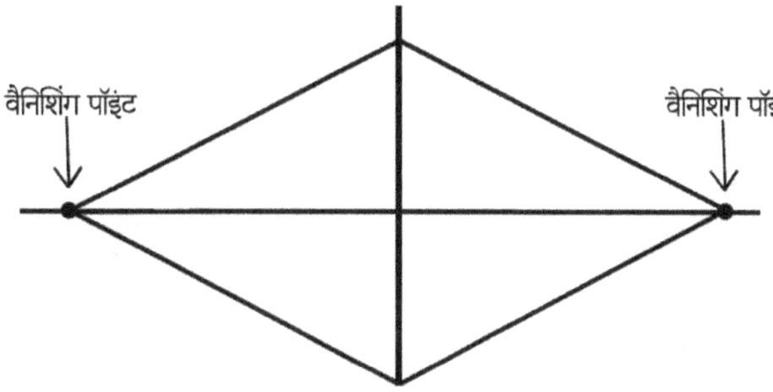

वैनिशिंग पॉइंट

वैनिशिंग पॉइंट

3. सेंटर वर्टिकल लाइन्स के दोनों ओर 2 और लाइन्स ड्रॉ करें।
यह आपकी पहली बिलडिंग होगी।

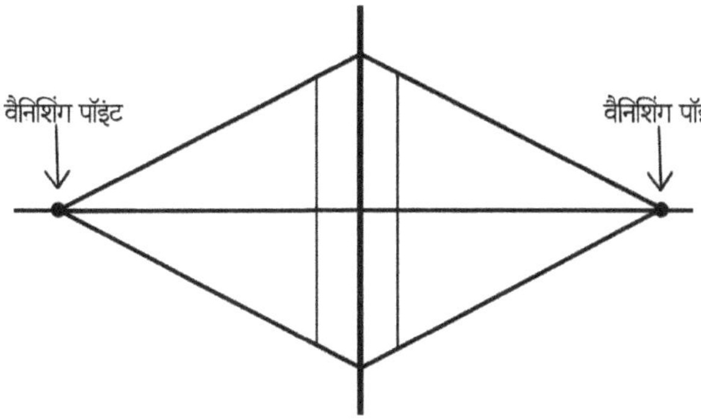

वैनिशिंग पॉइंट

वैनिशिंग पॉइंट

4. एक ओर छोटी बिलडिंग बनाएं। ध्यान दें कि इस नई बिलडिंग का शीर्ष होराइजन लाइन के नीचे है।

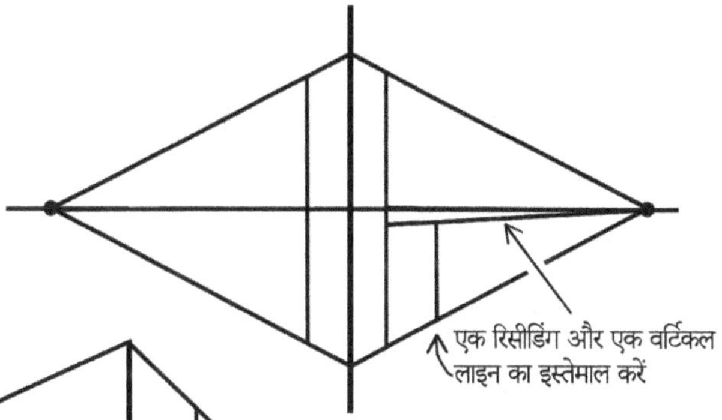

एक रिसीडिंग और एक वर्टिकल लाइन का इस्तेमाल करें

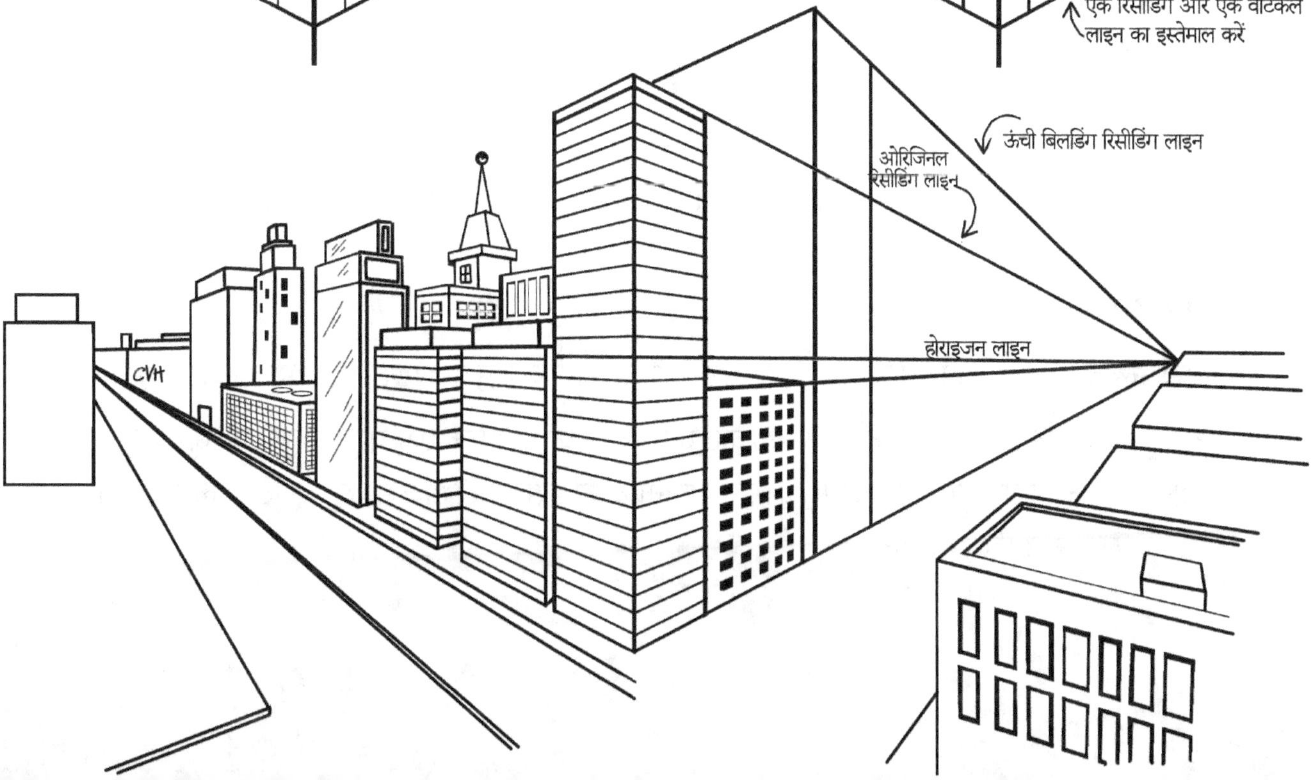

ऊंची बिलडिंग रिसीडिंग लाइन

ओरिजिनल रिसीडिंग लाइन

होराइजन लाइन

CVH

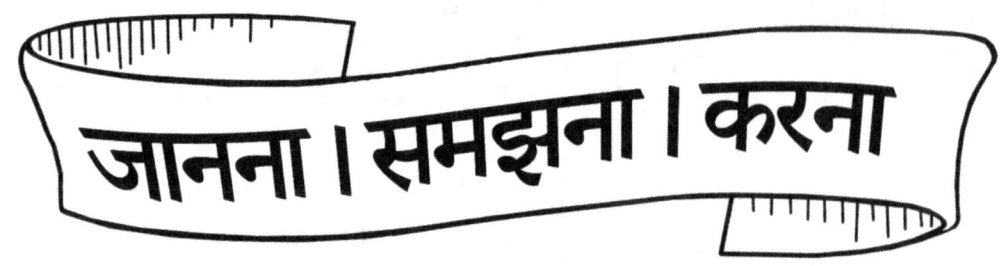

जानना । समझना । करना

एरियल व्यूपॉइंट

जानें:

एरियल व्यूपॉइंट

समझें:

- "बर्ड्स आई व्यू" सीन बनाने के लिए इस्तेमाल की जाने वाली तकनीकें
- रसीडिंग लाइन्स का इस्तेमाल

करें

- वैनिशिंग पॉइंट और रसीडिंग लाइन्स का इस्तेमाल करके शहर के सीन का ओरिजिनल "बर्ड्स आई व्यू" सीन बनाएं

शामिल करें:

- कम से कम 8 बिल्डिंग
- खिड़कियां, ईंटों और दरवाजों जैसे डिटेल
- बिल्डिंग्स के आधार के आसपास पेड़, सड़कें, और अन्य "एक्स्ट्रास"
- छत की डिटेल : पंखे, पूल, वेंटस, हेलीकॉप्टर पैड और अन्य चीजें जो आपको छत पर मिलेंगी

शब्दावली:

एरियल व्यू पॉइंट - ज्यादा ऊँचाई से देखने का पॉइंट ऑफ व्यू, इसे बर्ड्स-आई व्यू भी कहते हैं

बर्ड्स-आई व्यू - ऊपर से किसी ऑब्जेक्ट का एक ऊंचा व्यू, एक ऐसे पर्सपेक्टिव (नजरिया) के साथ जैसे कि आब्जर्वर एक पक्षी था। इस तकनीक का इस्तेमाल अक्सर ब्लूप्रिंट, फ्लोर प्लान और मैप्स बनाने में किया जाता है।

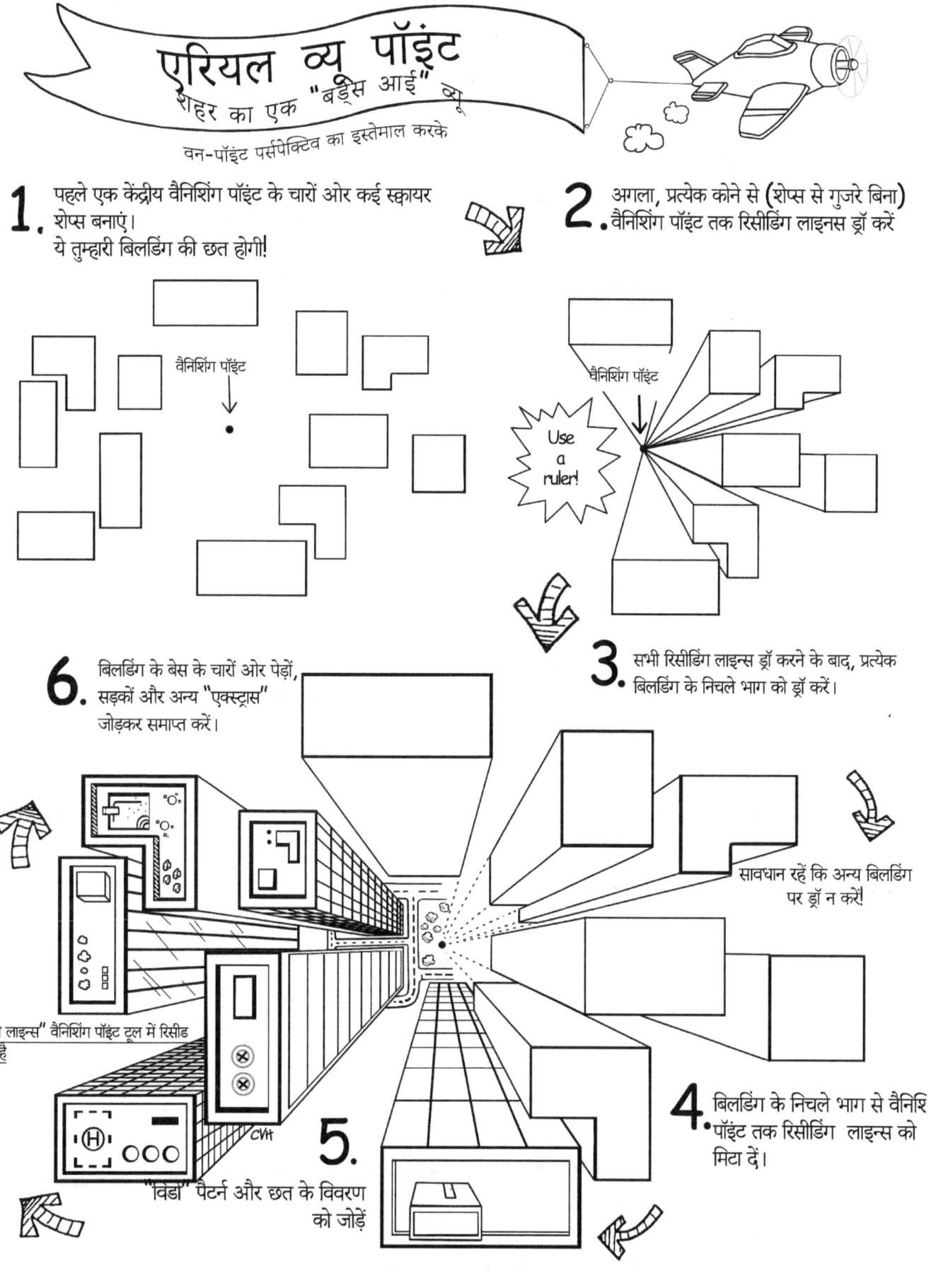

एरियल व्यू पॉइंट

शहर का एक "बर्ड्स आई" व्यू

वन-पॉइंट पर्सपेक्टिव का इस्तेमाल करके

1. पहले एक केंद्रीय वैनिशिंग पॉइंट के चारों ओर कई स्क्वायर शेप्स बनाएं।
ये तुम्हारी बिल्डिंग की छत होगी!

वैनिशिंग पॉइंट

2. अगला, प्रत्येक कोने से (शेप्स से गुजरे बिना) वैनिशिंग पॉइंट तक रिसीडिंग लाइन्स ड्रॉ करें

वैनिशिंग पॉइंट

Use a ruler!

3. सभी रिसीडिंग लाइन्स ड्रॉ करने के बाद, प्रत्येक बिल्डिंग के निचले भाग को ड्रॉ करें।

6. बिल्डिंग के बेस के चारों ओर पेड़ों, सड़कों और अन्य "एक्स्ट्रास" जोड़कर समाप्त करें।

सावधान रहें कि अन्य बिल्डिंग पर ड्रॉ न करें!

टिप:
"विंडो लाइन्स" वैनिशिंग पॉइंट टूल में रिसीड होती है

CVH

5. "विंडो" पैटर्न और छत के विवरण को जोड़ें

4. बिल्डिंग के निचले भाग से वैनिशि पॉइंट तक रिसीडिंग लाइन्स को मिटा दें।

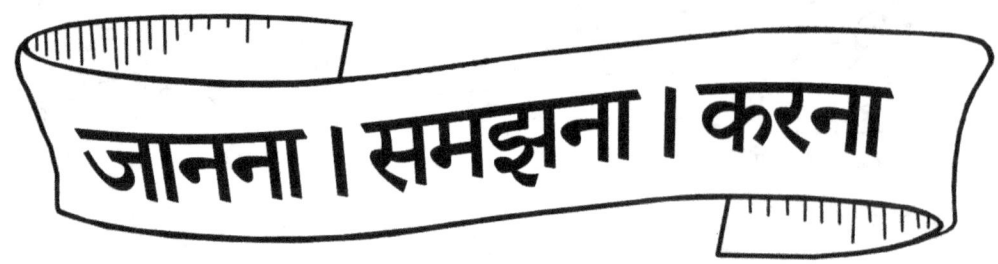

जानना । समझना । करना

ब्लॉक लेटर परस्पेक्टवि (नजरयिा)

जानें:

एक सीन में पास और दूर के ऑब्जेक्ट्स के बीच अंतर

समझें:

वन पॉइंट परस्पेक्टवि (नजरयिा) तकनीकों का इस्तेमाल करके गहराई का इल्यूशन पैदा कयिा जा सकता है

करें

- प्रदान की गई तकनीकों का पालन करते हुए, अपना नाम लखिने के लए वन पॉइंट परस्पेक्टवि, रसीडगि लाइन्स और ब्लॉक अक्षरों का इस्तेमाल करके 3D अक्षरों का इल्यूशन पैदा करें
- शेड दें। और एक बेवेल एज जोडें.

टपि: अपने अक्षरों पर नुकीले कोने बनाने की कोशशि करें ताकि किनिारे गोल न हों। गोल कनिारों के साथ परस्पेक्टवि (नजरयिा) बनाना ज्यादा कठनि होता है। जैसा कि आप अभ्यास करते हैं और बेहतर होते जाते हैं, गोलाकार बबल अक्षरों का इस्तेमाल करने का प्रयास करें।

रूलर का इस्तेमाल करें!

ब्लॉक लेटर्सः पर्सपेक्टिव का इस्तेमाल करके अपना नाम ड्रॉ करें

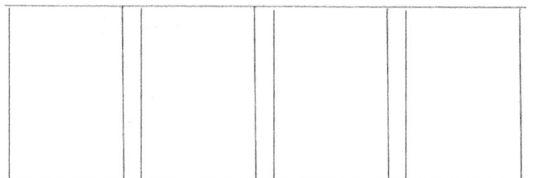

1. पहले अपने नाम के प्रत्येक लेटर के लिए एक बॉक्स बनाएं। सुनिश्चित करें कि प्रत्येक बॉक्स के बीच थोड़ी सी जगह हो।

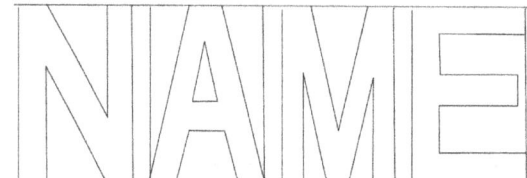

2. अगला, प्रत्येक बॉक्स से अपने अक्षरों को "कार्व" करें। आवश्यकतानुसार प्रत्येक अक्षर के भाग के रूप में बॉक्स के साइड्स का इस्तेमाल करें।

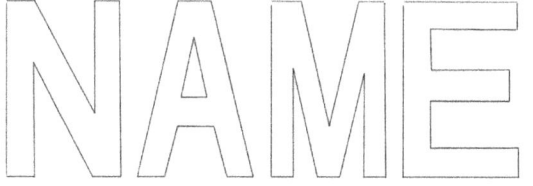

3. उन लाइन्स को मिटा दें जिनकी आपको आवश्यकता नहीं है। अपने अक्षरों के नीचे केंद्रित पॉइंट बनाएं। यह आपका वैनिशिंग पॉइंट होगा।

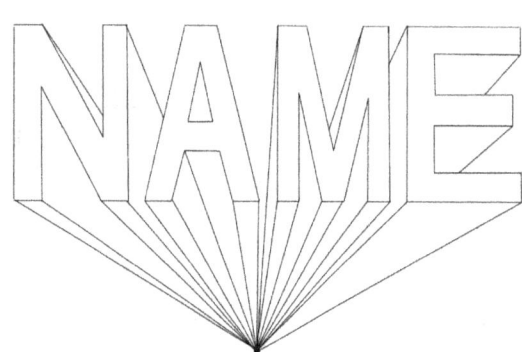

4. रूलर के साथ प्रत्येक अक्षर के प्रत्येक कोने को वैनिशिंग पॉइंट तक लाइन अप करें और एक लाइन ड्रॉ करें। जब आपकी लाइन किसी दूसरी लाइन को छूती है तो उसे रोक दें। यह पहले अक्षरों के सभी निचले हिस्सों को करने में मदद करता है।

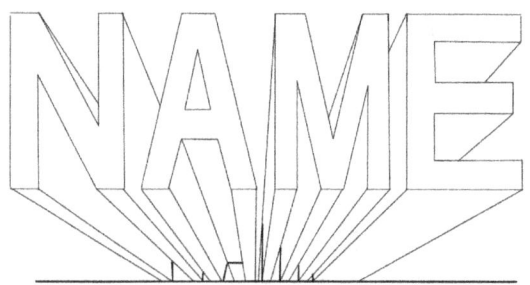

5. इसके बाद अपने बेस पॉइंट से थोड़ा ऊपर एक लाइन ड्रॉ करें और फिर उसके नीचे की लाइन्स को मिटा दें। फिर लेटर के दूर के अंत से मैच करने के लिए एक लाइन ड्रॉ करें।

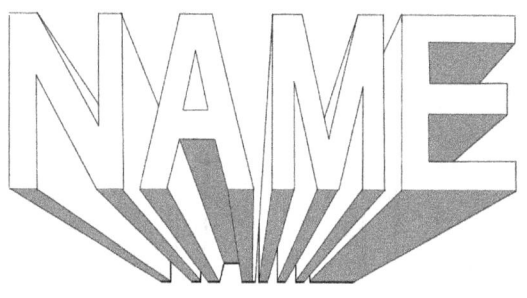

6. उन लाइन्स को मिटा दे जिनकी आपको आवश्यकता नहीं है। प्रत्येक रिसीडिंग लेटर सेक्शन के नीचले भाग को एक डार्क शेड में शेड करें।

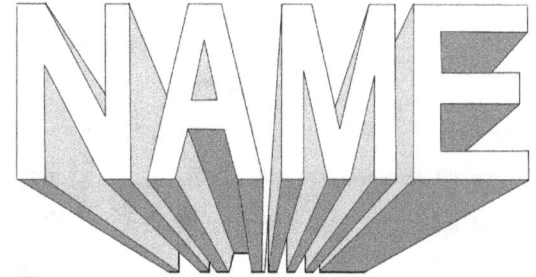

7. अगला, शेष रिसीडिंग सेक्शन्स को एक हल्के शेड का रंग दें

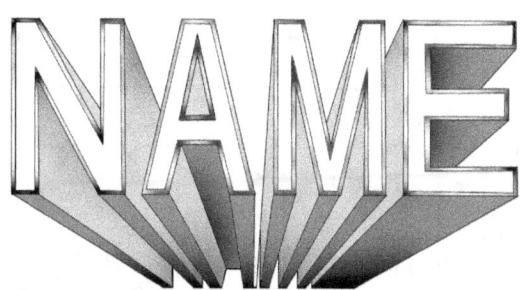

8. प्रत्येक अक्षर के अंदर एक बेवेल लाइन जोड़कर इसे समाप्त करें। 'कार्व किए हुए' लुक के लिए शेड दें।

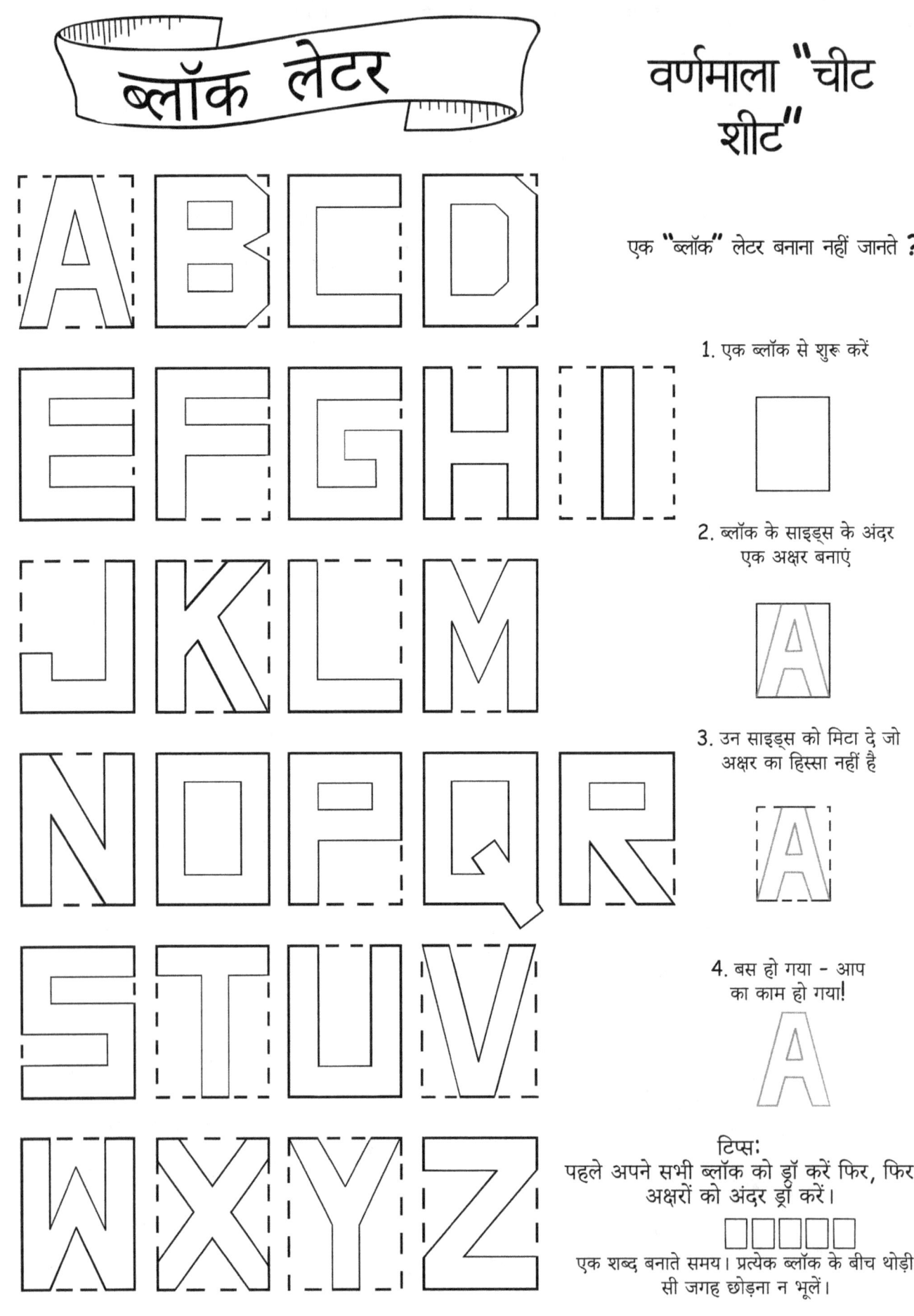

ब्लॉक लेटर

वर्णमाला "चीट शीट"

एक "ब्लॉक" लेटर बनाना नहीं जानते **?**

1. एक ब्लॉक से शुरू करें

2. ब्लॉक के साइड्स के अंदर एक अक्षर बनाएं

3. उन साइड्स को मिटा दे जो अक्षर का हिस्सा नहीं है

4. बस हो गया – आप का काम हो गया!

टिप्स:
पहले अपने सभी ब्लॉक को ड्रॉ करें फिर, फिर अक्षरों को अंदर ड्रॉ करें।

एक शब्द बनाते समय। प्रत्येक ब्लॉक के बीच थोड़ी सी जगह छोड़ना न भूलें।

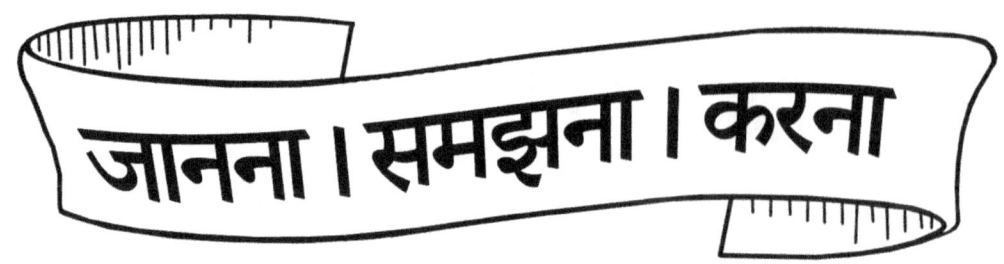

जानना । समझना । करना

एक आइसबर्ग ड्रा करें

जानें:

कसिी कलाकृत मिें गहराई का एहसास कैसे पैदा करें

समझें:

• एक सीन में ओवरलैपगि और ऑब्जेक्ट्स के शेप में अंतर गहराई के इल्यूशन को प्राप्त करने में मदद करता है

• बनाने गए ऑब्जेक्ट जो हमारे पास दखिाई देते हैं वे बड़े होते हैं और आमतौर पर पेज के नचिले हस्सि के पास होते हैं। चत्रि में हमसे दूर दखिाई देने वाले ऑब्जेक्ट्स आमतौर पर छोटे और पेज पर ऊँचे हस्सि में होते हैं।

करें

अलग-अलग आकार के कम से कम 3 आइसबर्ग, पानी की लहर और एक होराइजन लाइन सहति ओवरलैपगि और गहराई दखिाते हुए एक ओरजिनल कलाकृत बिनाएं

शब्दावली:

होराइजन लाइन - वह लाइन जहाँ जल या जमीन समाप्त होती दखिाई पड़ती है और आकाश शुरू होता है

ऑर्गैनकि शेप - एक अनयिमति शेप जो प्रकृत मिें पाई जा सकती है

पर्सपेक्टवि (नजरयिा) - तकनीक का इस्तेमाल 2D सतह पर 3D का इल्यूशन पैदा करने के लएि कयिा जाता है।

पर्सपेक्टवि (नजरयिा) गहराई या घटती हुई जगह का एहसास पैदा करने में मदद करता है।

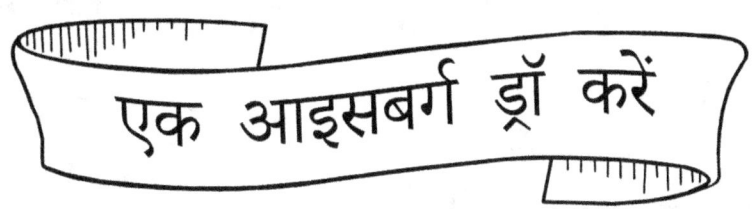

एक आइसबर्ग ड्रॉ करें

1. एक ऑर्गैनिक शेप से शुरू करें

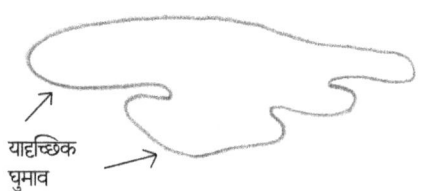

याहच्छिक
घुमाव

2. प्रत्येक घुमाव पर नीचे जाती हुई वर्टिकल लाइन्स जोड़ें

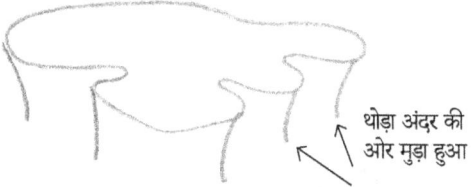

थोड़ा अंदर की
ओर मुड़ा हुआ

3. आपके द्वारा अभी-अभी बनाए गए वर्टिकल को घुमावदार बेस से कनेक्ट करें

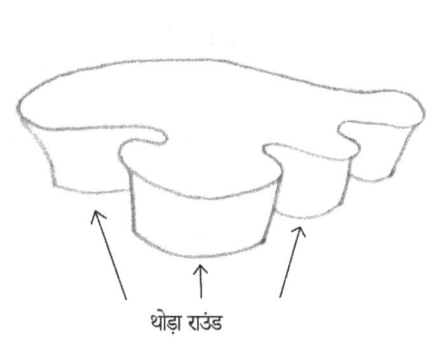

थोड़ा राउंड

4. पेज में ऊपर कुछ और छोटे ऑर्गैनिक शेप जोड़ें

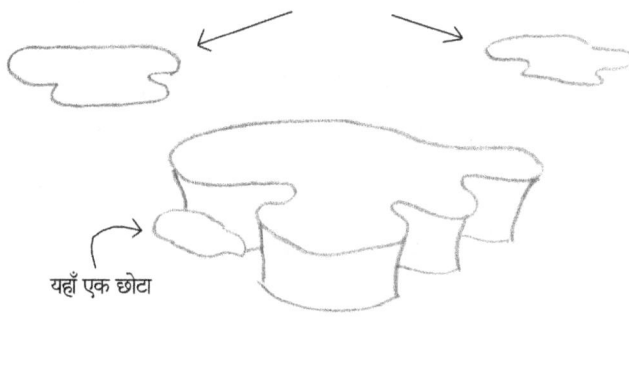

यहाँ एक छोटा

5. छोटी शेप्स को वर्टिकल लाइन्स से जोड़ें

फोरग्राउंड आइसबर्ग की तुलना में
बैकग्राउंड वाले आइसबर्ग पतले होते है

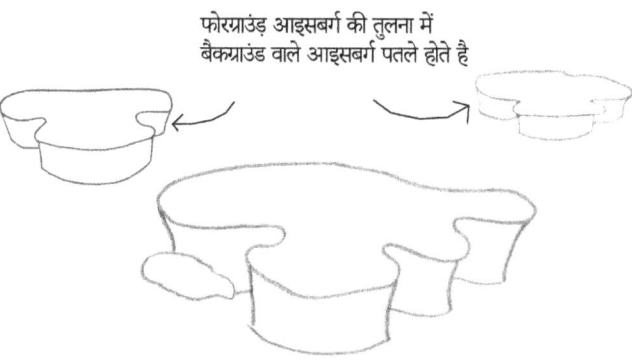

6. शेड दें

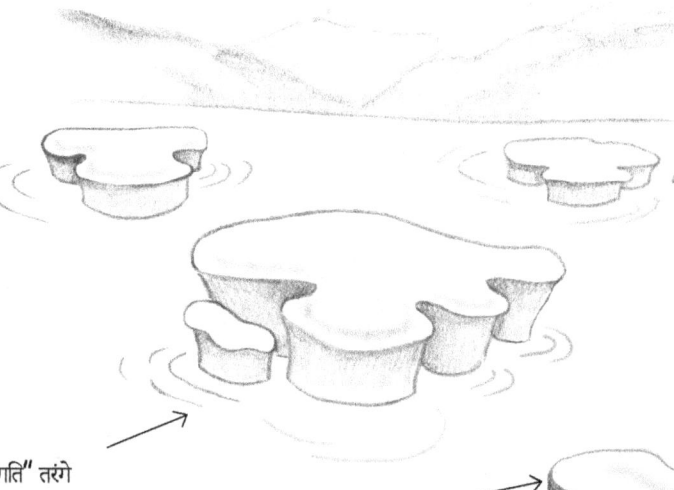

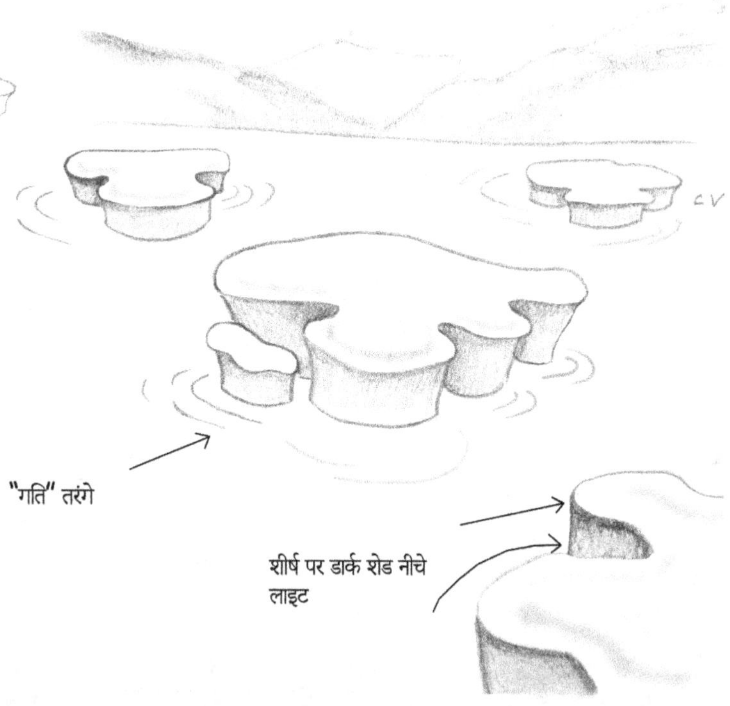

"गति" तरंगे

शीर्ष पर डार्क शेड नीचे
लाइट

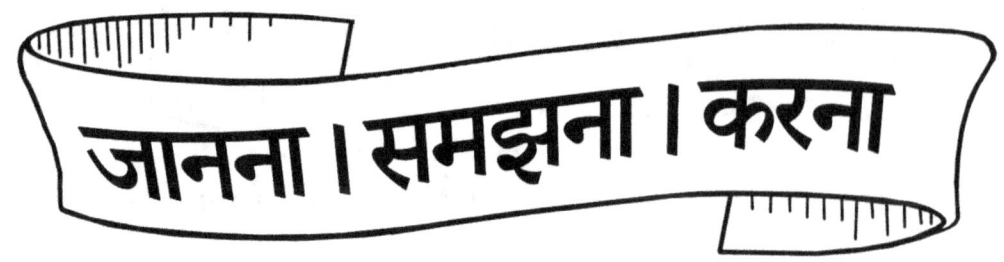

जानना । समझना । करना

2 टर्नटेबल्स ड्रा करें

जानें:

कलाकृति में गहराई का एहसास पैदा करने का दूसरा तरीका

समझें:

ड्रॉ कए गए ऑब्जेक्ट्स जो हमारे पास दखिाई देते हैं वे बडे़ होते हैं और आमतौर पर पेज के नचिले पार्ट के पास होते हैं। चति्र में हमसे दूर दखिाई देने वाले ऑब्जेक्ट्स छोटे हॉट हैं और पेज पर ऊँची ओर होते हैं। भले ही एक आइटम गहराई को चति्रण कर सकते हैं जब "पास के" पार्ट्स को बड़ा और "दूर के" पार्ट्स को छोटा ड्रॉ कयिा जाता है।

करें

हैंडआउट में देखे गए 2 टर्नटेबल्स की एक ओरजिनल कलाकृति बनाएँ

शब्दावली:

पर्सपेक्टवि (नजरयिा) - तकनीक का इस्तेमाल 2D सतह पर 3D का इल्यूशन पैदा करने के लिए कयिा जाता है। पर्सपेक्टवि (नजरयिा) गहराई या घटती हुई जगह का एहसास पैदा करने में मदद करता है।

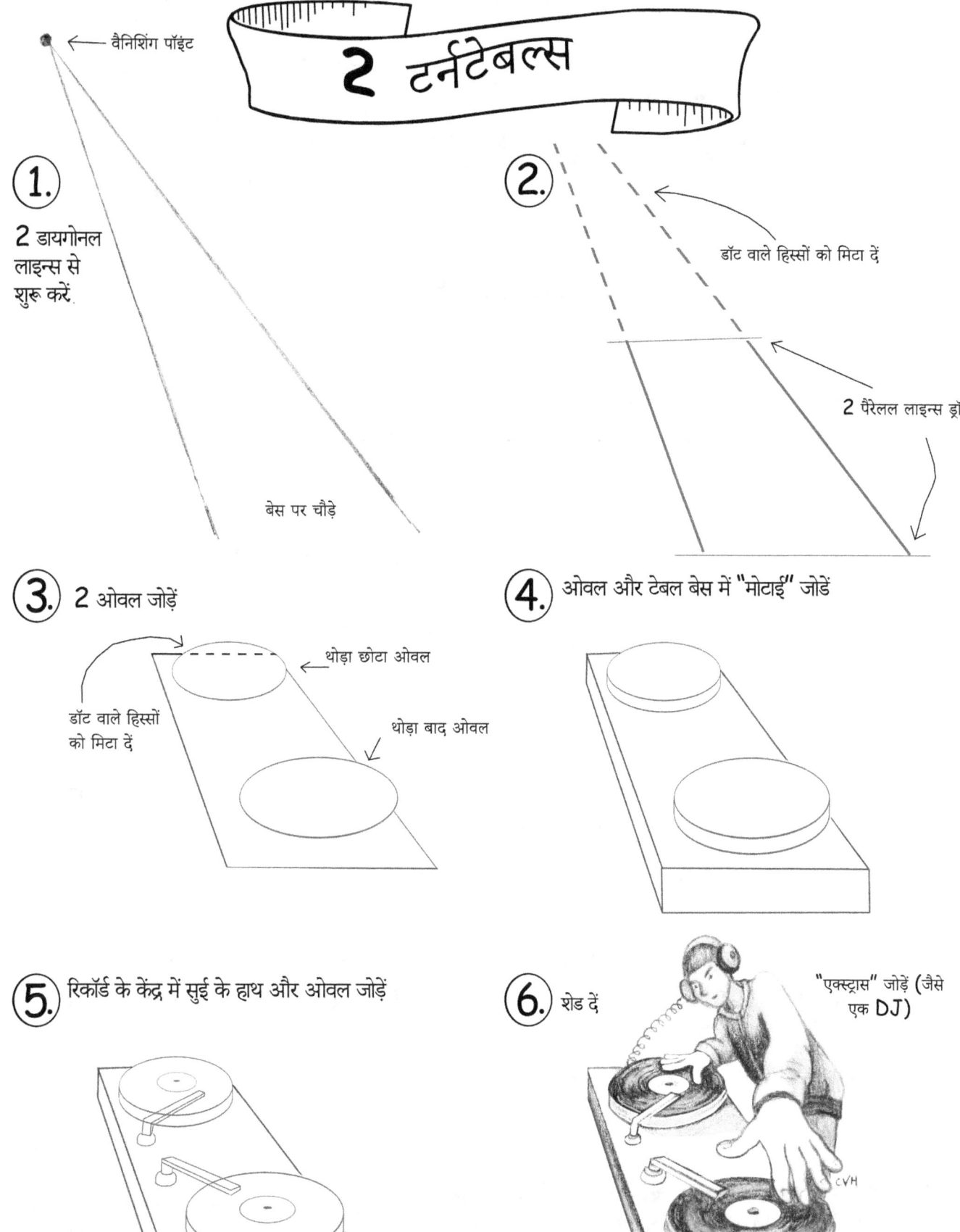

2 टर्नटेबल्स

1.
2 डायगोनल लाइन्स से शुरू करें.

वैनिशिंग पॉइंट

बेस पर चौड़े

2.
डॉट वाले हिस्सों को मिटा दें

2 पैरेलल लाइन्स ड्रॉ

3. 2 ओवल जोड़ें

थोड़ा छोटा ओवल

डॉट वाले हिस्सों को मिटा दें

थोड़ा बाद ओवल

4. ओवल और टेबल बेस में "मोटाई" जोड़ें

5. रिकॉर्ड के केंद्र में सुई के हाथ और ओवल जोड़ें

6. शेड दें

"एक्स्ट्रास" जोड़ें (जैसे एक DJ)

CVH

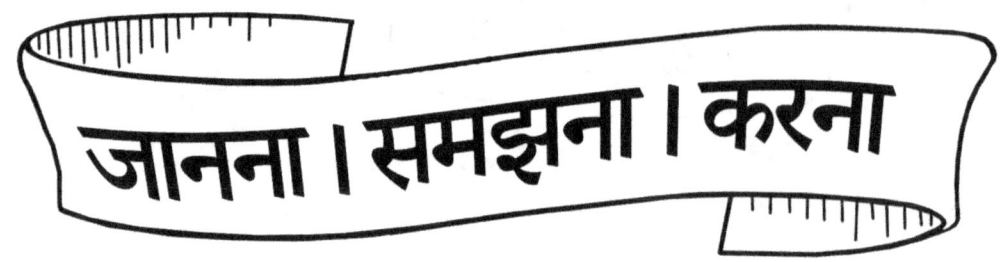

जानना । समझना । करना

<u>एक खुली कतिाब</u>

<u>जानें:</u>

रसीडगि लाइनें गहराई का इल्यूशन पैदा करने में मदद करती हैं

<u>समझें:</u>

• ड्रॉ कएि गए ऑब्जेक्ट का वह पार्ट जो पेज के नचिले हसि्से के सबसे पास होता है, बचे हुए हसि्से से बड़ा दखिाई देता है

• ड्रॉइंग्स में कसिी ऑब्जेक्ट की सीधी लाइन्स में घुमाव जोड़ने से इंटरेस्ट और यथार्थवाद पैदा होता है

<u>करें</u>

सीखी हुई तकनीकों का इस्तेमाल करके एक खुली कतिाब की ओरजिनल कलाकृत बिनाएँ। पेजों पर "एक्स्ट्रास" जैसे मोमबत्ती, क्वलि पेन और इंकवेल या टेक्स्ट जोड़ें।

<u>शब्दावली:</u>

पर्सपेक्टवि (नजरयि़ा) - तकनीक का इस्तेमाल 2D सतह पर 3D का इल्यूशन पैदा करने के लएि कयिा जाता है। पर्सपेक्टवि (नजरयि़ा) गहराई या घटती हुई जगह का एहसास पैदा करने में मदद करता है।

रसीडगि लाइन - एक लाइन जो वापस स्पेस में जाती है

एक खुली किताब

Lorem Ipsum

1. दिखाए गए अनुसार शीर्ष पर "उड़ते पक्षी" शेप के साथ एक एंगल लाइन बनाए

2. बाएं "पंख" में एक मामूली डायगोनल लाइन जोड़ें।

3. उस लाइन को एक रेक्टेंगल में बदलें जिसे आपन अभी-अभी ड्रॉ किया था। ध्यान दें कि उस शेप व छोटी लाइन्स एक एंगल पर है

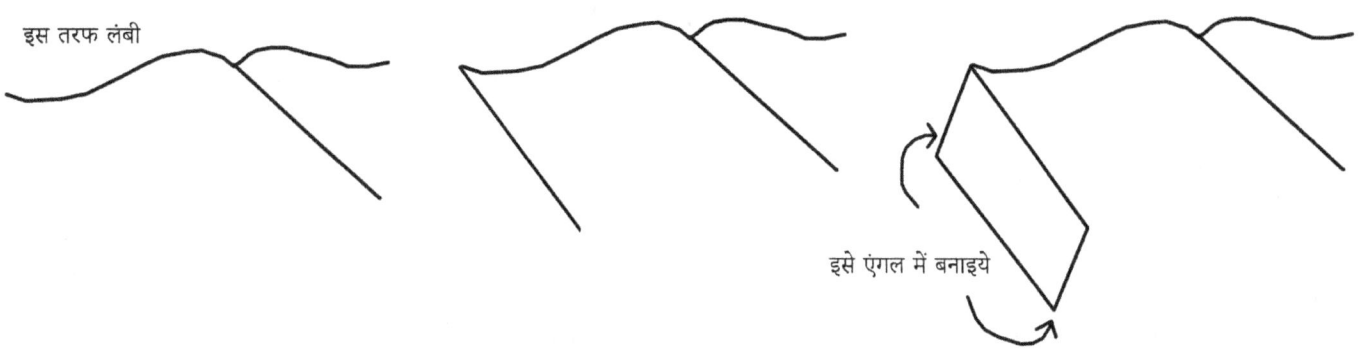

इस तरफ लंबी

इसे एंगल में बनाइये

4. किताब के "दूर अंत" को इंगित करने के लिए 2 घुमाव और एक लाइन बनाए। जैसा आपने स्टेप 2 में किया था वैसे ही नीचे की ओर एक " उड़ने वाली चिड़िया" की शेप जोड़ें।

5. किताब के "दूर अंत" पर घुमाव और बेस पर एक डेंटेड लाइन जो जैसा कि दिखाया गया है। डॉट वाले हिस्सों को मिटा दें।

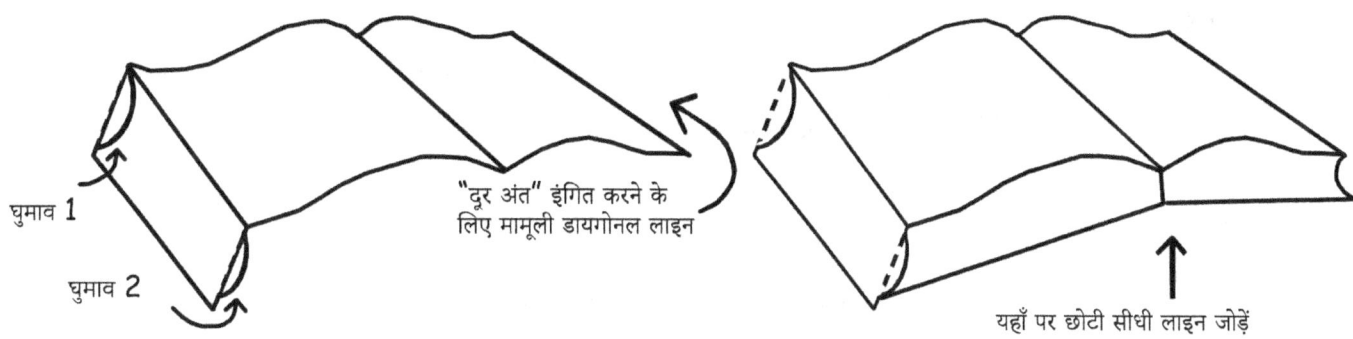

घुमाव 1
घुमाव 2
"दूर अंत" इंगित करने के लिए मामूली डायगोनल लाइन

यहाँ पर छोटी सीधी लाइन जोड़ें

6. नीचे एक किताब का कवर जोड़ें

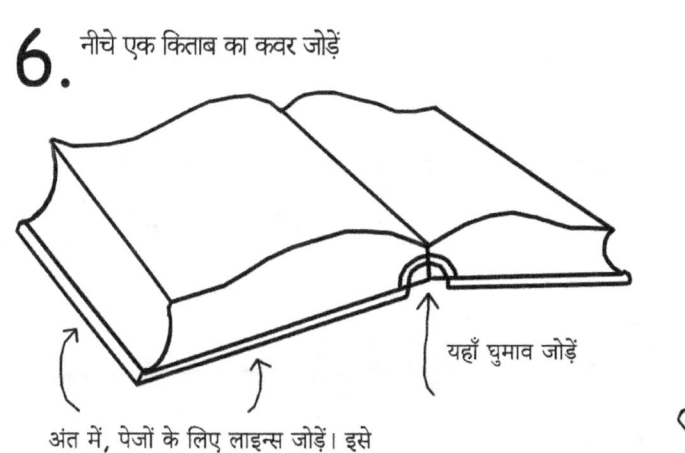

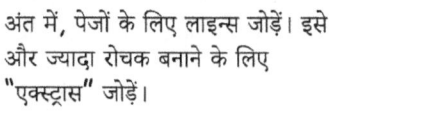

यहाँ घुमाव जोड़ें
अंत में, पेजों के लिए लाइन्स जोड़ें। इसे और ज्यादा रोचक बनाने के लिए "एक्स्ट्रास" जोड़ें।

7. किताब के कवर की मोटाई को दर्शाने के लिए साइड्स पर लाइन्स ड्रॉ करें

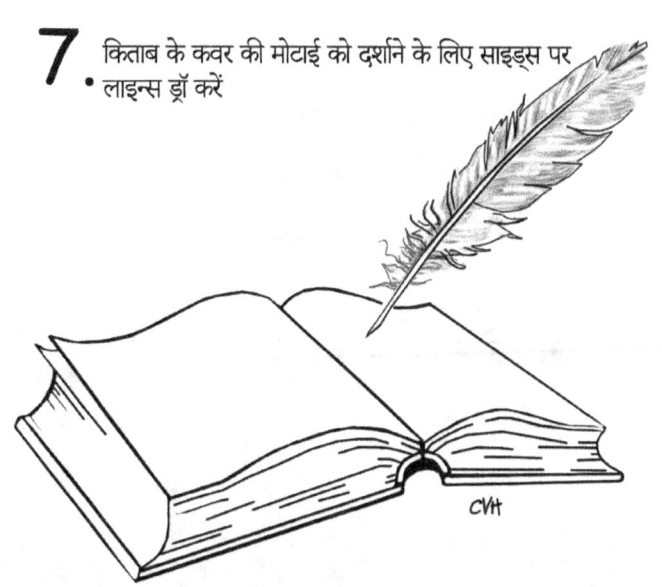

CVH

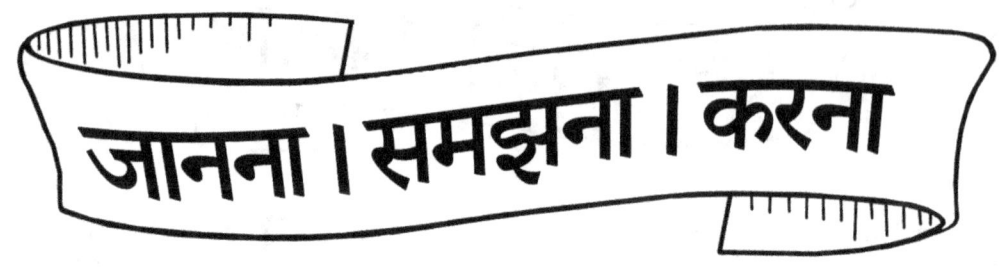

जानना । समझना । करना

खुले दरवाजे

जानें:

वर्टकिल लाइन्स, पैरेलल लाइन्स

समझें:

अधकिांश आर्कटिक्चरल ड्रॉइंग में, वर्टकिल लाइन्स सभी पैरेलल होती हैं या हॉरजिॉन्टल लाइन्स सभी पैरेलल होती हैं। शायद ही कभी एक ही ड्रॉइंग में दोनों प्रकार की लाइन्स बलिकुल पैरेलल और सीधी हों। इस मामले में, सभी वर्टकिल लाइन्स पूरी तरह सीधी और पैरेलल हैं, हॉरजिॉन्टल नहीं हैं।

करें

सीखी हुई तकनीकों का इस्तेमाल करके दरवाजा खोलने की एक ओरजिनल कलाकृत बिनाएँ। स्क्रॉल डजि़ाइन, बार, ब्रकिवर्क आदजिैसे "एक्स्ट्रास" जोडें।

शब्दावली:

आर्कटिक्चरल ड्रॉइंग – ड्रॉइंग जो मानव नर्िमति भवनों को चत्िरति करते हैं

हॉरजिॉन्टल - सीधा और सपाट, होराइजन के पैरेलल। इसका वपिरीत वर्टकिल है।

पैरेलल - एक ही समतल पर दो या दो से ज्यादा सीधी लाइन्स या कनिारे जो इनर्सेक्ट नहीं करते हैं। पैरेलल लाइन्स की एक ही दशिा होती है।

पर्सपेक्टवि (नजरयिा) - तकनीक का इस्तेमाल 2D सतह पर 3D का इल्यूशन पैदा करने के लएि कयिा जाता है। पर्सपेक्टवि (नजरयिा) गहराई या घटती हुई जगह का एहसास पैदा करने में मदद करता है।

वर्टकिल लाइन - सीधे ऊपर और नीचे जाने वाली दशिा

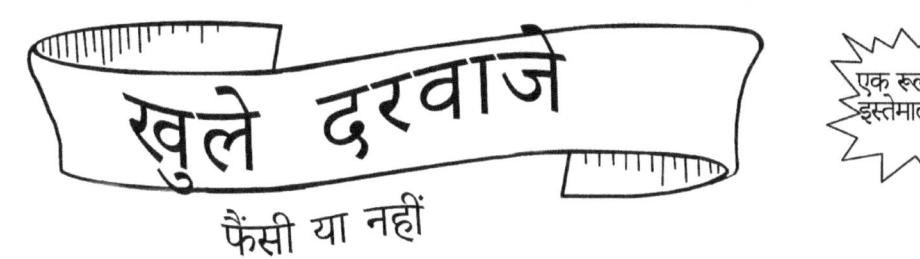

खुले दरवाजे

फैंसी या नहीं

एक रूलर का इस्तेमाल करें

1. इस तरह के एंगल वाले रेक्टेंगल से शुरू करें

यहाँ से एंगल नीचे है
यहाँ से एंगल ऊपर है

2. उस शेप को दोहराएं लेकिन इस बार इसे एक मिरर इमेज बनाएं

उस शेप को दोहराएं लेकिन इस बार इसे एक
यहाँ से एंगल अपवर्ड है सेंटर की तरफ

3. प्रत्येक साइड पर एक पतली रेक्टेंगल और प्रत्येक गेट के अंदर 2 लाइन्स जोड़ें (यहाँ एंगल अपवर्ड है)

4. गेट के अंदर पास-पास पैरेलल लाइन्स जोड़ें

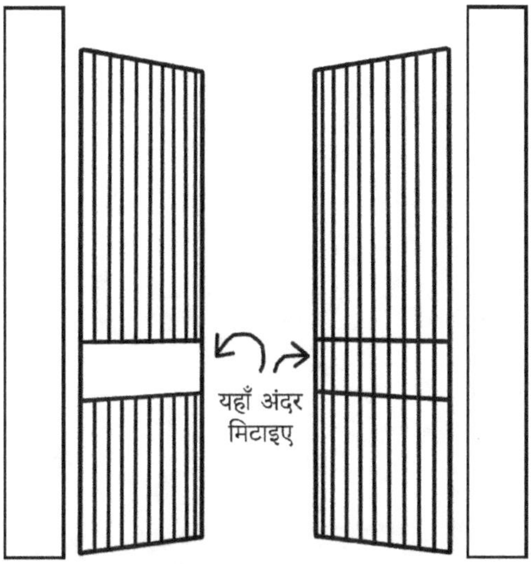

यहाँ अंदर मिटाइए

5. यदि आप चाहें तो गेट के अंदर शीर्ष पर फैन्सी स्क्रॉल जोड़ें

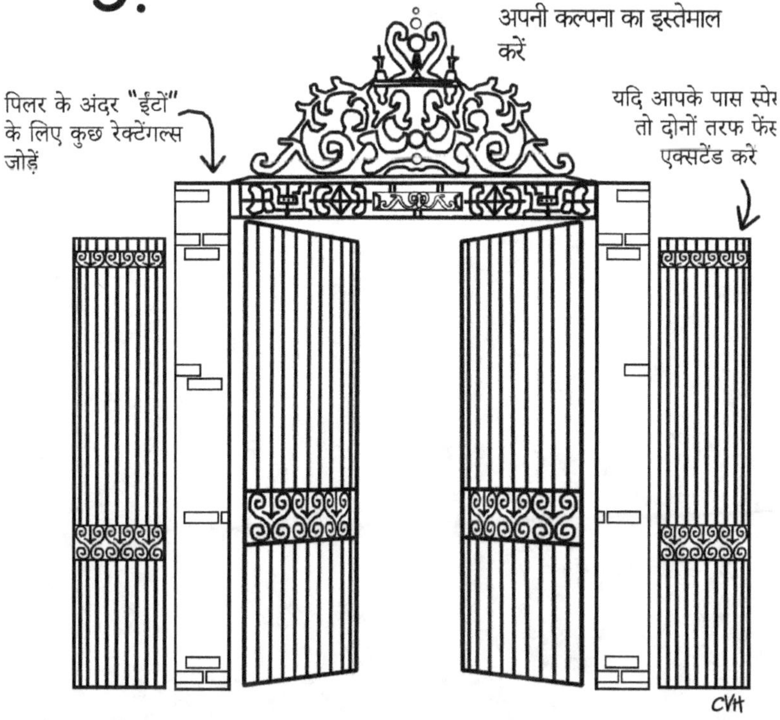

अपनी कल्पना का इस्तेमाल करें
पिलर के अंदर "ईंटों" के लिए कुछ रेक्टेंगल्स जोड़ें
यदि आपके पास स्पेर तो दोनों तरफ फेंस एक्सटेंड करे
CVH

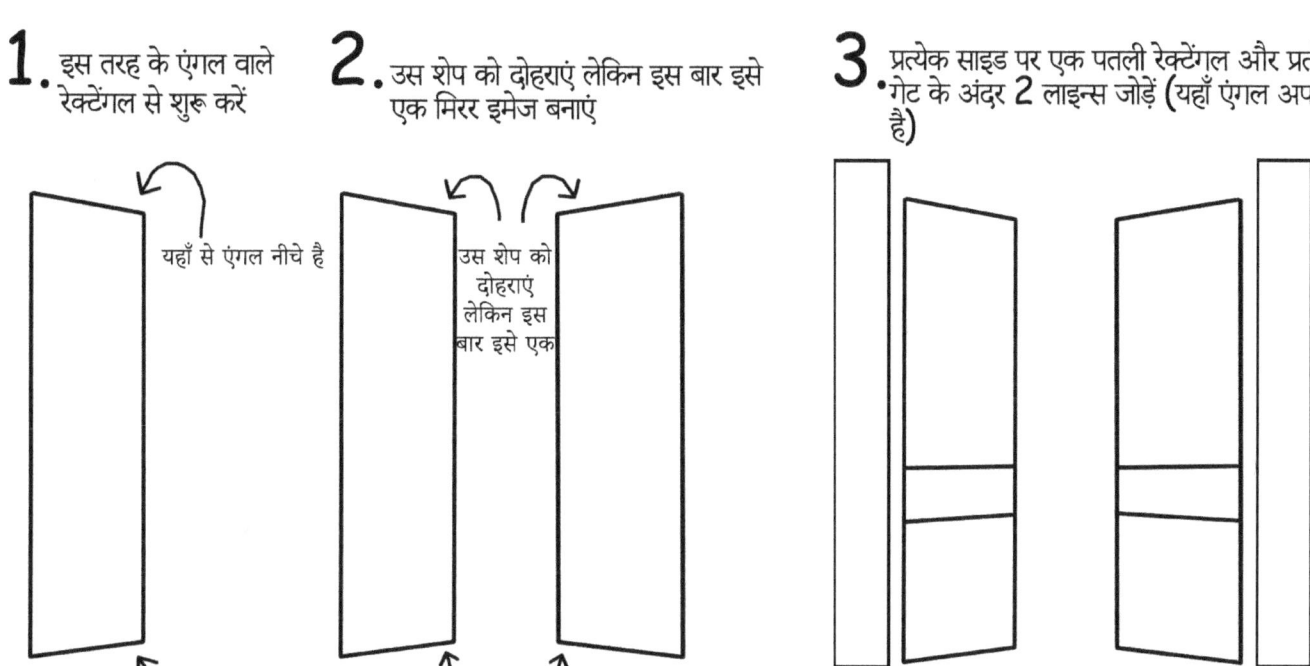

अध्याय 4

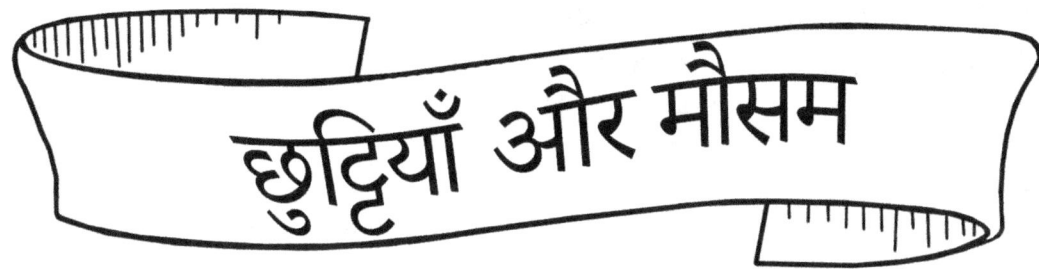

छुट्टियाँ और मौसम

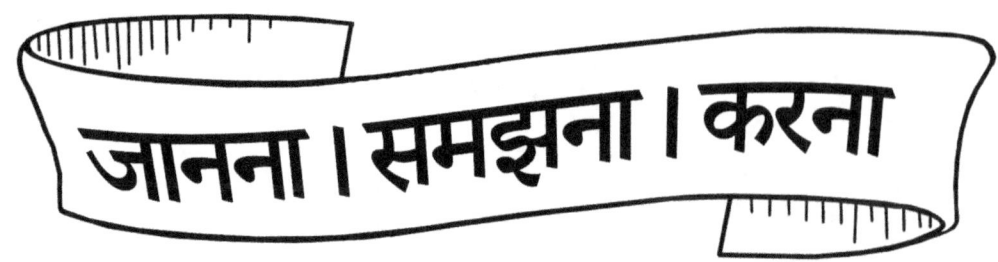

जानना । समझना । करना

वैलेंटाइन
हार्ट लॉक और की

जानें:

अलग-अलग एंगल्स पर देखे जाने वाले ऑब्जेक्ट्स को ड्रॉ करना कसिी कार्य में इंटरेस्ट जोड़ सकता है

समझें:

• ड्रॉ कएि गए ऑब्जेक्ट में गहराई और इंटरेस्ट कैसे जोडें.
• कैसे कुछ सरल शेप लें और उन्हें ज्यादा मुश्कलि आइटम्स में बदलें

करें

पुराने जमाने की चाबी से दलि के आकार के ताले ओरजिनल कलाकृत बिनाएं

शब्दावली:

गहराई - तीसरा डायमेंशन। एक कलाकृतमिें आगे से पीछे या पास से दूर तक की स्पष्ट दूरी।

पर्सपेक्टवि (नजरयिा) - तकनीक का इस्तेमाल 2D सतह पर 3D का इल्यूशन पैदा करने के लएि कयिा जाता है। पर्सपेक्टवि (नजरयिा) गहराई या घटती हुई जगह का एहसास पैदा करने में मदद करता है।

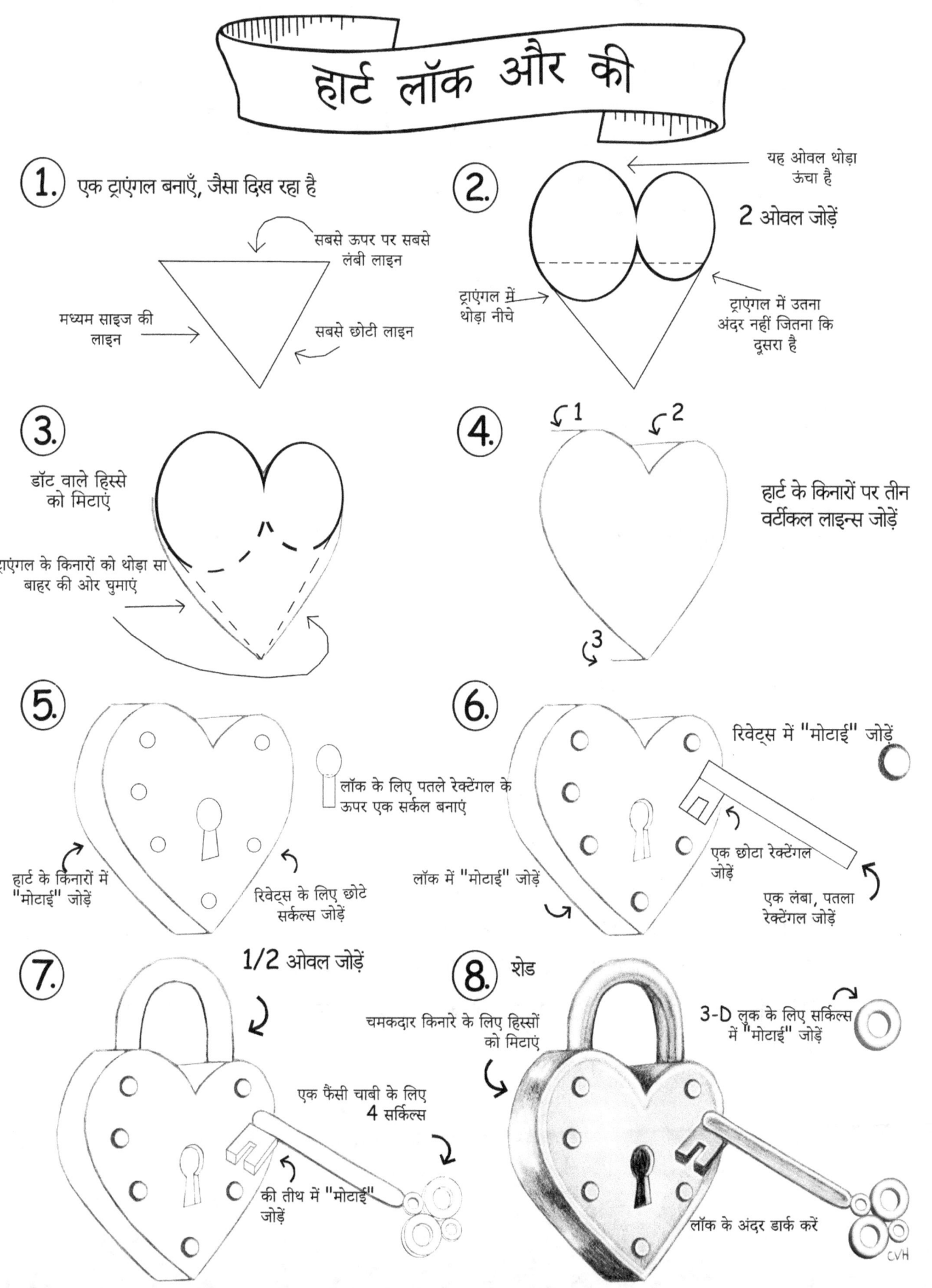

हार्ट लॉक और की

1. एक ट्राएंगल बनाएँ, जैसा दिख रहा है

सबसे ऊपर पर सबसे लंबी लाइन
मध्यम साइज की लाइन
सबसे छोटी लाइन

2. 2 ओवल जोड़ें

यह ओवल थोड़ा ऊंचा है
ट्राएंगल में थोड़ा नीचे
ट्राएंगल में उतना अंदर नहीं जितना कि दूसरा है

3. डॉट वाले हिस्से को मिटाएं

ट्राएंगल के किनारों को थोड़ा सा बाहर की ओर घुमाएं

4. हार्ट के किनारों पर तीन वर्टीकल लाइन्स जोड़ें

3

5.

लॉक के लिए पतले रेक्टेंगल के ऊपर एक सर्कल बनाएं
हार्ट के किनारों में "मोटाई" जोड़ें
रिवेट्स के लिए छोटे सर्कल्स जोड़ें

6.

रिवेट्स में "मोटाई" जोड़ें
लॉक में "मोटाई" जोड़ें
एक छोटा रेक्टेंगल जोड़ें
एक लंबा, पतला रेक्टेंगल जोड़ें

7. 1/2 ओवल जोड़ें

एक फैंसी चाबी के लिए 4 सर्कल्स
की तीथ में "मोटाई" जोड़ें

8. शेड

चमकदार किनारे के लिए हिस्सों को मिटाएं
3-D लुक के लिए सर्किल्स में "मोटाई" जोड़ें
लॉक के अंदर डार्क करें
CVH

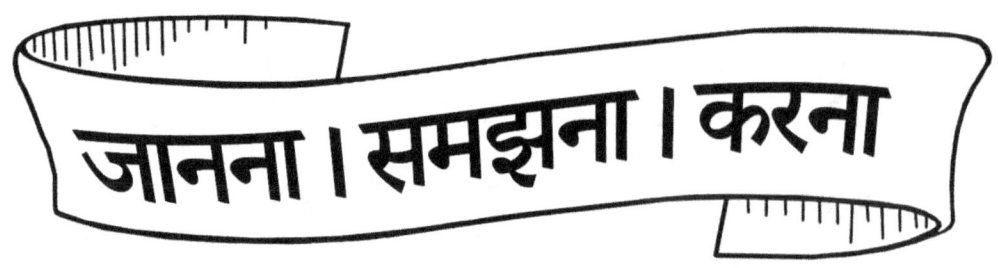

जानना। समझना। करना

गुलाब

जानें:

जयिोमेट्रकि और ऑर्गैनकि शेप्स के बीच का अंतर

समझें:

सरल जयिोमेट्रकि शेप्स की एक शृंखला को जोड़ने से एक मुश्कलि (ऑर्गैनकि) ऑब्जेक्ट बना सकते हैं

करें

प्रदान की गई तकनीकों का इस्तेमाल करके गुलाब की ओरजिनल कलाकृत बिनाएं

शब्दावली:

ऐसमिट्री - एक ऑब्जेक्ट दोनों साइड्स में अलग होता है

बैलेंस - डज़िाइन का एक सद्धिांत, एक काम में स्थरिता का एहसास पैदा करने के लएि कला के एलमिेंट्स (तत्वों) को व्यवस्थति करने के तरीके को बैलेंस कहा जाता है

जयिोमेट्रकि शेप - ऑर्गैनकि डज़िाइन की तुलना में ज़्यादा गणतिीय होने वाली कोई भी शेप या फॉर्म। जयिोमेट्रकि डज़िाइन आमतौर पर सीधी लाइन्स से बनाई जाती हैं।

ऑर्गैनकि शेप - मैकेनकिल या एंगुलर शेप के बजाय एक अनयिमति शेप जो प्रकृत मिें पाई जा सकती है

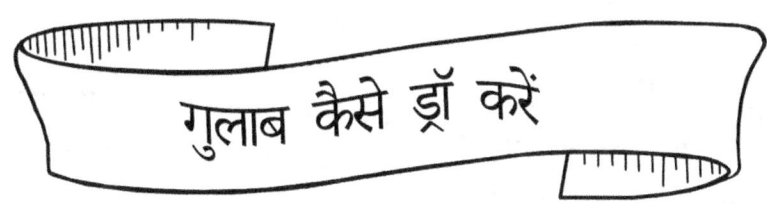

गुलाब कैसे ड्रॉ करें

(1.) एक बड़े सर्कल के ऊपर हल्के से एक छोटा ओवल ड्रॉ करें

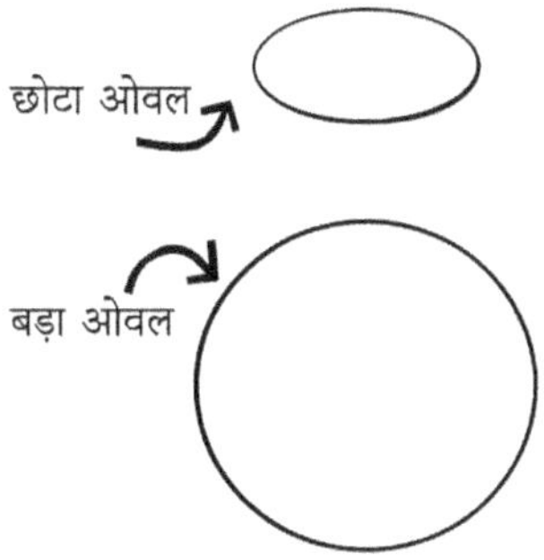

छोटा ओवल

बड़ा ओवल

(2.) शेप्स को 2 एंगल वाली लाइन्स से जोड़ें

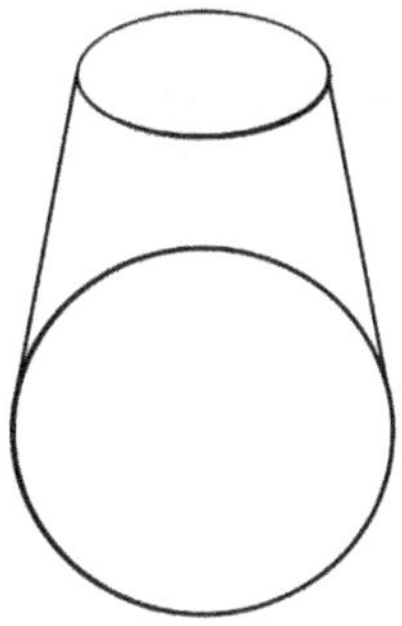

(3.) नीचे देखे गए अनुसार एक डायगोनल / घुमावदार लाइन जोड़ें

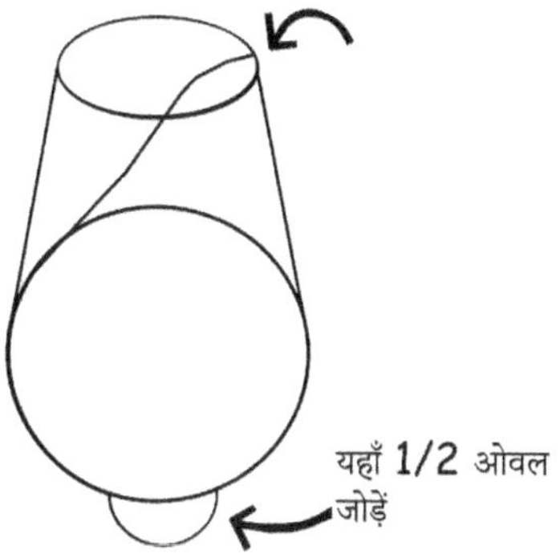

यहाँ 1/2 ओवल जोड़ें

(4.) डॉट वाले हिस्से को मिटाएं

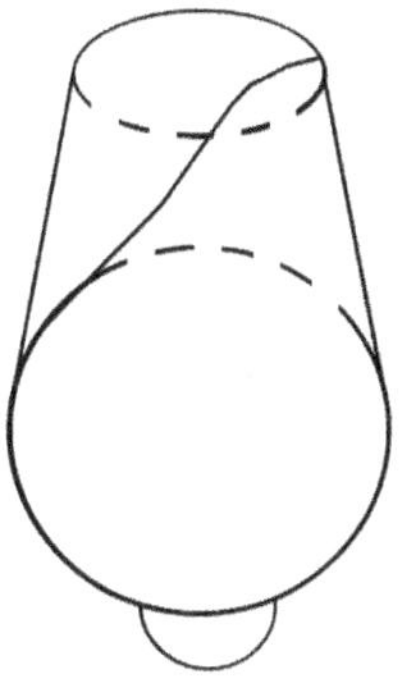

(5.) घुमाव जोड़ें

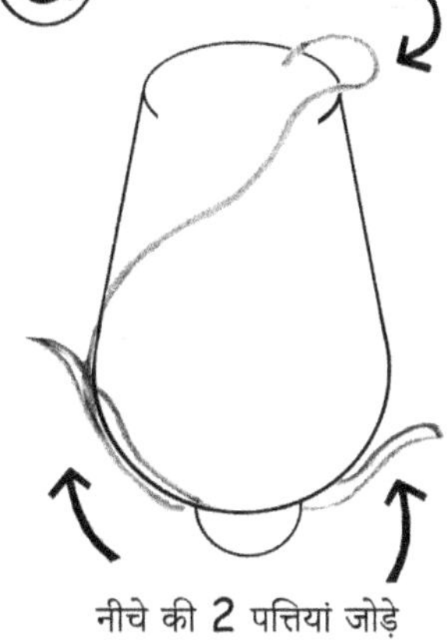

नीचे की 2 पत्तियां जोड़े

(6.) 2 लाइन्स के साथ घुमाव जोड़े

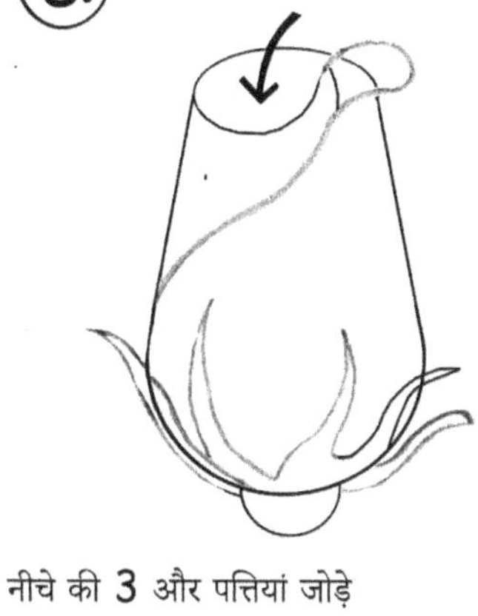

नीचे की 3 और पत्तियां जोड़े

(7.) यहाँ छोटा घुमाव जोड़ें

यहाँ छोटा ओवल जोड़ें

डॉट वाले हिस्से को मिटाएं

(8.) एक और पंखुड़ी जोड़ें

इस लाइन को बाहर की ओर घुमाव करें

केंद्र में सिलेंडर लगाएं

पतला तना जोड़े

(9.) शेड दें

पंखुड़ी की सिलवटों पर गहरा शेड करें

पत्ती की नसें बनाने के लिए लाइन्स मिटाएं

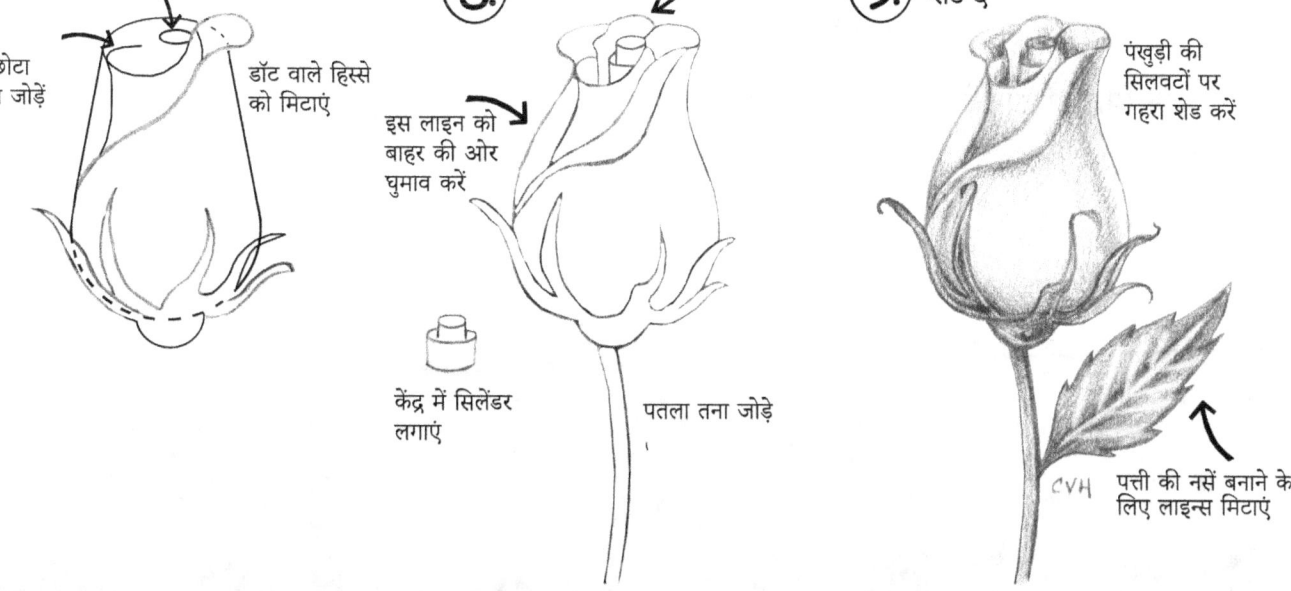

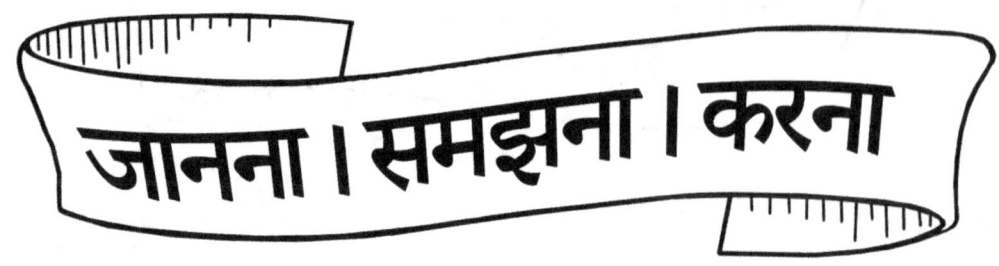

जानना । समझना । करना

<u>प्रेमी हंस</u>

जानें:

मरिर समिट्री

समझें:

• मरिर समिट्री तब होती है जब कसिी इमेज या ऑब्जेक्ट के हसि्से इस तरह व्यवस्थति होते हैं कि एक साइड दूसरे साइड को डुप्लकिेट (मरिर) करता है

• पूर्ण समिट्री प्रकृति में बहुत कम पाई जाती है

करें

प्रदान की गई टपि्स और तरकीबों का इस्तेमाल करके "प्रेमी हंस" का एक समिट्रकिल डजिाइन बनाने का प्रयास करेंगे

शब्दावली:

मरिर समिट्री - एक इमेज या ऑब्जेक्ट के हसि्से कुछ इस तरह व्यवस्थति होते हैं ताकि एक तरफ दूसरे को डुप्लकिेट, या मरिर करता है। औपचारकि बैलेंस के भी कहा जाता है, इसके वपिरीत ऐसमिट्री या ऐसमिट्रकिल बैलेंस है।

समिट्री पैटर्न के दस वर्गों में से एक है

आप एक तरफ जो भी करते हैं, उसे दूसरी तरफ से मैच करने की कोशिश करें...

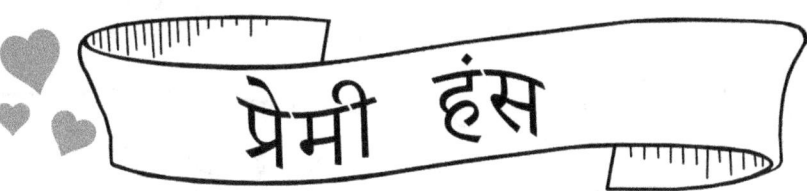

प्रेमी हंस

मिरर सिमेट्री का इस्तेमाल करके

1. लगभग स्पर्श करने वाले **2** ओवल शेप के साथ शुरू करें

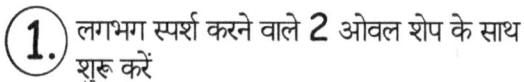

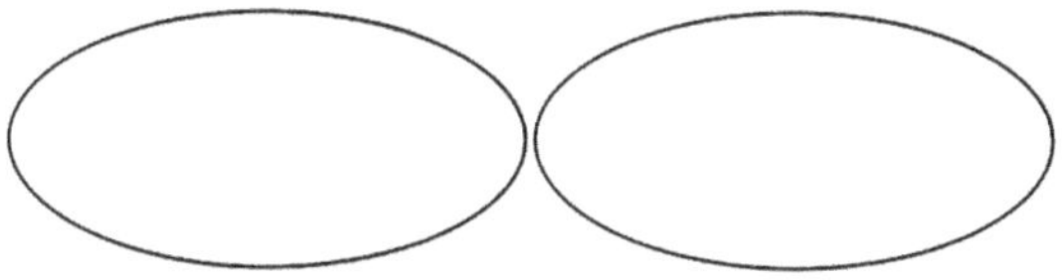

2. लगभग **3/2** नीचे, ओवल्स के बीच से एक लाइन ड्रॉ करें

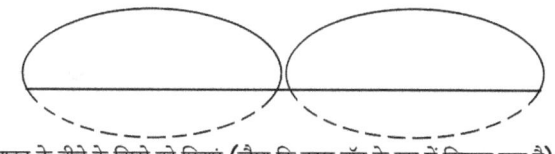

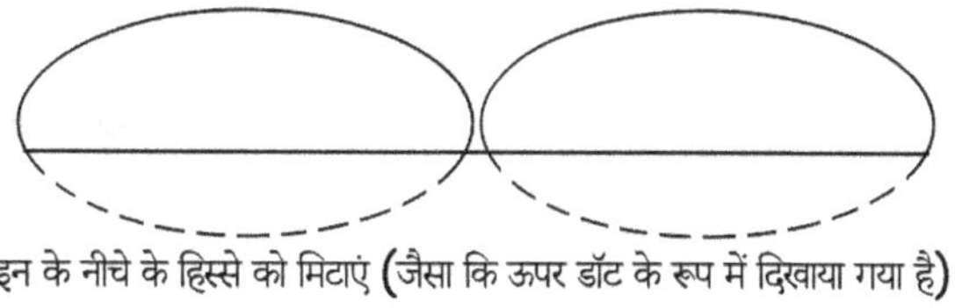

लाइन के नीचे के हिस्से को मिटाएं (जैसा कि ऊपर डॉट के रूप में दिखाया गया है)

3. दोनों तरफ ट्राएंगल पूंछ जोड़ें

यहाँ छोटा ट्राएंगल बनाएं

डायगोनल लाइन यहाँ

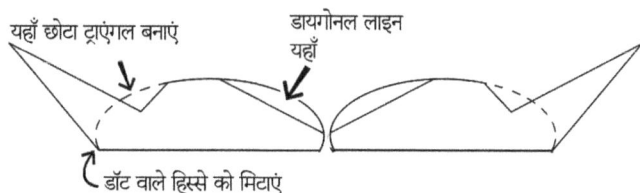

डॉट वाले हिस्से को मिटाएं

4. डायगोनल को स्पर्श करते हुए एक सर्कल ड्रॉ करें

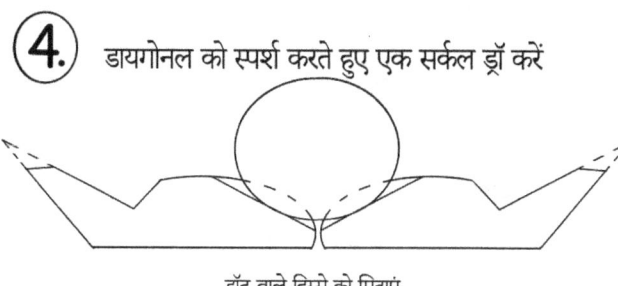

डॉट वाले हिस्से को मिटाएं

5. एक "सीगल" शेप ड्रॉ करें

इस ट्राएंगल को घुमाव दें

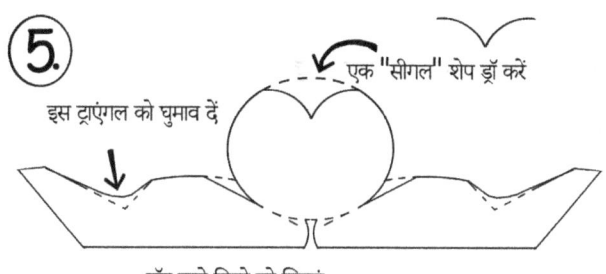

डॉट वाले हिस्से को मिटाएं

6. केंद्र में एक छोटा ओवल और रेक्टेंगल जोड़ें

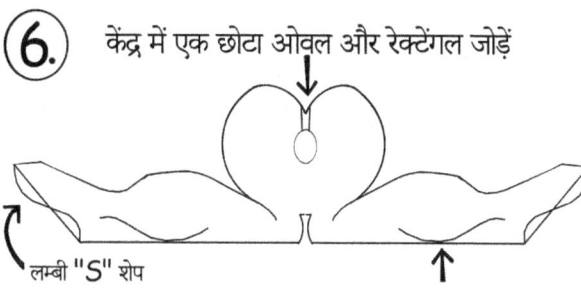

लम्बी "S" शेप

एक पंख जोड़ें

7. मिटाएं

गर्दन वाले हिस्से के अंदर एक "हार्ट" शेप बनाएं

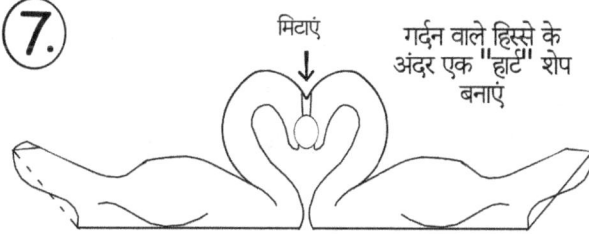

8. चोंच का डिटेल

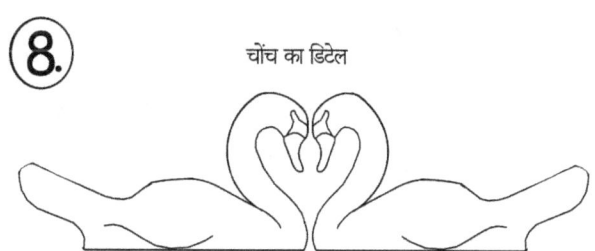

9. शेड दें

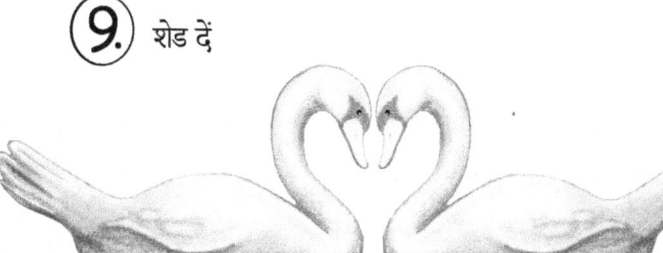

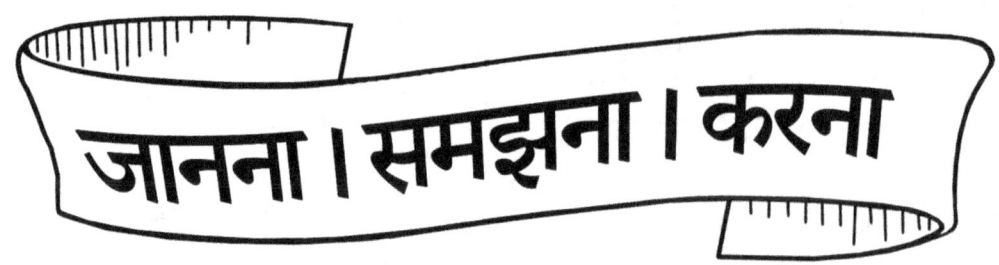

जानना । समझना । करना

<u>कांटेदार तारों वाला दलि</u>

<u>जानें:</u>

कुछ सरल जयिोमेट्रकि शेप्स को जोड़ने से ज़्यादा जटलि ऑब्जेक्ट बन सकते हैं

<u>समझें:</u>

फॉर्म देने के लएि ओवरलैपगि तकनीकों का इस्तेमाल करना

<u>करें</u>

कांटेदार तार में लपिटे हुए एक ओरजिनिल दलि का चत्रि बनाएं। "लपेटने" और गहराई का इल्यूशन देने के लएि दलि के ऊपर घुमावदार, ओवरलैपगि लाइन्स का इस्तेमाल करें।

<u>शब्दावली:</u>

फॉर्म - कला का एक एलमिंट (तत्व) जो थ्री-डायमेंशनल (ऊंचाई, चौड़ाई और गहराई) है और जसिमें वॉल्यूम होती है

ओवरलैप - जब एक चीज पूरी या आंशकि रूप से दूसरे को ढक लेती है। यह चत्रिण गहराई के इल्यूशन को प्रकट करने के सबसे महत्वपूर्ण साधनों में से एक है। (अन्य साधनों में लनीियर और एरयिल पर्सपेक्टवि (नजरयिा) के साथ-साथ रसीडिंग प्लेन पर अलग-अलग शेप और प्लेसमेंट शामलि हैं।)

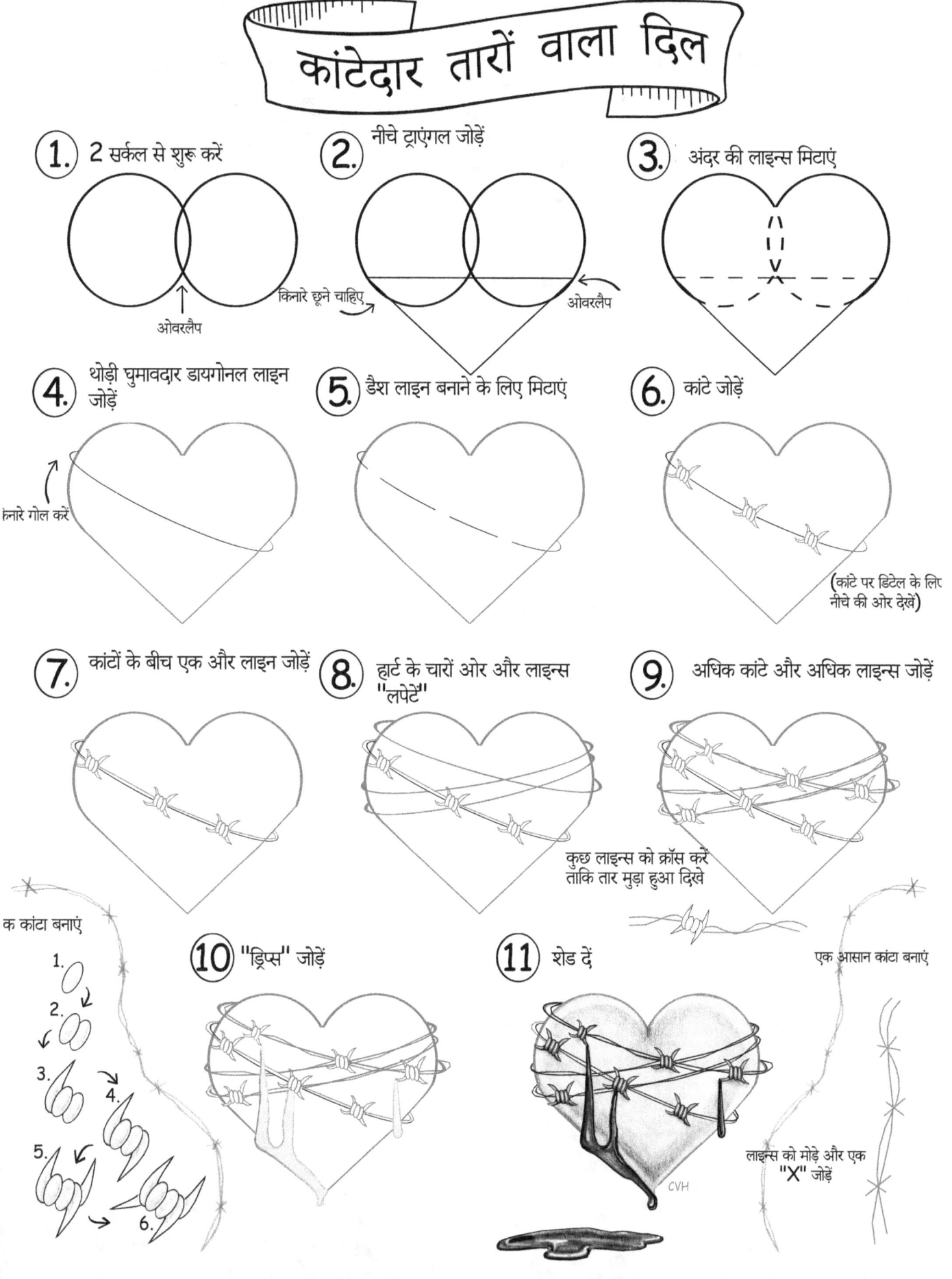

कांटेदार तारों वाला दिल

1. 2 सर्कल से शुरू करें

ओवरलैप

2. नीचे ट्राएंगल जोड़ें

किनारे छूने चाहिए

ओवरलैप

3. अंदर की लाइन्स मिटाएं

4. थोड़ी घुमावदार डायगोनल लाइन जोड़ें

किनारे गोल करें

5. डैश लाइन बनाने के लिए मिटाएं

6. कांटे जोड़ें

(कांटे पर डिटेल के लिए नीचे की ओर देखें)

7. कांटों के बीच एक और लाइन जोड़ें

8. हार्ट के चारों ओर और लाइन्स "लपेटें"

9. अधिक कांटे और अधिक लाइन्स जोड़ें

कुछ लाइन्स को क्रॉस करें ताकि तार मुड़ा हुआ दिखे

क कांटा बनाएं

1.
2.
3. 4.
5. 6.

10 "ड्रिप्स" जोड़ें

11 शेड दें

एक आसान कांटा बनाएं

लाइन्स को मोड़ें और एक "X" जोड़ें

CVH

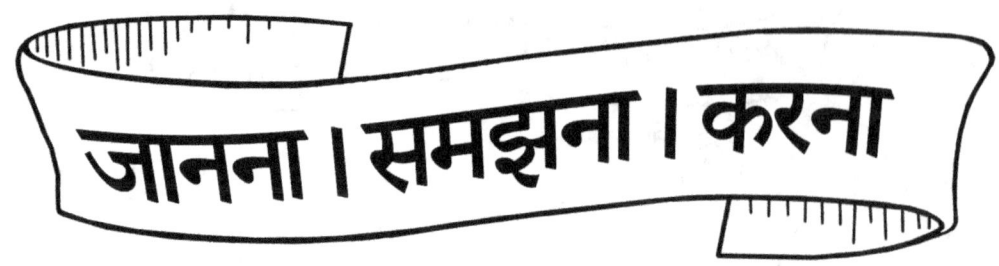

जानना। समझना। करना

स्क्रॉल और गुलाब

जानें:

• सरल जयिोमेट्रकि शेप्स की एक श्रृंखला को जोड़ने से एक जटलि (ऑर्गेनकि) ऑब्जेक्ट बन सकता है

• घुमावदार लाइन्स ओवरलैपगि के माध्यम से पर्सपेक्टवि (नजरयि) दर्शाती हैं

समझें:

• एक सीन में ओवरलैपगि और ऑब्जेक्ट्स के शेप में अंतर गहराई के इल्यूशन को प्राप्त करने में मदद करता है

• हाई कंट्रास्ट शेडगि फॉर्म और 3D का आभास देती है

करें

गुलाब के फूल के चारों ओर लपेटने वाले बैनर का अपना वर्ज़न बनाने के लिए दिए गए हैंडआउट पर दिए गए स्टेप्स को फॉलो करें। बैनर और शेड पर एक संदेश जोड़ें।

शब्दावली:

हाई कंट्रास्ट शेडगि - एक कलाकृत िमें गहरी और हल्की वैल्यूस के बीच एक बड़ा अंतर (कम मध्य-टोन)

ओवरलैप - जब एक चीज पूर्ण या आंशकि रूप से कसिी और चीज को ढक लेती है

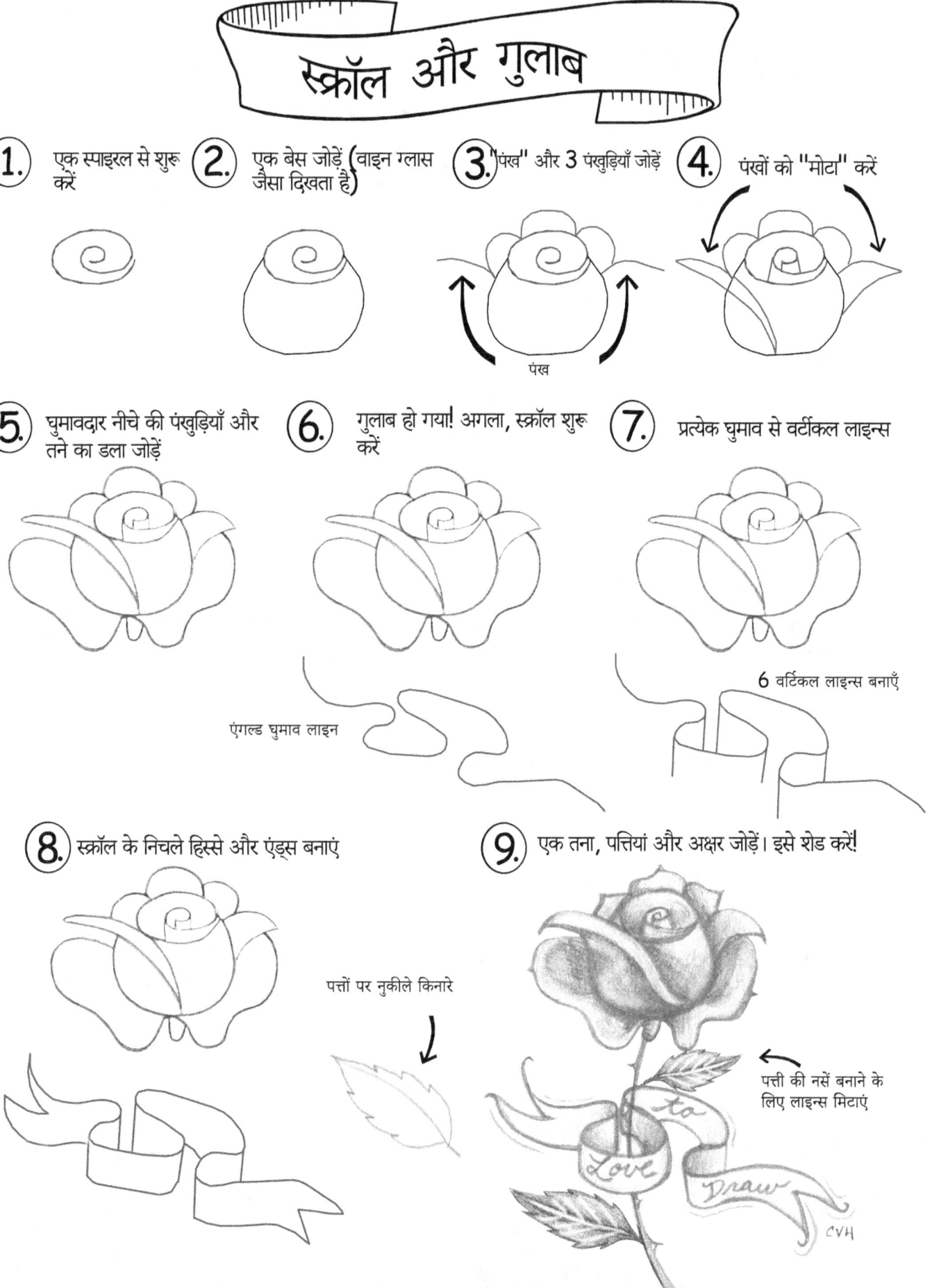

स्क्रॉल और गुलाब

1. एक स्पाइरल से शुरू करें

2. एक बेस जोड़ें (वाइन ग्लास जैसा दिखता है)

3. "पंख" और 3 पंखुड़ियाँ जोड़ें

पंख

4. पंखों को "मोटा" करें

5. घुमावदार नीचे की पंखुड़ियाँ और तने का डला जोड़ें

6. गुलाब हो गया! अगला, स्क्रॉल शुरू करें

एंगल्ड घुमाव लाइन

7. प्रत्येक घुमाव से वर्टीकल लाइन्स

6 वर्टिकल लाइन्स बनाएँ

8. स्क्रॉल के निचले हिस्से और एंड्स बनाएं

पत्तों पर नुकीले किनारे

9. एक तना, पत्तियां और अक्षर जोड़ें। इसे शेड करें!

Love
to
Draw
CVH
पत्ती की नसें बनाने के लिए लाइन्स मिटाएं

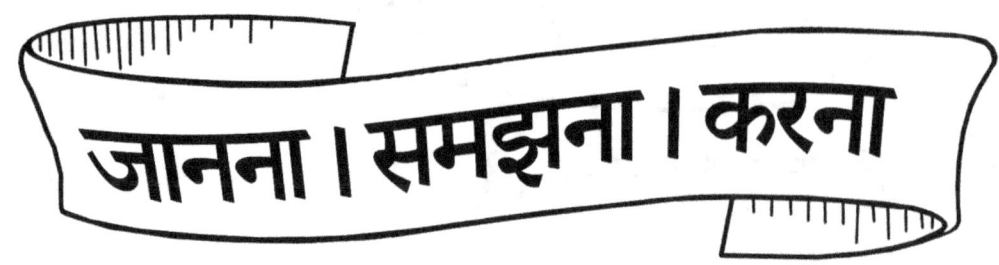

जानना । समझना । करना

पॉट ओ 'गोल्ड

जानें:

• सरल शेप्स एक साथ मलिकर ज्यादा जटलि ऑब्जेक्ट्स बना सकते हैं

• कई ऑब्जेक्ट्स (मानव नरि्मति और प्राकृतकि) सलिंडर पर आधारति हैं

समझें:

• डसि्क छोटे सलिंडर होते हैं

• ड्राइंग में इस्तेमाल कए जाने पर एक सलिंडर (गोलाकार बेस और एक एलपि्स शीर्ष) के सदि्धांतों का इस्तेमाल करके अलग-अलग प्रकार के शेप बनाए जा सकते हैं

करें

सोने के सकि्कों की "डसि्क" से भरे 3D पॉट का इल्यूशन पैदा करें। शेड दें।

शब्दावली:

सलिंडर - एक ट्यूब जो थ्री-डायमेंशनल दखिाई देती है

डसि्क - एक 3D ओवल

एलपि्स - एक एंगल पर देखा गया एक सर्कल (एक ओवल के रूप में ड्रॉ कयिा गया)

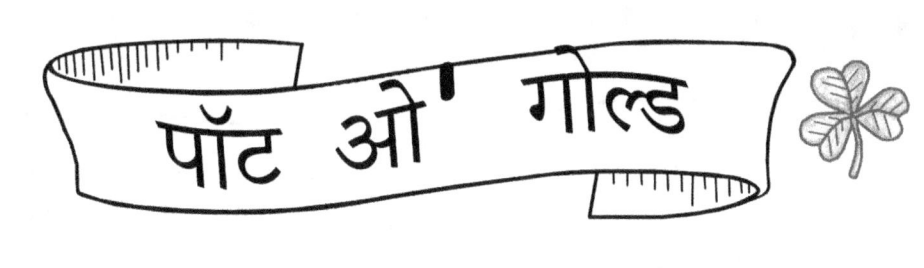

पॉट ओ' गोल्ड

1. एक ओवल से शुरू करें

2. एक सर्कल शेप को नीचे जोड़ें

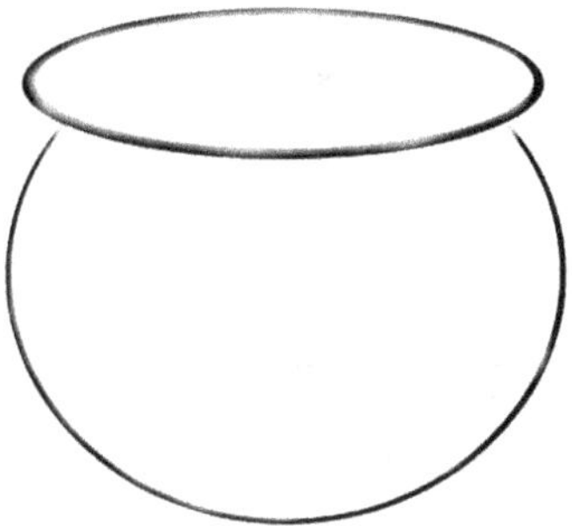

3. एक "मोटाई" के साथ ओवल के निचले हिस्से को रिम करें

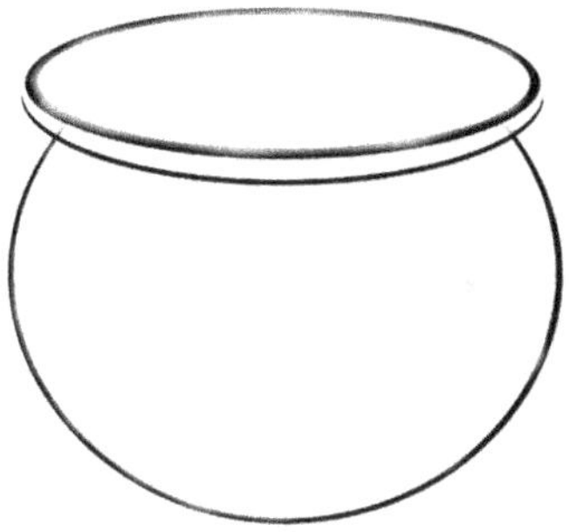

4. शीर्ष पर आंतरिक रिम "मोटाई" जोड़ें

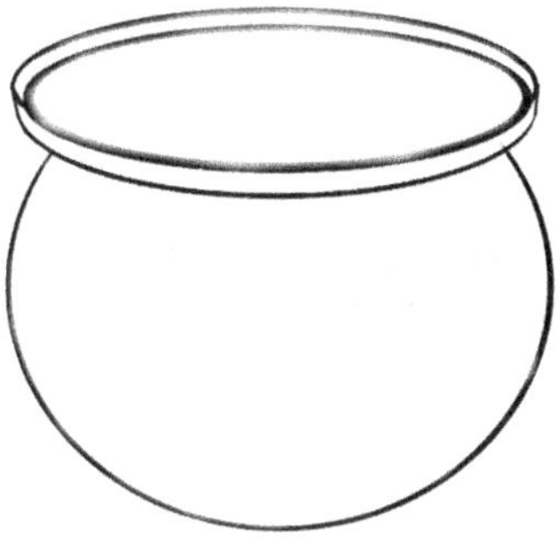

5.

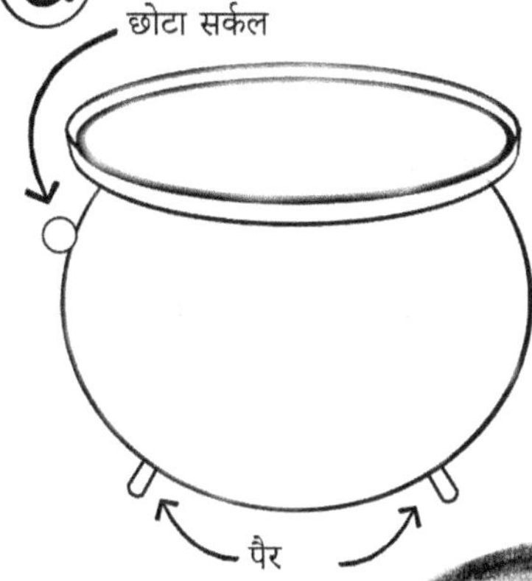

छोटा सर्कल

पैर

6.

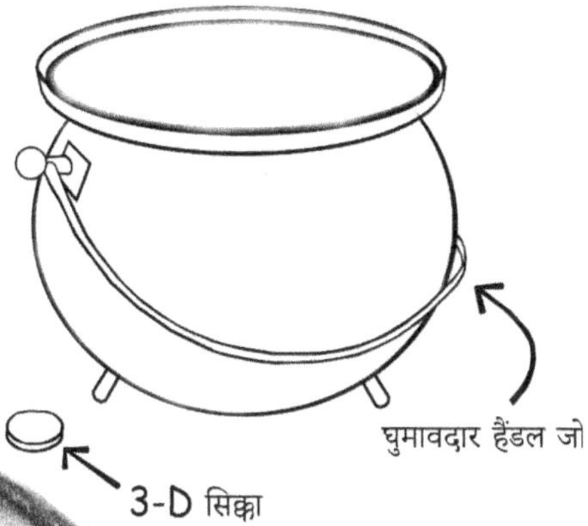

घुमावदार हैंडल जो

3-D सिक्का

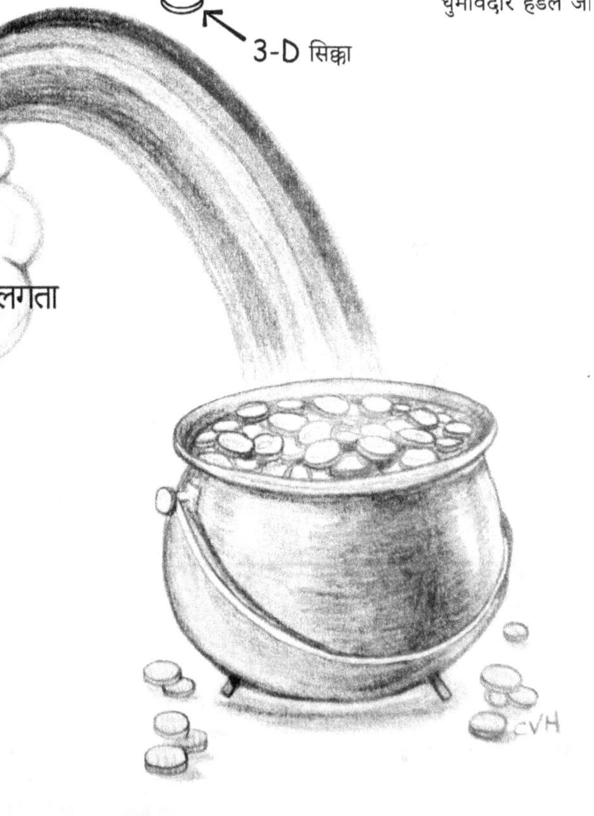

3-D सिक्का बनाने के 2 तरीके

न दोनों को आज़माएं और देखें कि आपको कौन सा तरीका सबसे अच्छा लगता है!

1. ओवल

2. एक और जोड़ें

3. डॉट वाले हिस्से को मिटाएं

4. डिटेल जोड़ें

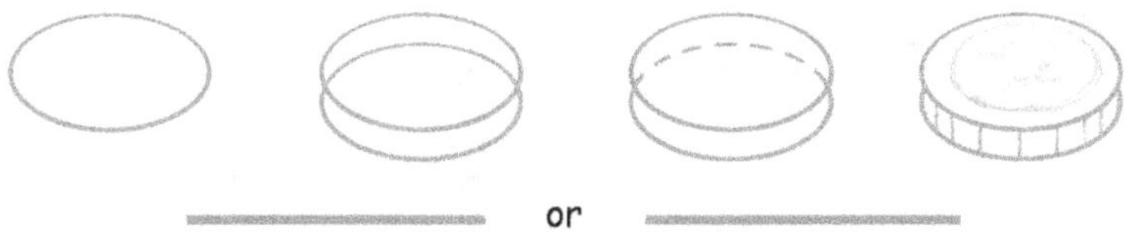

or

1. ओवल

2. 2 लाइन्स जोड़ें

3. जोड़े

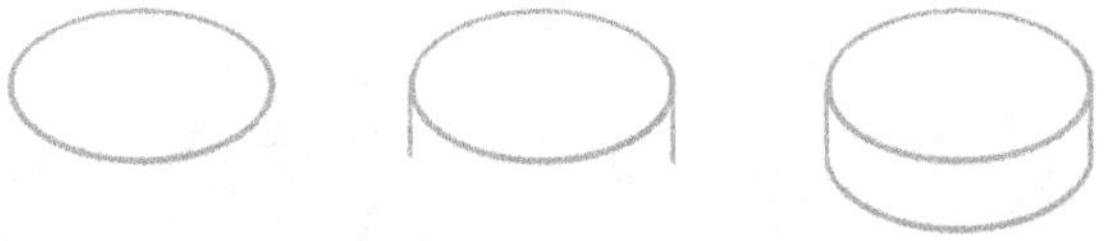

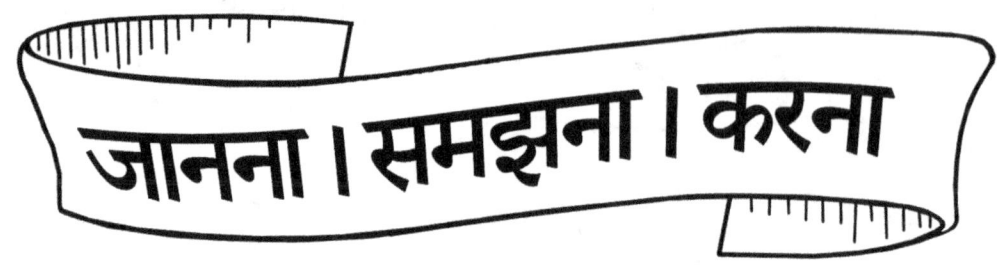

जानना। समझना। करना

प्यारा ईस्टर सामान

जानें:

• सरल शेप्स एक साथ मलिकर जटलि ऑब्जेक्ट्स बना सकते हैं
• एक कोन का क्रॉस सेक्शन कर एक बर्तन बना सकता है
• कसिी आउटलाइन ऑब्जेक्ट के अंदर “हैच” लाइन जोड़ने से उसे फॉर्म, वॉल्यूम और शैडो मलिती है

समझें:

• कसिी ऑब्जेक्ट में शेड, टेक्स्चर (बनावट) या फॉर्म दखिाने के लिए “हैचगिं” और “क्रॉस-हैचगिं” की तकनीक
• टेक्स्चर (बनावट) का इस्तेमाल कलाकारों द्वारा यह दखिाने के लिए कयिा जाता है कि कोई चीज़ कैसी महसूस हो सकती है या यह कसि चीज से बनी है

करें

हैंडआउट पर आउट्लाइन्ड ऑब्जेक्ट्स सहति एक कलाकृति बनाएँ। “एक्स्ट्रास” जोड़ें। टेक्स्चर (बनावट) और शेडगिं के लिए हैचगिं डटिेल आज़माएं।

शब्दावली:

कोन - एलप्सि के कनिारे पर दो लाइन्स जो अंत में मलिती हैं

हैचगि - बारीकी से फैली हुई पैरेलल लाइन्स की एक श्रृंखला। जब उन लाइन्स के शीर्ष पर ज्यादा लाइन्स एक एंगल पर रखी जाती हैं, तो इसे क्रॉस-हैचगिं कहा जाता है।

टेक्स्चर (बनावट) - कोई चीज कैसी दखिती है, कलाकृति में उसका एहसास देना

वॉल्यूम - एक फॉर्म के भीतर स्पेस

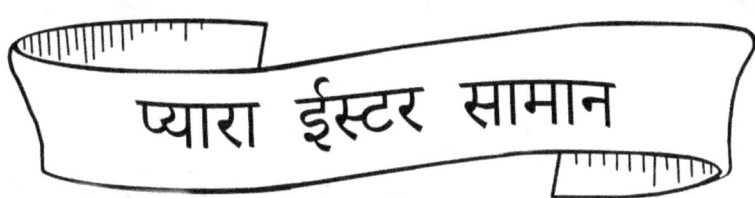

प्यारा ईस्टर सामान

1. एक ओवल से शुरू करें

2. एक और ओवरलैपिंग ओवल जोड़ें

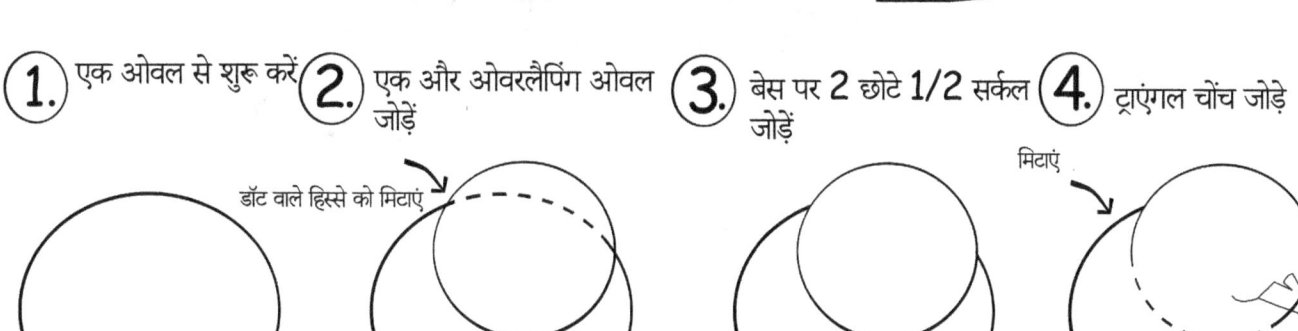

डॉट वाले हिस्से को मिटाएं

3. बेस पर 2 छोटे 1/2 सर्कल जोड़ें

4. ट्राएंगल चोंच जोड़े

मिटाएं

5. आँख और 2 पतले पैर जोड़ें

6. प्रत्येक पैर में 3 पंजों को जोड़ें

7. हैच लाइन्स के साथ बाहरी किनारों को "फ्लफी" बनाएं

8. शेड दें

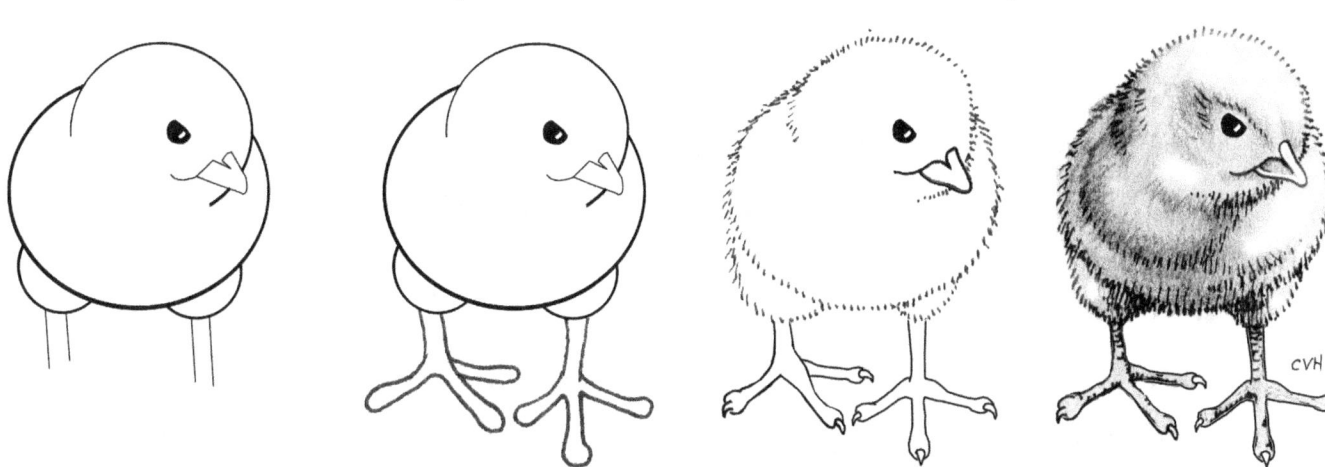

CVH

1. 2 ओवल से शुरू करें

ईस्टर टोकरी

बड़ा

छोटा

3.

हैंडल के लिए 1/2 ओवल जोड़ें

4. शेड दें

2. साइड्स को जोड़ें

डॉट वाले हिस्से को मिटाएं

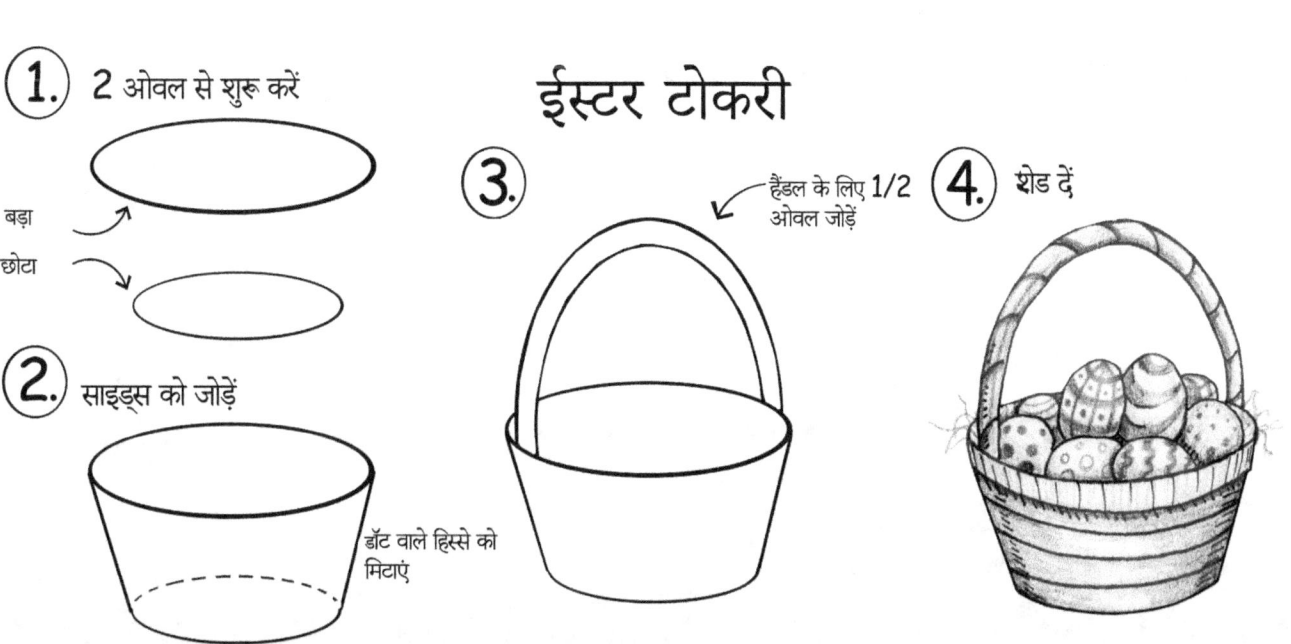

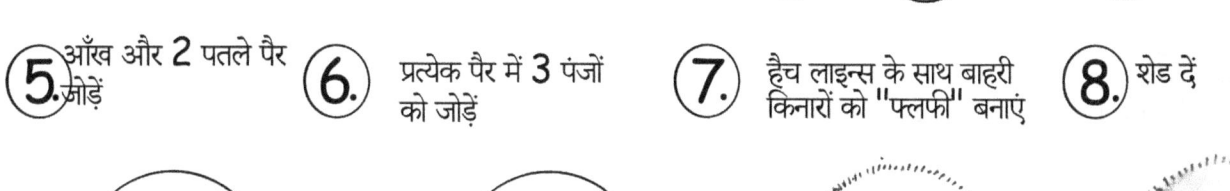

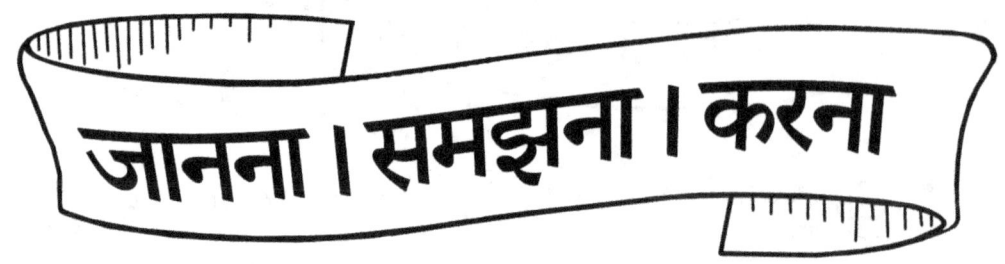

जानना। समझना। करना

ईस्टर एग्स

जानें:

कॉन्टूर लाइन्स, पैटर्न और शेडगिं जोड़कर एक शेप लेना और एक फॉर्म में बदलना

समझें:

कसिी ऑब्जेक्ट के चारों ओर लाइन्स और पैटर्न को “लपेटने” की तकनीक ताक विह 3D दखिाई दे

करें

फेस्टवि हॉलडि एग फॉर्म बनाने के लएि एक शेप के चारों ओर “लपेटा हुआ” एक ओरजिनिल पैटर्न बनाएं। जैसा क हिैंडआउट में देखा गया है, अंडों की एक टोकरी बनाने का प्रयास करें।

शब्दावली:

पैटर्न - कसिी डजिाइन में शेप्स, लाइन्स या रंगों का रेपटिशिन (दोहराव)

रेपटिशिन (दोहराव) - कला के एलमिंट्स (तत्वों) के संयोजन का एक तरीका ताक सिमान एलमिंट्स (तत्वों) का बार-बार इस्तेमाल कयिा जाए

लपेटें - कसिी दूसरी ऑब्जेक्ट के चारों ओर घुमाव का आभास

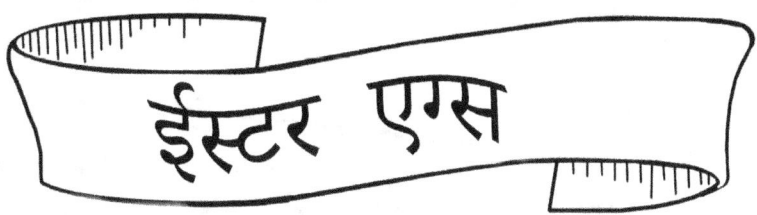

ईस्टर एग्स

1. बेसिक अंडे के शेप से शुरू करें

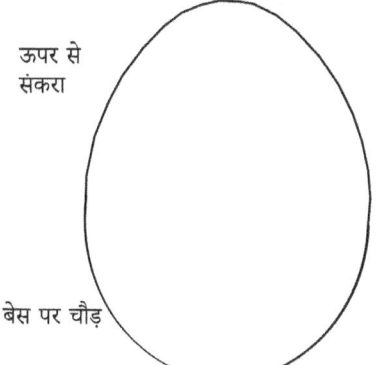

ऊपर से
संकरा

बेस पर चौड़

2. गहराई दिखाने के लिए घुमावदार लाइन्स जोड़ें

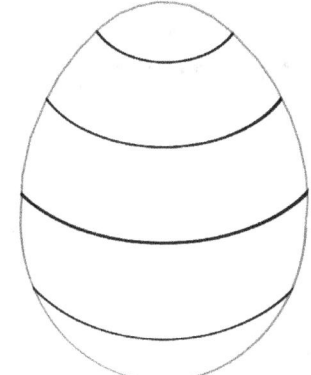

3. एक सजावट या पैटर्न जोड़ें

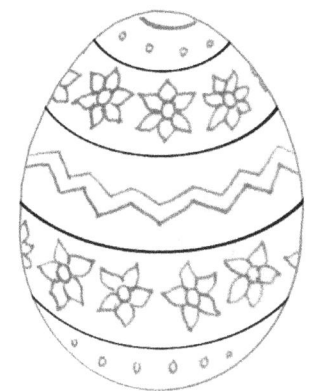

रंग या शेड जोड़ें

या इन्हें आजमाएं

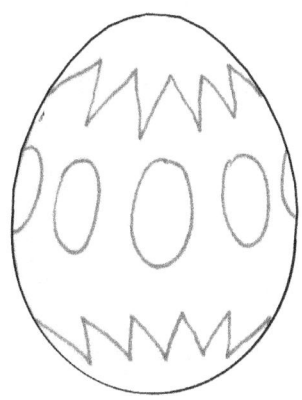

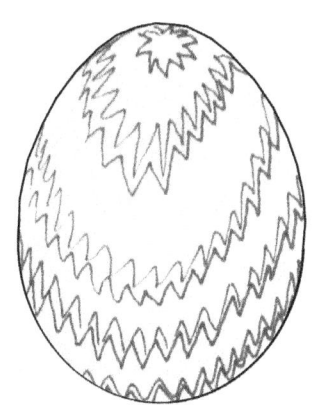

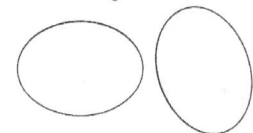

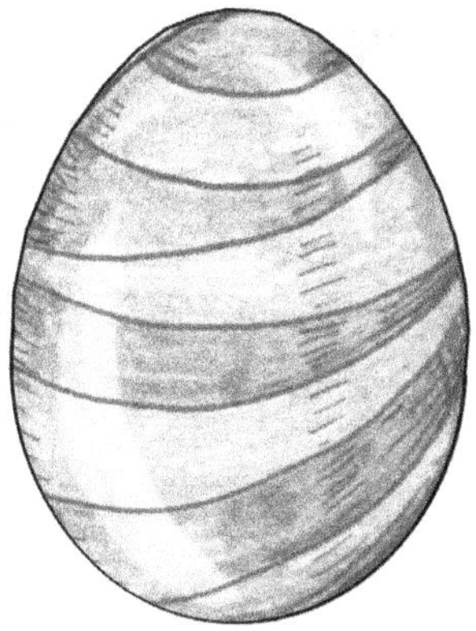

अंडों की टोकरी

एक दो अंडों से शुरू करें

उनके नीचे और जोड़ें

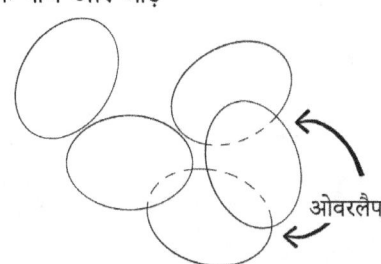

ओवरलैप

अधिक जोड़ें...

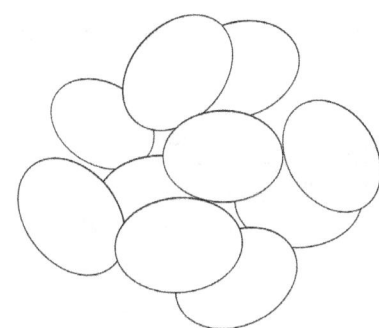

सजाएं और शेड करें

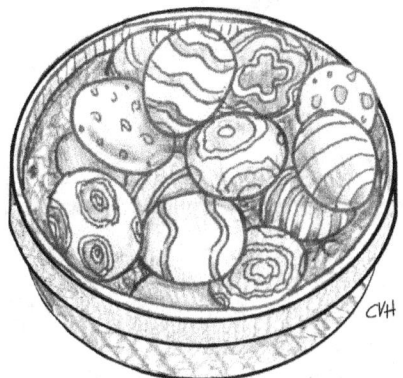

CVH

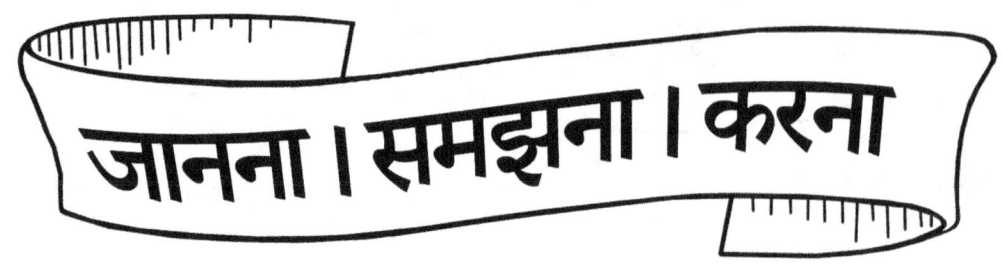

जानना । समझना । करना

स्प्रगि ट्यूलपि

जानें:

• सरल जयिोमेट्रकि शेप्स की एक श्रृंखला को जोड़ने से एक जटलि (ऑर्गेनकि) ऑब्जेक्ट बन सकता है

• जयिोमेट्रकि और ऑर्गैनकि शेप्स के बीच अंतर

• लाइन ओवरलैपगि के माध्यम से पर्सपेक्टवि (नजरयिा) का संकेत दे सकती है

समझें:

• एक सीन में ओवरलैपगि और ऑब्जेक्ट्स के शेप में अंतर गहराई के इल्यूशन को प्राप्त करने में मदद करता है

• हाई कंट्रास्ट शेडगि फॉर्म और 3D का आभास देता है

करें

प्रदान की गई टपि्स और ट्रकि्स का इस्तेमाल करके स्प्रगि ट्यूलपि गुलदस्ते का अपना वर्ज़न बनाएं। कम से कम 3 फूल ड्रॉ करें। अपनी कलाकृत‍ि को अनोखा बनाने के लएि वर्कशीट पर कुछ ऐसा जोड़ें जो आपको दखिाई नहीं दे रहा है (यानी एक फूलदान, एक रबिन से बंधा हुआ तना, आदि) ट्रेस न करें। शेड दें।

शब्दावली:

हाई कंट्रास्ट शेडगि - एक कला कृत‍ि में गहरी और हल्की वैल्यूस के बीच एक बड़ा अंतर (कम मध्य-टोन)

ओवरलैप - जब एक चीज पूर्ण या आंशकि रूप से कसिी और चीज को ढक लेती है

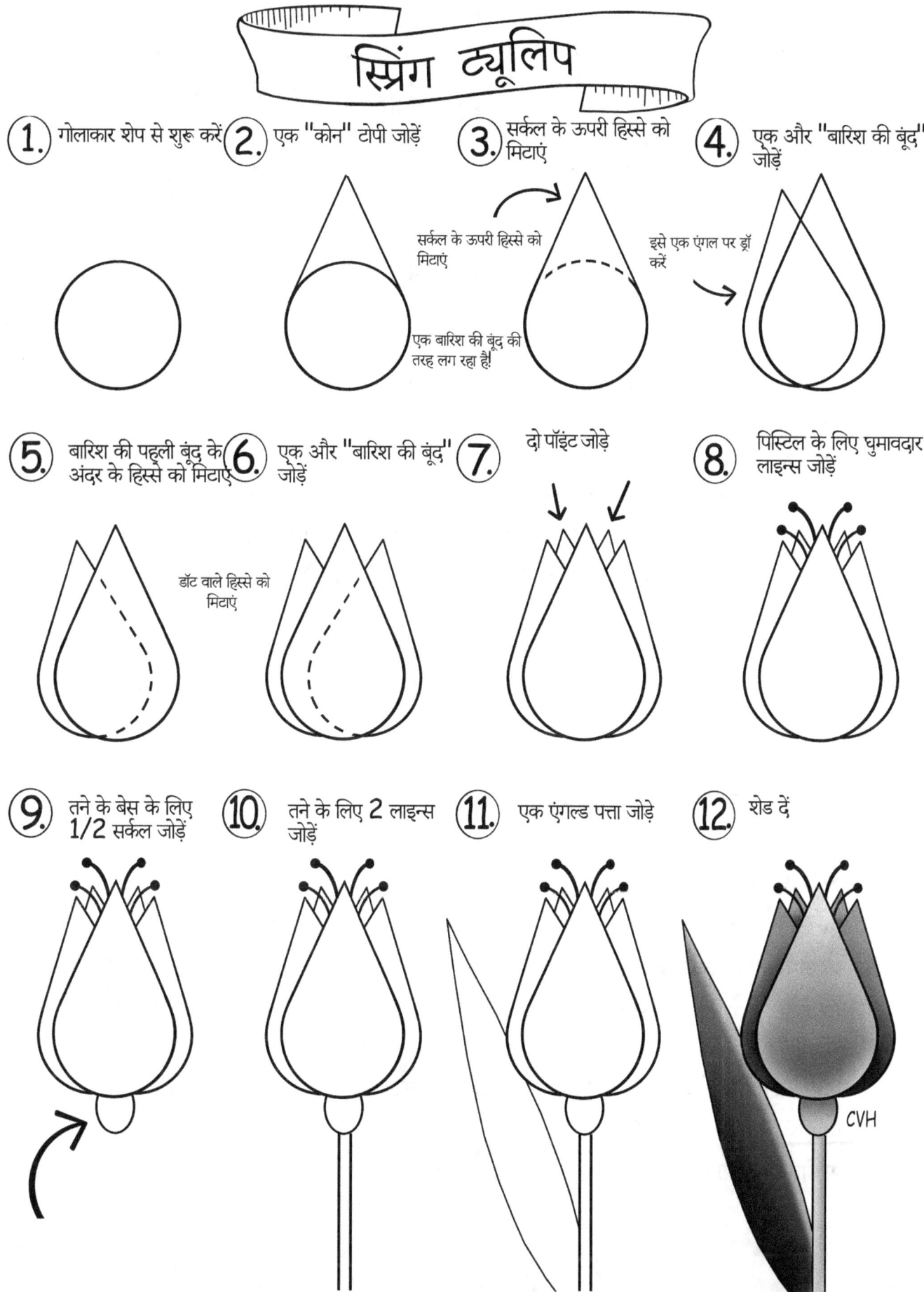

स्प्रिंग ट्यूलिप

1. गोलाकार शेप से शुरू करें

2. एक "कोन" टोपी जोड़ें

3. सर्कल के ऊपरी हिस्से को मिटाएं

सर्कल के ऊपरी हिस्से को मिटाएं

एक बारिश की बूंद की तरह लग रहा है!

4. एक और "बारिश की बूंद" जोड़ें

इसे एक एंगल पर ड्रॉ करें

5. बारिश की पहली बूंद के अंदर के हिस्से को मिटाएं

डॉट वाले हिस्से को मिटाएं

6. एक और "बारिश की बूंद" जोड़ें

7. दो पॉइंट जोड़े

8. पिस्टिल के लिए घुमावदार लाइन्स जोड़ें

9. तने के बेस के लिए 1/2 सर्कल जोड़ें

10. तने के लिए 2 लाइन्स जोड़ें

11. एक एंगल्ड पत्ता जोड़ें

12. शेड दें

CVH

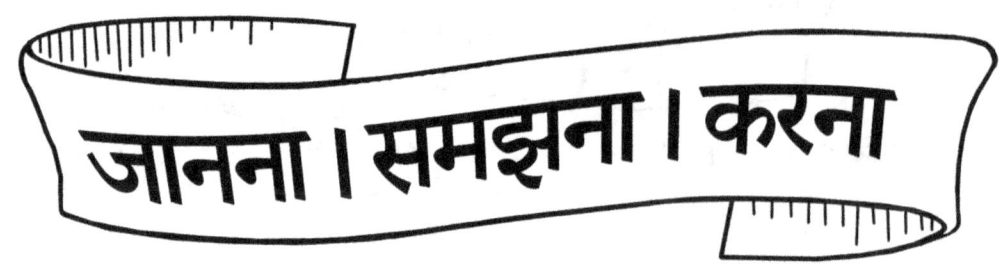

जानना । समझना । करना

चेरी ब्लॉसम

जानें:

बैलेंस, ऑर्गैनकि शेप, पैटर्न, पर्सपेक्टवि (नजरयिा), रेपटिशिन (दोहराव), समिट्री/ऐसमिट्री

समझें:

• जटलि फॉर्म्स को बनाने के लएि सरल शेप्स को ओवरलैप करना पहला कदम हो सकता है

• कसिी कलाकृति को सरल बनाने में कसिी ऑब्जेक्ट के प्रमुख पार्ट्स को सरल शेप में तोड़ना शामलि है। सरल शेप्स की खोज हो जाने के बाद, ज्यादा डटिेल जोडी़ जा सकती है।

करें

• चेरी ब्लॉसम का ओरजिनल स्टलि लाइफ ड्रॉइंग बनाने के लएि दएि गए स्टेप्स को फॉलो करें

• यथार्थवाद बनाने के लएि सभी लाइन्स और सरल जयिोमेट्रकि शेप्स के साथ शुरू करें और जरूरत के अनुसार ओवरलैप करें

• पेंसलि से शेड दें। (या वाटरकलर पेंसलि और नर्दिेशानुसार इस्तेमाल करें)

शब्दावली:

ऑर्गैनकि - एक अनयिमति शेप जो प्रकृति में पाया जा सकता है ना की नयिमति, मैकेनकिल शेप

पर्सपेक्टवि (नजरयिा) - तकनीक का इस्तेमाल 2D सतह पर 3D का इल्यूशन पैदा करने के लएि कयिा जाता है। पर्सपेक्टवि (नजरयिा) गहराई या घटती हुई जगह का एहसास पैदा करने में मदद करता है।

स्टलि लाइफ - टेबल पर रखे नर्जिीव ऑब्जेक्ट्स (पारंपरकि रूप से बर्तन, फल, सब्जयिां, आदि) की ड्राइंग, पेंटगि या फोटो।

समिट्री – ऐसा ऑब्जेक्ट जसिके दोनों साइड्स एक समान हों

चेरी ब्लॉसम

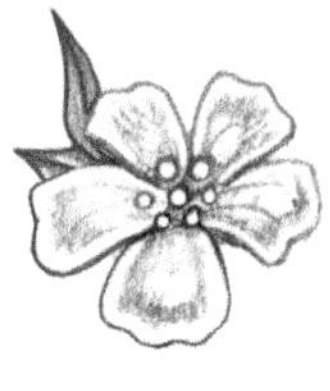

1. ज़िग-ज़ैग पीछे की ओर "Z" से शुरु करें
2. प्रत्येक मोड़ पर छोटे सर्कल जोड़ें
3. दोनों ओर लाइन्स जोड़कर छड़ी को "मोटा" करें
4. डॉट वाला केंद्र मिटाएं (मूल गाइड)

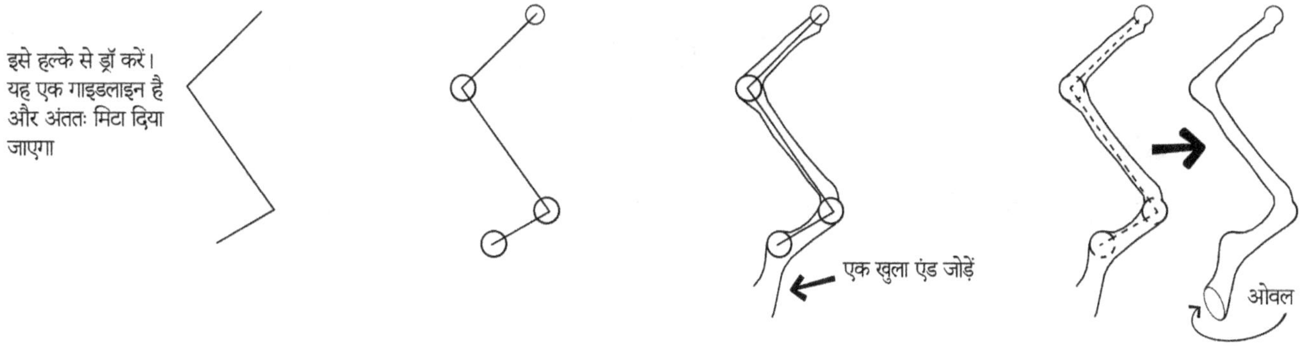

इसे हल्के से ड्रॉ करें। यह एक गाइडलाइन है और अंततः मिटा दिया जाएगा
एक खुला एंड जोड़ें
ओवल

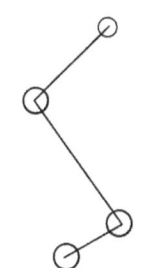

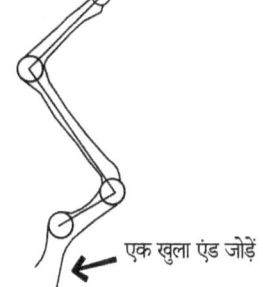

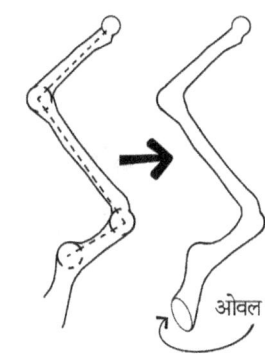

5. पहले ब्लॉसम के लिए एक गाइडलाइन सर्कल जोड़ें
6. पंखुड़ी में डिटेल जोड़ें

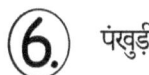

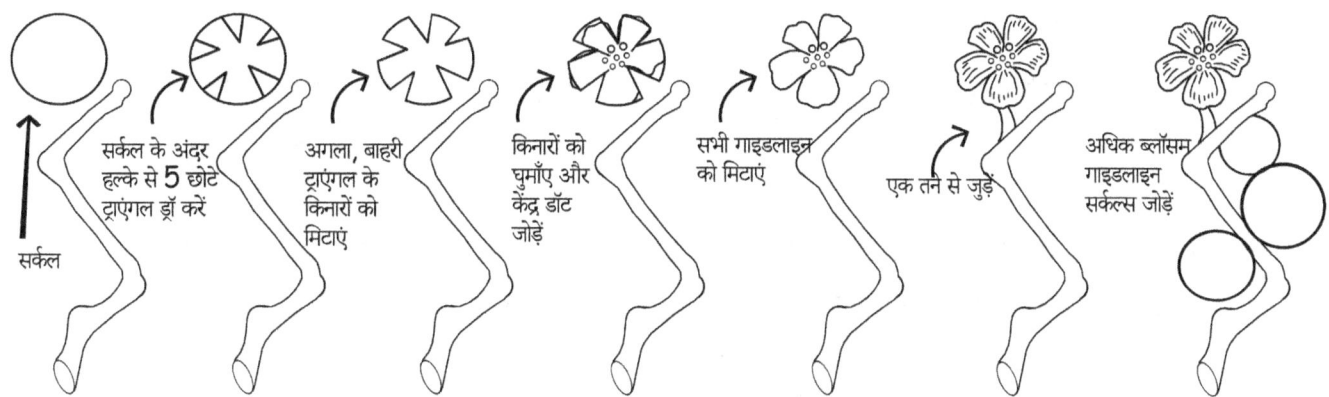

सर्कल
सर्कल के अंदर हल्के से 5 छोटे ट्राएंगल ड्रॉ करें
अगला, बाहरी ट्राएंगल के किनारों को मिटाएं
किनारों को घुमाँए और केंद्र डॉट जोड़ें
सभी गाइडलाइन्स को मिटाएं
एक तने से जुड़ें
अधिक ब्लॉसम गाइडलाइन सर्कल्स जोड़ें

7. सर्कल्स को फूलों में बदलें
8. सिरों पर ब्लॉसम बड्स लगाएं
9. शेड दें

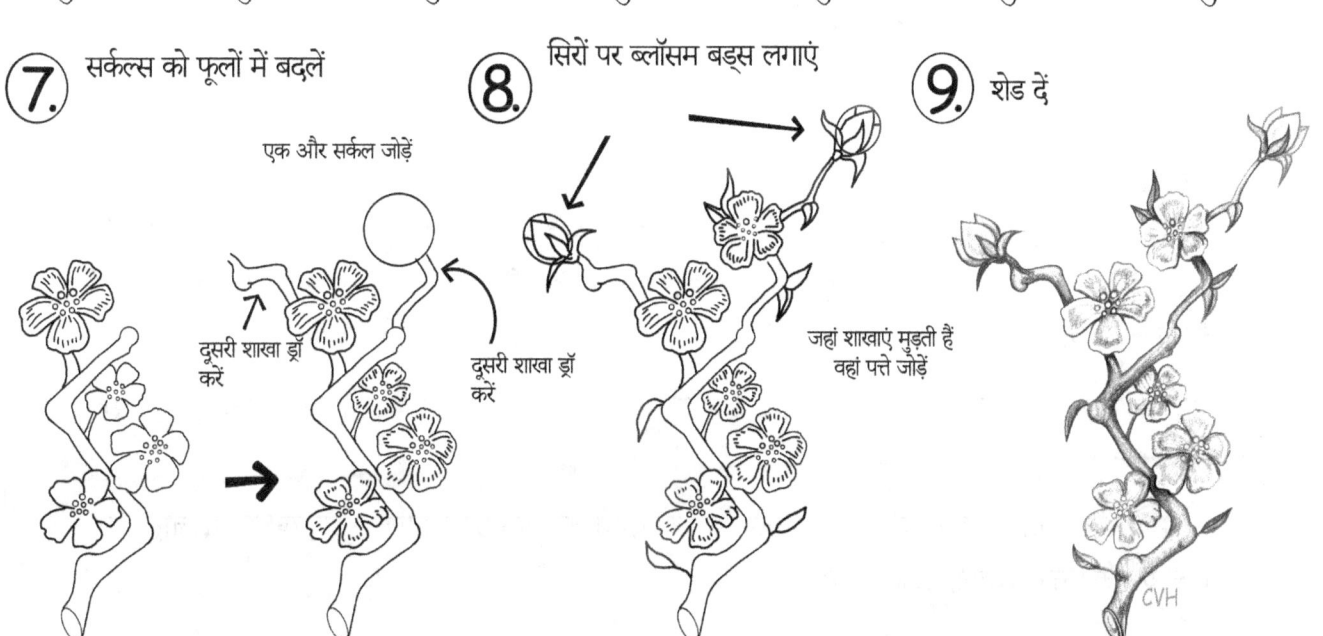

एक और सर्कल जोड़ें
दूसरी शाखा ड्रॉ करें
दूसरी शाखा ड्रॉ करें
जहां शाखाएं मुड़ती हैं वहां पत्ते जोड़ें
CVH

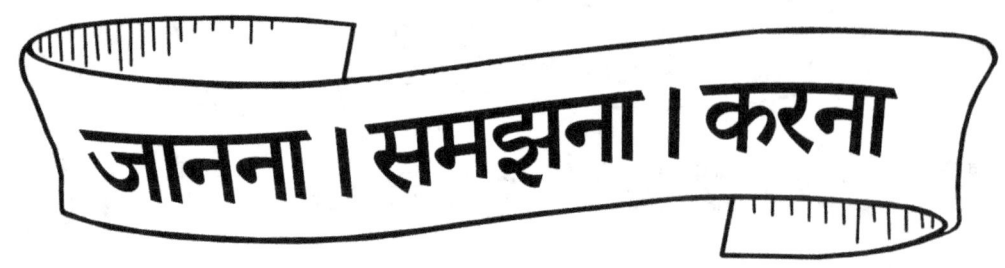

जानना । समझना । करना

हैलोवीन क्रीचर्स

जानें:

आप आसान, जयिोमेट्रकि शेप्स का इस्तेमाल करके सरल और ओरजिनल कार्टून-स्टाइल के क्रीचर्स बना सकते हैं

समझें:

• कसिी कार्य को ओरजिनल बनाने के लएि, उस कार्य में ऐसे एलमिेंट्स (तत्व) होने चाहएि जो कॉपी या ट्रेस न कएि गए हों

• आपके चत्रि में एक्सप्रेसवि क्वालटिी आपके करैक्टर में एक भावना, मूड या वचिार जोड़ते हैं

करें

प्रदान कएि गए जयिोमेट्रकि गाइडलाइन्स का इस्तेमाल करके एक ओरजिनल, हैलोवीन थीम वाले कार्टून-स्टाइल के करैक्टर को बनाने का अभ्यास करें। हल्के से ड्रा करें ताकि जरूरत पड़ने पर गाइडलाइन्स मटिाई जा सकें। इसे अनोखा बनाने के लएि जरूरतनुसार कुछ एलमिेंट्स (तत्व) जोडें या बदलें। हैंडआउट पर दखिाई न देने वाले करैक्टर को बनाने का प्रयास करें। अपनी कल्पना का प्रयोग करें और बहुत सारे "एक्स्ट्रास" जोडें।

शब्दावली:

कार्टून - आम तौर पर लोगों को सोचने, क्रोधति करने, हंसने या अन्यथा खुश करने के लएि बनाई गई सरल ड्राइंग। एक कार्टून में आमतौर पर सरल लाइन्स होती हैं, ओरजिनल रंगों का इस्तेमाल होता है, और एक या चत्रिों की एक श्रृंखला में एक कहानी कहता है जसिे फ्रेम या पैनल्स कहा जाता है।

एक्सप्रेसवि क्वालटिी - कला के काम के माध्यम से दर्शकों तक पहुंचे जाने वाली भावनाएं, मूड्स और वचिार

ओरजिनल - कसिी भी काम को एक कलाकार के काम का एक ऑथेन्टकि उदाहरण माना जाता है, बजाय एक पुनःनर्िमाण, नकल या कॉपी के

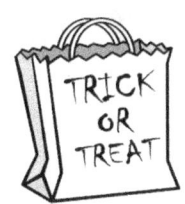

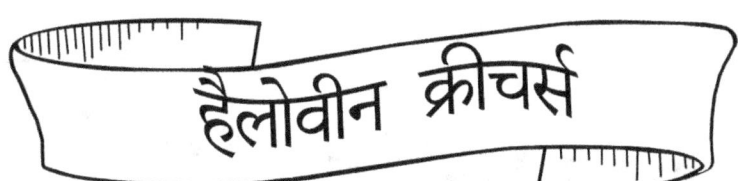

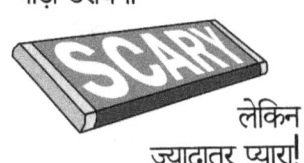

हैलोवीन क्रीचर्स

थोड़ा डरावना

लेकिन ज्यादातर प्यारा!

1. साधारण शेप्स से बने शरीर से शुरुआत करें

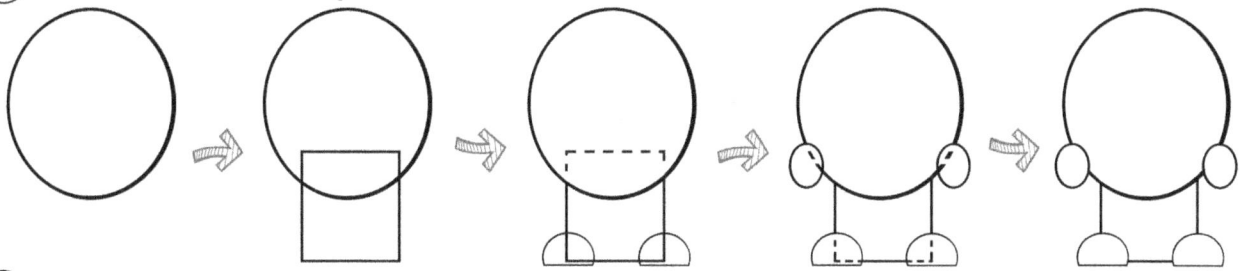

2. अगला, आँखों का एक एक्सप्रेसिव सेट चुनें...

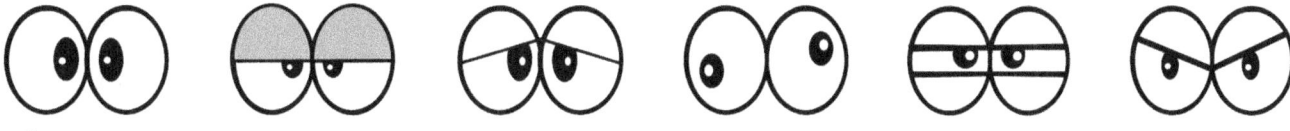

3. अंत में, एक अनोखा, रोचक किरदार बनाने के लिए जितनी आवश्यकता हो उतने डिटेल जोड़ें

आवश्यकतानुसार
गाइडलाइन को
मिटाएं

और क्रीचर्स...

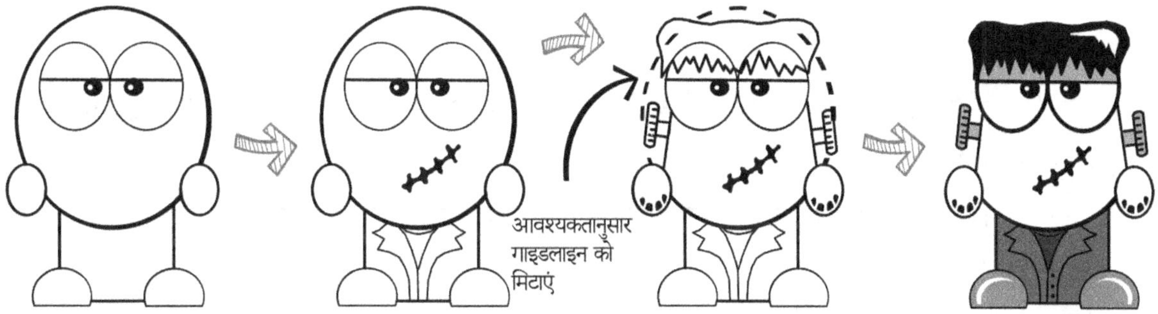

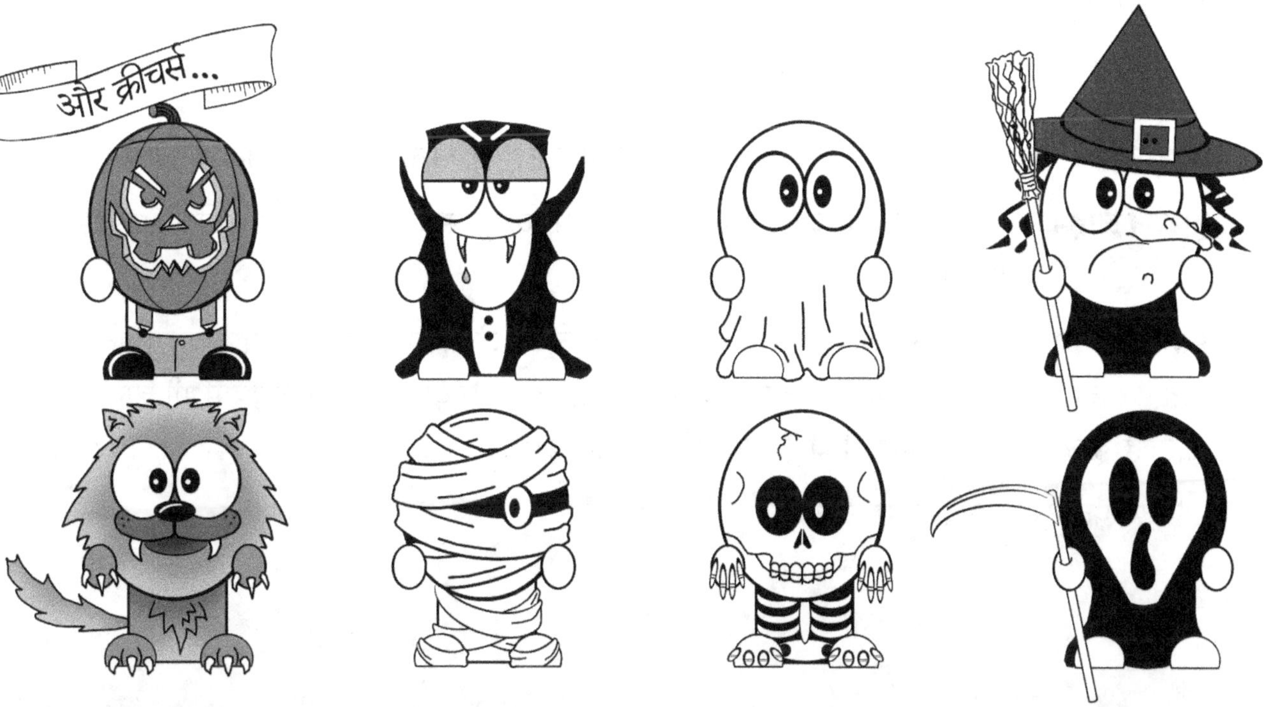

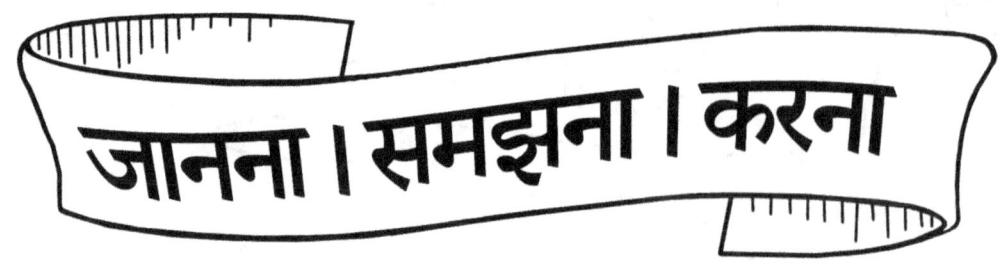

जानना । समझना । करना

शरद ऋतु पत्ता

जानें:

आर्गेनकि शेप, समिट्री, ऐसमिट्री

समझें:

फॉर्म्स को बनाने के लिए सरल शेप्स को ओवरलैप करना पहला कदम हो सकता है

करें

एक असली स्टलि लाइफ ड्राइंग बनाने के लिए दिए गए स्टेप्स को फॉलो करें (या असली जीवन से कोई पत्ती सामने रख लें)।

• गाइडलाइन्स बनाने के लिए सभी लाइन्स और सरल जयिोमेट्रकि शेप्स के साथ शुरू करें और जरूरत के अनुसार ओवरलैप करें

• पेंसलि से शेड (या वाटरकलर पेंसलि और नर्दिेशानुसार इस्तेमाल करें)

शब्दावली:

ऑर्गैनकि - एक अनयिमति शेप जो प्रकृत मिें पाई जा सकती है,ना की कोई नयिमति, मैकेनकिल शेप

स्टलि लाइफ - टेबल पर रखे नर्जिीव ऑब्जेक्ट्स (पारंपरकि रूप से बर्तन, फल, सब्जयिां, आदि) की ड्राइंग, पेंटगि या फोटो।

समिट्री - (या समिट्रकिल बैलेंस) - एक इमेज या ऑब्जेक्ट के हसि्से कुछ इस तरह व्यवस्थति होते हैं ताक एिक तरफ दूसरे को डुप्लकिेट, या मरिर करता है। औपचारकि बैलेंस के रूप में भी जाना जाता है, इसके वपिरीत ऐसमिट्री या ऐसमिट्रकिल बैलेंस है।

समिट्री पैटर्न के दस वर्गों में से एक है।

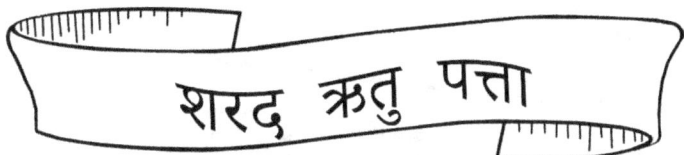

क्या असली पत्ता उपलब्ध है?
उस पत्ते के कॉन्टूर को ट्रेस करें
और स्टेप 6 पर जाएं

शरद ऋतु पत्ता

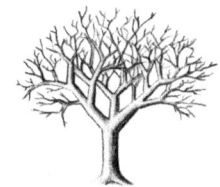

1. आंसू-बूंद के आकार से शुरू करें

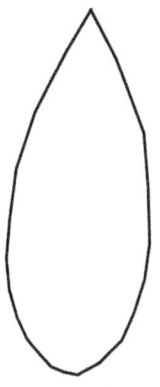

2. दो और आंसू-बूंद शेप्स को किनारों से बाहर की ओर जोड़ें

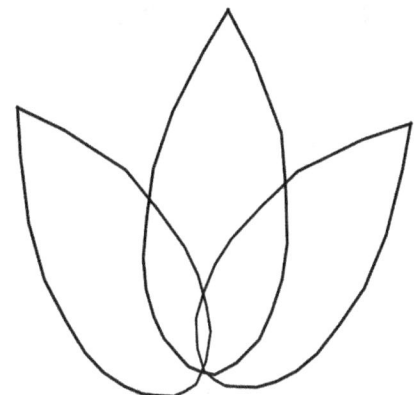

3. जैसा कि नीचे देखा गया है, आंसू-बूंद शेप्स के चारों ओर पॉइंट बनाएं

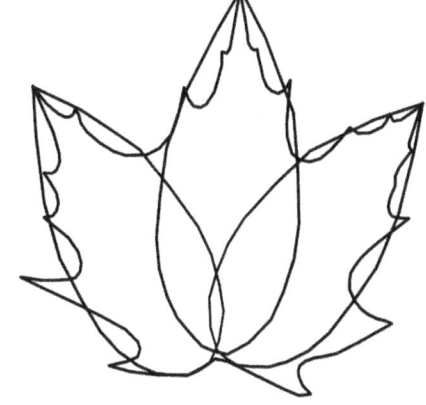

4. डॉट्स के रूप में दिखाए गए ओरिजनल आंसू-बूंद शेप को मिटाएं

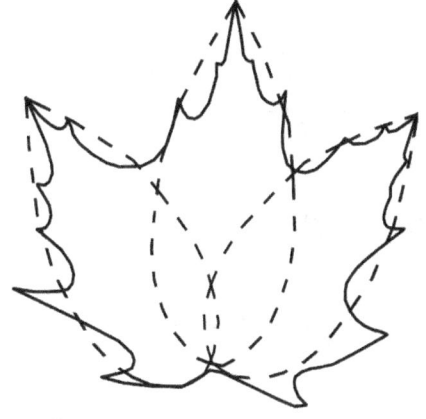

5. यह नीचे ऑर्गैनिक शेप जैसा कुछ दिखना चाहिए

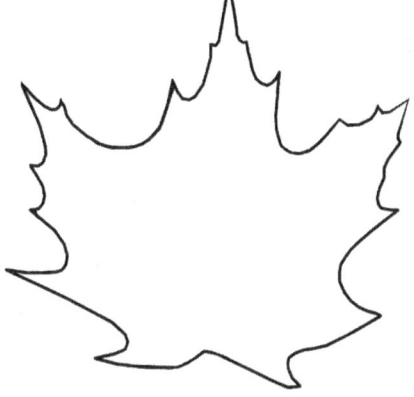

6. बड़े पॉइंट्स से सेंटर बेस तक "नसें" बनाएं

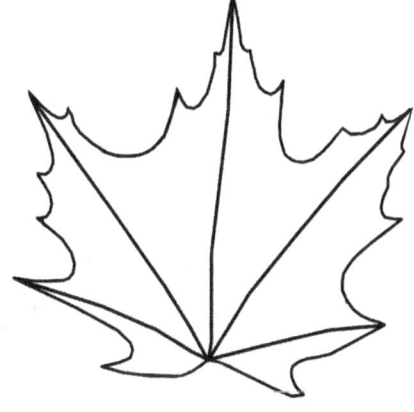

7. कुछ छोटी नसें जोड़ें

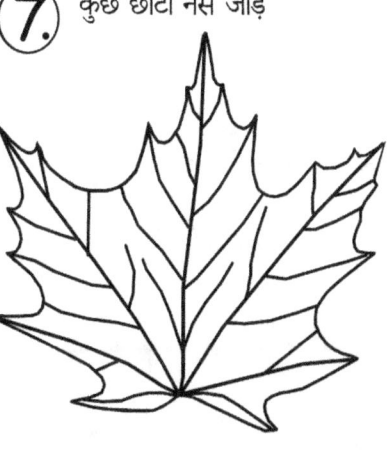

8. अधिक नसें और तना जोड़ें

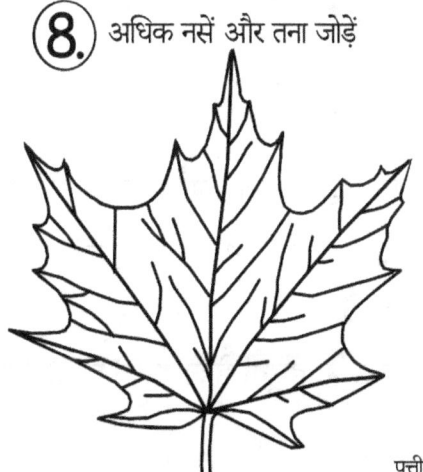

9. शेड दें

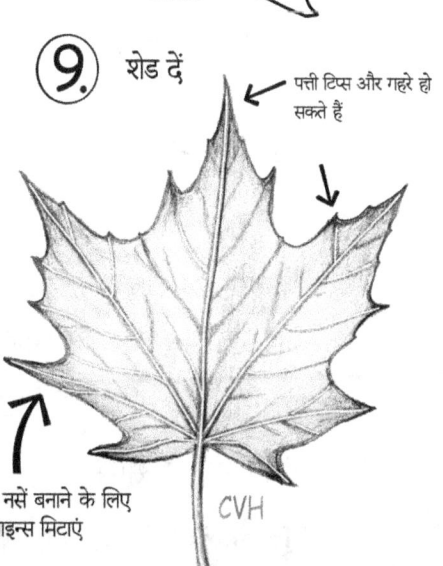

पत्ती टिप्स और गहरे हो सकते हैं
पत्ती की नसें बनाने के लिए लाइन्स मिटाएं
CVH

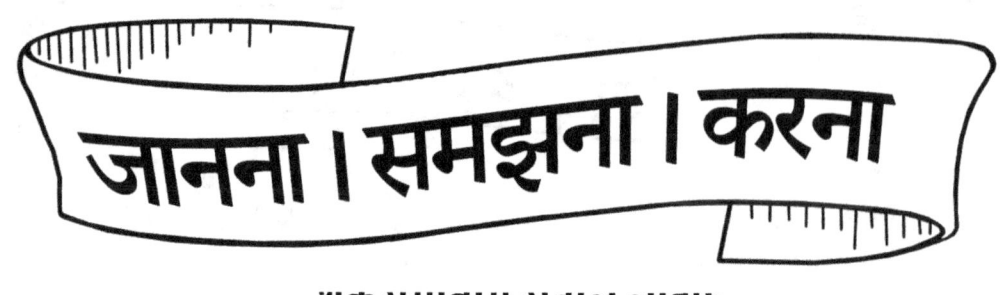

जानना । समझना । करना

थैंक्सगिविंग स्टिल लाइफ

जानें:

कॉन्टूर लाइन, ओवरलैपिंग, पर्सपेक्टिव (नजरिया), "स्टिल लाइफ"

समझें:

- जटिल फॉर्म्स को बनाने के लिए सरल शेप्स को ओवरलैप करना पहला कदम है
- पास दिखाने के लिए बड़े ऑब्जेक्ट्स को पेज पर नीचे ड्रॉ किया जाना चाहिए। छोटे ऑब्जेक्ट्स को और ज़्यादा दूर (कटोरे में फल) दिखाने के लिए पेज पर ऊपर ड्रॉ किया जाना चाहिए।

करें

- ओवरलैपिंग और इमेजेस के उदाहरण देखें और उन पर चर्चा करें जिनमें पास और दूर के एलिमेंट्स (तत्व) हैं, इस पर ध्यान फोकस करते हुए कि कैसे ओवरलैप और साइज़ में अंतर गहराई के इल्यूशन को प्राप्त करने में मदद करते हैं
- "थैंक्सगिविंग" थीम के साथ एक ओरिजिनल स्टिल लाइफ ड्राइंग बनाने के लिए दिए गए स्टेप्स को फॉलो करें (या असल जीवन से फलों और सब्जियों का चयन करें)
- गाइडलाइन्स बनाने के लिए सभी लाइन्स और सरल जियोमेट्रिक शेप्स के साथ शुरू करें और जरूरत के अनुसार ओवरलैप करें
- पेंसिल या वाटरकलर पेंसिल से शेड दें। (निर्देशानुसार इस्तेमाल करें)

शब्दावली:

कॉन्टूर लाइन - लाइन्स जो किसी सब्जेक्ट के किनारों को घेरती हैं और डिफाइन करती हैं

ओवरलैप - जब एक चीज दूसरी चीज के ऊपर होती है, गहराई या इल्यूशन को प्रकट करने के लिए आंशिक रूप से कुछ और कवर करती है

शेडिंग - एक चित्र में लाइट से डार्क या डार्क से लाइट में परिवर्तन दिखाना

शेप - एक बंद स्पेस

स्टिल लाइफ - टेबल पर रखे निर्जीव ऑब्जेक्ट्स (पारंपरिक रूप से बर्तन, फल, सब्जियां, आदि) की ड्राइंग, पेंटिंग या फोटो।

स्टिल लाइफ, निर्जीव वस्तुओं का ड्राइंग या पेंटिंग है

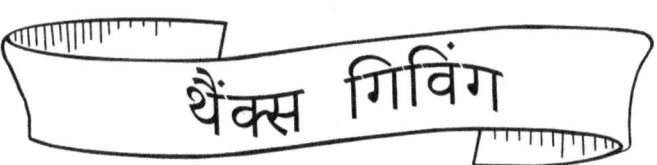

थैंक्स गिविंग

स्टिल लाइफ टिप्स:

हल्के से ड्रॉ करें
बड़ा ड्रॉ करें
अपने पेपर के दाईं ओर स्टेप **1** से शुरू करें

1. अपने पेपर के दाईं ओर एक सर्कल के शेप से शुरु करें

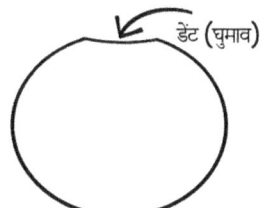

डेंट (घुमाव)

2. एक एंगल्ड ओवल के साथ एक सर्कल जोड़ें

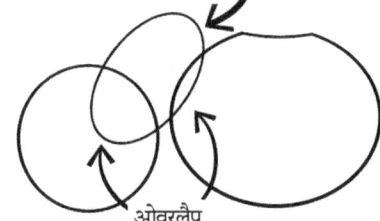

ओवरलैप

3. एक और गोलाकार शेप जोड़ें

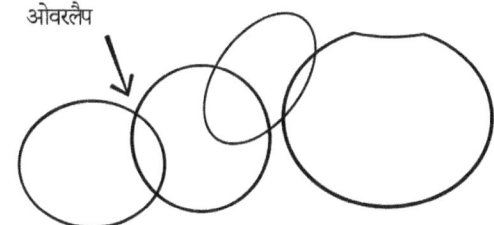

ओवरलैप

4. डॉट वाला लाइन से संकेतित हिस्से को मिटाएं

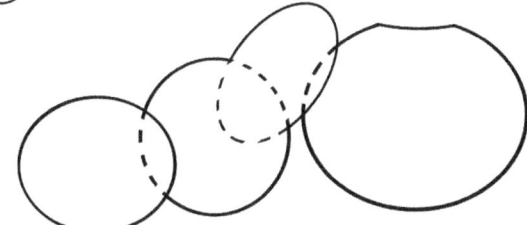

5. तने जोड़े

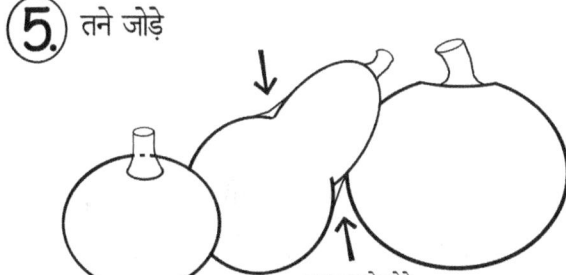

साइड्स को जोड़े

6. एक ओवल जोड़ें

आंतरिक स्क्वैश लाइन्स
को मिटाएं
ओवरलैप

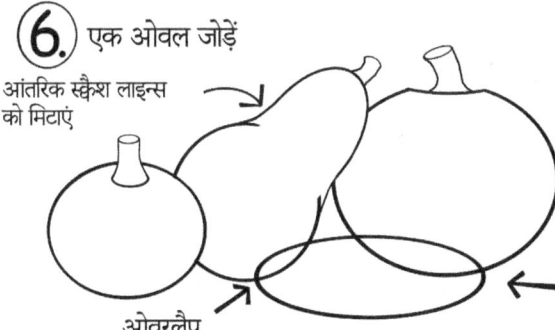

7. डॉट वाले हिस्से को मिटाएं

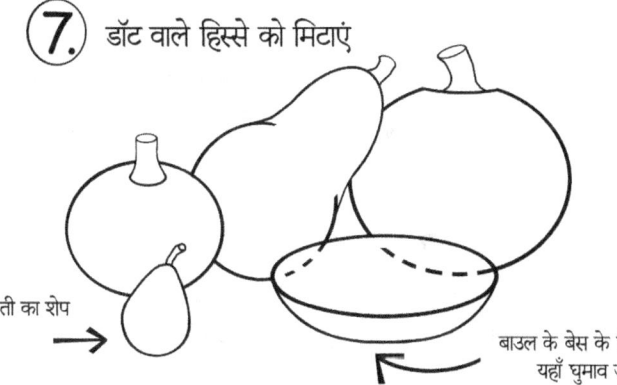

नाशपाती का शेप
जोड़ें
बाउल के बेस के लिए
यहाँ घुमाव जोड़ें

8. बाउल को ओवल/सर्कल शेप से भरें

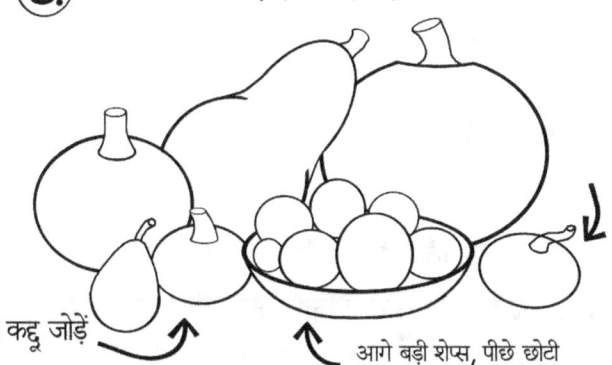

और कद्दू जोड़ें
आगे बड़ी शेप्स, पीछे छोटी

9. कलर पेंसिल से शेड करें

कद्दू विभाग के लिए लाइन्स
ड्रॉ करें
CVH

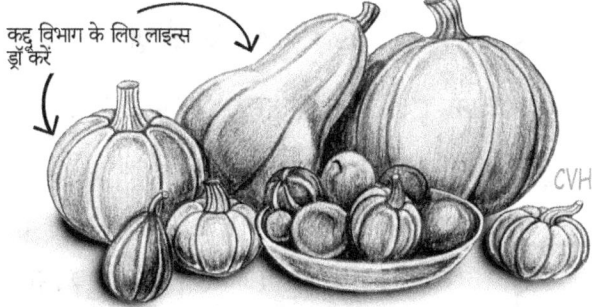

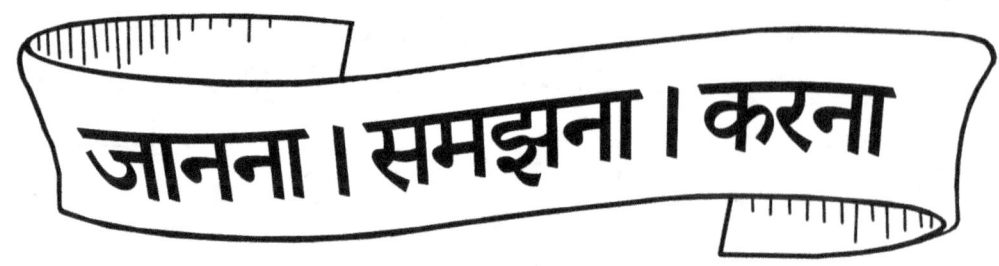

जानना । समझना । करना

कैन ऑफ क्रैन...

जानें:

सलिंडर्स, पॉप आर्ट

समझें:

- कला में सलिंडर एक 3D गोलाकार ट्यूब का आभास देते हैं
- वारहोल ने 1962 में कैम्पबेल्स टोमेटो सूप की पेंटगिं को पॉप आर्ट का प्रतीक बना दयिा

करें

वारहोल की “पॉप आर्ट” स्टाइल का इस्तेमाल करके एक सलिन्ड्रकिल कैन बनाएं। 3D को इंडीकेट करने के लिए कैन के चारों ओर एक लेबल और टेक्स्ट को “लपेटें”। शेड दें।

शब्दावली:

एंडी वारहोल - (6 अगस्त, 1928 - 22 फरवरी, 1987) एक अमेरिकी कलाकार थे, जो पॉप आर्ट के रूप में जाने जाने वाले वशिुअल आर्ट मूववमेंट में एक प्रमुख हस्ती थे। उनकी रचनाएँ कलात्मक एक्सप्रेशन, सेलब्रिटी संस्कृत और 1960 के दशक में फलने-फूलने वाले वज्ञिापन के बीच संबंधों को एक्सप्लोर करती हैं।

सलिंडर - एक ट्यूब जो थ्री-डायमेंशनल दखिाई देता है

ओवल - एक टू-डायमेंशनल शेप जो एक सर्कलि की तरह दखिती है जसि लंबा करने के लिए स्ट्रेच कयिा गया है

पॉप आर्ट - एक आर्ट मूववमेंट जो लोकप्रयि संस्कृत की परचिति इमेजेस जैसे बलिबोर्ड, कॉमकि स्ट्रपि्स, मैगज़ीन का वज्ञिापन और सुपरमार्केट प्रोडक्टस पर ध्यान फोकस करता है

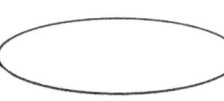 **पॉप आर्ट**

3-D में सिलेंडर

कैन ऑफ क्रैन

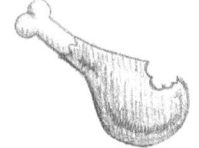

1. एक ओवल से शुरू करें

2. एक और ओवल जोड़ें

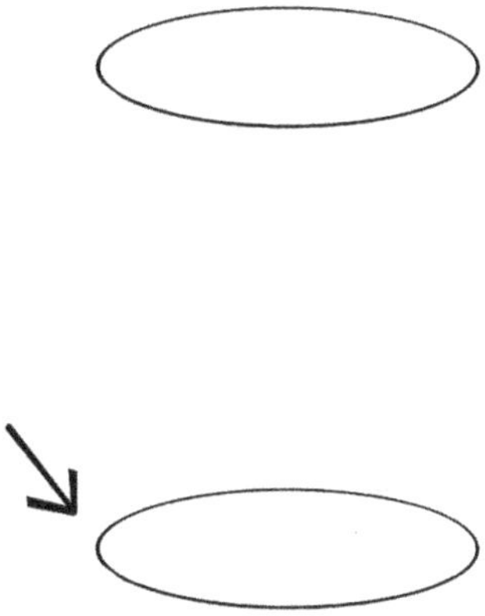

3. 2 हॉरिजॉन्टल लाइन्स से जोड़े

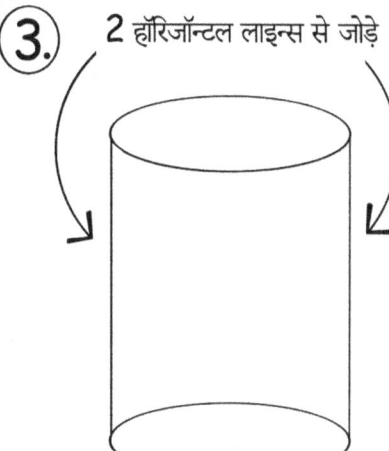

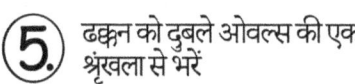

4. "मोटाई" इंडीकेट करने के लिए शीर्ष ढक्कन हिस्से के अंदर एक पतला ओवल ड्रॉ करें

5. ढक्कन को दुबले ओवल्स की एक श्रृंखला से भरें

6. लेबल एरिया को इंडीकेट करने के लिए एक गोल लाइन ड्रॉ करें

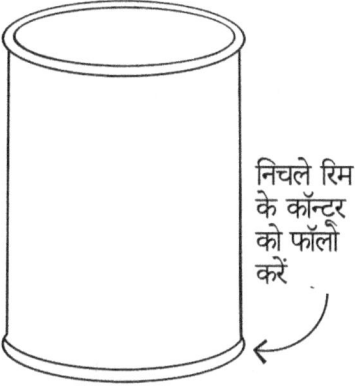

निचले रिम के कॉन्टर को फॉलो करें

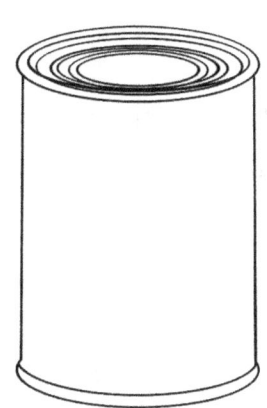

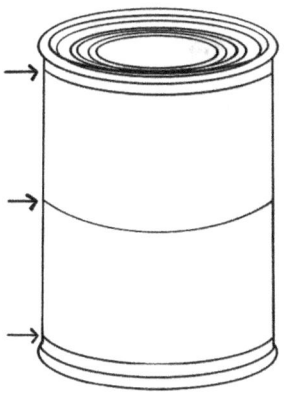

7. यह इंडीकेट करने के लिए कि आपके शब्द कहां होंगे, एक हल्की, घुमावदार लाइन ड्रॉ करें

8. अपना टेक्स्ट स्केच करें

9. शेड दें

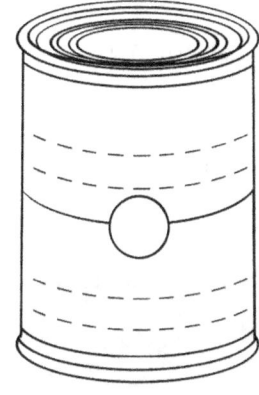

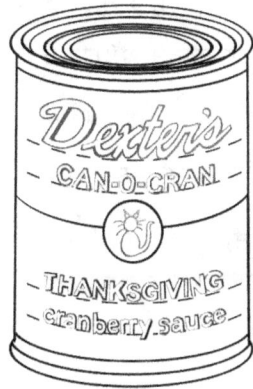

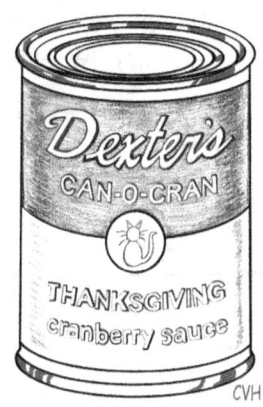

CVH

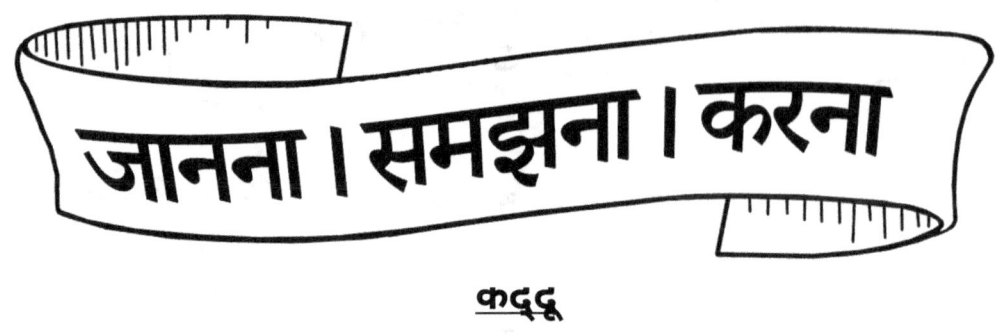

जानना । समझना । करना

कद्दू

जानें:

शेडगि, लेयरगि, फोरशॉर्टगि, ओवरलैपगि

समझें:

- ड्रॉइंग्स द्वारा फॉर्म (3D) बनाने पर शेप (2D) में जोड़ी गई वैल्यू
- कसिी वैल्यू का हल्कापन या गहरापन कसिी ऑब्जेक्ट पर लाइट सोर्स को इंडीकेट करता है

करें

प्रदान की गई टप्सि और तरकीबों का इस्तेमाल करके कद्दू का अपना वर्ज़न बनाएं। आपके कद्दू का केंद्र पेज पर नीचे होना चाहए और साइड्स को फोरशॉर्टगि दखिाने के लएि पीछे जाते हुए दखिना चाहए। ट्रेस नहीं करें। शेड दें।

शब्दावली:

ब्लेंड - एक सतह पर लागू टोन को मर्ज करना (मलिाना) ताकएिक टोन की शुरुआत या अंत का संकेत देने वाली कोई स्पष्ट लाइन न हो

फोरशॉर्टगि - कसिी ऑब्जेक्ट का प्रतनिधित्वि करने का एक तरीका जसिसे कविह गहराई का इल्यूशन प्रकट करता है, ऐसा प्रतीत होता है कविह स्पेस में आगे बढ़ रहा है या वापस जा रहा है। फोरशॉर्टगि की सफलता अक्सर एक पॉइंट ऑफ व्यू या पर्सपेक्टवि (नजरयिा) पर नर्भिर करती है जसिमें कसिी सब्जेक्ट के पास और दूर के हसि्सों के शेप बहुत अलग होते हैं।

ओवरलैपगि - जब एक चीज दूसरी चीज के ऊपर होती है, आंशकि रूप से कुछ और को कवर करती है

शेडगि - एक चत्रि में लाइट से डार्क या डार्क से लाइट में परविर्तन दखिाना

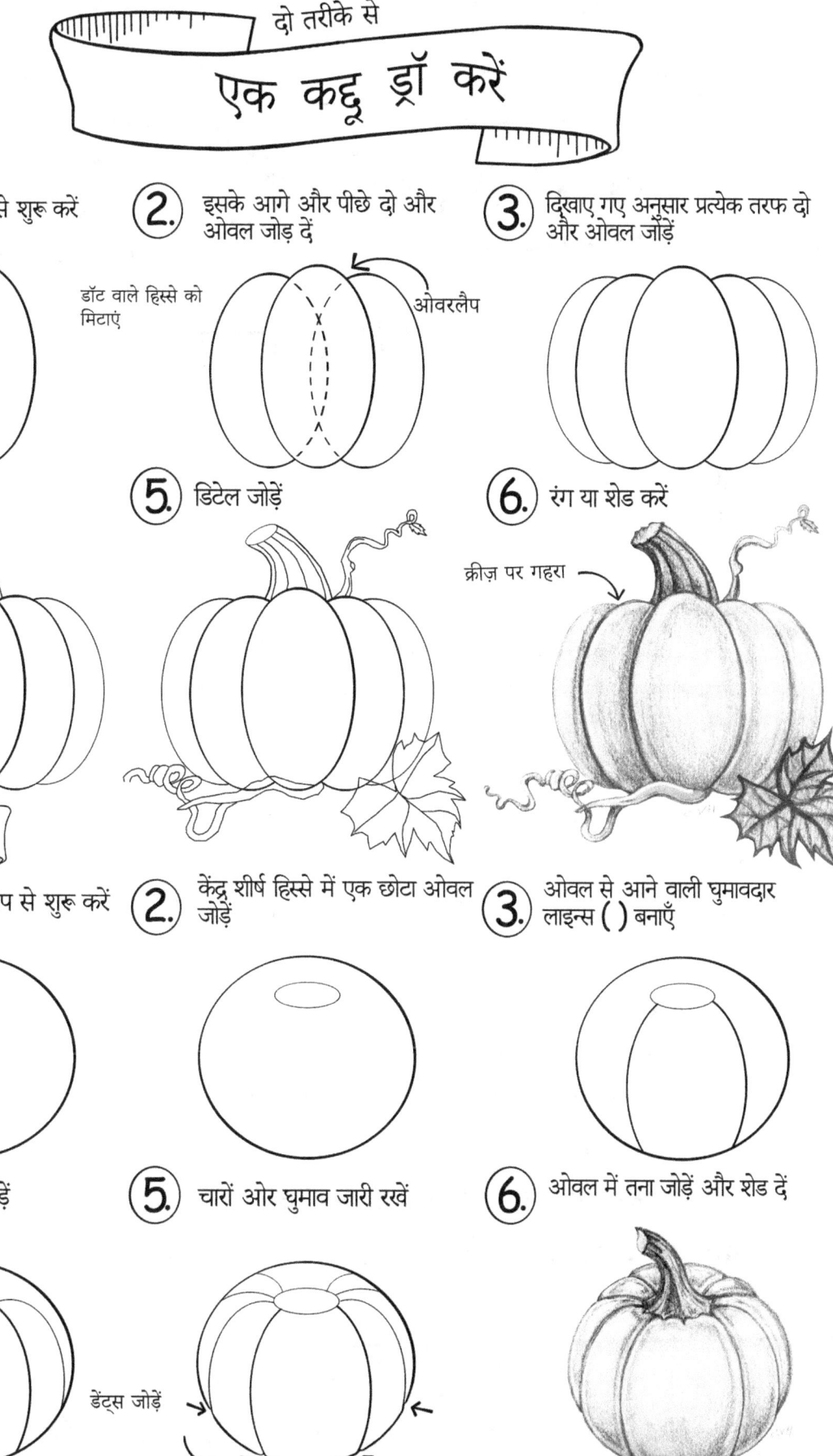

दो तरीके से

एक कद्दू ड्रॉ करें

1. एक लंबे ओवल से शुरू करें

2. इसके आगे और पीछे दो और ओवल जोड़ दें

डॉट वाले हिस्से को मिटाएं
ओवरलैप

3. दिखाए गए अनुसार प्रत्येक तरफ दो और ओवल जोड़ें

4. एक तना जोड़े

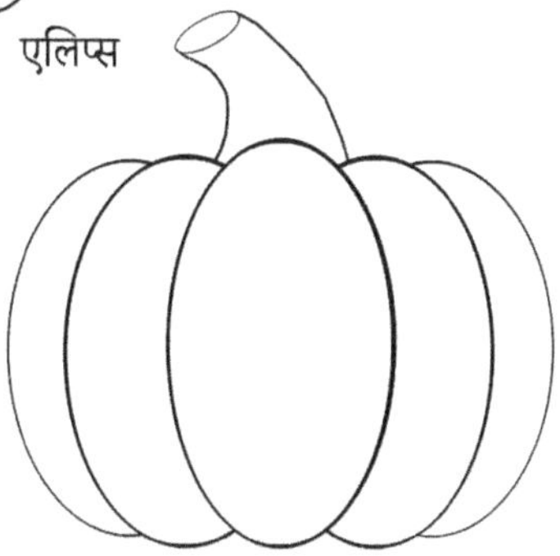

एलिप्स

5. डिटेल जोड़ें

6. रंग या शेड करें

क्रीज़ पर गहरा

या यह आजमाएं ..

1. ओवल/सर्कल शेप से शुरू करें

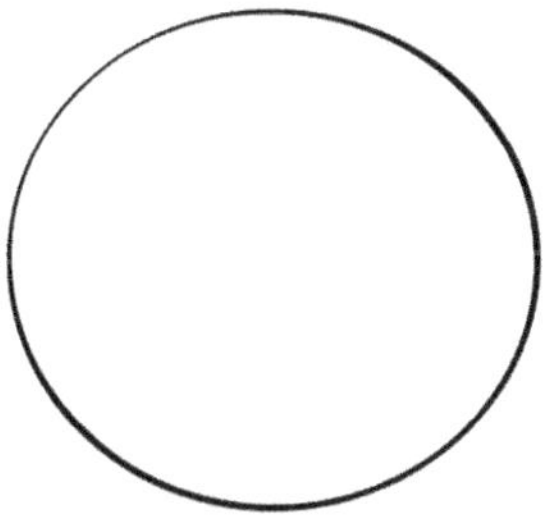

2. केंद्र शीर्ष हिस्से में एक छोटा ओवल जोड़ें

3. ओवल से आने वाली घुमावदार लाइन्स ( ) बनाएँ

4. दो और घुमाव जोड़ें

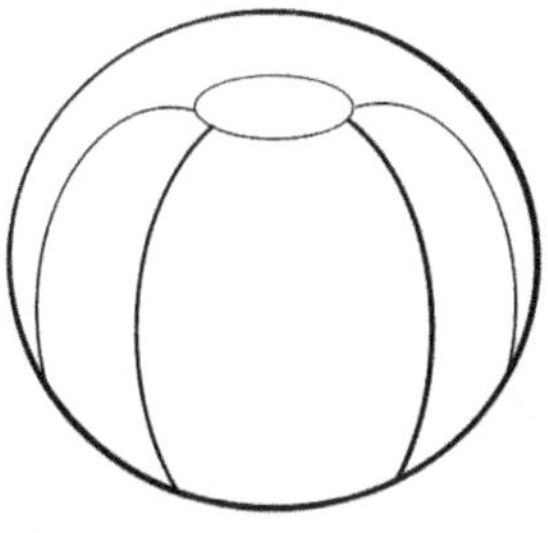

5. चारों ओर घुमाव जारी रखें

डेंट्स जोड़ें

6. ओवल में तना जोड़ें और शेड दें

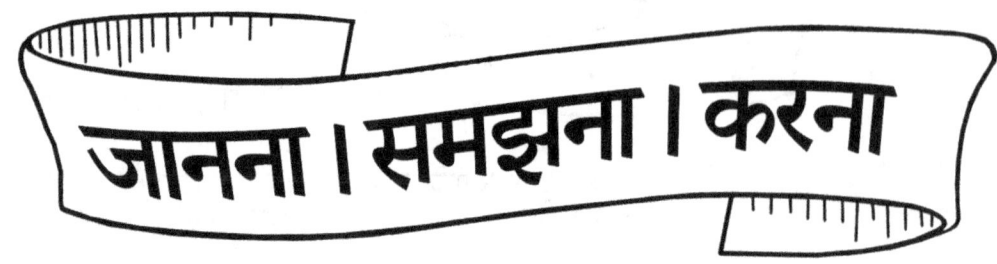

जानना । समझना । करना

जैक ओ लालटेन

जानें:

बैलेंस, फॉर्म, 3D

समझें:

• कसिी ऑब्जेक्ट में पैटर्न और शेडगिं जोड़ने से उसे फॉर्म और डायमेंशन मलिता है

• पर्सपेक्टवि (नजरयिा) दखिाने के लएि रसिीडगिं लाइन्स का इस्तेमाल

करें

एक सामान्य कद्दू से शुरू करें और फरि प्रदान की गई टपि्स और ट्रकि्स का इस्तेमाल करके उस पर एक डजि़ाइन "कार्व" करें। बहुत सारे "एक्स्ट्रास" जोडें़ और पक्का करें कि सभी "कार्व कएि हुए " पार्ट जुडे़ हुए हैं - कोई तैरता हुआ टुकडा़ नहीं! ओरजिनिल रहें! ट्रेस नहीं करें। शेड दें।

शब्दावली:

बैलेंस - जसि तरह से कला के एलमिेंट्स (तत्वों) को एक रचना में स्थरिता, एक सुखद व्यवस्था, या पार्ट्स के प्रपोर्शन (अनुपात) का एहसास पैदा करने के लएि एक कलाकृति में व्यवस्थति कयिा जाता है

फॉर्म - एक थ्री-डायमेंशनल शेप (ऊंचाई, चौडा़ई और गहराई) जसिमें वॉल्यूम होती है

थ्री-डायमेंशनल - ऊँचाई, चौडा़ई और गहराई का होना या दखिाई देना

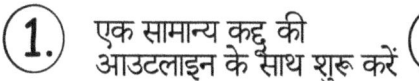

जैक ओ लालटेन

1. एक सामान्य कद्दू की आउटलाइन के साथ शुरू करें

2. आंखों, नाक और मुंह की आउटलाइन ड्रॉ करें

3. आंखों, नाक और मुंह के अंदर की किसी भी लाइन को मिटाएं

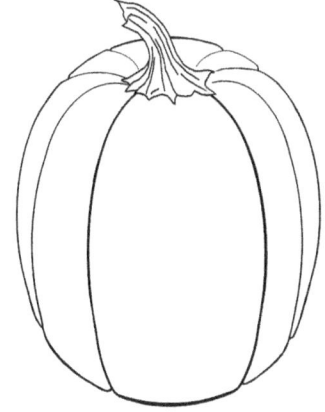

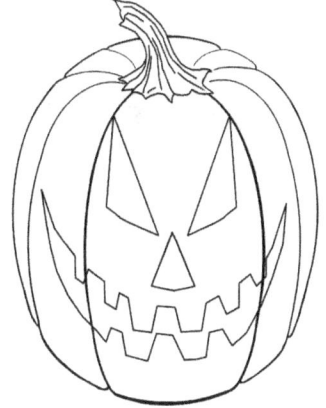

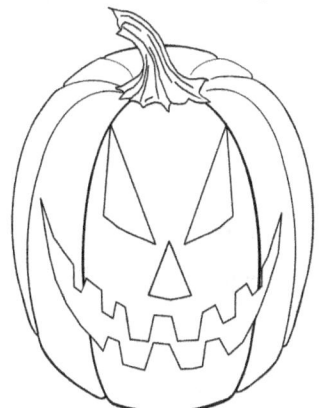

4. आंखों, नाक और मुंह के कोनों पर छोटी डायगोनल लाइन्स ड्रॉ करें

5. "मोटाई" बनाने के लिए एंगल से जुड़ें

6. शेड दें

कद्दू में एक मोमबत्ती है यह दिखाने के लिए सबसे हल्की वैल्यू "कार्व किए हुए" छेदों में होनी चाहिए!

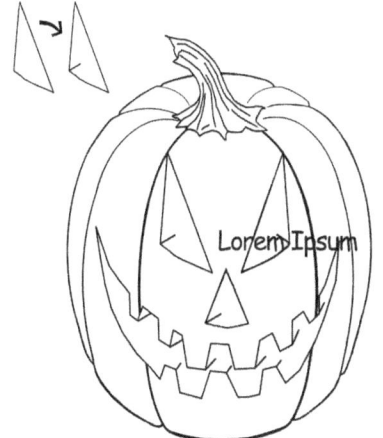

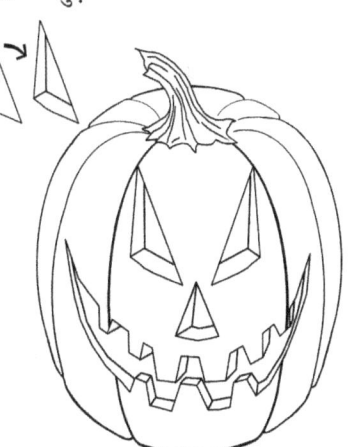

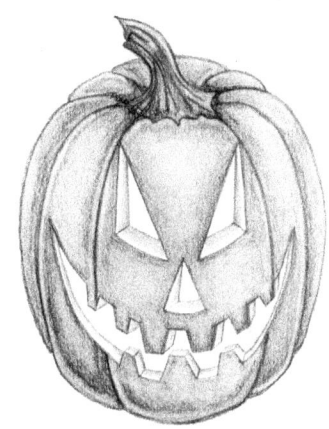

रचनात्मक बने

सभी " कार्व्ड पार्ट्स " को जोड़ा जाना चाहिए .... कोई भी टुकड़ा अलग नहीं होना चाहिए!

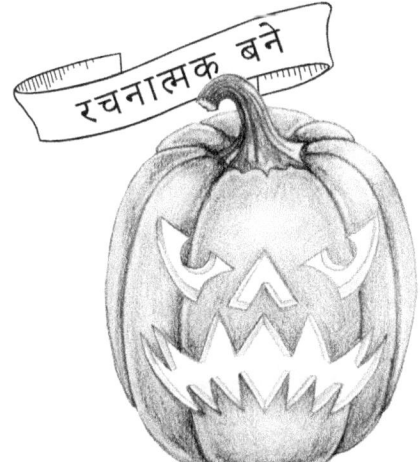

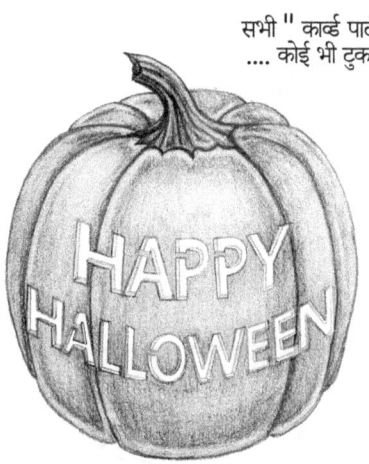

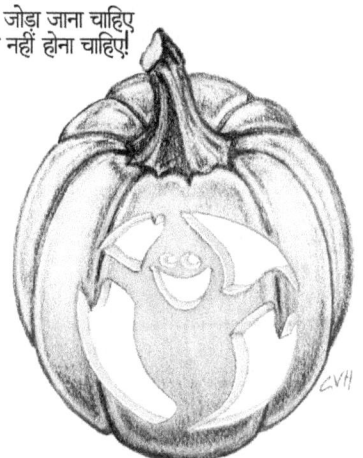

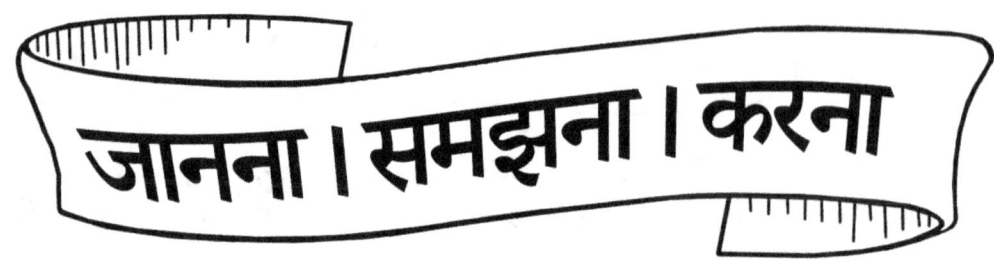

जानना । समझना । करना

क्रसिमस बार्न

जानें:

घर का ¾ व्यू बनाने के लिए सरल स्टेप्स

समझें:

¾ व्यू में परस्पेक्टवि (नजरिया) दखिाते हुए एक 3D घर बनाने का एक तरीका

करें

परस्पेक्टवि (नजरिया) दखिाने वाले लैंडस्केप सीन में एक ओरजिनल हॉलडि बार्न बनाएँ। पेड़ लगाएं और शेड दें।

शब्दावली:

लैंडस्केप - एक कलाकृति जो दृश्यों को दर्शाती है। सीन में आमतौर पर कुछ आकाश होता है।

परस्पेक्टवि (नजरिया) - 2D सतह पर 3D का इल्यूशन, गहराई और घटती जगह का एहसास पैदा करता है

तीन - चौथाई (3/4) व्यू - एक चेहरे या कसिी अन्य सब्जेक्ट का एक सीन जो पूरा और साइड सीन के बीच में है

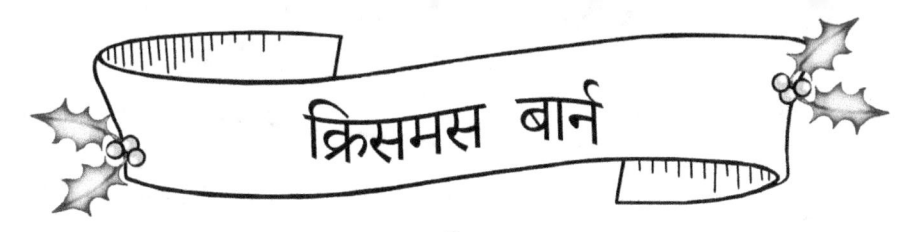

क्रिसमस बार्न

1. एक रेक्टेंगल बनाएं (आंतरिक शेप्स के साथ जैसा कि नीचे देखा गया है)

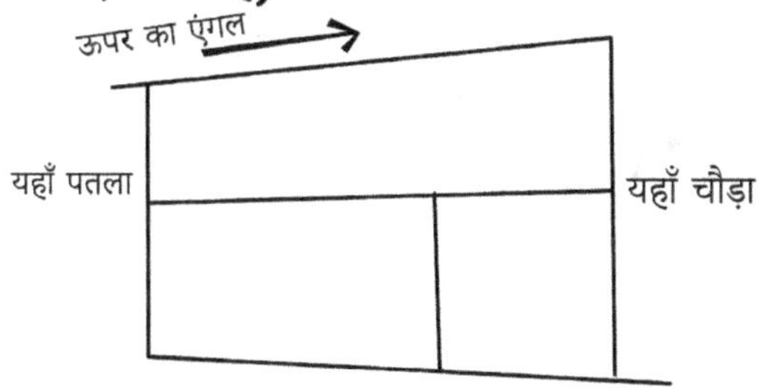

ऊपर का एंगल →

यहाँ पतला

यहाँ चौड़ा

2.

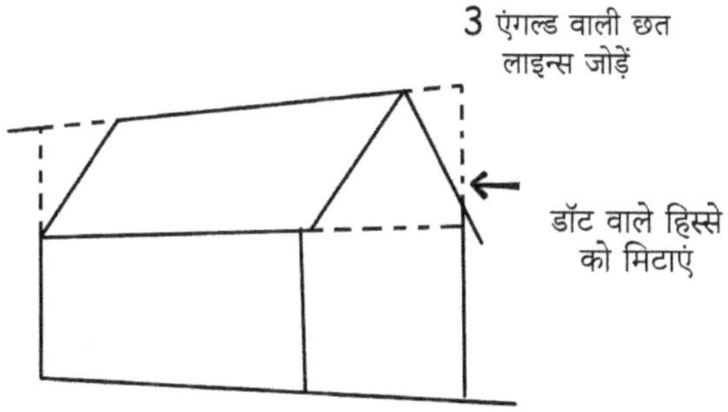

3 एंगल्ड वाली छत लाइन्स जोड़ें

डॉट वाले हिस्से को मिटाएं

3.

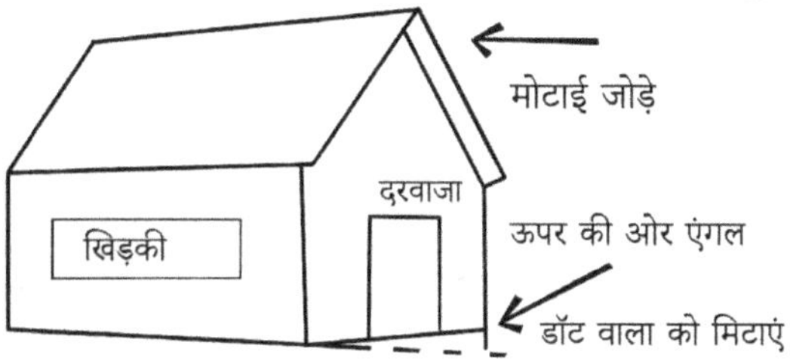

मोटाई जोड़े

दरवाजा

खिड़की

ऊपर की ओर एंगल

डॉट वाला को मिटाएं

4.

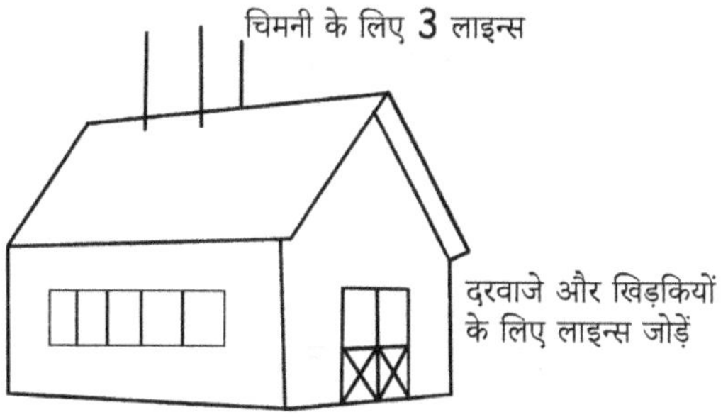

चिमनी के लिए 3 लाइन्स

दरवाजे और खिड़कियों के लिए लाइन्स जोड़ें

5.

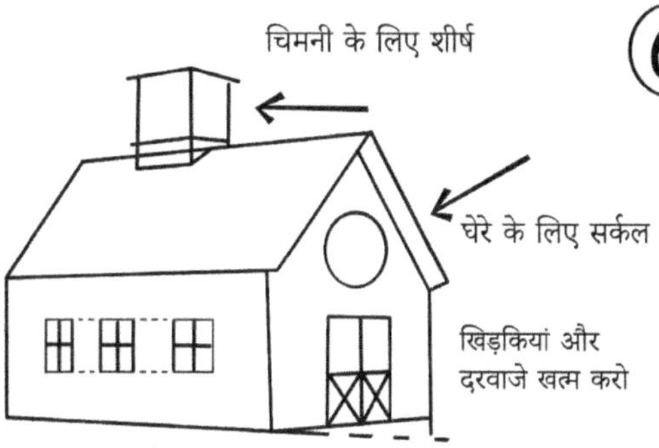

चिमनी के लिए शीर्ष

घेरे के लिए सर्कल

खिड़कियां और दरवाजे खत्म करो

6.

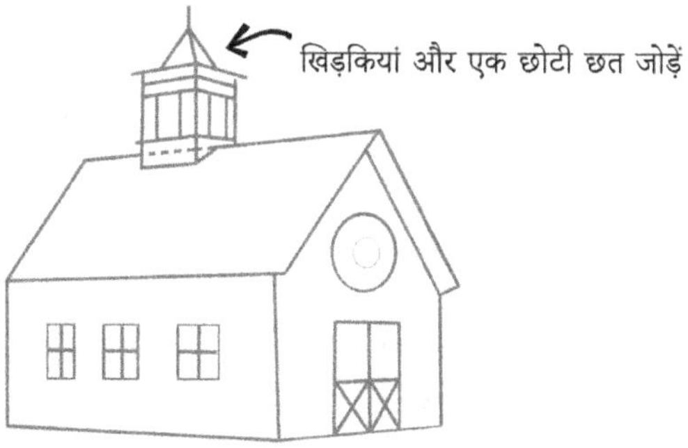

खिड़कियां और एक छोटी छत जोड़ें

7. वृक्षों को जोड़ें

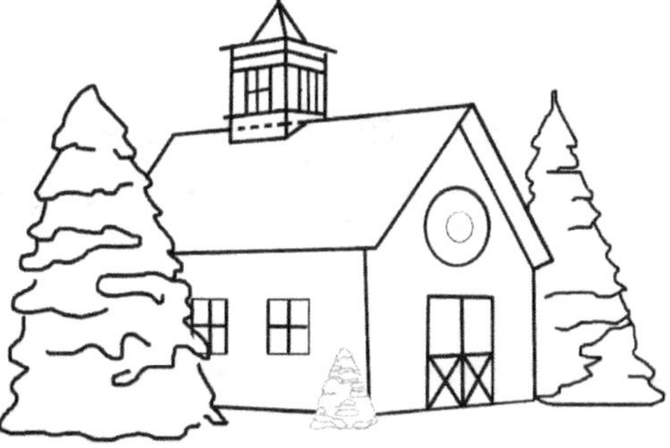

8. शेड दें

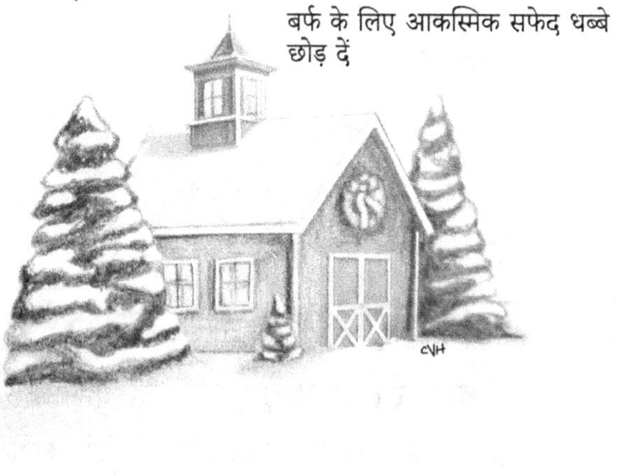

बर्फ के लिए आकस्मिक सफेद धब्बे छोड़ दें

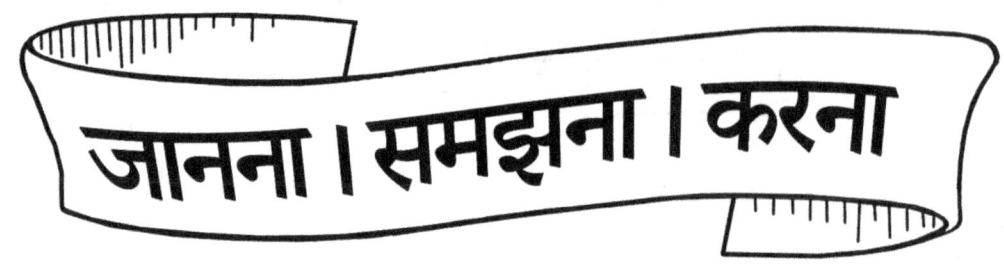

जानना । समझना । करना

क्रिसमस ऑर्नमेन्ट्स

जानें:

जियोमेट्रिक शेप, हाइलाइट, रेपटिशिन (दोहराव), टेक्स्चर (बनावट)

समझें:

- शेप और फॉर्म में अंतर
- किसी कलाकृति में एलमिंट्स (तत्वों) को कैसे व्यवस्थित करें ताकि वे समिट्रिकिल या सामन रूप से बैलेंस्ड दिखाई दें
- सरल शेप्स का इस्तेमाल करके प्रभावी डिज़ाइन कैसे तैयार करें
- टेक्स्चर (बनावट) की दिखावट कैसे बनाएं

करें

- एक ओरिजिनल बॉल ऑर्नमेन्ट बनाने के लिए दिए गए स्टेप्स को फॉलो करें जो एक मुश्किल फॉर्म बनाने के लिए जुडे. एक सरल सर्कल से शुरू होता है
- सीखी हुई 3D तकनीकों का इस्तेमाल करें जो गहराई का इल्यूशन प्रकट करने के लिए ओवरलैपिंग और शेडिंग पर ध्यान फोकस करती हैं

शब्दावली:

बैलेंस - डिज़ाइन का एक सिद्धांत, बैलेंस एक काम में स्थिरता का एहसास पैदा करने के लिए कला के एलमिंट्स (तत्वों) को व्यवस्थित करने के तरीके को रेफर करता है; एक डिज़ाइन या स्ट्रक्चर में एक सुखद या समान व्यवस्था या पार्ट्स या जगहों का प्रपोर्शन (अनुपात)।

रेपटिशिन (दोहराव) - बार- बार एक पैटर्न जारी रखना

टेक्स्चर (बनावट) - एक कलाकार किसी ऑब्जेक्ट को ऐसा दिखाने के लिए जिस तकनीक का इस्तेमाल करता है, वह एक निश्चित तरीके से महसूस होती है

क्रिसमस ऑर्नमेन्ट्स

1. एक सर्कल से शुरू करें

2. इसके ठीक ऊपर एक छोटा ओवल जोड़ें

3. ओवल किनारों से घटती वर्टीकल लाइन्स जोड़ें

एक घुमावदार लाइन के साथ बंद करें

4. ओवल के केंद्र में एक लूप जोड़ें

कैप के "पीछे" से (डॉट वाले हिस्से) मिटाएं

5. टेक्स्चर (बनावट) दिखाने के लिए कैप पर वर्टीकल लाइन्स जोड़ें

6. एक हुक जोड़ें

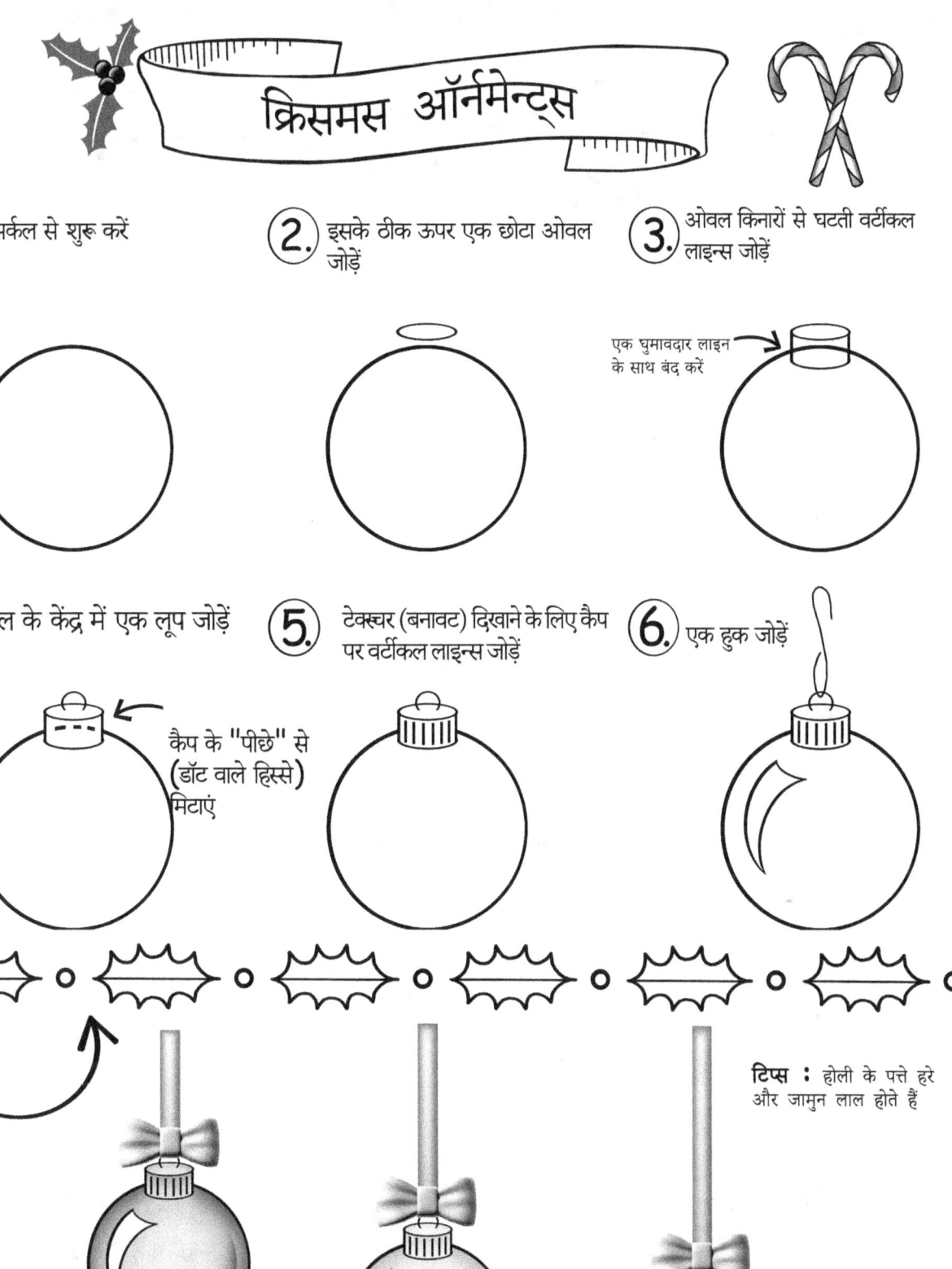

होली बेरी बॉर्डर

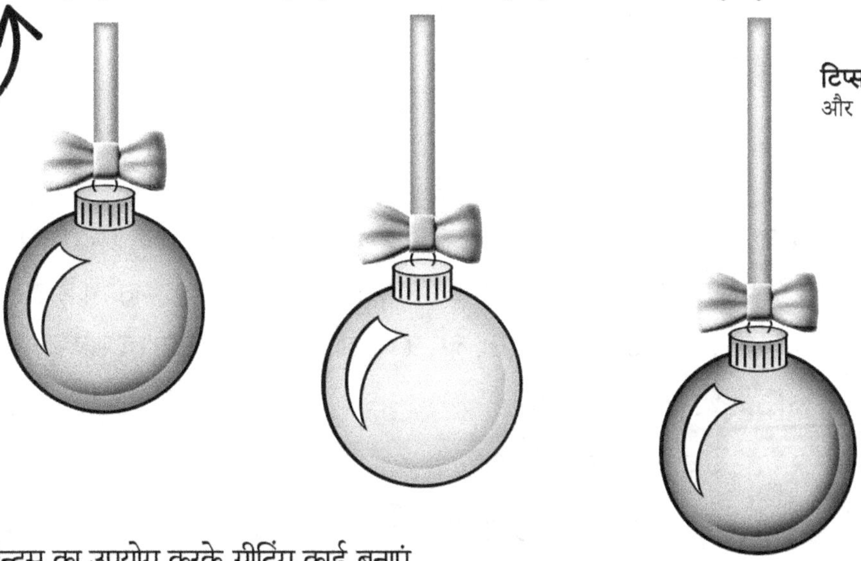

टिप्स : होली के पत्ते हरे और जामुन लाल होते हैं

कम से कम **3** ऑर्नमेन्ट्स का उपयोग करके ग्रीटिंग कार्ड बनाएं

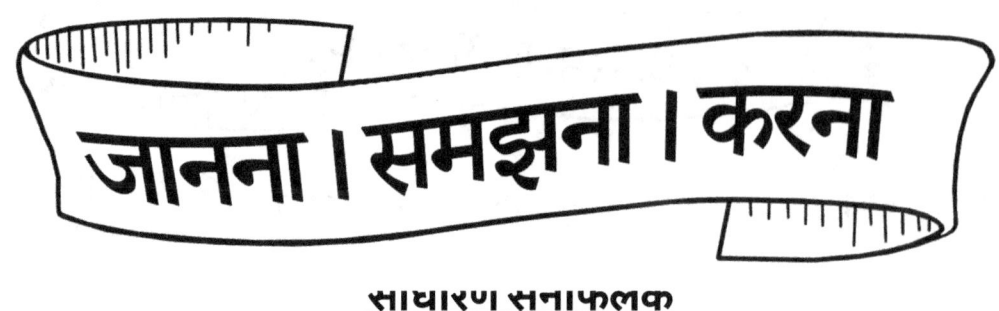

जानना । समझना । करना

साधारण स्नोफ्लेक

जानें:

45 और 90 डिग्री एंगल, रेपटिशिन (दोहराव), रोटेशनल समिट्री

समझें:

• कोई भी दो स्नोफ्लेक एक जैसे नहीं होते

• ऑब्जेक्ट्स की ड्रॉइंग करते समय उनके शेप में अलग इंटरेस्ट और गहराई पैदा करती है

ऑप्शनल : फाइन आर्ट्स में, एक फोकल पॉइंट एक कलाकृति में इंटरेस्ट के एक विशेष हिस्से को उजागर करता है

करें

• रोटेशनल समिट्री पर ध्यान फोकस करते हुए एक ओरजिनल स्नोफ्लेक डिज़ाइन बनाने के लिए दिए गए स्टेप्स को फॉलो करें

• छात्र सर्दियों का सीन बनाने के लिए अलग-अलग प्रकार के स्नोफ्लेक्स शैलियों और आकारों को मिलाएंगे

ऑप्शनल: इंटरेस्ट पैदा करने के लिए सीन के एक या दो जगहों में न्यूनतम रंग (रंगीन पेंसिल) का इस्तेमाल करके एक फ़ोकल पॉइंट जोड़ें.

शब्दावली:

फोकल प्वाइंट - किसी कलाकृति की रचना का वह पार्ट जिस पर इंटरेस्ट या ध्यान केन्द्रित होता है। फोकल प्वाइंट कई कारणों में से किसी के लिए सबसे दिलचस्प हो सकता है: इसे औपचारिक जोर दिया जा सकता है; इसका अर्थ विवादित, बेमेल या अन्यथा सम्मोहक हो सकता है।

रोटेशनल समिट्री - एक ऑब्जेक्ट जो उस ऑब्जेक्ट के केंद्र के चारों ओर एक निश्चित वॉल्यूम में सर्क्युलर गति के बाद समान दिखती है

समिट्री – ऐसा ऑब्जेक्ट जो दोनों ओर समान हो

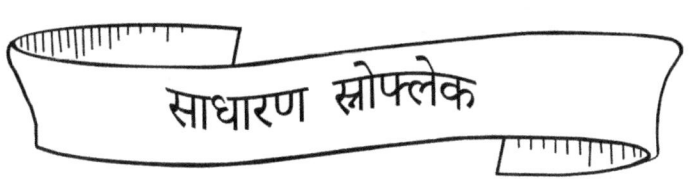

साधारण स्नोफ्लेक

1. एक रूलर का इस्तेमाल करें और एक सिमेट्रीकल क्रॉस बनाएं

2. क्रॉस के बीच से एक छोटा "X" शेप बनाएं

इससे 45 डिग्री के
8 बराबर एंगल बनेंगे

3. क्रॉस और "X" लाइन्स के प्रत्येक छोर के बीच से एक लाइन ड्रॉ करें

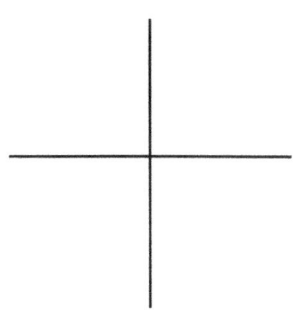

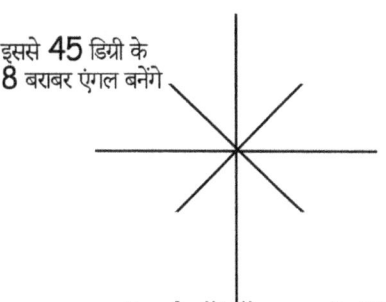

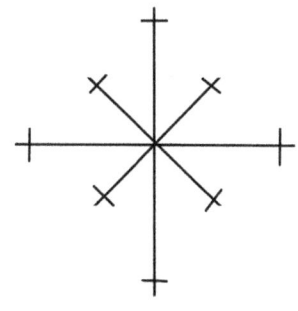

4. प्रत्येक "X" लाइन के अंत में एक छोटा सर्कल बनाएं

5. क्रॉस और "X" लाइन्स के सिरों के बीच से दुसरी, लंबी लाइन जोड़ें

6. केंद्र में एक छोटा सर्कल जोड़ें

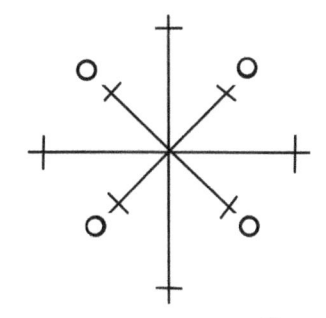

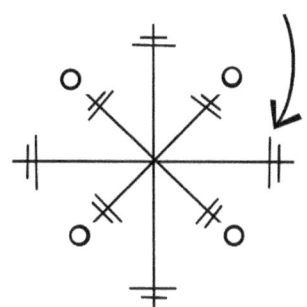

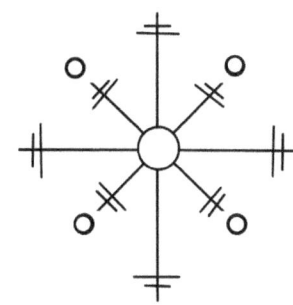

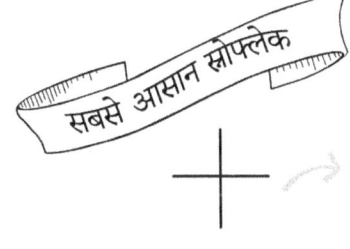

सबसे आसान स्नोफ्लेक

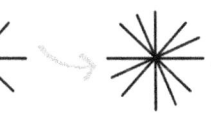

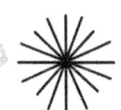

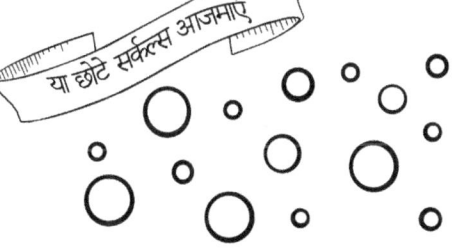

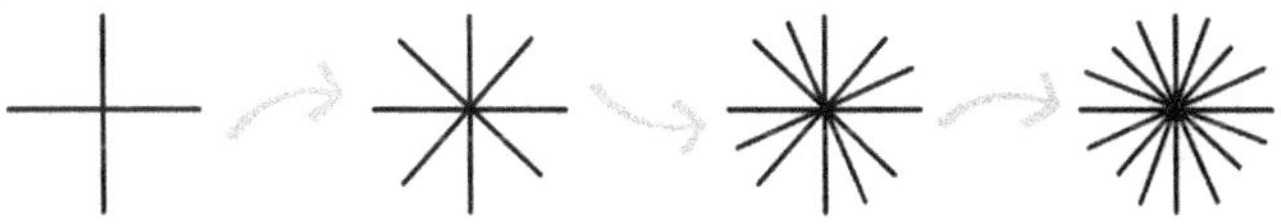

या छोटे सर्कल्स आजमाएं

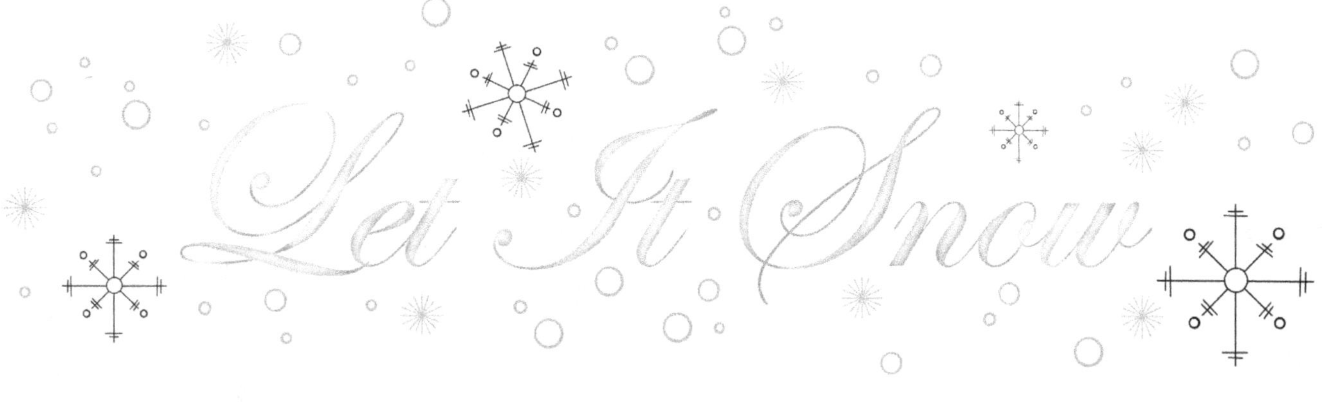

Let It Snow

अध्याय 5

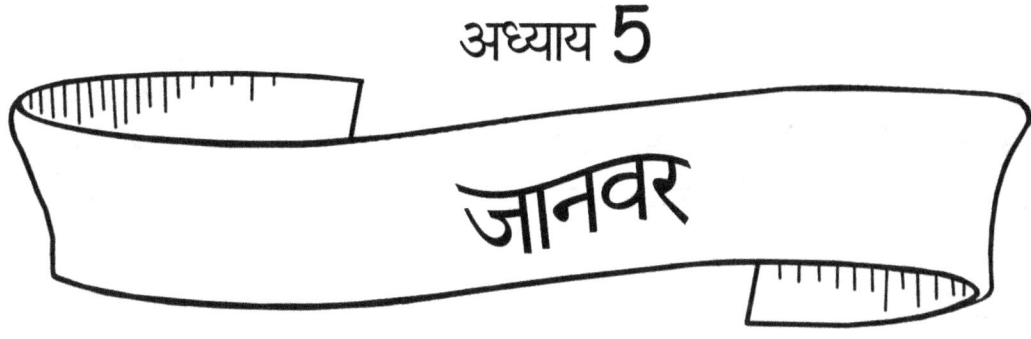

जानवर

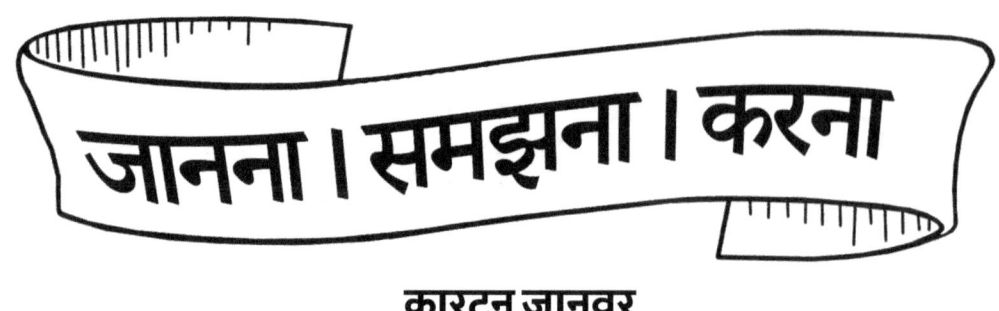

जानना । समझना । करना

कार्टून जानवर

जानें:

दिए गए स्टेप्स का इस्तेमाल करके लगभग कोई भी ओरिजिनल कार्टून क्रीचर्स बना सकते हैं

समझें:

करैक्टर बनाने के लिए मूल, सामान्य कदम जिन्हें बदला या जोड़ा जा सकता है

करें

हैंडआउट पर दिखाई न देने वाले किसी पात्र का सामने और साइड सीन बनाएँ। अपनी कल्पना का प्रयोग करें और बहुत सारे "एक्स्ट्रास" जोड़ें।

शब्दावली:

कार्टून - आम तौर पर लोगों को सोचने, क्रोधित करने, हंसने या अन्यथा खुश करने के लिए बनाई गई सरल ड्राइंग। एक कार्टून में आमतौर पर सरल लाइन्स होती हैं, ओरिजिनल रंगों का इस्तेमाल होता है, और एक या चित्रों की एक श्रृंखला में एक कहानी कहता है जिसे फ्रेम या पैनल्स कहा जाता है।

ओरजिनल - किसी भी काम को एक कलाकार के काम का एक ऑथेन्टिक उदाहरण माना जाता है, बजाय एक पुनःनिर्माण या नकल के

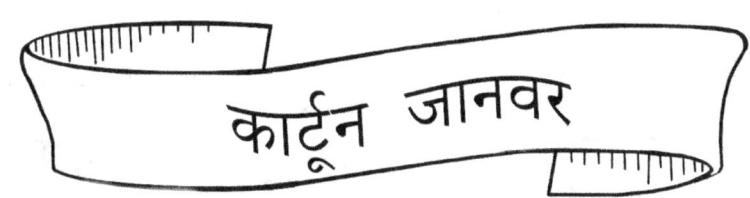

कार्टून जानवर

लगभग किसी भी कार्टून जानवर के आगे का व्यू बनाने के लिए इन स्टेप्स का पालन करें!

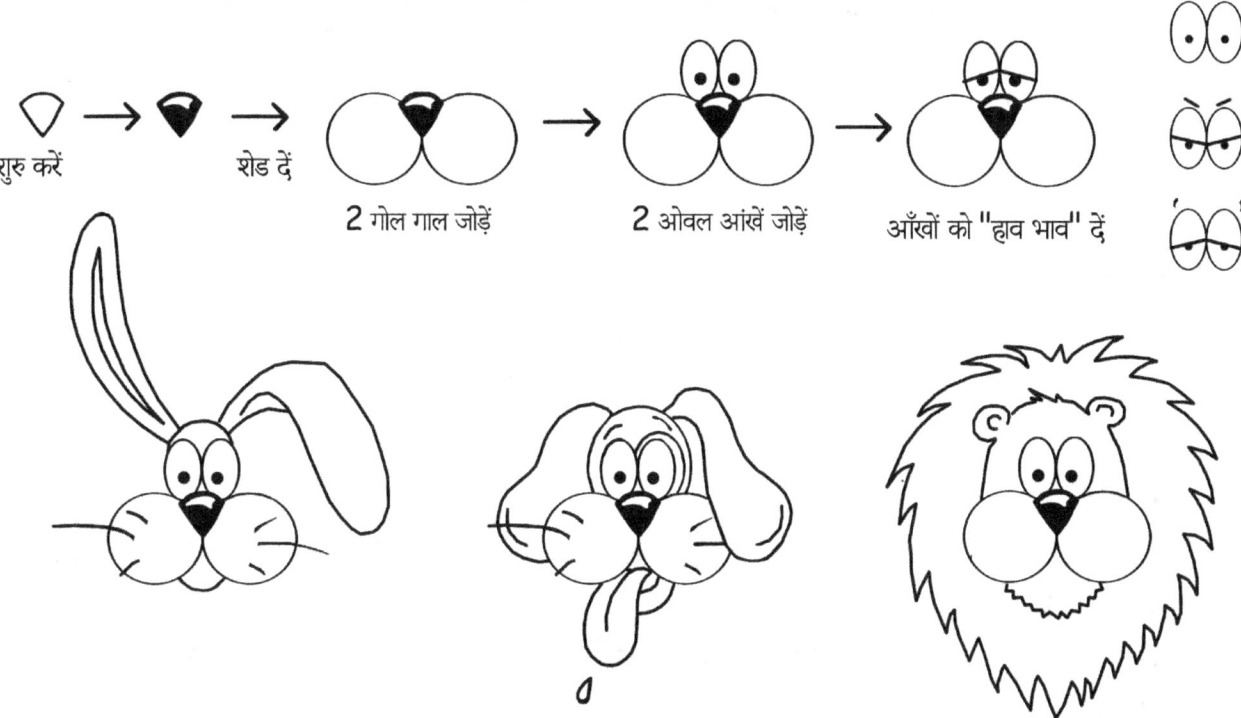

शुरु करें — शेड दें

2 गोल गाल जोड़ें

2 ओवल आंखें जोड़ें

आँखों को "हाव भाव" दें

भावनापूर्ण आँखें

लगभग किसी भी कार्टून क्रीचर्स का साइड व्यू बनाने के लिए इन स्टेप्स का पालन करें

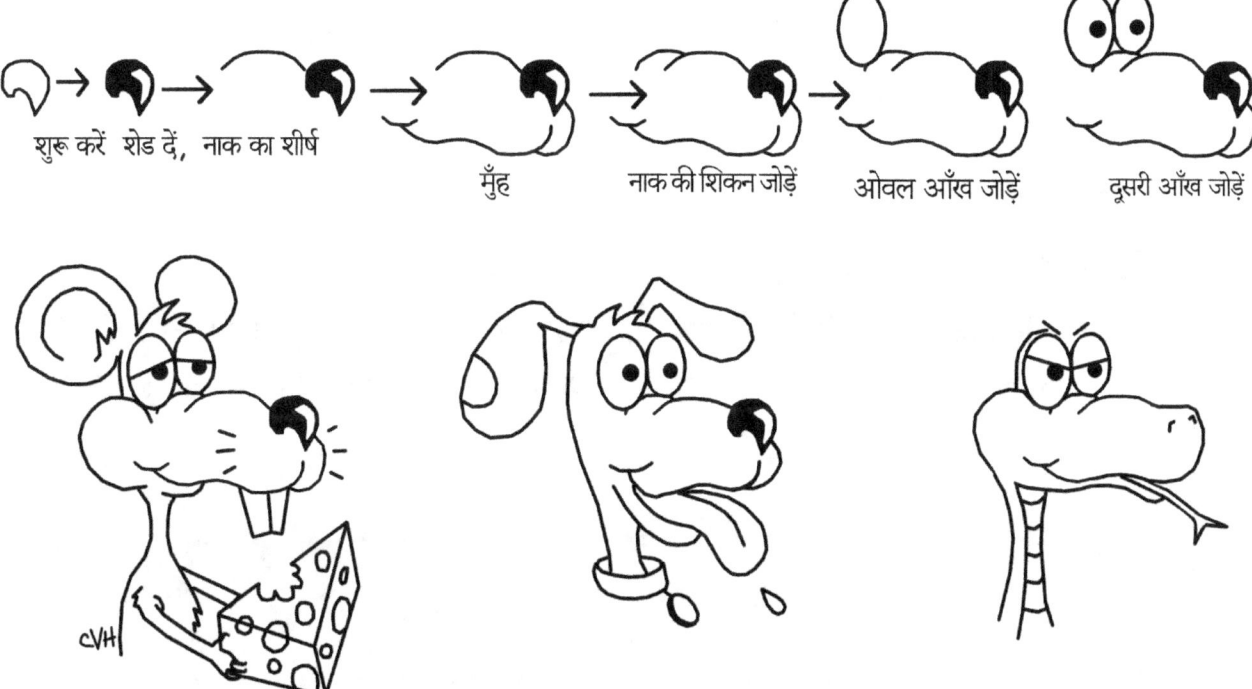

शुरु करें शेड दें, नाक का शीर्ष

मुँह

नाक की शिकन जोड़ें

ओवल आँख जोड़ें

दूसरी आँख जोड़ें

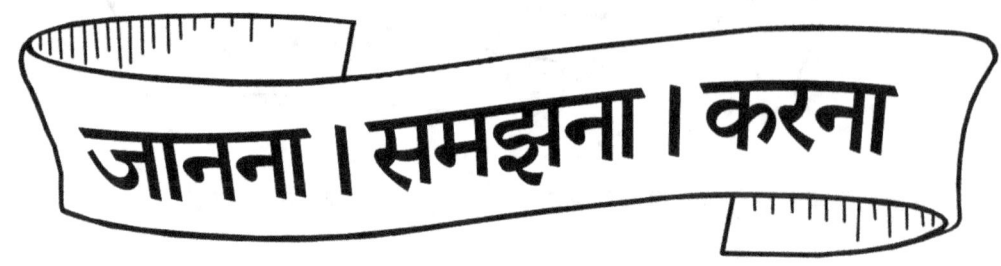

जानना । समझना । करना

बतख परविार

जानें:

• कैसे एक कलाकृत मिें गहराई का एहसास पैदा करने के लएि

• पहचानने योग्य बत्तख बनाने के लएि कुछ सरल शेप्स कैसे लें और उन्हें कैसे कंबाइन करें

समझें:

• एक सीन में ऑब्जेक्ट्स के शेप्स और स्पेस में ओवरलैपगि और अंतर गहराई के इल्यूशन को प्राप्त करने में मदद कर सकते हैं

• एक कलाकृत मिें गत कि एहसास को इंडीकेट करने के लएि लाइन्स, शेप्स, टेक्स्चर (बनावट) और शेड्स ड्रॉ कएि जा सकते हैं

करें

कम से कम 1 बड़ी बत्तख, 4 छोटी बत्तख और पानी की लहरों सहति एक बत्तख परविार की एक ओरजिनल कलाकृत बिनाएं, ताक लिैंडस्केप सीन में गत दिखिाई जा सके

शब्दावली:

लैंडस्केप - एक कलाकृत जिो दृश्यों को दर्शाती है। सीन में आमतौर पर कुछ आकाश होता है।

पर्सपेक्टवि (नजरयिा) - तकनीक का इस्तेमाल 2D सतह पर 3D का इल्यूशन पैदा करने के लएि कयिा जाता है। पर्सपेक्टवि (नजरयिा) गहराई या घटती हुई जगह का एहसास पैदा करने में मदद करता है।

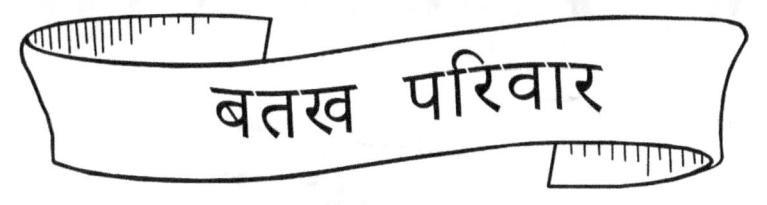

बतख परिवार

1. एक छोटे सर्कल से शुरू करें

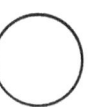

2. एक गोल चोंच जोड़ें

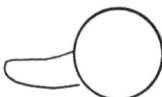

3. थोड़ी घुमावदार गर्दन

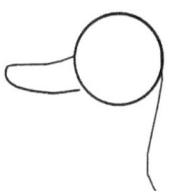

4. ओवल शरीर जोड़ें

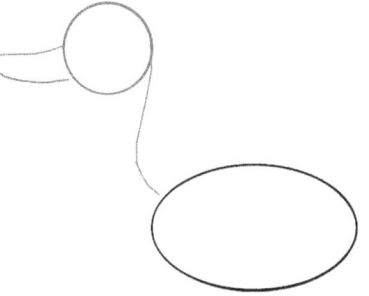

5. ट्राएंगल के शेप की पूँछ

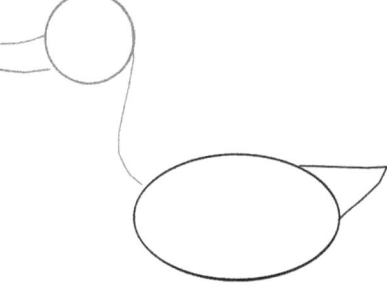

6. अधिक पूंछ डिटेल..

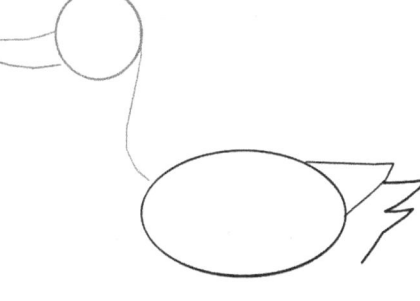

7. आगे की गर्दन और छाती जोड़ें

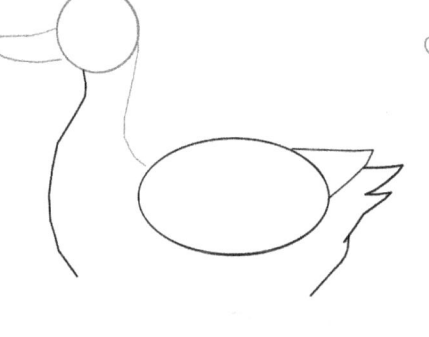

8. डॉट वाले हिस्से को मिटाएं

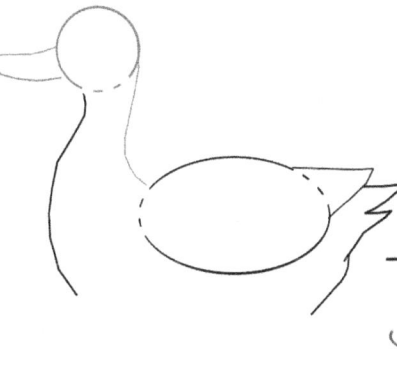

9. गति को इंडीकेट करने के लिए एक आँख और पानी की रिंग्स जोड़ें

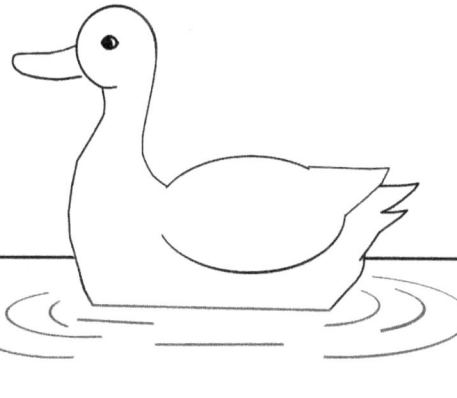

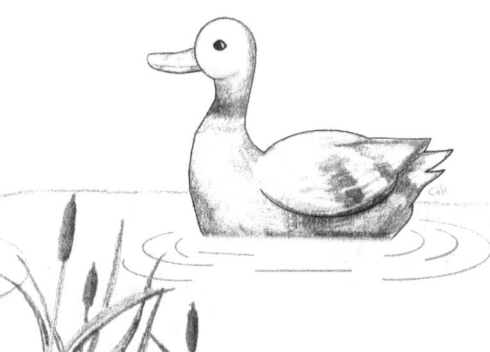

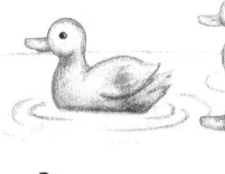

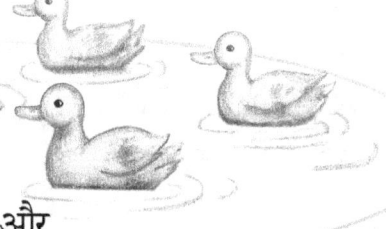

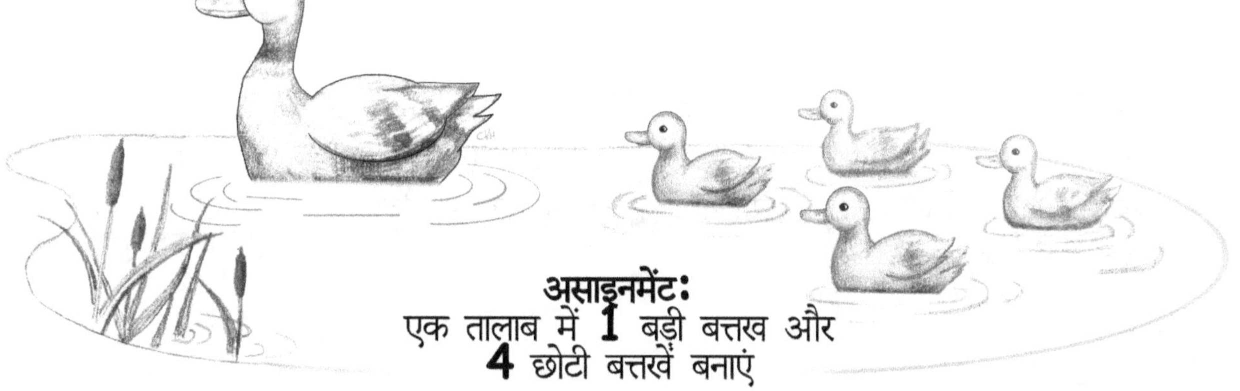

असाइनमेंट:
एक तालाब में **1** बड़ी बत्तख और
4 छोटी बत्तखें बनाएं

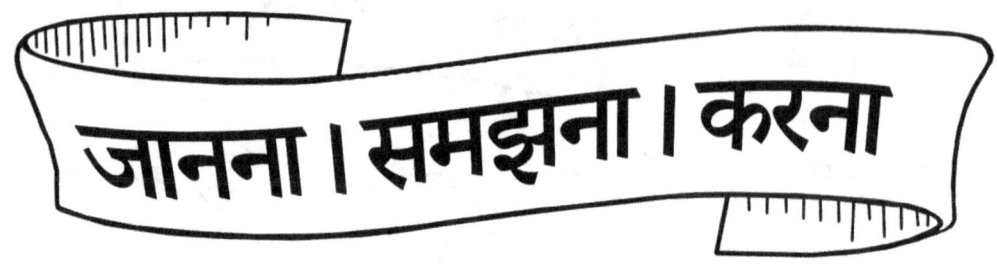

जानना । समझना । करना

<u>बनी खरगोश</u>

<u>जानें:</u>

टेक्स्चर (बनावट)

<u>समझें:</u>

एक कलाकार यह दखिाने के लिए तकनीकों का इस्तेमाल करता है कि कोई चीज़ कैसा महसूस कर सकती है या कसिी कलाकृति में वह कसि चीज़ से बनी है

<u>करें</u>

छोटी हैच लाइनों के साथ एक "रोएँदार" टेक्स्चर (बनावट) का संकेत देते हुए एक बनी खरगोश की एक ओरजिनल कलाकृति बनाएं। शेड दें।

<u>शब्दावली:</u>

हैचगि – बलि्कुल पास-पास बनी हुई पैरेलल लाइन्स

टेक्स्चर (बनावट) - कोई चीज कैसी दखिती है, कलाकृति में उसका एहसास देना। एक कलाकार द्वारा अलग-अलग ब्रशस्ट्रोक, पेंसलि लाइन आदि के साथ नकली टेक्स्चर (बनावट) का सुझाव दयिा जाता है।

<u>अलग-अलग बनावटों/टेक्सचर्स का वर्णन करने वाले कुछ शब्दों में शामलि हैं:</u> सपाट, चकिना, चमकीला, चमकदार, टमिटमिाता, मखमली, पंखदार, मुलायम, गीला, गूई, रोएँदार, रेतीला, चमड़ेदार, फटा हुआ, चरचरा, कठोर, खुरदरा, रोएँदार, ऊबड़-खाबड़, नालीदार, फूला हुआ, जंग लगा हुआ, गलिगलिा, आदि

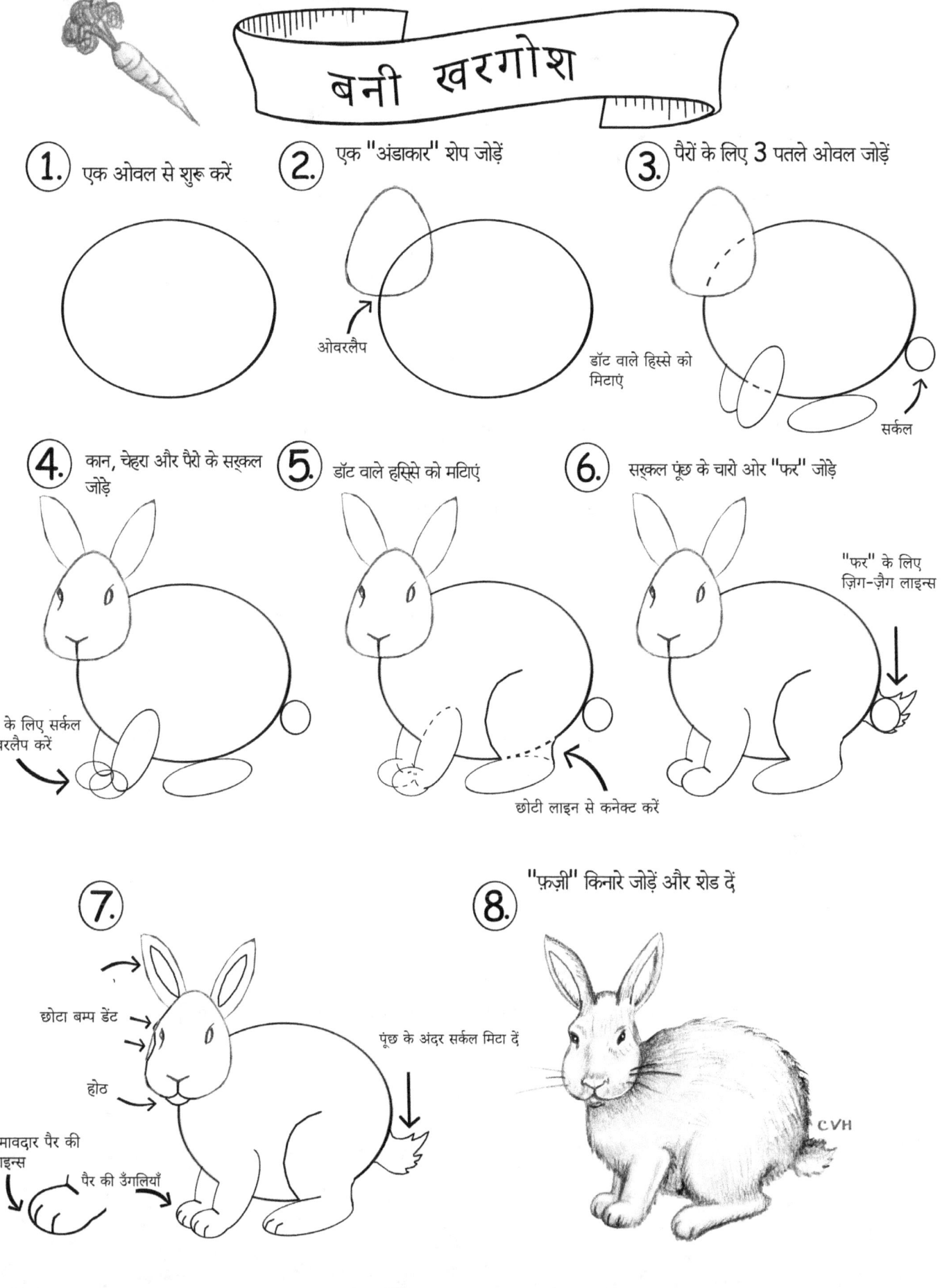

बनी खरगोश

1. एक ओवल से शुरू करें

2. एक "अंडाकार" शेप जोड़ें

ओवरलैप

3. पैरों के लिए 3 पतले ओवल जोड़ें

डॉट वाले हिस्से को
मिटाएं
सर्कल

4. कान, चेहरा और पैरो के सर्क़ल जोड़े

जे के लिए सर्कल
ोवरलैप करें

5. डॉट वाले हस़्से को मटिाएं

छोटी लाइन से कनेक्ट करें

6. सर्क़ल पूंछ के चारो ओर "फर" जोड़े

"फर" के लिए
ज़िग-ज़ैग लाइन्स

7.

छोटा बम्प डेंट
होठ
घुमावदार पैर की
लाइन्स
पैर की उँगलियाँ
पूंछ के अंदर सर्कल मिटा दें

8. "फ़ज़ी" किनारे जोड़ें और शेड दें

CVH

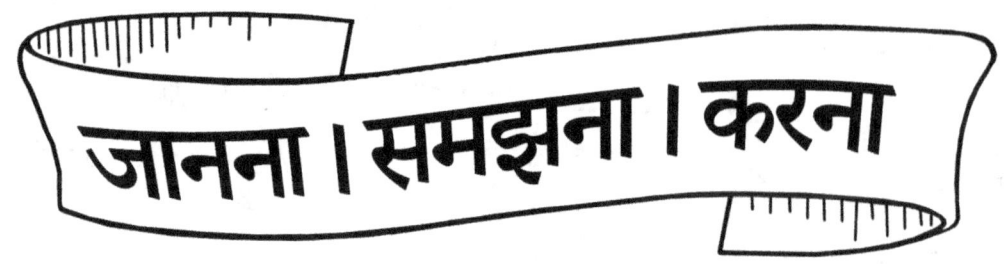

जानना । समझना । करना

<u>एक पेंगुइन ड्रा करें</u>

<u>जानें:</u>

• सरल शेप एक साथ मलिकर ज्यादा जटलि ऑब्जेक्ट्स बना सकते हैं

• ड्राइंग में अन्य एलमिंट्स (तत्वों) को जोड़ने से इंटरेस्ट पैदा हो सकता है, एक कहानी बता सकते हैं, और डटिल (आइसबर्ग नर्दिशों के लिए "पर्सपेक्टवि (नजरयिा)" अध्याय देखें)

<u>समझें:</u>

ओवरलैपगि और लेयरगि आइटम यथार्थवाद का एहसास पैदा करने में मदद करते हैं

<u>करें</u>

दए गए स्टेप्स का पालन करते हुए एक पेंगुइन की ओरजिनल कलाकृत बिनाएं। उसे एक आइसबर्ग के "शीर्ष पर" रखें और उसे एक सीन में रखें।

<u>शब्दावली:</u>

डटिल - पूरे का एक हस्सिा। कसिी ऑब्जेक्ट या सीन की एक वशिेष वशिेषता जसि पास से सबसे स्पष्ट रूप से देखा जा सकता है।

लेयर - कसिी दूसरी सतह के ऊपर रखी गई कोई चीज़

ओवरलैप - जब एक चीज दूसरे के ऊपर होती है और आंशकि रूप से कुछ और ढक जाती है

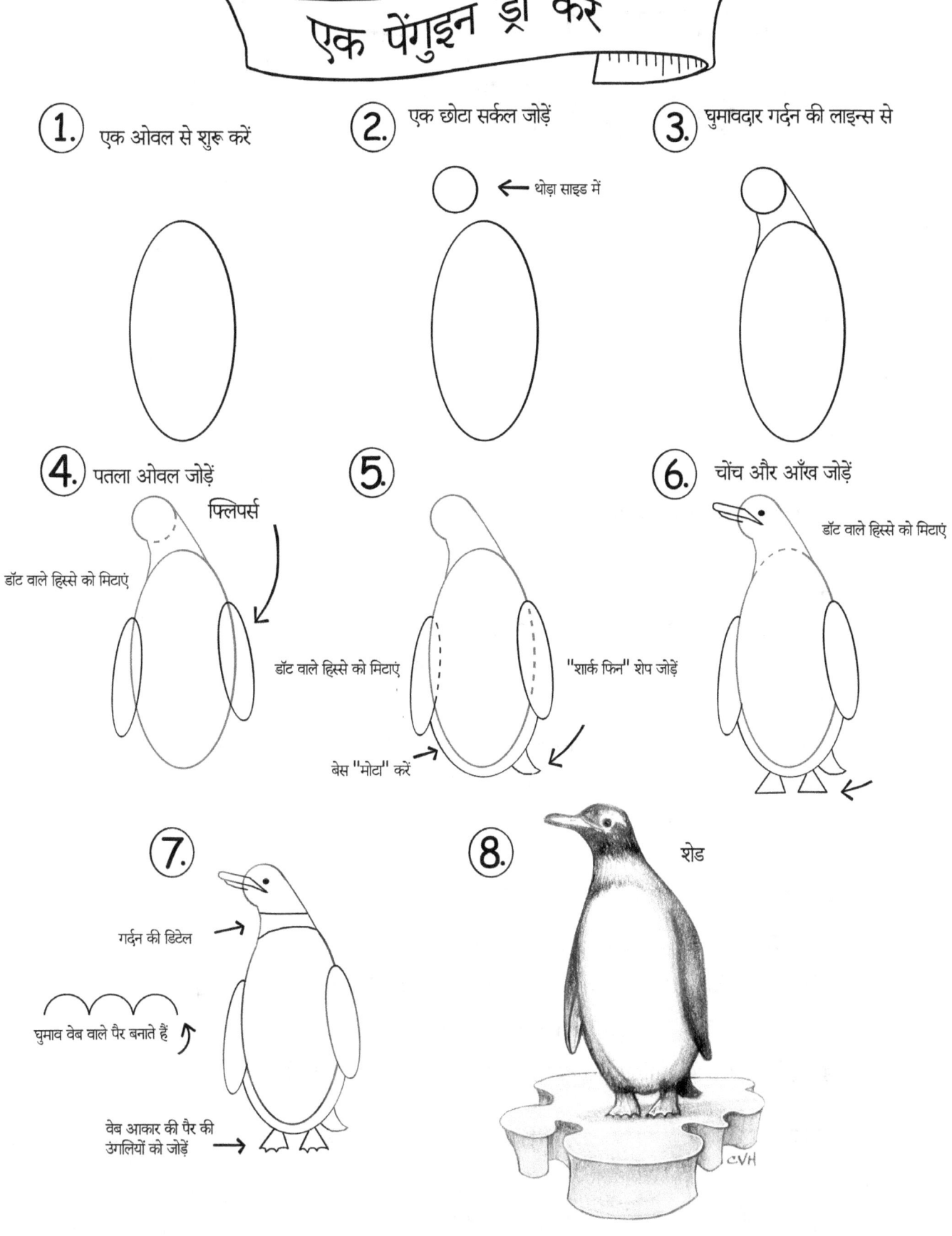

एक पेंगुइन ड्रॉ करें

1. एक ओवल से शुरू करें

2. एक छोटा सर्कल जोड़ें
← थोड़ा साइड में

3. घुमावदार गर्दन की लाइन्स से

4. पतला ओवल जोड़ें
फ्लिपर्स
डॉट वाले हिस्से को मिटाएं

5.
डॉट वाले हिस्से को मिटाएं
बेस "मोटा" करें
"शार्क फिन" शेप जोड़ें

6. चोंच और आँख जोड़ें
डॉट वाले हिस्से को मिटाएं

7.
गर्दन की डिटेल
घुमाव वेब वाले पैर बनाते हैं
वेब आकार की पैर की उंगलियों को जोड़ें →

8.
शेड

CVH

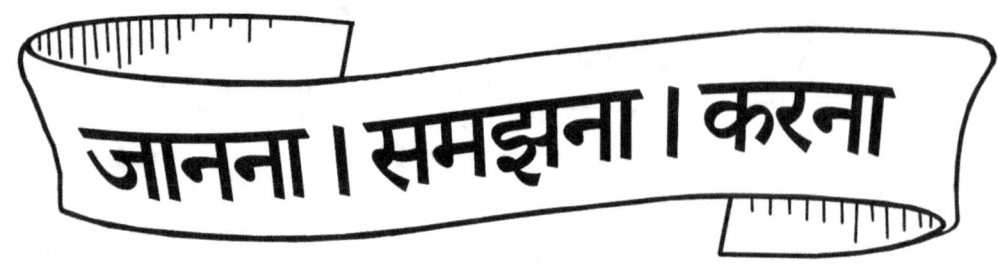

जानना । समझना । करना

<u>पंख ड्रॉ करना</u>

<u>जानें:</u>
समिट्री और ऐसमिट्री

<u>समझें:</u>
बैलेंस कसिी कलाकृत मिें इंटरेस्ट या डजिाइन बनाने में मदद करता है। समिट्री और ऐसमिट्री दो प्रकार का बैलेंस प्रदान करती है।

<u>करें</u>
• प्रदान कएि गए वचिारों का इस्तेमाल करके एक क्रीचर को पंखों के साथ चत्रिति करके समिट्री का अभ्यास करें जो दोनों साइड्स पर समान शेप का हो
या
• प्रदान कएि गए वचिारों का इस्तेमाल करके दोनों साइड्स पर अलग-अलग पोजीशन में पंख वाले क्रीचर्स को चत्रिति करके ऐसमिट्री का अभ्यास करें
• हेलो, हॉर्न या पचिफोर्क जैसे "एक्स्ट्रास" जोड़ें.

<u>शब्दावली:</u>

ऐसमिट्री - एक ऑब्जेक्ट जो दोनों साइड्स से अलग है

बैलेंस - डजिाइन का एक सद्धिांत, बैलेंस एक काम में स्थरिता का एहसास पैदा करने के लएि कला के एलमिेंट्स (तत्वों) को व्यवस्थति करने के तरीके को रेफर करता है

समिट्री - कसिी ऑब्जेक्ट की एक साइड दूसरे साइड के बराबर होती है

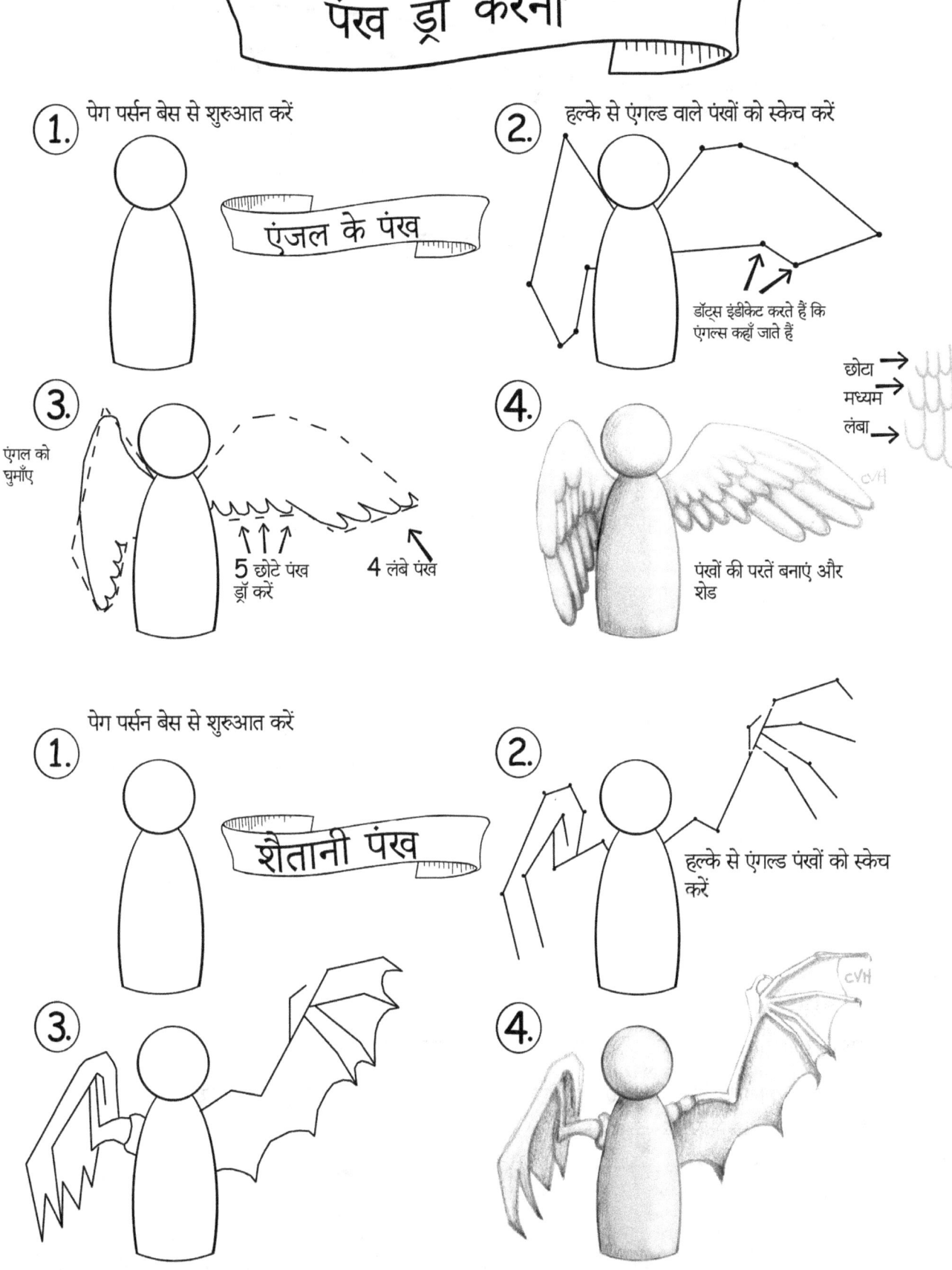

पंख ड्रॉ करना

1. पेग पर्सन बेस से शुरुआत करें

एंजल के पंख

2. हल्के से एंगल्ड वाले पंखों को स्केच करें

डॉट्स इंडीकेट करते हैं कि एंगल्स कहाँ जाते हैं

छोटा
मध्यम
लंबा

3. एंगल को घुमाएँ

5 छोटे पंख ड्रॉ करें

4 लंबे पंख

4. पंखों की परतें बनाएं और शेड

1. पेग पर्सन बेस से शुरुआत करें

शैतानी पंख

2. हल्के से एंगल्ड पंखों को स्केच करें

3.

4.

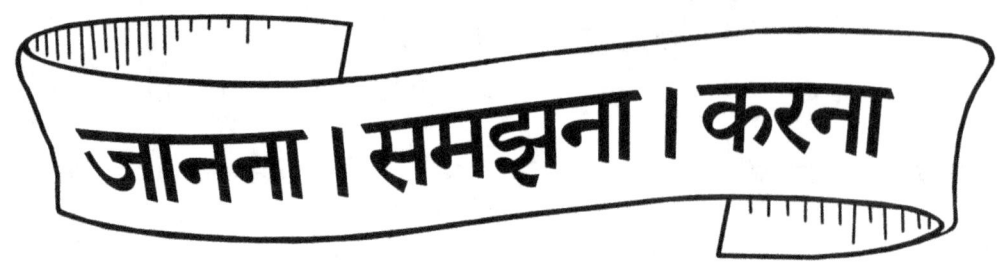

जानना । समझना । करना

<u>उड़ते हुए पक्षी</u>

<u>जानें:</u>

सलि्हूट और सभी

<u>समझें:</u>

• छायाचति्र वसि्तृत रूपरेखा होते हैं लेकनि अंदर कोई वविरण नहीं होता - बस रंग का एक ठोस ब्लॉक होता है

• पहचानने योग्य छायाचति्र कैसे बनाएं

<u>करें</u>

उड़ते हुए पक्षियों के कम से कम 3 छायाचति्र पर ध्यान फोकस करते हुए एक ओरजिनल लैंडस्केप सीन बनाएं। सुनशि्चति करें कि पिंख डटिेल, सरि, शरीर या पूंछ सहति प्रत्येक पक्षी की एक डटिेल्ड रूप आउट लाइन है।

<u>टपि :</u> यदि अन्य लोग देख सकते हैं कि यह क्या है तो आपका छायाचति्र अच्छी तरह से ड्रॉ कयिा गया है!

<u>शब्दावली:</u>

सभी - ड्रॉ कएि गए ऑब्जेक्ट की आउटलाइन और अन्य दृश्यमान कनिारे

सलि्हूट - एक ठोस रंग से भरी एक डटिेल्ड आउटलाइन, आमतौर पर एक सफेद ग्राउन्ड पर काली, और अक्सर एक पोट्रेट के लिए

एक सिलूएट एक विस्तृत आउटलाइन है

उड़ते हुए पक्षी

नीचे कई प्रकार के पक्षी सिलूएट्स के तीन नमूने हैं जिन्हें आप ड्रॉ कर सकते हैं

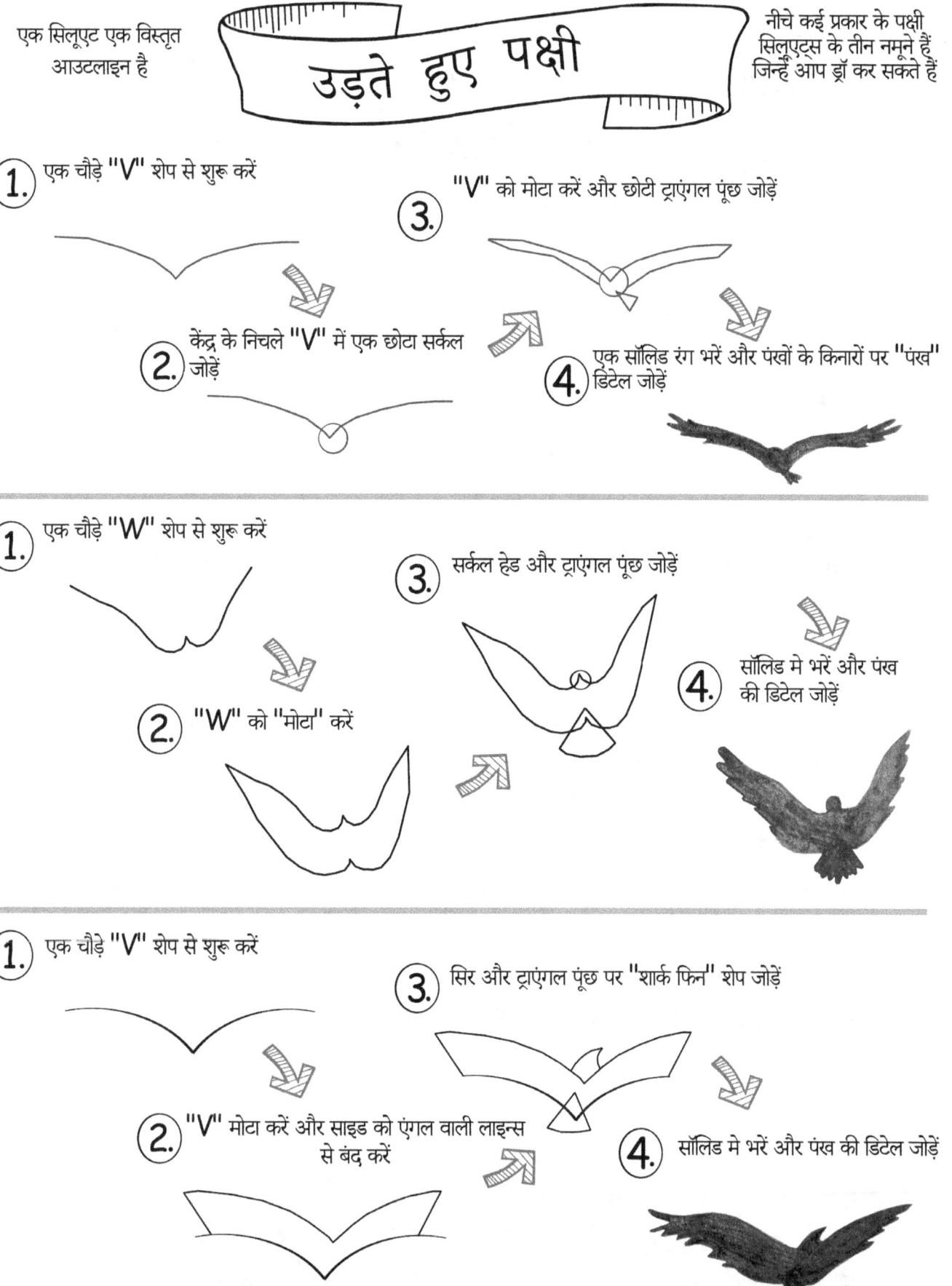

1. एक चौड़े "V" शेप से शुरू करें
2. केंद्र के निचले "V" में एक छोटा सर्कल जोड़ें
3. "V" को मोटा करें और छोटी ट्राएंगल पूंछ जोड़ें
4. एक सॉलिड रंग भरें और पंखों के किनारों पर "पंख" डिटेल जोड़ें

1. एक चौड़े "W" शेप से शुरू करें
2. "W" को "मोटा" करें
3. सर्कल हेड और ट्राएंगल पूंछ जोड़ें
4. सॉलिड मे भरें और पंख की डिटेल जोड़ें

1. एक चौड़े "V" शेप से शुरू करें
2. "V" मोटा करें और साइड को एंगल वाली लाइन्स से बंद करें
3. सिर और ट्राएंगल पूंछ पर "शार्क फिन" शेप जोड़ें
4. सॉलिड मे भरें और पंख की डिटेल जोड़ें
CVH

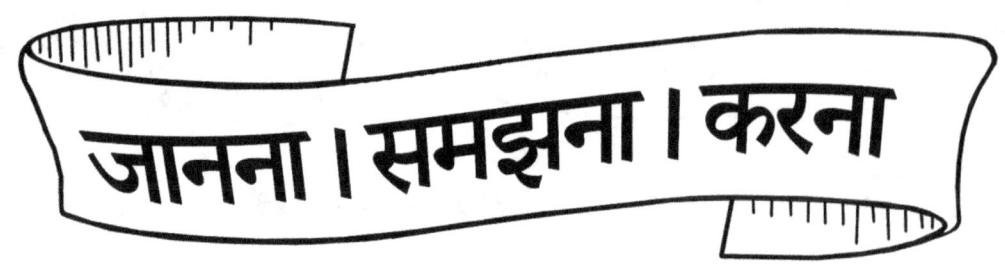

जानना । समझना । करना

एक पटिबुल ड्रा करें

जानें:

सरल शेप्स एक साथ मलिकर ज्यादा जटलि ऑब्जेक्ट्स बना सकते हैं

समझें:

प्रत्येक जटलि ऑब्जेक्ट को जुडे़ हुए जयिोमेट्रकि और ऑर्गैनकि शेप्स की एक श्रृंखला में सरल कयिा जा सकता है

करें

पटिबुल कुत्ते की ओरजिनिल कलाकृत बिनाएँ। मांसपेशयिों में खचिाव को इंडीकेट करने के लएि सभी लाइन्स और शेडगि का इस्तेमाल करें। शेड दें।

शब्दावली:

जटलि - कठनि और मुश्कलि संबंध बनाने के लएि कला के एलमिेंट्स (तत्वों) को शामलि तरीकों से कंबाइन करने का एक तरीका। अलग-अलग रंग, शेप और टेक्स्चर (बनावट) की कई शेप्स से बना चत्रि मुश्कलि कहलाता है।

कॉन्टूर लाइन्स - कसिी मास, शेप या ऑब्जेक्ट की आउटलाइन और अन्य वसिबिल कनिारे

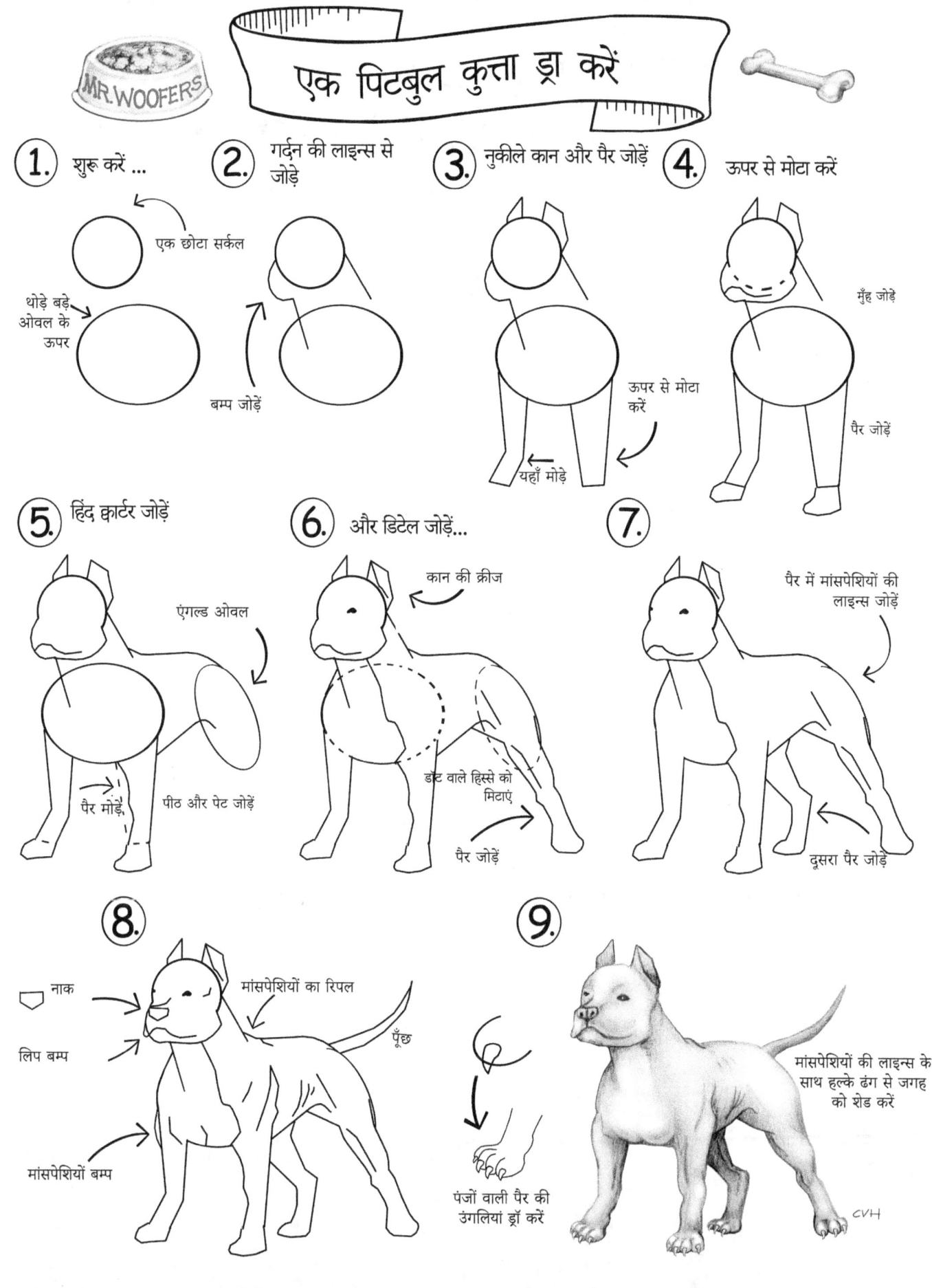

MR.WOOFERS

एक पिटबुल कुत्ता ड्रा करें

1. शुरू करें ...
एक छोटा सर्कल
थोड़े बड़े ओवल के ऊपर
2. गर्दन की लाइन्स से जोड़े
बम्प जोड़ें
3. नुकीले कान और पैर जोड़ें
ऊपर से मोटा करें
यहाँ मोड़े
4. ऊपर से मोटा करें
मुँह जोड़े
पैर जोड़ें
5. हिंद क्वार्टर जोड़ें
एंगल्ड ओवल
पैर मोड़ें
पीठ और पेट जोड़ें
6. और डिटेल जोड़ें...
कान की क्रीज
डॉट वाले हिस्से को मिटाएं
पैर जोड़ें
7.
पैर में मांसपेशियों की लाइन्स जोड़ें
दूसरा पैर जोड़े
8.
नाक
लिप बम्प
मांसपेशियों का रिपल
पूँछ
मांसपेशियों बम्प
9.
पंजों वाली पैर की उंगलियां ड्रॉ करें
मांसपेशियों की लाइन्स के साथ हल्के ढंग से जगह को शेड करें
CVH

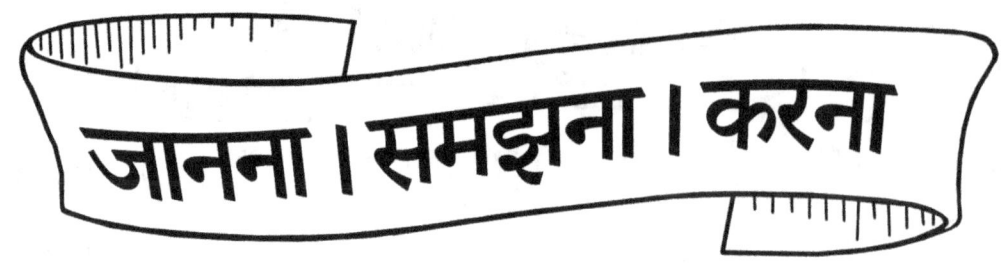

जानना । समझना । करना

कुत्ते के घर में

जानें:

घर का ¾ व्यू बनाने के लिए सरल तरीका

समझें:

¾ व्यू में पर्सपेक्टिव (नजरिया) दिखाते हुए एक 3D घर बनाने का एक तरीका

करें

पर्सपेक्टिव (नजरिया) दिखाने वाले लैंडस्केप सीन में एक ओरिजिनल पैनल वाला डॉगहाउस बनाएं। अपनी पसंद का कुत्ता जोड़ें और शेड दें।

शब्दावली:

लैंडस्केप - एक कलाकृति जो दृश्यों को दर्शाती है। सीन में आमतौर पर कुछ आकाश होता है।

पर्सपेक्टिव (नजरिया) - 2D सतह पर 3D का इल्यूज़न, गहराई और घटती जगह का एहसास पैदा करता है

तीन-चौथाई (3/4) व्यू - चेहरे या किसी अन्य सब्जेक्ट का एक व्यू जो पूरा और साइड व्यू के बीच में है

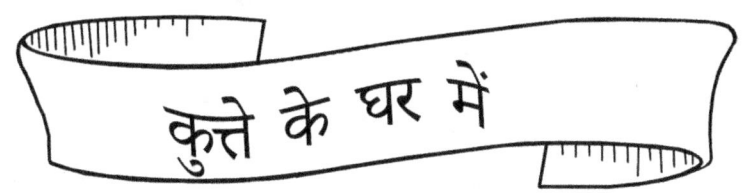

कुत्ते के घर में

1. तीन वर्टीकल लाइन्स से शुरु करें

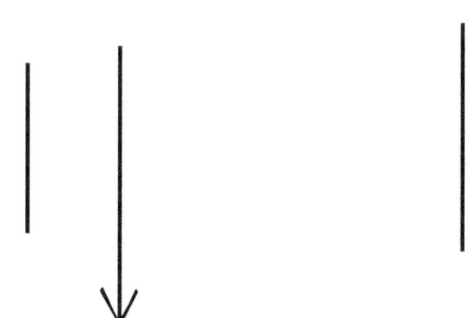

2. उन्हें ऊपर और नीचे से जोड़े

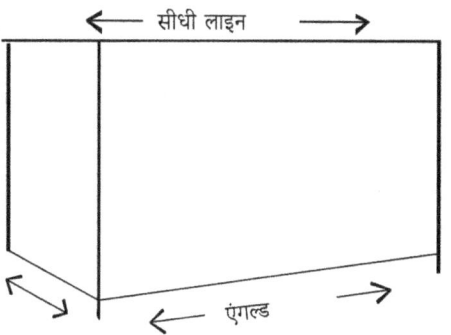

सीधी लाइन
एंगल्ड

3. ऊपर की ओर इशारा करते हुए एक तीर ड्रॉ करें

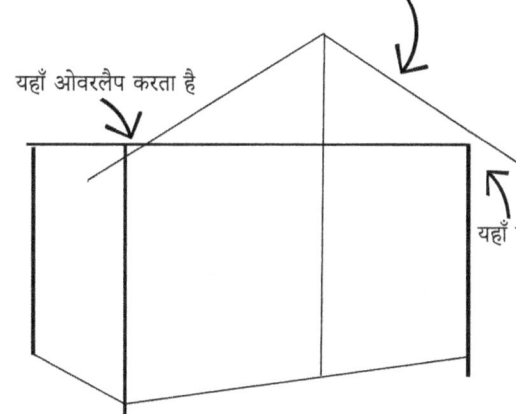

यहाँ ओवरलैप करता है
यहाँ स्पर्श नहीं करता

4. छत पर "मोटाई" जोड़ें

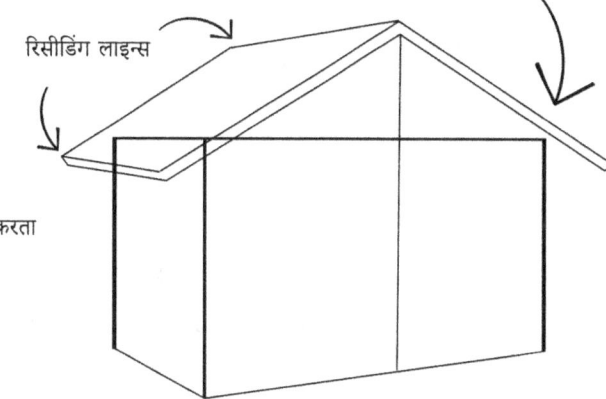

रिसीडिंग लाइन्स

5.

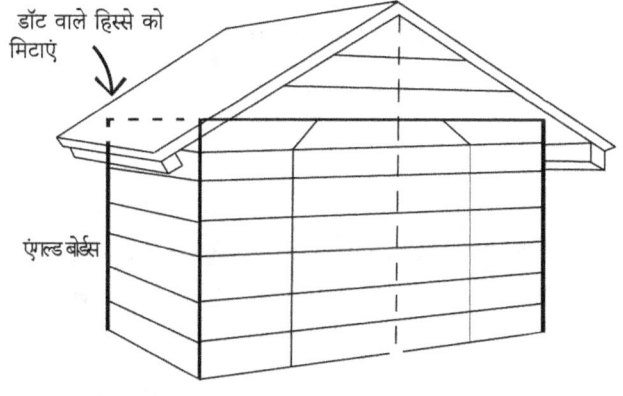

डॉट वाले हिस्से को मिटाएं
एंगल्ड बोर्ड्स

6. एक कुत्ता जोड़े और शेड दे

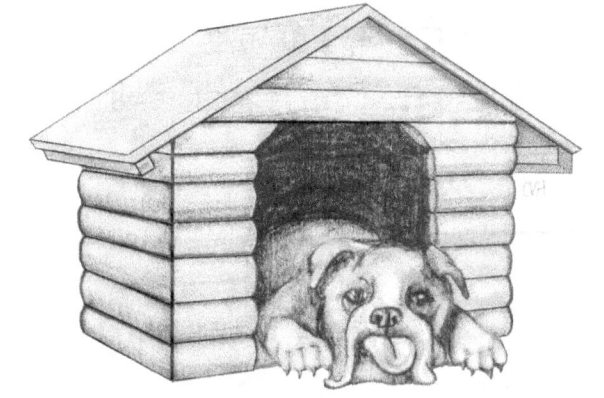

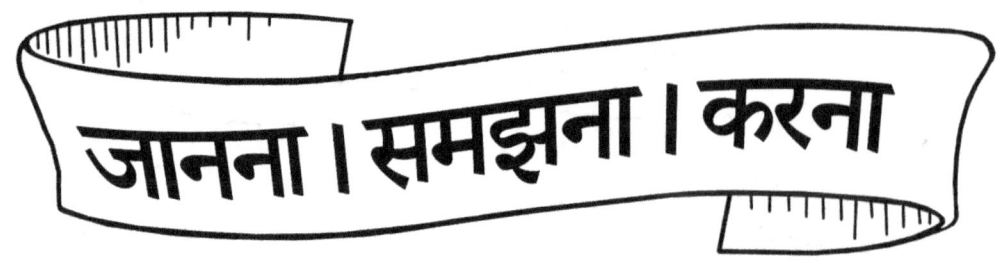

जानना । समझना । करना

<u>शेर का सरि</u>

<u>जानें:</u>

सरि बनाने के तरीका

<u>समझें:</u>

- एक सरल ग्रडि शेर के बराबर चेहरे को चत्रिति करने में सहायता कर सकती है
- एक कलाकार कसिी कलाकृत मिें यह दखिाने के लए तिकनीक का इस्तेमाल करता है क कोिई चीज़ कैसा महसूस हो सकती है या वह कसि चीज से बनी है

<u>करें</u>

प्रदान कएि गए स्टेप्स का इस्तेमाल करके एक शेर का सरि बनाने का अभ्यास करें। घुमावदार लाइन्स की एक श्रृंखला के साथ बालों पर टेक्स्चर (बनावट) का संकेत दें। शेड दें।

<u>शब्दावली:</u>

ग्रडि - आड़ी-तरिछी या पैरेलल लाइन्स का एक ढाँचा या पैटर्न जसिे ड्रॉ कएि गए ऑब्जेक्ट्स के स्पेस के लएि गाइडलाइन्स के रूप में इस्तेमाल कयिा जा सकता है

प्रपोर्शन (अनुपात) - तुलनात्मक साइज़ और एक भाग का दूसरे के हसिाब से प्लेसमेंट

टेक्स्चर (बनावट) - कोई चीज कैसी दखिती है, कलाकृत मिें उसका एहसास देना

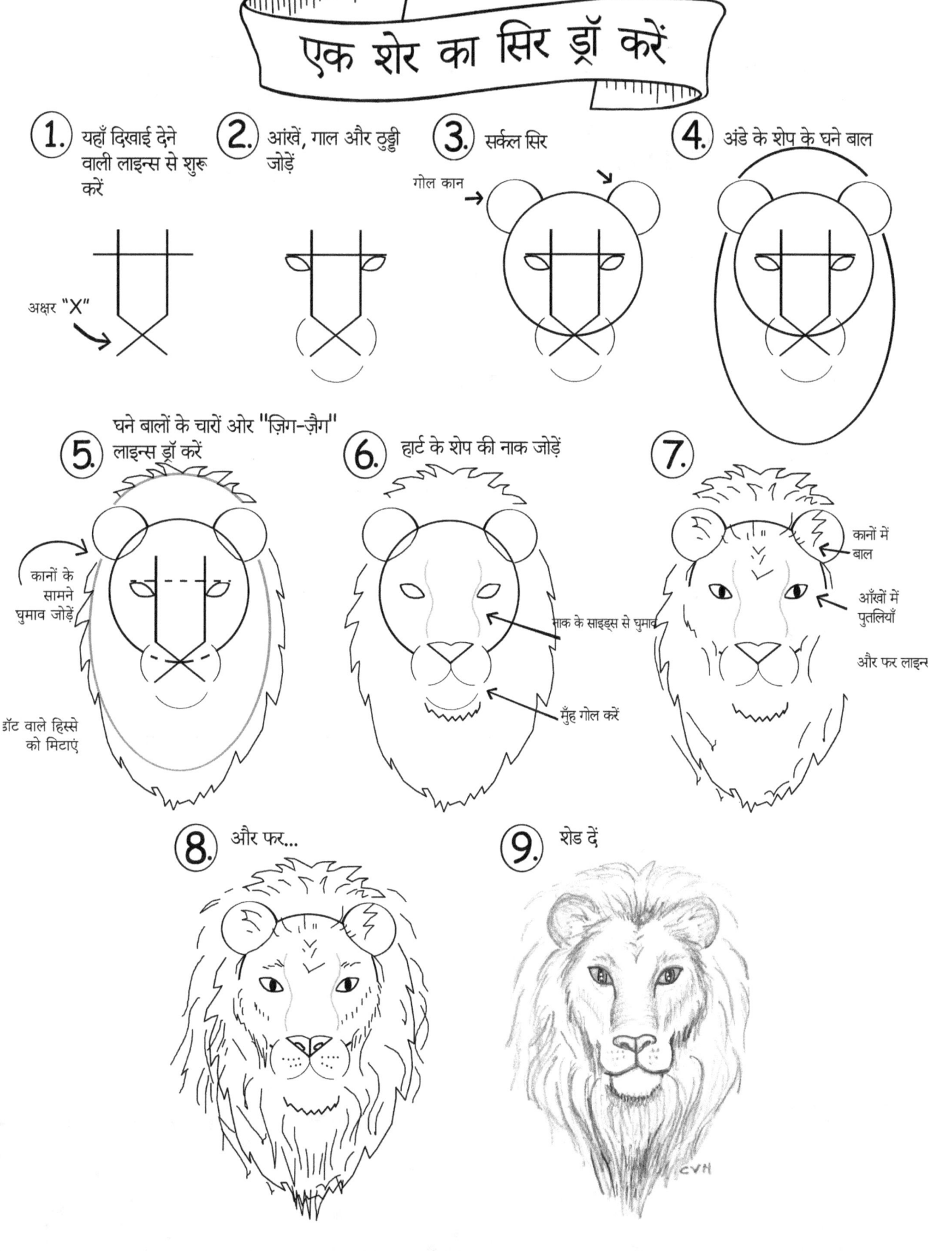

एक शेर का सिर ड्रॉ करें

1. यहाँ दिखाई देने वाली लाइन्स से शुरू करें

अक्षर "X"

2. आंखें, गाल और ठुड्डी जोड़ें

3. सर्कल सिर

गोल कान

4. अंडे के शेप के घने बाल

5. घने बालों के चारों ओर "ज़िग-ज़ैग" लाइन्स ड्रॉ करें

कानों के सामने घुमाव जोड़ें
डॉट वाले हिस्से को मिटाएं

6. हार्ट के शेप की नाक जोड़ें

नाक के साइड्स से घुमाव
मुँह गोल करें

7.

कानों में बाल
आँखों में पुतलियाँ
और फर लाइन्स

8. और फर...

9. शेड दें

CVH

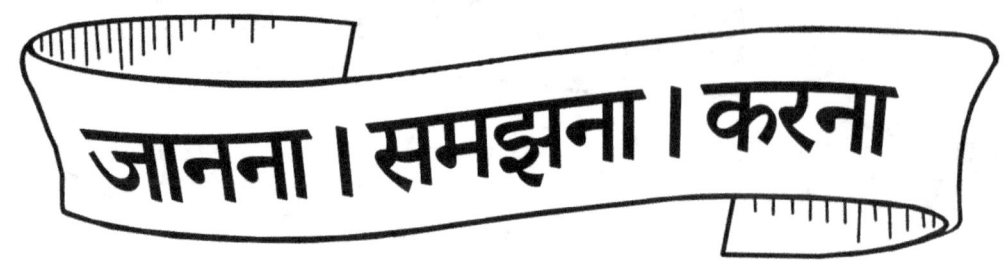

जानना । समझना । करना

एक कोबरा ड्रा करें

जानें:

सरल शेप एक साथ मलिकर ज़्यादा जटलि ऑब्जेक्ट्स बना सकते हैं

समझें:

ट्यूबों के चारों ओर "लपेटकर" कॉन्टूर लाइन्स जोड़ने से डटिेल और 3D का आभास होता है

करें

- दएि गए स्टेप्स को फॉलो करें और कुंडलति कोबरा सांप का अपना वर्ज़न बनाएं
- शेड दें।

शब्दावली:

कॉन्टूर लाइन्स - कसिी ऑब्जेक्ट की आउटलाइन या आंतरकि डटिेल लाइन्स जो फॉर्म दखिाती हैं

वॉल्यूम - एक फॉर्म के भीतर स्पेस को रेफर करता है

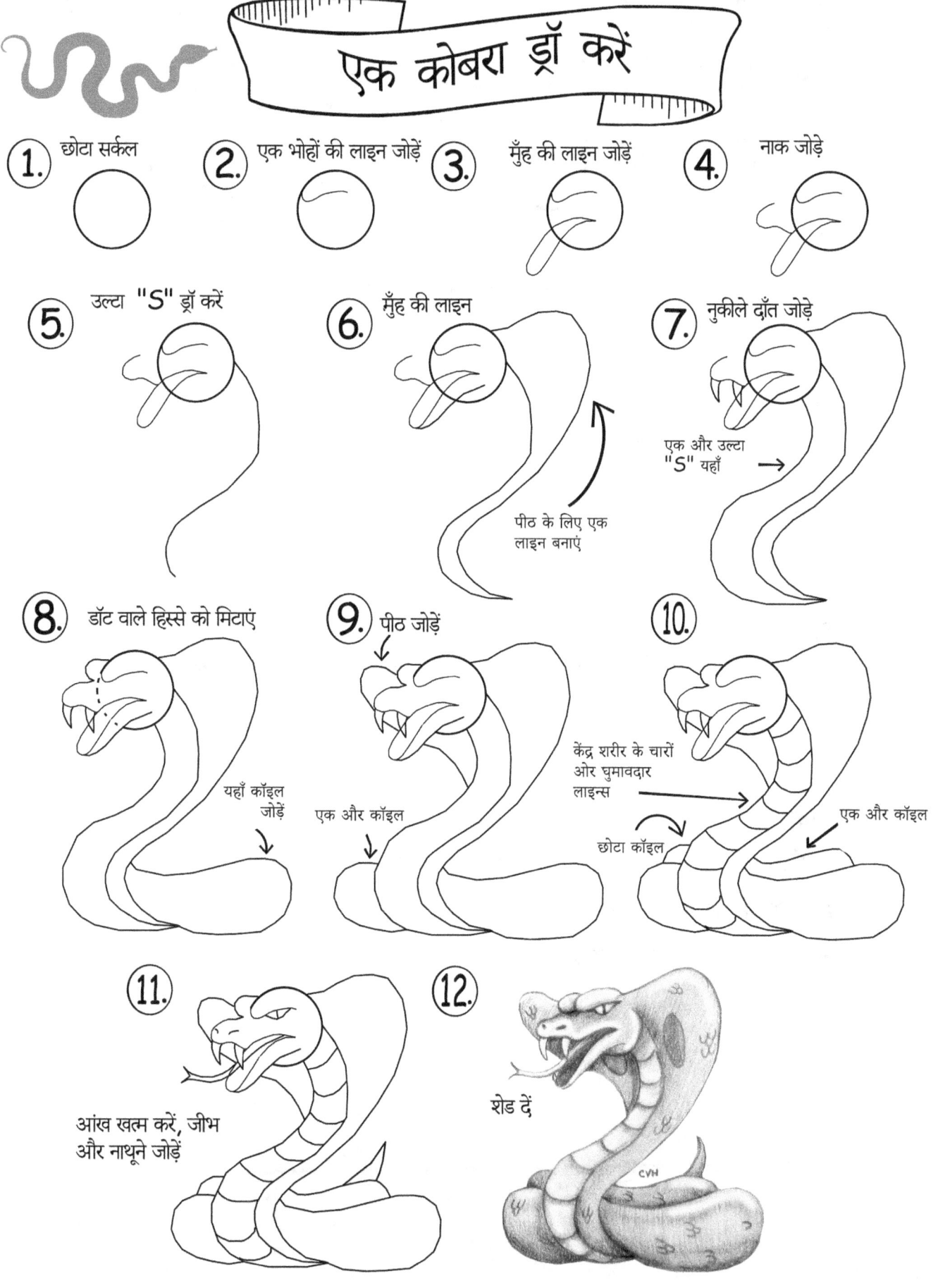

एक कोबरा ड्रॉ करें

1. छोटा सर्कल

2. एक भोहों की लाइन जोड़ें

3. मुँह की लाइन जोड़ें

4. नाक जोड़े

5. उल्टा "S" ड्रॉ करें

6. मुँह की लाइन
पीठ के लिए एक लाइन बनाएं

7. नुकीले दाँत जोड़े
एक और उल्टा "S" यहाँ

8. डॉट वाले हिस्से को मिटाएं
यहाँ कॉइल जोड़ें

9. पीठ जोड़ें
एक और कॉइल

10. केंद्र शरीर के चारों ओर घुमावदार लाइन्स
छोटा कॉइल
एक और कॉइल

11. आंख खत्म करें, जीभ और नाथूने जोड़ें

12. शेड दें

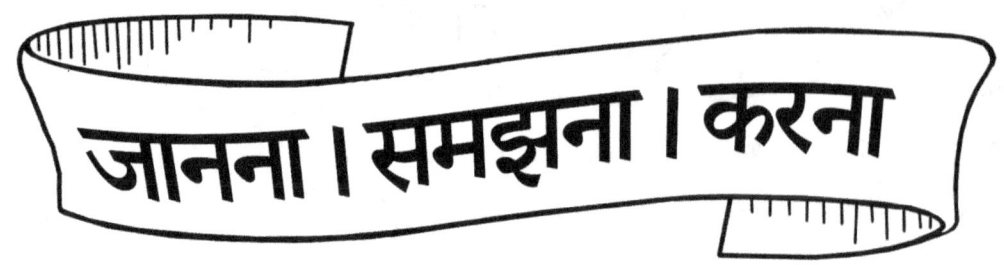

जानना । समझना । करना

क्लाइम्बगि टाइगर

जानें:

• ओवरलैपगि, लेयरगि, पैटर्न

समझें:

जटलि फॉर्म्स को बनाने के लिए सरल शेप्स की लेयर्स बनाना पहला कदम हो सकता है

करें

क्लाइम्बगि टाइगर बनाने के लिए दिए गए स्टेप्स को फॉलो करें। एक ऑरजिनिल स्ट्राइप पैटर्न बनाकर इसे अनोखा बनाएं जो इसके शरीर के चारों ओर "लपेटता" है। "लपेटना" फॉर्म को इंडीकेट करता है। शेड दें।

शब्दावली:

लेयरगि - कसिी ऑब्जेक्ट को कसिी अन्य सतह या ऑब्जेक्ट के ऊपर रखना

ओवरलैपगि - जब एक चीज दूसरे के ऊपर होती है और आंशकि रूप से कुछ और ढक जाती है

पैटर्न - कसिी डजि़ाइन में शेप्स, लाइन्स या रंगों का रेपटिशिन (दोहराव)

क्लाइम्बिंग टाइगर

1. 2 ओवरलैपिंग ओवल्स के साथ शुरू करें

2. अंगों के लिए 4 छोटे ओवल जोड़ें

3. नीचे दिखाए गए हिस्से को मिटाएं

4. 2 सर्कल पंजे, 1 सिर और 2 ओवल निचले पैर जोड़ें

5. कान, नाक और ठुड्डी के शेप, 2 पैर और पूंछ जोड़ें

6. नीचे दिखाए अनुसार मिटाएं

7. पंजे और चेहरे के फीचर्स

8. शरीर के चारों ओर धारियाँ "लपेटें"

9. पैरों पर धारियाँ

10. शेड दें

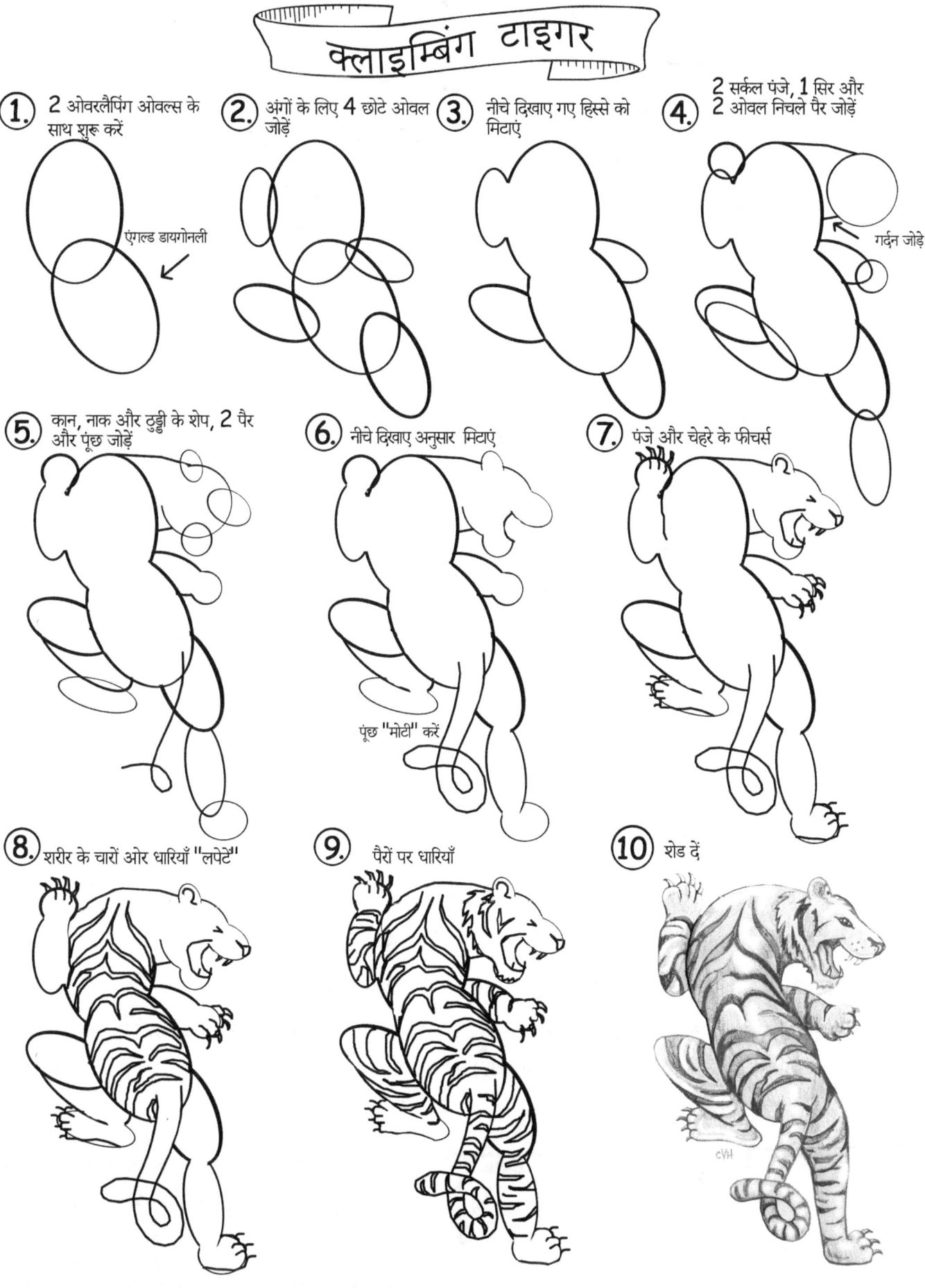

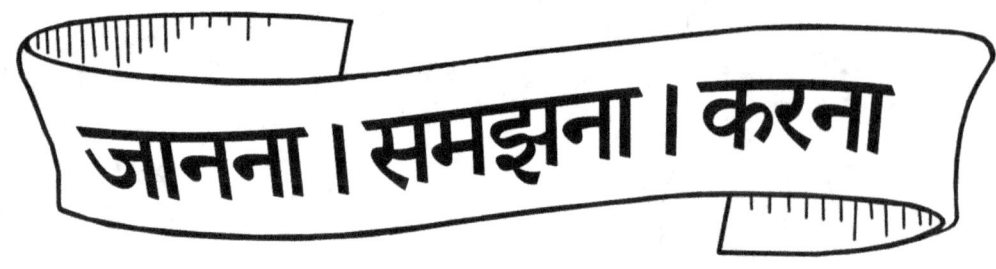

जानना । समझना । करना

ड्रैगन

जानें:

कॉन्टूर लाइन्स, ओवरलैपगि, पैटर्न, स्टाइलाइज़

समझें:

एक सरल स्पाइरल रेखा से कैसे शुरू करें और उस पर तब तक नर्िमाण करें जब तक कयिह एक ड्रैगन का प्रतनिधित्वि करने वाली अनोखी कलाकृतनि बन जाए

करें

- स्टाइलाइज्ड ड्रैगन बनाने के लिए दिए गए स्टेप्स को फॉलो करें
- डटिल और फॉर्म दखािने के लिए पैटर्न और सभी लाइन्स का इस्तेमाल करें
- शेड

शब्दावली:

सभी लाइन्स - कसिी ऑब्जेक्ट की आउटलाइन या आंतरकि डटिल लाइन्स जो फॉर्म दखिाती हैं

ओवरलैपगि - जब एक चीज दूसरे के ऊपर होती है और आंशकि रूप से कुछ और ढक जाती है

पैटर्न - कसिी डजि़ाइन में शेप्स, लाइन्स या रंगों का रेपटिशिन (दोहराव)

स्टाइलाइज़ - प्रकृतया परंपरा के अनुसार प्रेजेंट स्टाइल या तरीके से प्रतनिधित्वि करने के लिए प्राकृतकि शेप, फॉर्म, रंग या टेक्स्चर (बनावट) को बदलने के लिए

ओरिएंट से ड्रैगन

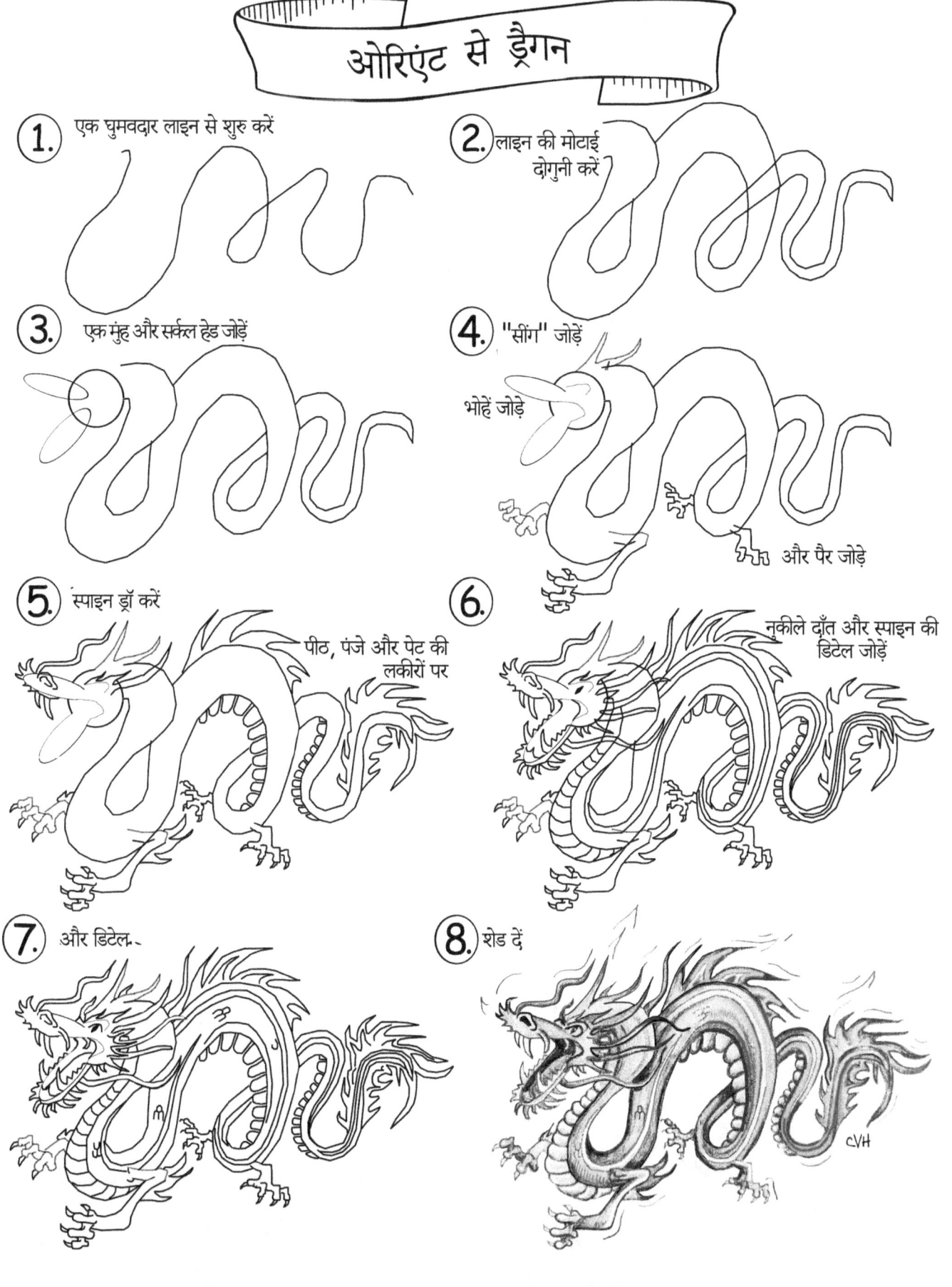

1. एक घुमवदार लाइन से शुरु करें

2. लाइन की मोटाई दोगुनी करें

3. एक मुंह और सर्कल हेड जोड़ें

4. "सींग" जोड़ें

भोहें जोड़े

और पैर जोड़े

5. स्पाइन ड्रॉ करें

पीठ, पंजे और पेट की लकीरों पर

6. नुकीले दाँत और स्पाइन की डिटेल जोड़ें

7. और डिटेल..

8. शेड दें

CVH

अध्याय 6

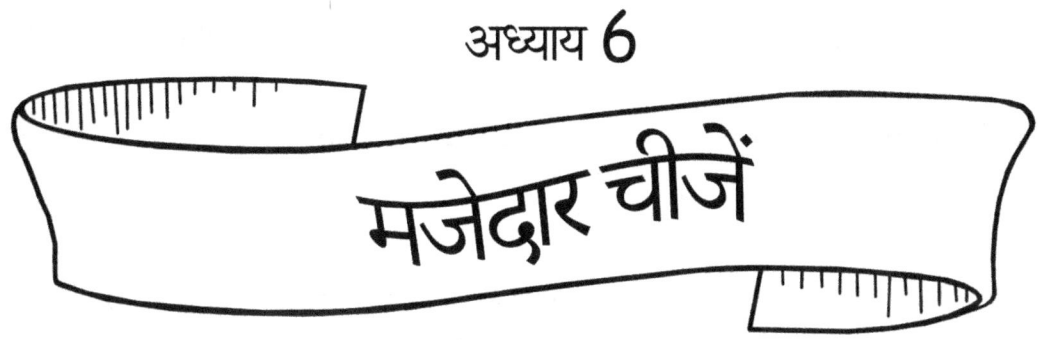

मजेदार चीजें

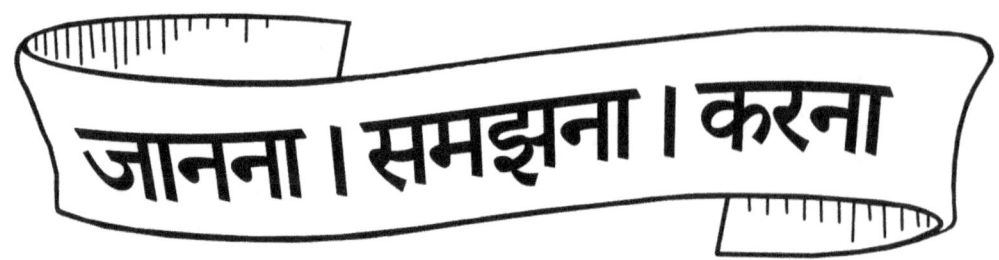

जानना । समझना । करना

प्रार्थना करने वाले हाथ

जानें:

• समिट्री एक ऑर्गेनकि शेप

समझें:

• सभी लाइन्स, शेडगि और छोटे डटिल्स का इस्तेमाल करके वास्तवकि प्रार्थना करने वाले हाथों का प्रतनिधित्वि कैसे करें

• ऑर्गैनकि फॉर्म्स को आसान, एंगुलर लाइन्स में कैसे तोड़ा जाए

करें

प्रदान कएि गए स्टेप्स का पालन करते हुए प्रार्थना करने वाले हाथों का एक रीयलस्टिकि सेट बनाएं। इसे अनोखा बनाने के लएि "एक्स्ट्रास" जैसे रोज़री बीड्स, हथकड़ी इत्यादि जोड़ें। दोनों साइड्स पर हाथों को समान बनाने की कोशशि करने के बारे में चतिा न करें - चीजें शायद ही कभी प्रकृति में बलि्कुल समिट्रकिल होती हैं। शेड दें।

शब्दावली:

कॉन्टूर लाइन्स - कसिी ऑब्जेक्ट की आउटलाइन या आंतरकि डटिल लाइन्स जो फॉर्म दखिाती हैं

ऑर्गैनकि शेप - मैकेनकिल या एंगुलर शेप के बजाय एक अनयिमति शेप जो प्रकृति में पाई जा सकती है

समिट्री - ऐसे ऑब्जेक्ट जो दोनों साइड्स से एक जैसे हो

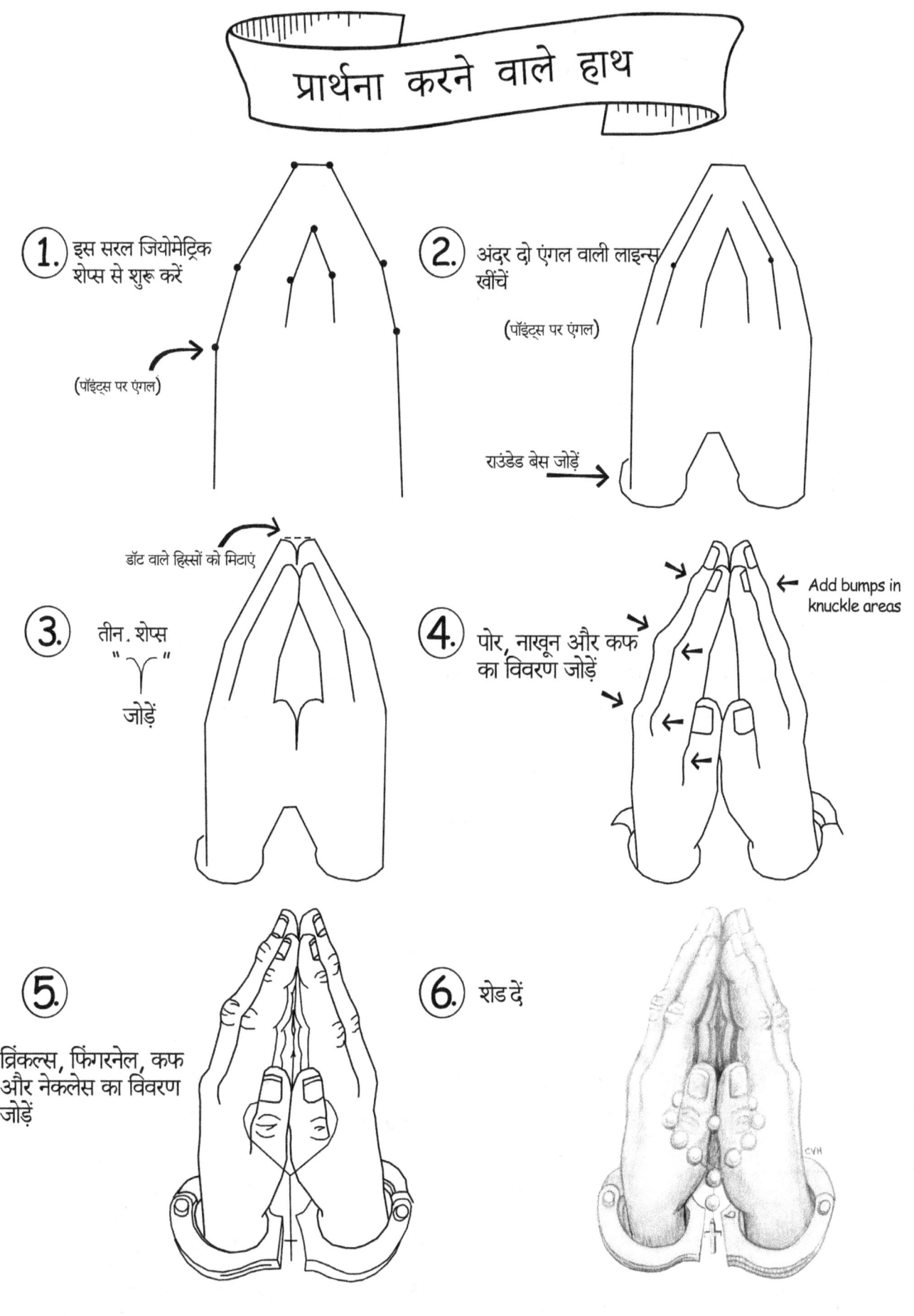

प्रार्थना करने वाले हाथ

1. इस सरल जियोमेट्रिक शेप्स से शुरू करें

(पॉइंट्स पर एंगल)

2. अंदर दो एंगल वाली लाइन्स खींचें

(पॉइंट्स पर एंगल)

राउंडेड बेस जोड़ें →

डॉट वाले हिस्सों को मिटाएं

3. तीन . शेप्स " ⌒ " जोड़ें

4. पोर, नाखून और कफ का विवरण जोड़ें

Add bumps in knuckle areas

5. व्रिंकल्स, फिंगरनेल, कफ और नेकलेस का विवरण जोड़ें

6. शेड दें

CVH

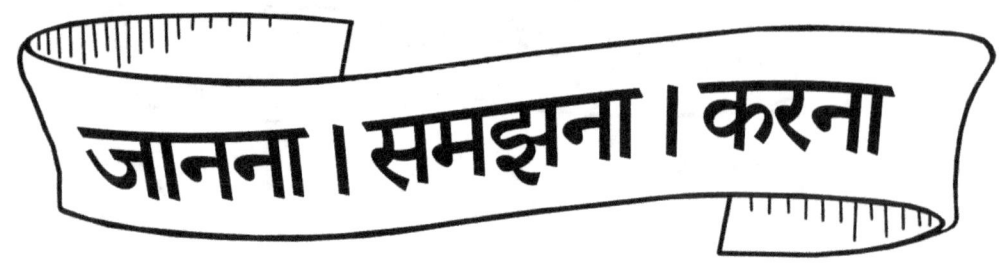

जानना । समझना । करना

<u>स्केलेटन हाथ</u>

<u>जानें:</u>

हाथ की हड्डियाँ, सभी लाइन और ऑब्जरवेशन

<u>समझें:</u>

ऑब्जरवेशन के माध्यम से एक समानता बनाना

<u>करें</u>

अपने हाथ के आधार पर, प्रदान की गई टपि्स और ट्रकि्स का इस्तेमाल करके प्रत्येक हड्डी सेक्शन के नाम सीखते समय एक स्केलेटन का हाथ बनाएं। जैसा कि आप ड्रॉ करते हैं, अपने हाथ का नरीक्षण करें और ध्यान दें कि अंगुलियां कहां हैं। ये हड्डियों के बीच के सेक्शन्स का प्रतनिधित्वि करते हैं।

टपि: अपना हाथ ट्रेस करते समय अपनी पेंसलि को 90 डग्रिी के एंगल पर पकड़ें।

<u>शब्दावली:</u>

कॉन्टूर - कसिी मास, शेप या ऑब्जेक्ट की आउटलाइन और अन्य वसिबिल कनिारे

ऑब्जरवेशन - इंद्रयिों के माध्यम से बाहरी दुनयिा का ज्ञान प्राप्त करना

टपि: सफेद ऑइल के पेस्टल का इस्तेमाल करके काले नर्माण कागज पर बनाने जाने पर यह वास्तव में अच्छा लगता है। अभी भी हाथ की आउटलाइन के लिए पेंसलि का प्रयोग करें। यह देखना उतना सरल नहीं है, लेकनि स्केलेटन के हाथ के इफेक्ट के बाद आपको इसे मटिाने की जरूरत नहीं है।

देखें!

स्केलेटन हाथ

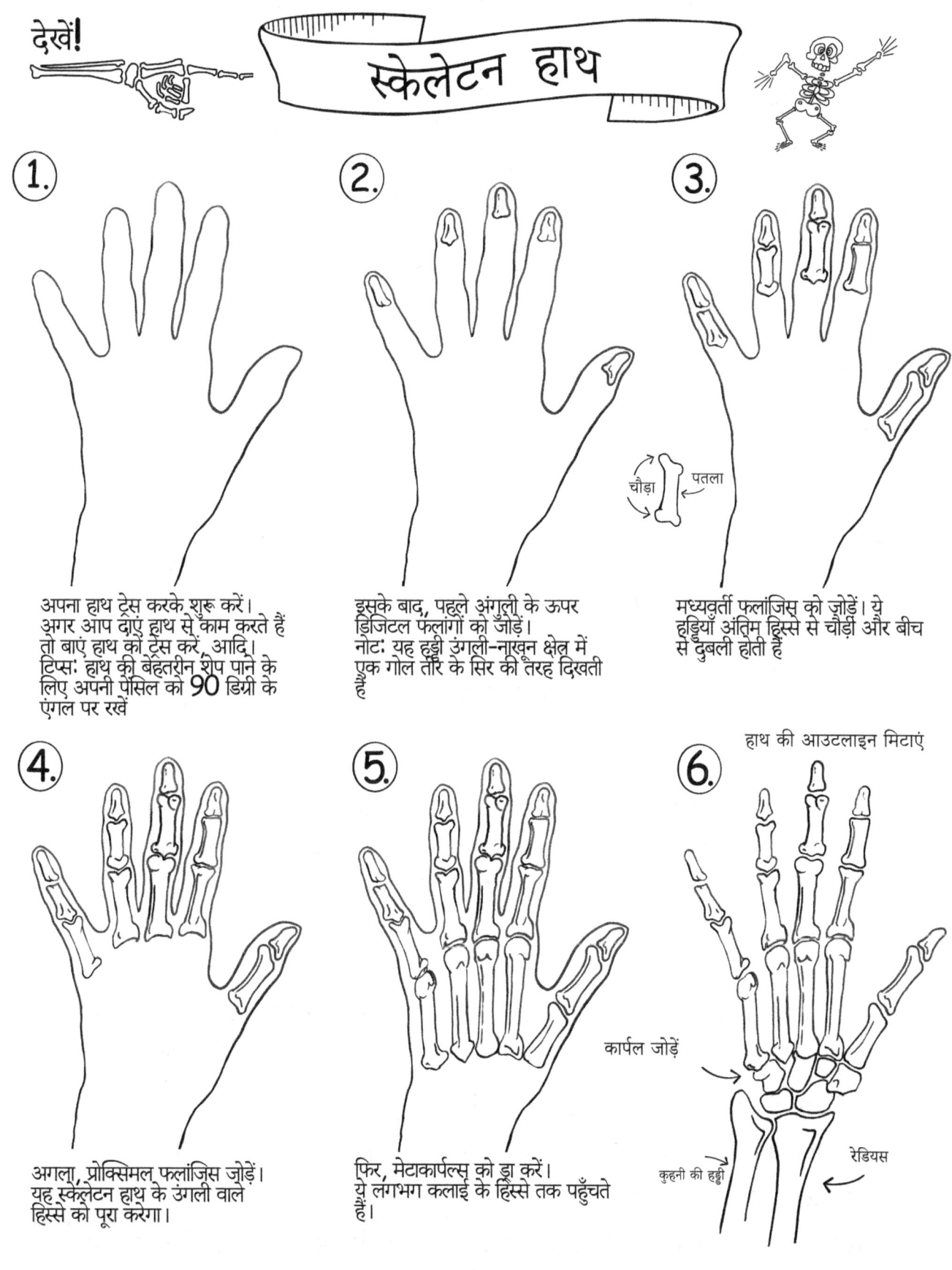

1.

अपना हाथ ट्रेस करके शुरू करें।
अगर आप दाएं हाथ से काम करते हैं
तो बाएं हाथ को ट्रेस करें, आदि।
टिप्स: हाथ की बेहतरीन शेप पाने के
लिए अपनी पेंसिल को **90** डिग्री के
एंगल पर रखें

2.

इसके बाद, पहले अंगुली के ऊपर
डिजिटल फ्लांगों को जोड़ें।
नोट: यह हड्डी उंगली-नाखून क्षेत्र में
एक गोल तीर के सिर की तरह दिखती
है।

3.

मध्यवर्ती फ्लांजिस को जोड़ें। ये
हड्डियाँ अंतिम हिस्से से चौड़ी और बीच
से दुबली होती हैं

चौड़ा   पतला

4.

अगला, प्रोक्सिमल फ्लांजिस जोड़ें।
यह स्केलेटन हाथ के उंगली वाले
हिस्से को पूरा करेगा।

5.

फिर, मेटाकार्पल्स को ड्रा करें।
ये लगभग कलाई के हिस्से तक पहुँचते
हैं।

6.

हाथ की आउटलाइन मिटाएं

कार्पल जोड़ें

कुहनी की हड्डी

रेडियस

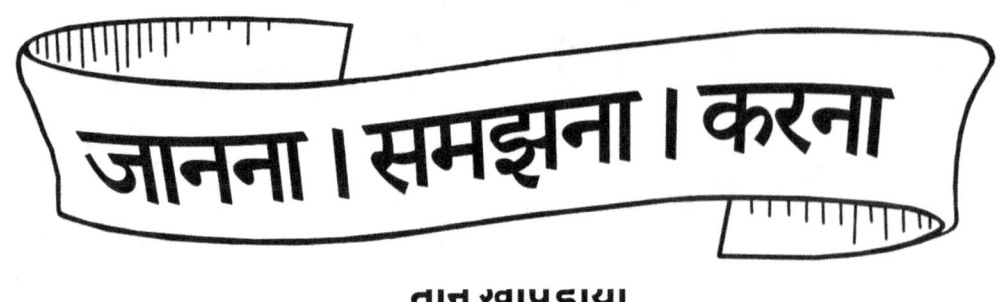

जानना । समझना । करना

तान खापड़ाया

जानें:

- मरिर समिट्री/बैलेंस
- सरि की प्रमुख हड्डयिाँ

समझें:

- खोपड़ी बनाने के लिए प्रपोर्शन (अनुपात) की मूल बातें
- मरिर समिट्री तब होती है जब कसिी इमेज या ऑब्जेक्ट के हसि्से इस तरह व्यवस्थति होते हैं कि एक साइड दूसरे साइड का डुप्लीकेट (मरिर) करता है
- पूर्ण समिट्री प्रकृत में बहुत कम पाई जाती है
- जटलि फॉर्म्स को शेप्स में सरलीकृत कयिा जा सकता है

करें

वदि्यार्थी सरि की प्रमुख हड्डयिों और मानव खोपड़ी के मूल प्रपोर्शन (अनुपात) पर चर्चा करेगा। फरि वे "तीन खोपड़यिों" की एक ओरजिनल कलाकृत बिनाएंगे, जसिमें सरल जयिोमेट्रकि शेप्स को जटलि फॉर्म्स में एम्बेलशि कयिा जाएगा और मरिर समिट्री का संकेत दयिा जाएगा।

शब्दावली:

बैलेंस - कसिी काम में स्थरिता का एहसास पैदा करने के लिए कला के एलमिेंट्स (तत्वों) को जसि तरह से व्यवस्थति कयिा जाता है; कसिी डज़िाइन या रचना में पार्ट्स की मनभावन या समान व्यवस्था

क्रेनयिम - खोपड़ी का वह पार्ट जो ब्रेनकेस को घेरता है

मानव खोपड़ी - चेहरे की स्ट्रक्चर्स का समर्थन करता है और मस्तष्कि के लिए कैवटिी बनाता है

मैन्डबिल - नचिले जबड़े की हड्डी

मरिर समिट्री - एक इमेज या ऑब्जेक्ट के हसि्से कुछ इस तरह से व्यवस्थति होते हैं ताकि एक साइड दूसरे को डुप्लकिेट (या मरिर) कर सके

प्रपोर्शन (अनुपात) - तुलनात्मक साइज़ और एक भाग का दूसरे के हसिाब से प्लेसमेंट

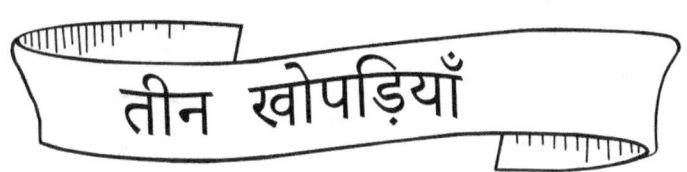

तीन खोपड़ियाँ

1. एक सर्किल से शुरू करें

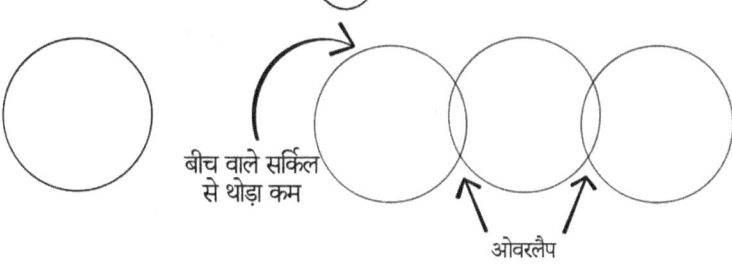

2. हर साइड पर 2 और सर्किल जोड़ें

बीच वाले सर्किल
से थोड़ा कम
ओवरलैप

3. सर्किल के नीचे शेप्स जोड़ें जैसा कि नीचे देखा गया है

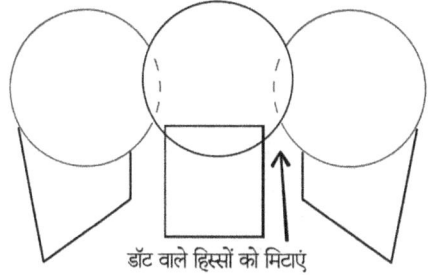

डॉट वाले हिस्सों को मिटाएं

4. ट्रायंगल नाक जोड़ें, ठोड़ी ट्रिम करें, और डॉट वाले हिस्सों को मिटाएं

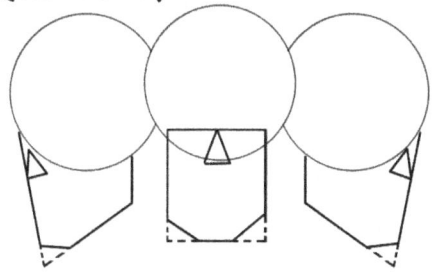

5. जैसा कि नीचे देखा गया है, सर्किल्स के निचले आधे हिस्से के पास आंखों के लिए ओवल जोड़ें

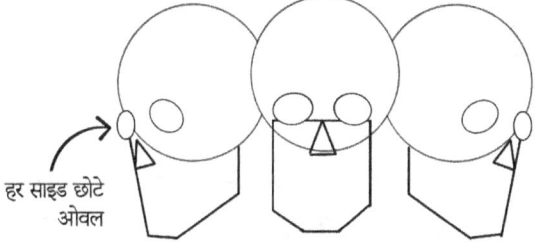

हर साइड छोटे
ओवल

6. नीचे दिए गए संकेत के अनुसार भौहें और चीकबोन्स जोड़ें

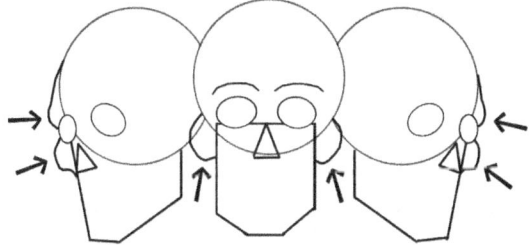

7. दांतों की लाइन्स और साइड्स पर विवरण जोड़ें

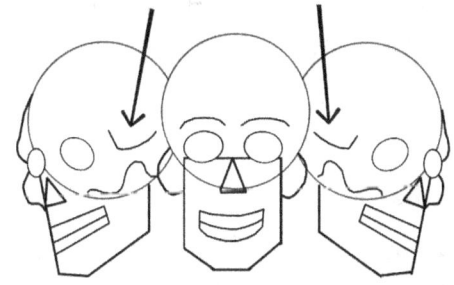

8. दांतों का विवरण जोड़ें, जबड़े को गोल करें, और डॉट वाले हिस्से को मिटाएं

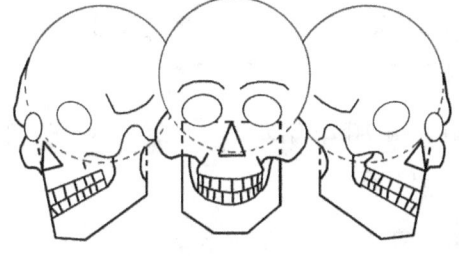

9. किसी भी तेज किनारें को कोमल करें और शेड दें

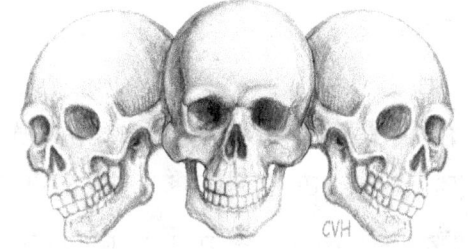

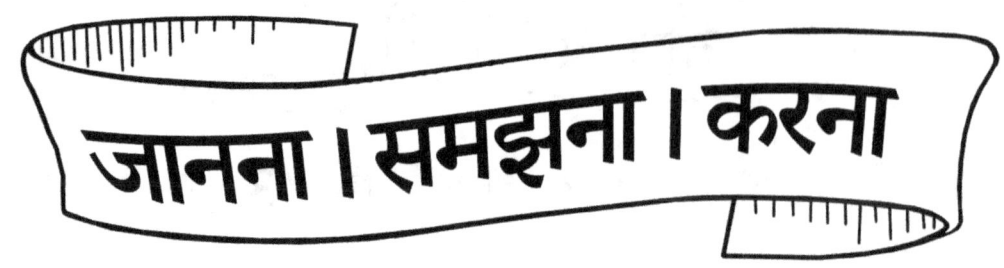

जानना । समझना । करना

हाथ की पोजीशन
(पोइंटगि उंगली)

जानें:

फोरशॉर्टगिं, पर्सपेक्टवि (नजरयिा)

समझें:

3D का इल्यूशन कैसे पैदा करें जसिमें कसिी ऑब्जेक्ट के पास और दूर के हसि्सों के शेप बहुत वपिरीत हों

करें

एक ओर इशारा करते हुए हाथ का एक ओरजिनिल चति्र बनाएं जसि सामने से देखा गया है। फोरशॉर्टगिं का आभास देने के लएि सुनश्चिति करें कि इशारा करने वाली उंगली बाकी हाथों की तुलना में बहुत बड़ी है। ट्रेस नहीं करें। शेड दें।

टपि्स: शेडगिं करते समय, उंगलयिों और अंगुली के जोड़ के बीच सबसे काली वैल्यू बनाएं। प्राकृतकि हाइलाइट इफेक्ट बनाने के लएि ऊपरी पोर, उंगली केंद्रों और क्रीज़ के बीच कुछ धब्बे मटिा दें।

शब्दावली:

फोरशॉर्टगिं - कसिी ऑब्जेक्ट का प्रतनिधिति्व करने का एक तरीका ताकि यह गहराई के इल्यूशन को प्रकट करे, स्पेस में आगे बढ़ने या वापस जाने जैसा प्रतीत हो। फोरशॉर्टगिं की सफलता अक्सर एक पॉइंट ऑफ व्यू या पर्सपेक्टवि (नजरयिा) पर नर्िभर करती है जसिमें कसिी सब्जेक्ट के पास और दूर के हसि्सों के शेप बहुत अलग होते हैं।

हाइलाइट - कसिी सतह पर वह जगह जो सबसे ज्यादा लाइट रफि्लेक्ट करती है ; वैल्यू के इस्तेमाल के माध्यम से ड्राइंग के एक एरयिा पर ध्यान आकर्षति करना या उस पर जोर देना

पर्सपेक्टवि (नजरयिा) - इस्तेमाल की जाने वाली तकनीक कसिी कला कृति में गहराई या घटती हुई जगह का एहसास पैदा करती है ; 2D सतह पर 3D का इल्यूशन

पॉइंट ऑफ व्यू - एक स्थतिि या एंगल जसिसे कुछ देखा या माना जाता है; दर्शक की नजर की दशिा

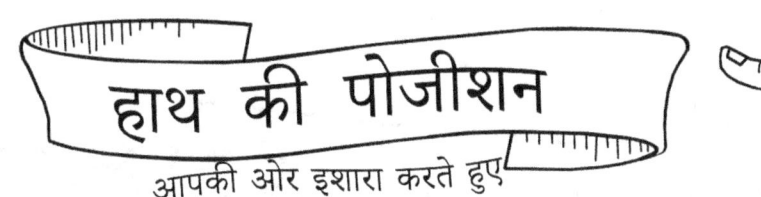

हाथ की पोजीशन

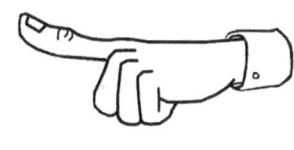

आपकी ओर इशारा करते हुए

1. एक सर्किल से शुरू करें

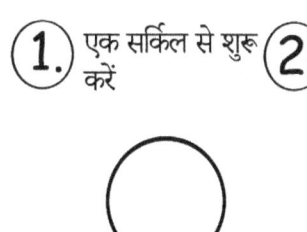

2. एक एंगल किए हुए सर्किल को जोड़ें

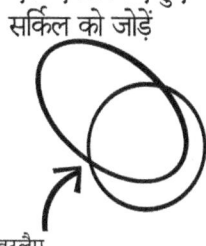

ओवरलैप

3. इसके आगे एक लंबा ओवल जोड़ें

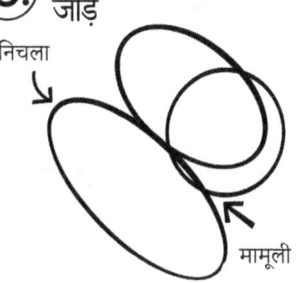

निचला
मामूली ओवरलैप

4. एक और लंबा ओवल जोड़ें

नीचे के एंगल पर ड्रा करें

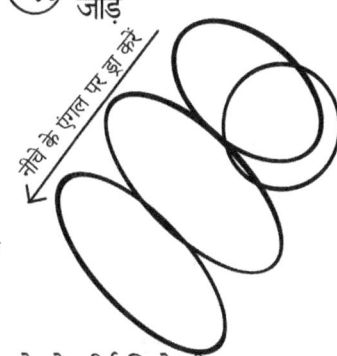

5. एक आखिरी किया हुआ एंगल ओवल जोड़ें

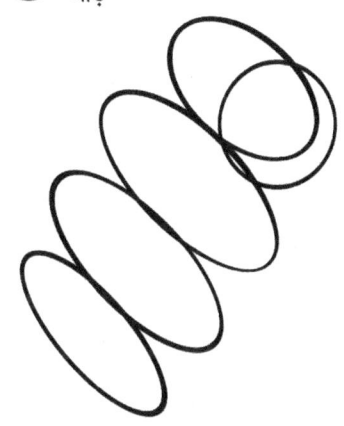

6. अंगूठे के लिए एक ओवल जोड़ें

7. पोर के शीर्ष हिस्से को घुमावदार लाइन्स से जोड़ें

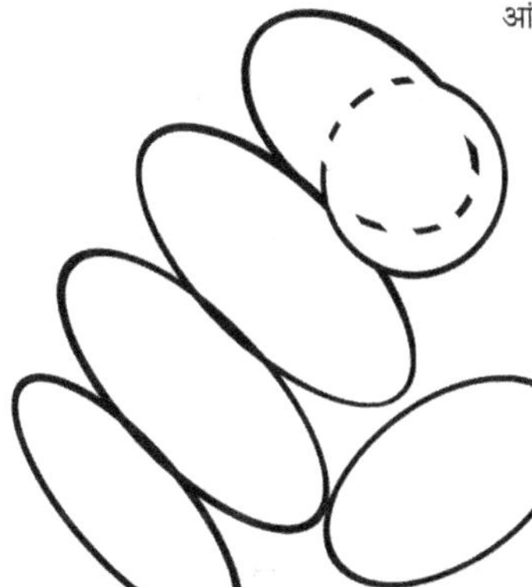

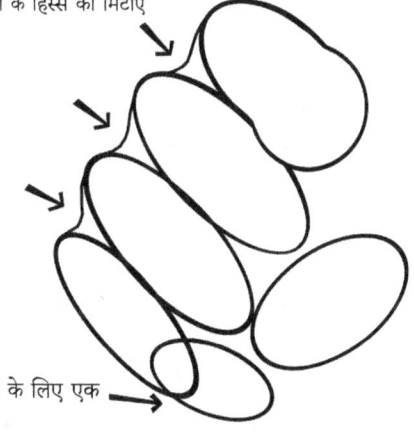

आंतरिक उंगली के हिस्से को मिटाएं
पिंकी (कानी अंगुली) के लिए एक ओवल जोड़ें

8. एक फिंगरनेल जोड़ें

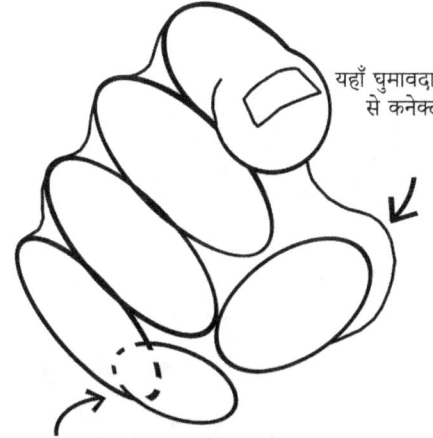

यहाँ घुमावदार लाइन्स से कनेक्ट करें
पिंकी (कानी अंगुली) के अंदर डॉट वाले हिस्से को मिटाएं

9. अंगुली की झुर्रियां जोड़ें डॉट वाले हिस्सों को मिटाएं

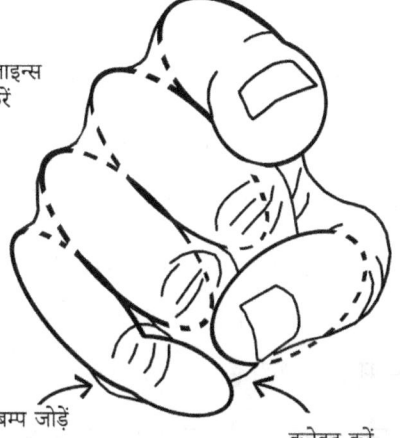

बम्प जोड़ें
कनेक्ट करें

10. शेड दें

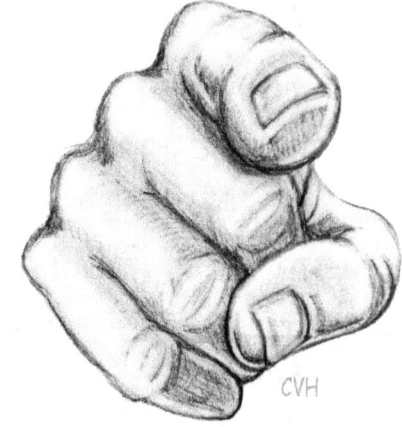

CVH

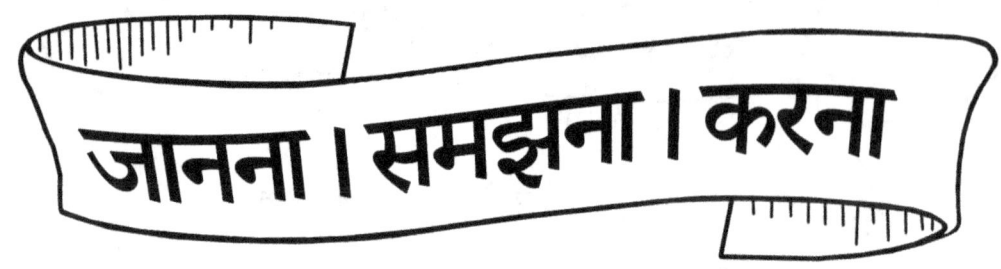

जानना । समझना । करना

हाथ की पोजीशन
(पघिलती हुई घड़ी पकडे़ हुए)

जानें:

पर्सपेक्टवि (नजरयिा) , प्रपोर्शन (अनुपात)

समझें:

- कसिी ऑब्जेक्ट को हाथ में पकड़ने के लएि प्रपोर्शन (अनुपात), पर्सपेक्टवि (नजरयिा) और ऑब्जरवेशन का इस्तेमाल
- शेप और साइज़ में सूक्ष्म अंतर हमारे हाथों को अनोखा बनाते हैं

करें

एक ऑब्जेक्ट (पघिलने वाली घड़ी) को पकडे़ हुए मानव हाथ का एक ओरजिनिल चत्रि बनाएँ। "फैनड आउट" ओवल्स की एक श्रृंखला के साथ शुरू करें और उन शेप्स पर नर्िमाण करें, अंततः उन्हें उंगली के फॉर्म्स में बदल दें। संदर्भ के लएि अपने खुद के कप कएि हुए हाथ देखें और प्राकृतकि शेप और एंगल्स का नरीक्षण करें। ट्रेस नहीं करें। शेड दें।

शब्दावली:

फॉर्म - एक 3D शेप (ऊंचाई, चौड़ाई और गहराई) जसिमें वॉल्यूम होती है

हाइलाइट - कसिी सतह पर वह जगह जो सबसे ज़्यादा लाइट रफ्लिेक्ट करती है ; वैल्यू के इस्तेमाल के माध्यम से ड्राइंग के एक एरयिा पर ध्यान आकर्षति करना या उस पर जोर देना

पर्सपेक्टवि (नजरयिा) - तकनीक कलाकार थ्री-डायमेंशनल दुनयिा के इल्यूशन को टू-डायमेंशनल सतह पर प्रोजेक्ट करने के लएि इस्तेमाल करते हैं। पर्सपेक्टवि (नजरयिा) गहराई और घटती हुई जगह का एहसास पैदा करने में मदद करता है।

प्रपोर्शन (अनुपात) - डजिाइन का एक सद्धिांत, प्रपोर्शन (अनुपात) एक ऑब्जेक्ट के तुलनात्मक साइज़ और एक भाग का दूसरे के हसिाब से प्लेसमेंट को रेफर करता है

हाथ की पोजीशन

होल्डिंग आइटम

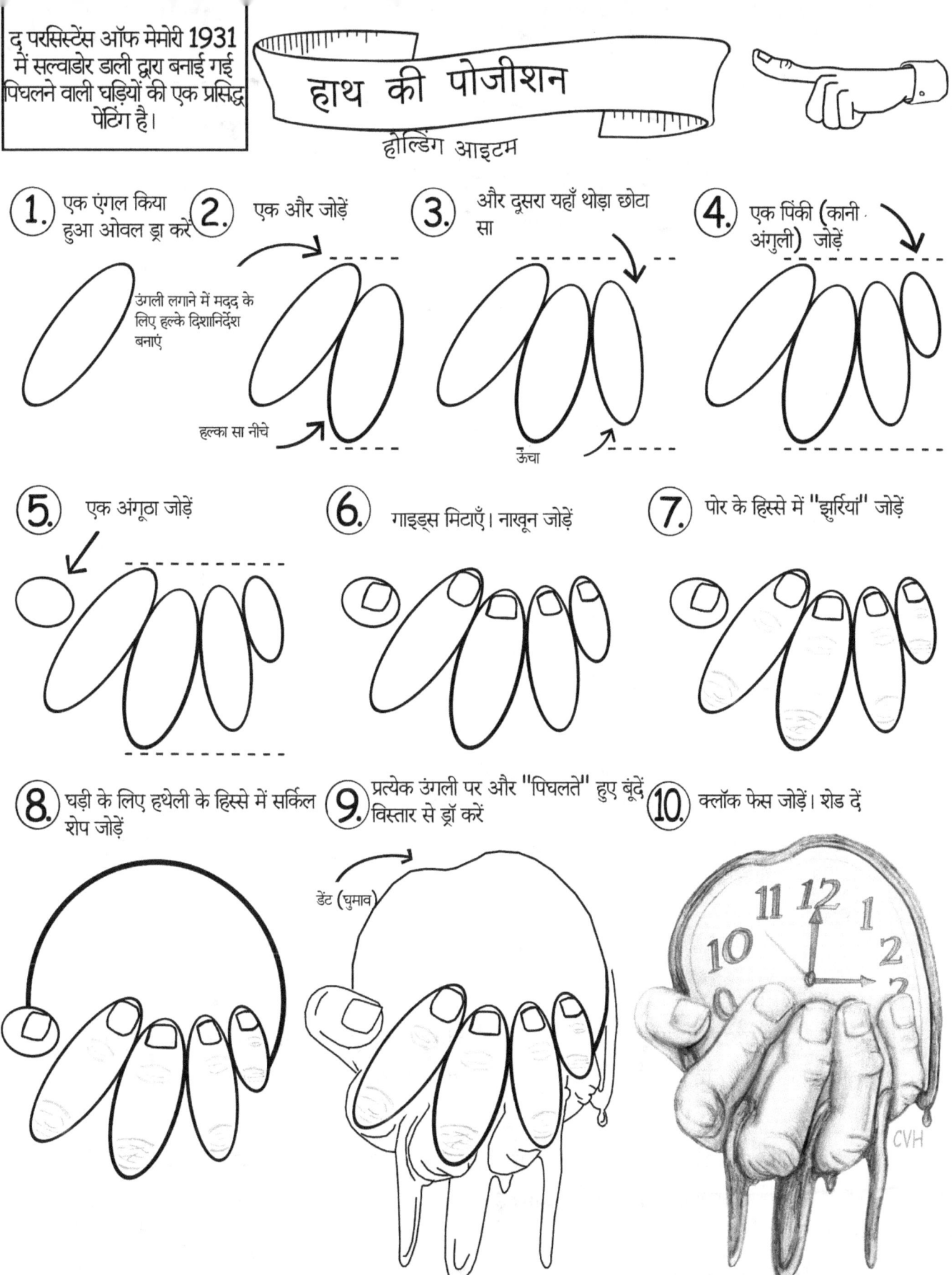

1. एक एंगल किया हुआ ओवल ड्रा करें

उंगली लगाने में मदद के लिए हल्के दिशानिर्देश बनाएं

2. एक और जोड़ें

हल्का सा नीचे

3. और दूसरा यहाँ थोड़ा छोटा सा

ऊंचा

4. एक पिंकी (कानी अंगुली) जोड़ें

5. एक अंगूठा जोड़ें

6. गाइड्स मिटाएँ। नाखून जोड़ें

7. पोर के हिस्से में "झुर्रियां" जोड़ें

8. घड़ी के लिए हथेली के हिस्से में सर्किल शेप जोड़ें

9. प्रत्येक उंगली पर और "पिघलते" हुए बूंदें विस्तार से ड्रॉ करें

डेंट (घुमाव)

10. क्लॉक फेस जोड़ें। शेड दें

CVH

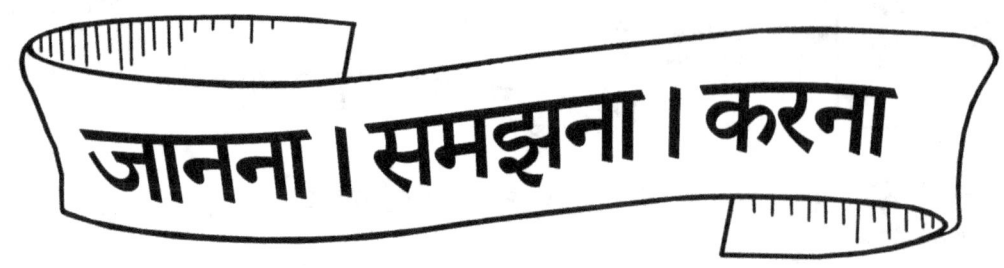

जानना । समझना । करना

जेब घड़ी

जानें:

एंगल, बैलेंस, पैटर्न, पर्सपेक्टवि (नजरयिा), रेपटिशिन (दोहराव), रोमन न्यूमरल्स

समझें:

सरल जयिोमेट्रकि शेप्स को एक वशिेष पैटर्न में या एक एंगल पर रखने से कसिी ऑब्जेक्ट के यथार्थवाद और डटिेल के साथ-साथ इंटरेस्ट और गहराई का इल्यूशन पैदा हो सकता है।

करें

• सरल जयिोमेट्रकि शेप गाइडलाइन्स के आधार पर डटिेल्ड "ओपन" स्टॉपवॉच बनाने के लएि दएि गए स्टेप्स को फॉलो करें

• नंबर्स या रोमन न्यूमरल्स का इस्तेमाल करते हुए, उन नंबर्स को समान रूप से और अनुक्रम में घड़ी के फेस के चारों ओर बैलेंस करें (यानी #12 #6 से 180 डगि्री है)

• सीखी हुई 3D तकनीकों का इस्तेमाल करें जो गहराई के इल्यूशन को प्रकट करने के लएि पर्सपेक्टवि (नजरयिा) पर ध्यान फोकस करती हैं। छात्र शेप, स्थतिि, डटिेल और रंग पर भी वचिार करेंगे।

शब्दावली:

एंगल - एक सामान्य लाइन से अलग होने वाले दो प्लेन्स द्वारा बनाई गई शेप। "एंगल " ऐसी लाइन्स या सतहों के बीच की जगह को रेफर कर सकता है, और यह कसिी दशिा या पॉइंट ऑफ व्यू को भी रेफर कर सकता है।

पर्सपेक्टवि (नजरयिा) - तकनीक का इस्तेमाल 2D सतह पर 3D का इल्यूशन पैदा करने के लएि कयिा जाता है। पर्सपेक्टवि (नजरयिा) गहराई या घटती हुई जगह का एहसास पैदा करने में मदद करता है।

रोमन अंक - प्राचीन रोम में नयूमेरकि सस्टिम, वैल्यूस को दर्शाने के लएि लैटनि वर्णमाला के अक्षरों के काम्बनैशन का इस्तेमाल करती है

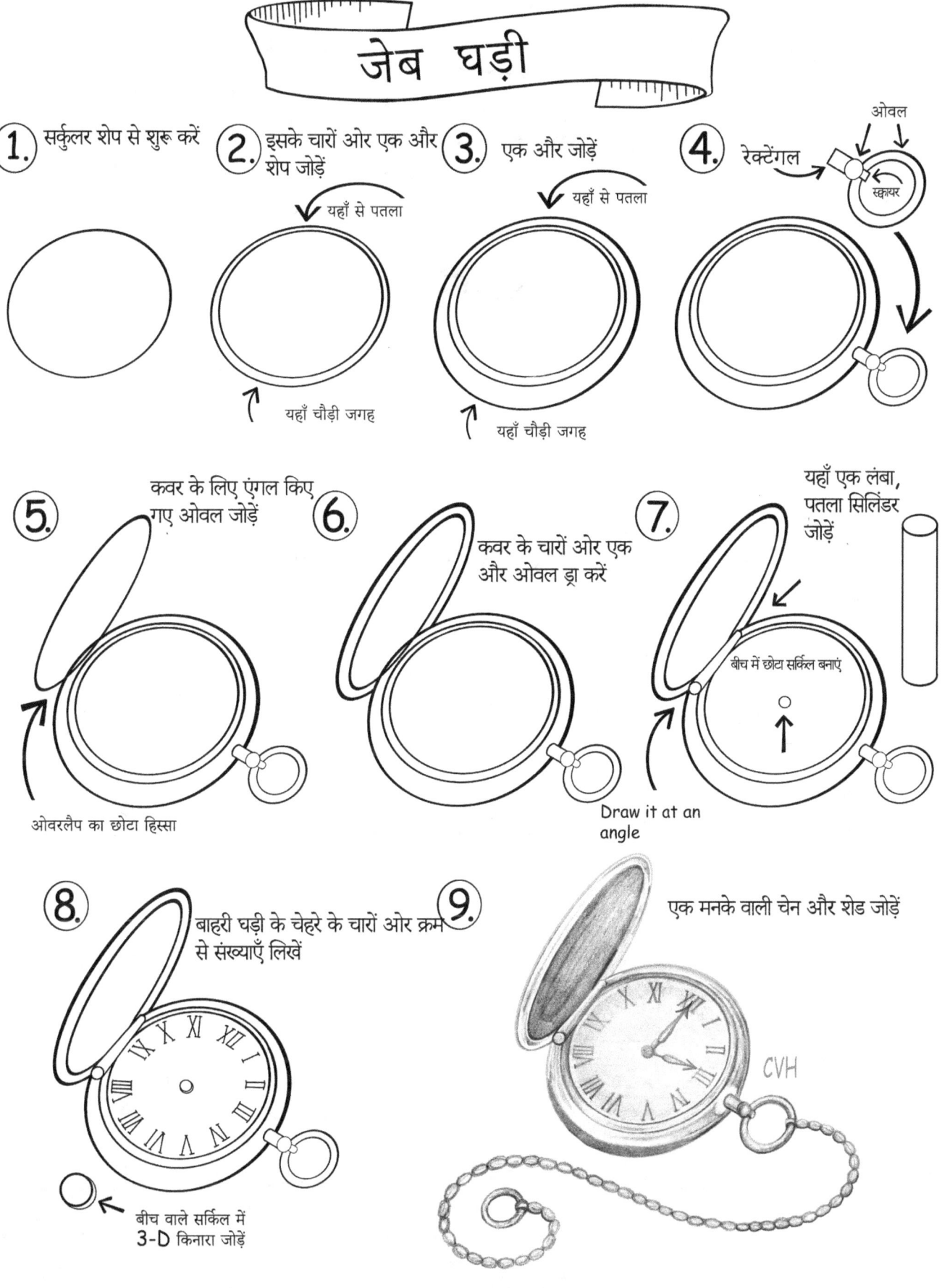

जेब घड़ी

1. सर्कुलर शेप से शुरू करें

2. इसके चारों ओर एक और शेप जोड़ें

यहाँ से पतला

यहाँ चौड़ी जगह

3. एक और जोड़ें

यहाँ से पतला

यहाँ चौड़ी जगह

4. रेक्टेंगल

ओवल

स्क्वायर

5. कवर के लिए एंगल किए गए ओवल जोड़ें

ओवरलैप का छोटा हिस्सा

6. कवर के चारों ओर एक और ओवल ड्रा करें

7. यहाँ एक लंबा, पतला सिलिंडर जोड़ें

बीच में छोटा सर्किल बनाएं

Draw it at an angle

8. बाहरी घड़ी के चेहरे के चारों ओर क्रम से संख्याएँ लिखें

बीच वाले सर्किल में 3-D किनारा जोड़ें

9. एक मनके वाली चेन और शेड जोड़ें

CVH

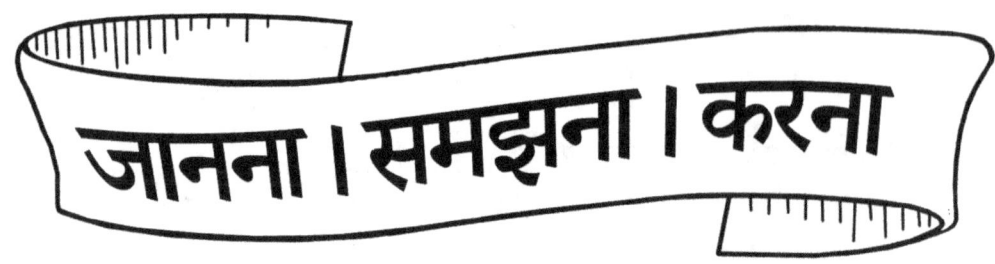

जानना । समझना । करना

चेन लिंक्स

जानें:
ओवरलैपिंग

समझें:
ओवरलैपिंग तकनीकों और शेडिंग का इस्तेमाल करके इंटरलॉकिंग फॉर्म्स की दिखावट कैसे बनाएं

करें
- प्रदान की गई टिप्स और ट्रिक्स का इस्तेमाल करके इंटरलॉकिंग लिंक की एक रीयलिस्टिक चेन बनाएं
- शेड दें।
- एक मैटेलिक "चमकीला" इफेक्ट बनाने के लिए प्रत्येक लिंक पर कुछ जगहों को मिटा दें

शब्दावली:

ओवरलैपिंग - जब एक चीज दूसरे के ऊपर होती है और आंशिक रूप से कुछ और ढक जाती है

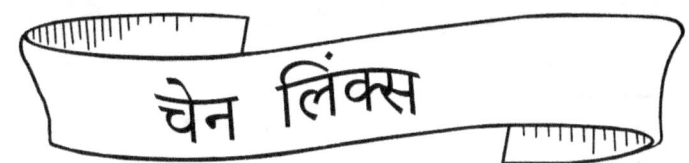

चेन लिंक्स

1. एक रेक्टेंगल से शुरू करें

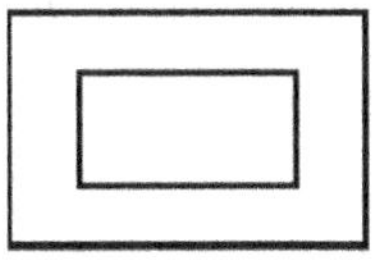

एक रेक्टेंगल के अंदर

2. सभी कोनों को गोल करें

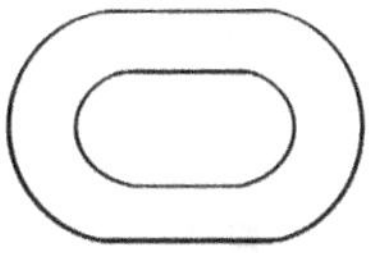

(दोनों साइड बराबर)

3. एक और छोटा राउंडेड रेक्टेंगल जोड़ें

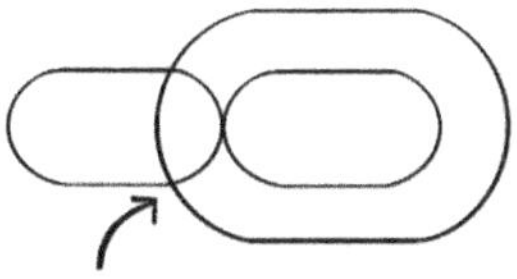

इसे दूसरे छोटे राउंडेड रेक्टेंगल को छूना चाहिए

4. उस छोटे राउंडेड रेक्टेंगल को घेर लें

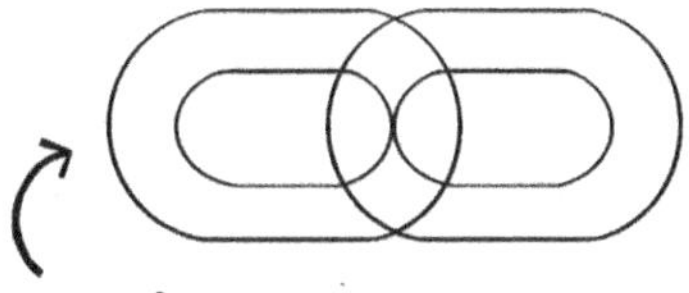

एक और बड़े के साथ

5. डॉट वाले हिस्से को मिटाएं

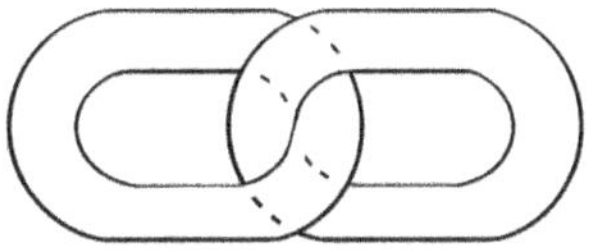

6. अगले लिंक का हिस्सा जोड़ें

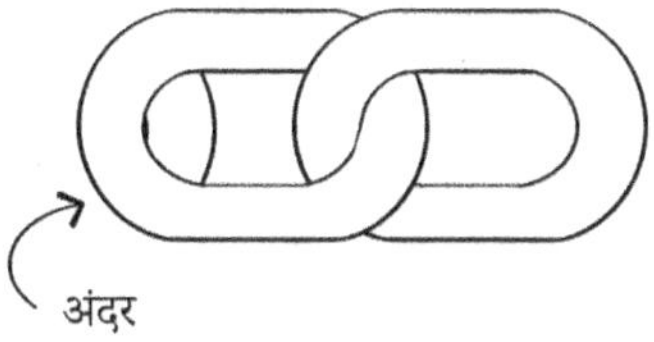

अंदर

7. लिंक को पूरा करें

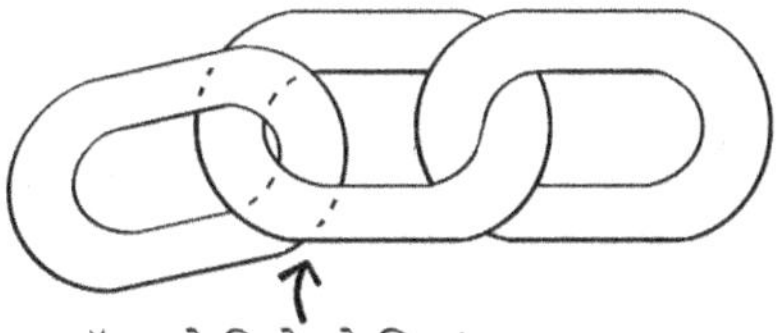

डॉट वाले हिस्से को मिटाएं

8. दूसरा लिंक जोड़ें

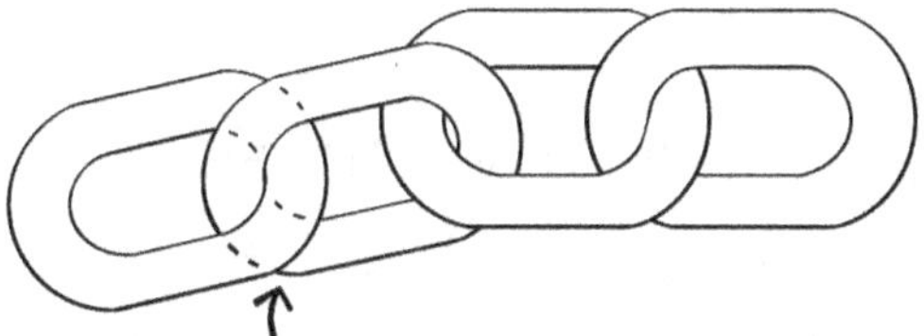

डॉट वाले हिस्से को मिटाएं

9. इस अगले लिंक को तिरछा मोड़ने का प्रयास करें

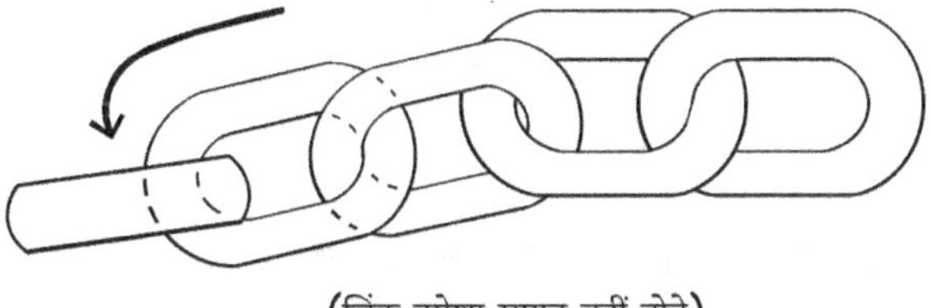

(लिंक हमेशा सपाट नहीं होते)

10. जब तक आप वांछित प्रभाव प्राप्त नहीं कर लेते तब तक लिंक जोड़ते रहें

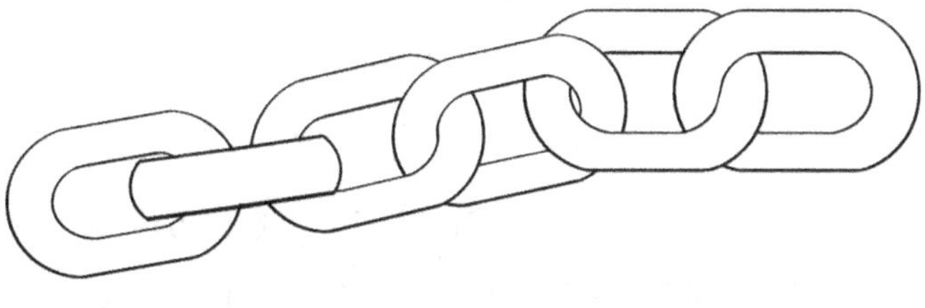

11. शेड दें

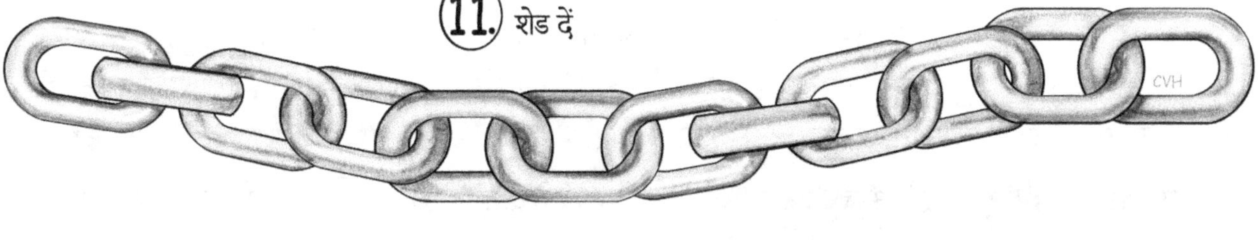

CVH

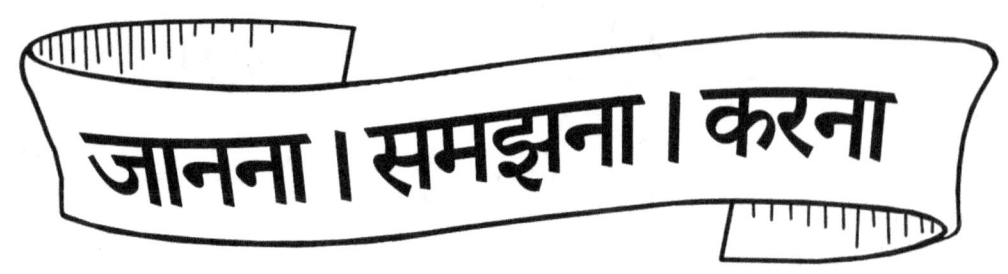

जानना । समझना । करना

कम्पास गुलाब

जानें:

बैलेंस, कम्पास, रेपटिशिन (दोहराव), रोटेशनल समिट्री

समझें:

• कसिी कलाकृति में एलमिेंट्स (तत्वों) को कैसे व्यवस्थति करें ताकि वे समिट्रकिल या समान रूप से बैलेंस्ड दखिाई दें

• एक कम्पास गुलाब का इस्तेमाल कार्डनिल दशिाओं और उनके इंटरमीडएिट पॉइंट्स के ओरएिंटेशन को प्रदर्शति करने के लए किया जाता है

करें

• रोटेशनल समिट्री पर ध्यान फोकस करते हुए ओरजिनिल कम्पास रोज़ डजिाइन बनाने के लए दिए गए स्टेप्स को फॉलो करें

• पेंसलि से शेड दें। या मार्कर से रंग करें

शब्दावली:

बैलेंस - डजिाइन का एक सद्धिांत, बैलेंस एक काम में स्थरिता का एहसास पैदा करने के लए कला के एलमिेंट्स (तत्वों) को व्यवस्थति करने के तरीके को रेफर करता है; एक डजिाइन या स्ट्रक्चर में एक सुखद या सामन व्यवस्था या पार्ट्स या जगहों का प्रपोर्शन (अनुपात)।

कम्पास - एक नेवगिेशनल टूल जो एक फ्रेम ऑफ रेफरेंस में दशिाओं को मापता है जो पृथ्वी की सतह के सापेक्ष स्टेशनरी होता है। फ्रेम ऑफ रेफरेंस चार प्रमुख दशिाओं (या पॉइंट्स) को डफिाइन करता है - उत्तर, दक्षणि, पूर्व और पश्चमि।

कम्पास गुलाब - (कभी-कभी वडिरोज़ कहा जाता है) एक कम्पास, मानचत्रि, समुद्री चार्ट या स्मारक पर एक शेप है जसिका इस्तेमाल मुख्य दशिाओं और उनके इंटरमीडएिट पॉइंट्स के ओरएिंटेशन को प्रदर्शति करने के लए किया जाता है।

रोटेशनल समिट्री - एक ऑब्जेक्ट जो उस ऑब्जेक्ट के केंद्र के चारों ओर एक नश्चिति मात्रा में गोलाकार मूवमेंट के बाद समान दखिता है

समिट्री - ऐसे ऑब्जेक्ट जो दोनों साइड से एक समान हो

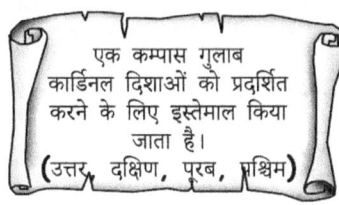

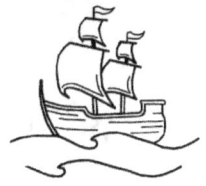

एक कम्पास गुलाब
कार्डिनल दिशाओं को प्रदर्शित
करने के लिए इस्तेमाल किया
जाता है।
(उत्तर, दक्षिण, पूरब, पश्चिम)

कम्पास गुलाब

1. एक रूलर का इस्तेमाल करें और एक एक-सा क्रॉस बनाएं

2. क्रॉस के माध्यम से एक "X" शेप बनाएं

इससे 45 डिग्री के 8
बराबर एंगल बनेंगी

3. "X" पार्ट पर समान अंतराल पर 4 डॉट्स लगाएं

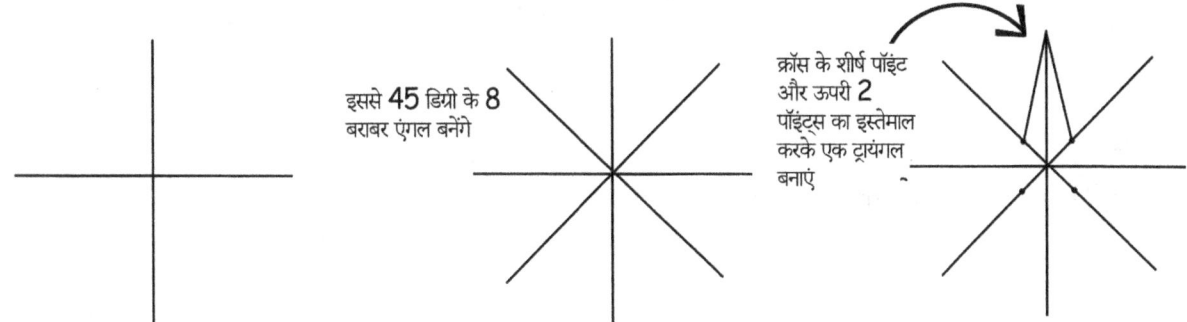

क्रॉस के शीर्ष पॉइंट
और ऊपरी 2
पॉइंट्स का इस्तेमाल
करके एक ट्रायंगल
बनाएं

4. प्रत्येक पॉइंट से पहले क्रॉस के निकटतम पॉइंट तक एक लाइन ड्रॉ करें

5. पिछले पॉइंट से ऊपर का एक और सेट बनाएँ

प्रत्येक "ट्रायंगल" पर 2
पॉइंट बनाएं

6. प्रत्येक पॉइंट से दूसरे क्रॉस के निकटतम पॉइंट तक एक लाइन ड्रॉ करें

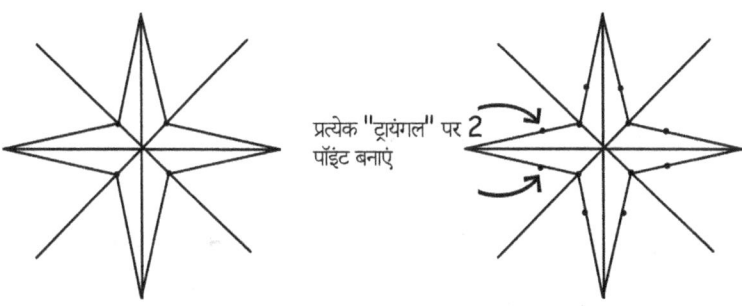

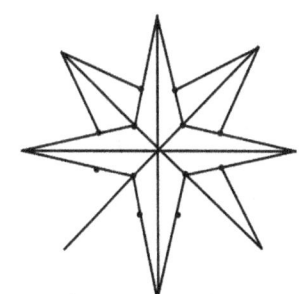

7. एक पतले मार्कर से अपनी लाइन्स को गहरा करें और किसी भी अतिरिक्त पेंसिल लाइनों को मिटाएं

8. प्रत्येक ट्रायंगल के दाहिने भाग को एक गहरे रंग से भरें

9. बाकी बचे रिक्त हिस्सों को हल्के रंग से भरें

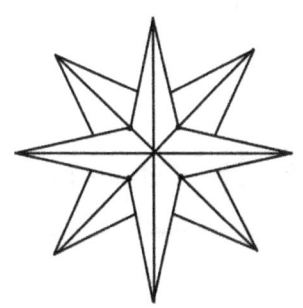

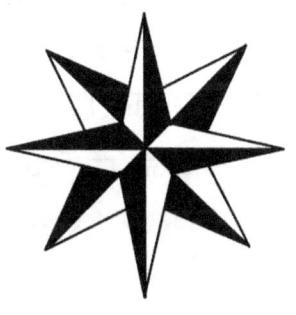

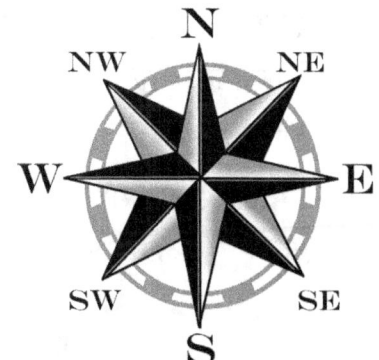

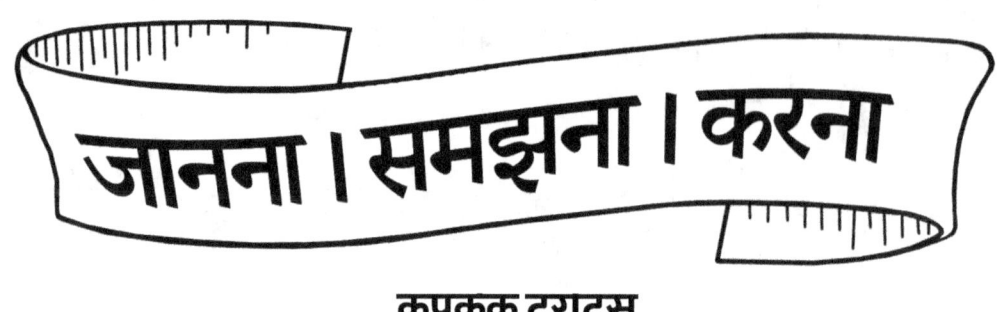

जानना। समझना। करना

<u>कपकक ट्राट्स</u>

जानें:
बैलेंस, एलप्सि, रेपटिशिन (दोहराव)

समझें:
• शेप और फॉर्म में अंतर
• कसिी कलाकृत मिें एलमिेंट्स (तत्वों) को कैसे व्यवस्थति करें ताक वि सिमिट्रकिल या समान रूप से बैलेंस्ड दखिाई दें
• कला में एलप्सि एक 3D ऑब्जेक्ट का रूप देने में मदद कर सकते हैं

करें
• एक ओरजिनिल कपकेक डजिाइन बनाने के लिए दिए गए स्टेप्स को फॉलो करें जो सरल शेप्स से शुरू होता है जो अंततः जटलि फॉर्म्स को बनाने के लिए जुड़े होते हैं
• सीखी हुई 3D तकनीकों का इस्तेमाल करें जो गहराई का इल्यूशन प्रकट करने के लिए ओवरलैपगि पर ध्यान फोकस करती हैं। छात्र शेप, पोजीशन, डटिेल और रंग पर भी वचिार करेंगे।

शब्दावली:

बैलेंस - डजिाइन का एक सद्धिांत, बैलेंस एक काम में स्थरिता का एहसास पैदा करने के लिए कला के एलमिेंट्स (तत्वों) को व्यवस्थति करने के तरीके को रेफर करता है; एक डजिाइन या स्ट्रक्चर में एक सुखद या समान व्यवस्था या पार्ट्स या जगहों का प्रपोर्शन (अनुपात)

ओवल - (एलप्सि) एक टू-डायमेंशनल शेप जो एक सर्कलि की तरह दखिती है जसि लंबा करने के लिए स्ट्रेच कयिा गया है

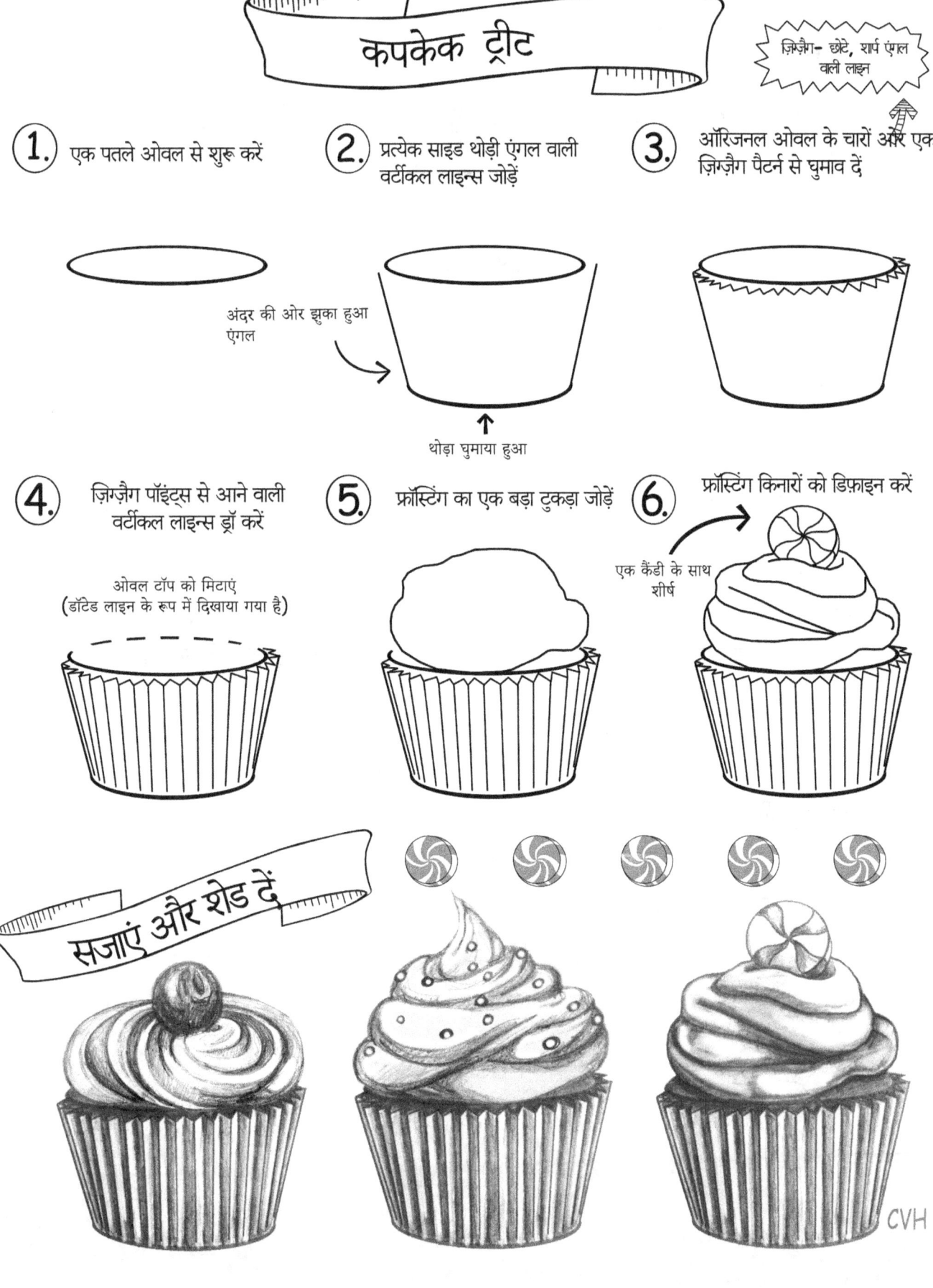

कपकेक ट्रीट

ज़िग्ज़ैग- छोटे, शार्प एंगल वाली लाइन

1. एक पतले ओवल से शुरू करें

2. प्रत्येक साइड थोड़ी एंगल वाली वर्टीकल लाइन्स जोड़ें

अंदर की ओर झुका हुआ एंगल
थोड़ा घुमाया हुआ

3. ऑरिजनल ओवल के चारों ओर एक ज़िग्ज़ैग पैटर्न से घुमाव दें

4. ज़िग्ज़ैग पॉइंट्स से आने वाली वर्टीकल लाइन्स ड्रॉ करें

ओवल टॉप को मिटाएं
(डॉटेड लाइन के रूप में दिखाया गया है)

5. फ्रॉस्टिंग का एक बड़ा टुकड़ा जोड़ें

6. फ्रॉस्टिंग किनारों को डिफ़ाइन करें

एक कैंडी के साथ शीर्ष

सजाएं और शेड दें

CVH

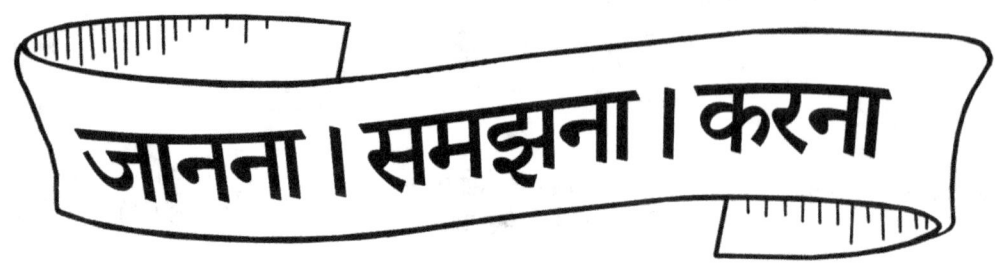

जानना । समझना । करना

एलयिन खोपड़ी

जानें:

जयिोमेट्रकि शेप, एंगल

समझें:

कई तरह की कलात्मक क्रीएशन्स के लिए एक सरल सर्कलि सामान्य प्रारंभकि पॉइंट हो सकता है

करें

• प्रदान की गई टपि्स और ट्रकि्स का इस्तेमाल करके एक एलयिन खोपड़ी का अपना वर्ज़न बनाएं

• 3D, गोलाकार इफेक्ट के लिए बाहरी रमि को अंदर की तुलना में गहरा शेड दें।

शब्दावली:

एंगल - एक सामान्य पॉइंट से अलग होने या पार करने वाली दो लाइन्स या कनिारों से बनी शेप

जयिोमेट्रकि - गणतिीय डज़िाइन वाला कोई शेप या फॉर्म। जयिोमेट्रकि डज़िाइन आमतौर पर जयिोमेट्री से सीधी लाइन्स या शेप्स के साथ बनाए जाते हैं।

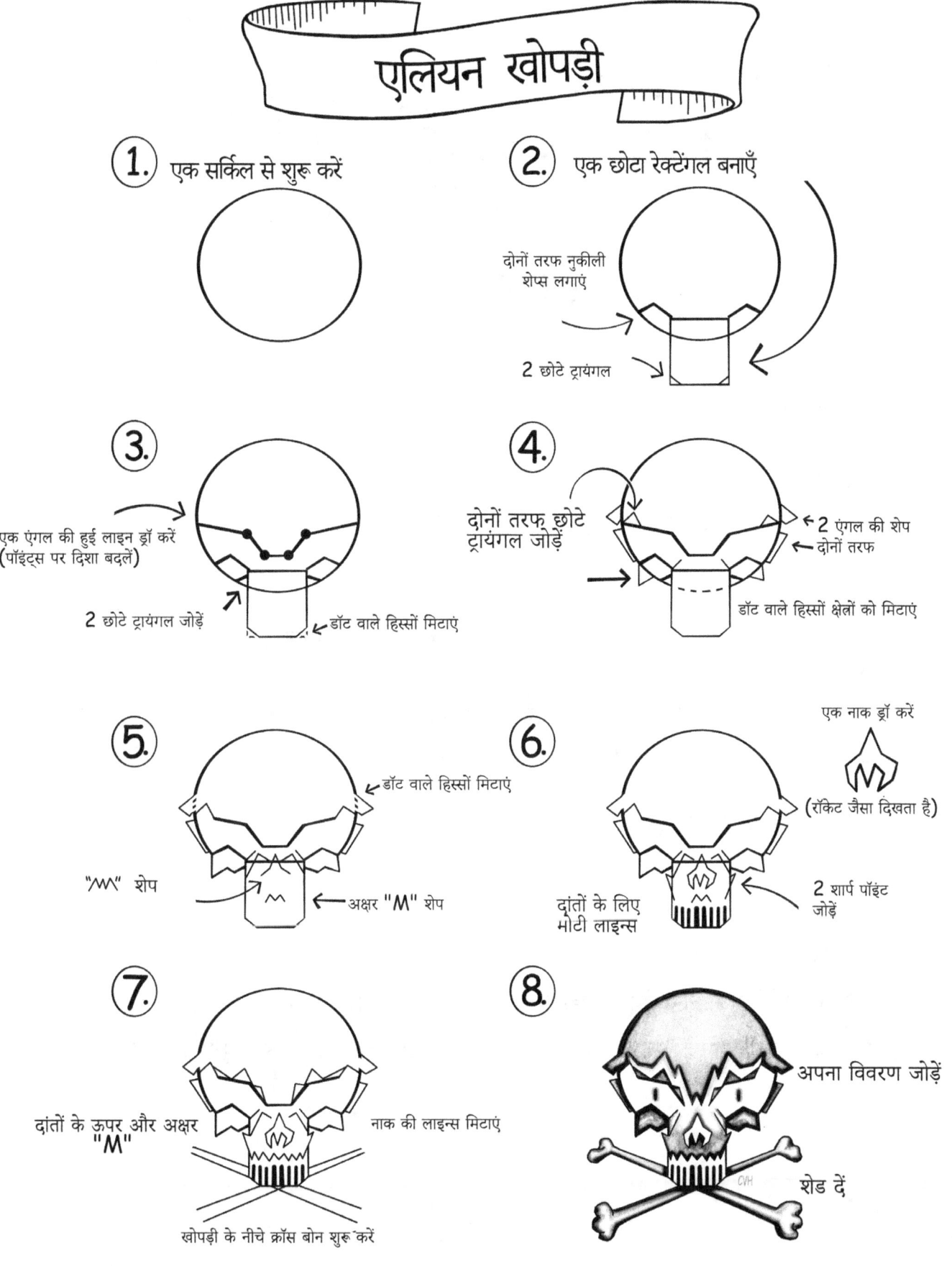

एलियन खोपड़ी

1. एक सर्किल से शुरू करें

2. एक छोटा रेक्टेंगल बनाएँ

दोनों तरफ नुकीली शेप्स लगाएं

2 छोटे ट्रायंगल

3. एक एंगल की हुई लाइन ड्रॉ करें (पॉइंट्स पर दिशा बदलें)

2 छोटे ट्रायंगल जोड़ें

डॉट वाले हिस्सों मिटाएं

4. दोनों तरफ छोटे ट्रायंगल जोड़ें

2 एंगल की शेप दोनों तरफ

डॉट वाले हिस्सों क्षेत्रों को मिटाएं

5. डॉट वाले हिस्सों मिटाएं

"/\/\/\" शेप

अक्षर "M" शेप

6. एक नाक ड्रॉ करें

(रॉकेट जैसा दिखता है)

2 शार्प पॉइंट जोड़ें

दांतों के लिए मोटी लाइन्स

7. दांतों के ऊपर और अक्षर "M"

नाक की लाइन्स मिटाएं

खोपड़ी के नीचे क्रॉस बोन शुरू करें

8. अपना विवरण जोड़ें

शेड दें

CVH

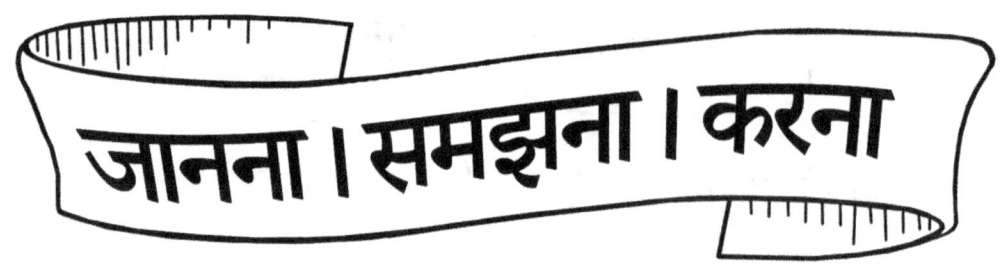

जानना । समझना । करना

माइक्रोफ़ोन पर आ जाओ

जानें:

स्फीर, सलिंडर, रेक्टेंगल, पैटर्न

समझें:

पहचानने योग्य, रोजमर्रा के फॉर्म बनाने के लिए शेप्स को जोड़ना

करें

• एक स्टाइल चुनें और प्रदान की गई आउटलाइन का इस्तेमाल करके माइक्रोफ़ोन का अपना वर्ज़न बनाएं

• गोलाकार बनाने के लिए आधुनकि माइक्रोफ़ोन के घेरे के चारों ओर लाइन्स "लपेटें" एंगल्स और कनिारों को इंडीकेट करने के लिए पुरानी स्टाइल के माइक्रोफ़ोन के चारों ओर लाइन्स "लपेटें"।

• पैटर्न डटिेल और शेड जोडें.

शब्दावली:

सलिंडर - एक ट्यूब जो थ्री डायमेंशनल दखिाई देता है

पैटर्न - कसिी डजिाइन में शेप्स, लाइन्स या रंगों का रेपटिशिन (दोहराव)

स्फीयर - गेंद के शेप का एक थ्री-डायमेंशनल रूप, सभी पॉसबिल पॉइंट ऑस व्यू से गोलाकार

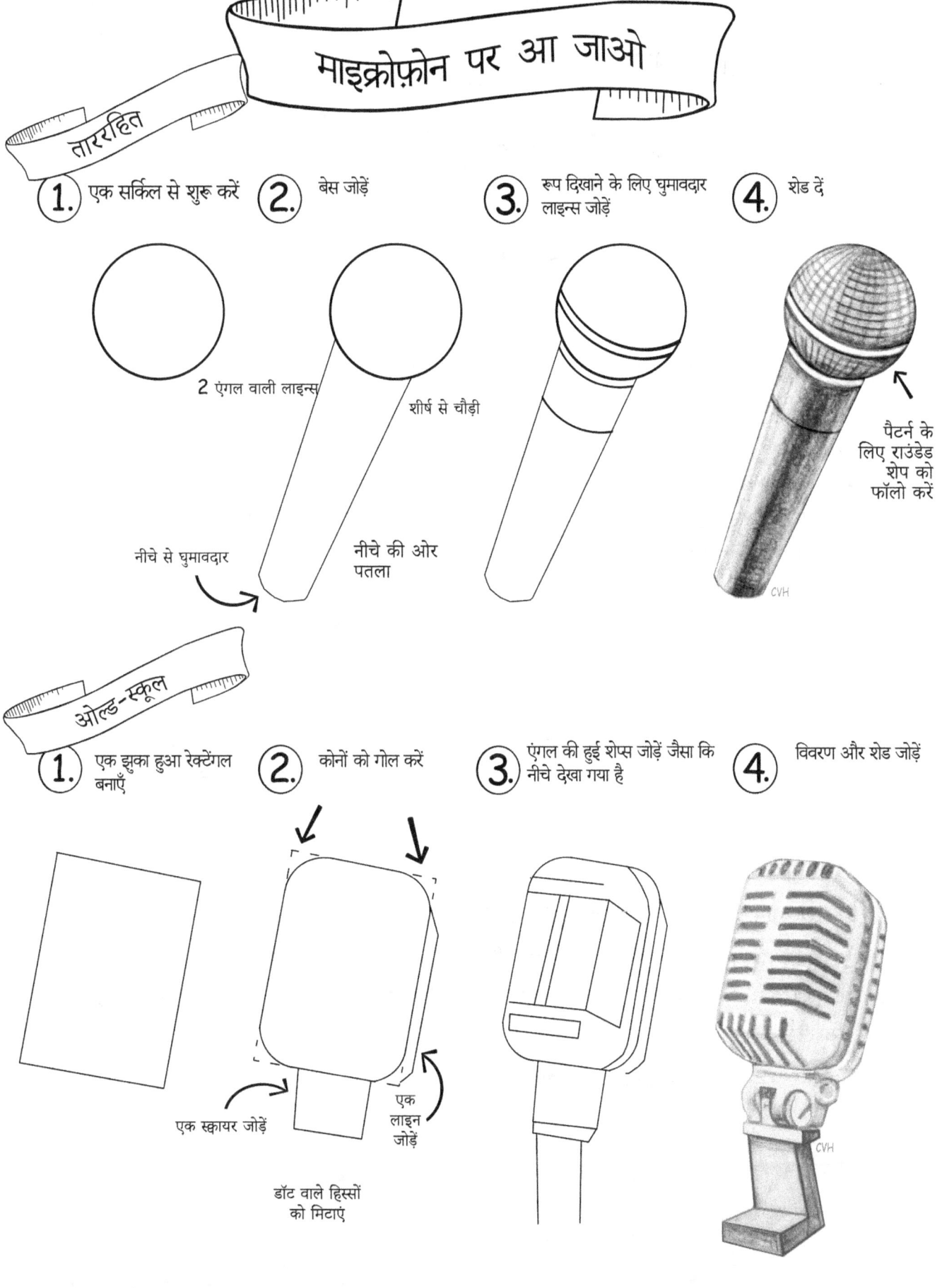

माइक्रोफ़ोन पर आ जाओ

तारहित

1. एक सर्किल से शुरू करें
2. बेस जोड़ें
3. रूप दिखाने के लिए घुमावदार लाइन्स जोड़ें
4. शेड दें

2 एंगल वाली लाइन्स
शीर्ष से चौड़ी
नीचे से घुमावदार
नीचे की ओर पतला
पैटर्न के लिए राउंडेड शेप को फॉलो करें
CVH

ओल्ड-स्कूल

1. एक झुका हुआ रेक्टेंगल बनाएँ
2. कोनों को गोल करें
3. एंगल की हुई शेप्स जोड़ें जैसा कि नीचे देखा गया है
4. विवरण और शेड जोड़ें

एक स्क्वायर जोड़ें
एक लाइन जोड़ें
डॉट वाले हिस्सों को मिटाएं
CVH

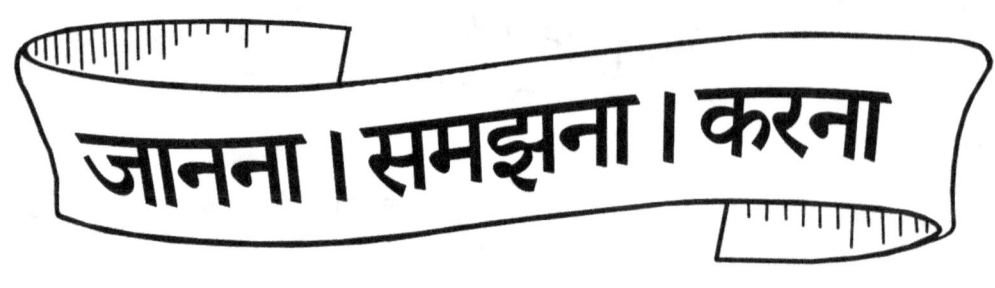

जानना । समझना । करना

ड्रेपरी के साथ कब्र

जानें:

परदे, टेक्स्चर (बनावट)

समझें:

- सरल शेप्स से जटिल फॉर्म बनाना
- टेक्स्चर (बनावट) का इस्तेमाल कलाकारों द्वारा यह दिखाने के लिए किया जाता है कि कोई चीज़ कैसी महसूस हो सकती है या यह किसी चीज से बनी है
- एक कलाकार के कौशल के विकास में वस्त्रों का प्रतिनिधित्व करने के तरीकों का अध्ययन आवश्यक है। ड्रैपरी तह घुमावदार सतहों से बने होते हैं जो वैल्यू के ग्रेडेशन को दर्शाते हैं।

करें

एक कब्रिस्तान का सीन या हेडस्टोन स्मारक बनाएं जिसमें कम से कम 2 कब्रें हों जिनमें 3D किनारों, एक "लकड़ी की तरह" टेक्स्चर (बनावट) और वस्त्रों की तह दिखाई दे रही हो

शब्दावली:

ड्रैपरी - कपड़े या फोल्ड्स में लटकने के लिए व्यवस्थित कपड़े का प्रतिनिधित्व

टेक्स्चर (बनावट) - कोई चीज कैसी दिखती है, कलाकृति में उसका एहसास देना। एक कलाकार द्वारा अलग-अलग ब्रशस्ट्रोक, पेंसिल लाइन आदि के साथ नकली टेक्स्चर (बनावट) का सुझाव दिया जाता है।

वैल्यू - किसी रंग का हल्कापन या गहरापन

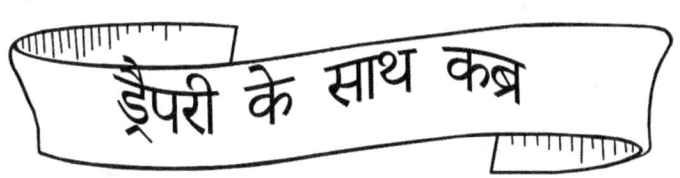
ड्रैपरी के साथ कब्र

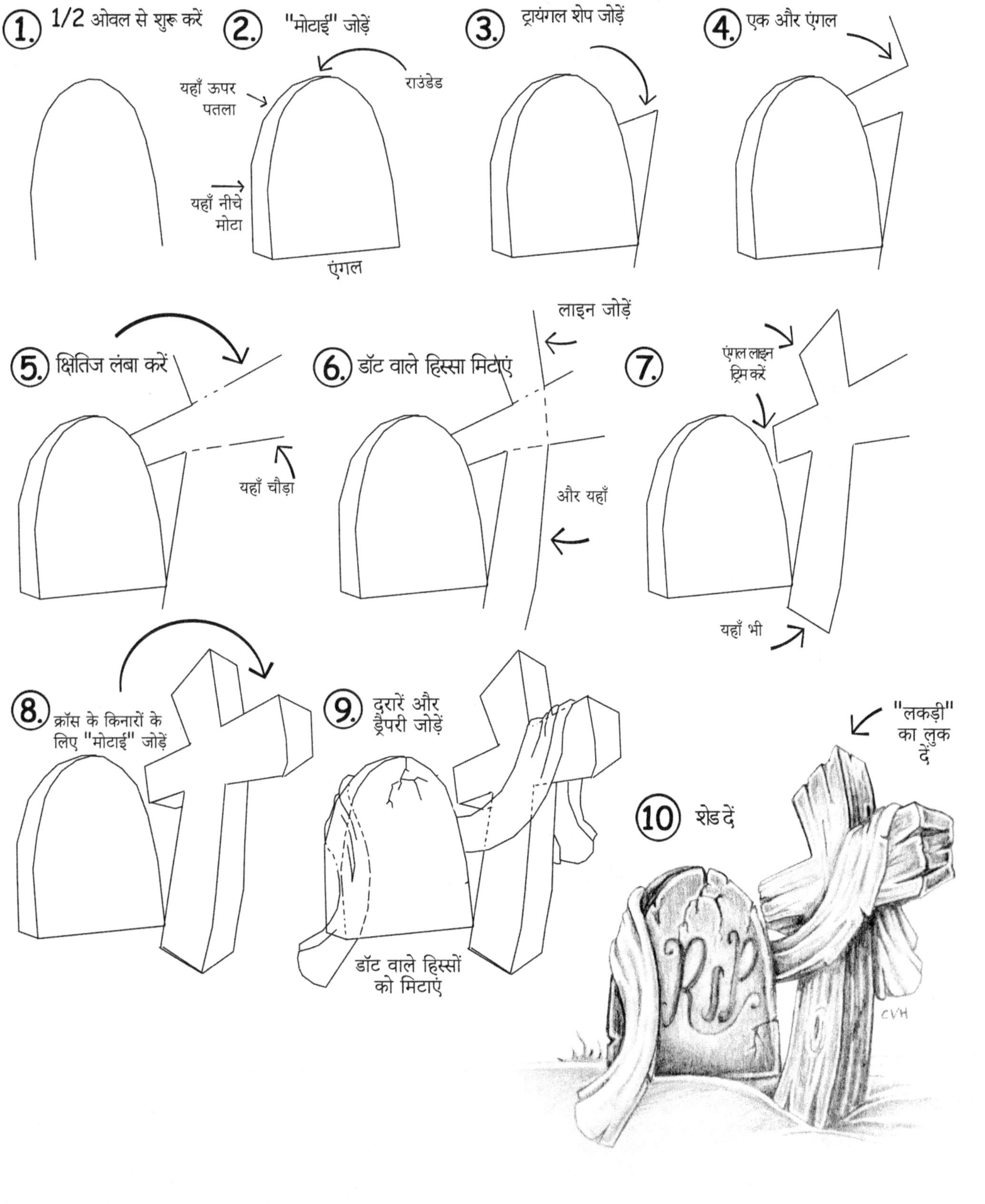

1. 1/2 ओवल से शुरू करें

2. "मोटाई" जोड़ें

यहाँ ऊपर पतला
राउंडेड
यहाँ नीचे मोटा
एंगल

3. ट्रायंगल शेप जोड़ें

4. एक और एंगल

5. क्षितिज लंबा करें

यहाँ चौड़ा

6. डॉट वाले हिस्सा मिटाएं

लाइन जोड़ें

और यहाँ

7. एंगल लाइन ट्रिम करें

यहाँ भी

8. क्रॉस के किनारों के लिए "मोटाई" जोड़ें

9. दरारें और ड्रैपरी जोड़ें

डॉट वाले हिस्सों को मिटाएं

10. शेड दें

"लकड़ी" का लुक दें

CVH

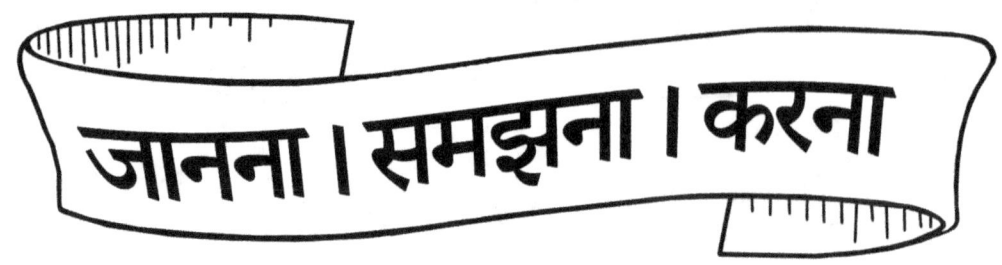

जानना । समझना । करना

पृथ्वी को ड्रा करें

जानें:

स्फीर, महाद्वीप, घुमावदार लाइन्स

समझें:

एक सर्कलि के शीर्ष पर घुमावदार तरीके से बनाई गई लाइन्स और शेप्स एक गोले का इल्यूशन पैदा करने में मदद करती हैं

करें

• हैंडआउट या ग्लोब से चत्रि बनाने के लिए पृथ्वी का सीन चुनें
• महाद्वीपों को घेरे में "लपेटें"
• डटिेल और शेड जोडें.

शब्दावली:

महाद्वीप - सात जगहों के साथ पृथ्वी पर बडे. लैंडमासेस : एशयिा, अफ्रीका, उत्तरी अमेरकिा, दक्षणि अमेरकिा, अंटार्कटकिा, यूरोप और ऑस्ट्रेलयिा

स्फीयर - गेंद के शेप का एक थ्री-डायमेंशनल फॉर्म, सभी पॉसबिल पॉइंट ऑफ व्यू से गोलाकार

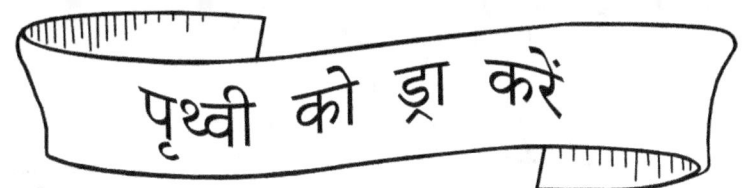

पृथ्वी को ड्रा करें

यह ट्यूटोरियल हमारे ग्रह के कई दृश्यों में से केवल दो को दिखाता है

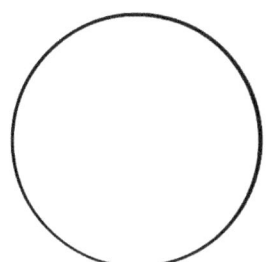 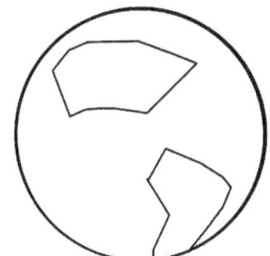 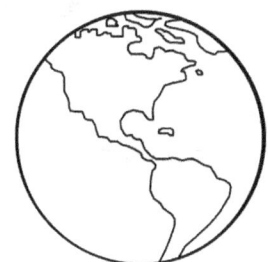 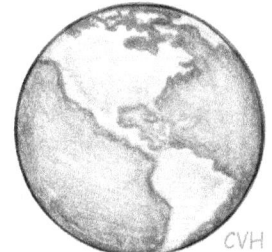

1. एक सर्किल से शुरू करें   **2.** महाद्वीपों के लिए सरल शेप्स बनाएँ   **3.** और विवरण जोड़ें   **4.** शेड दें

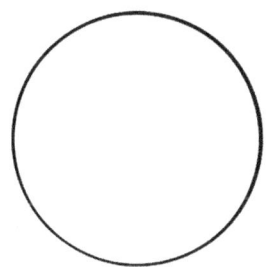 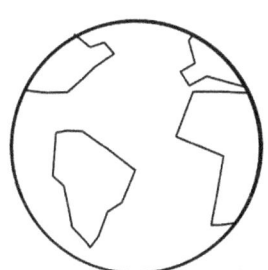 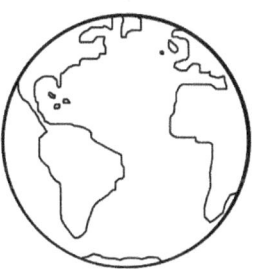 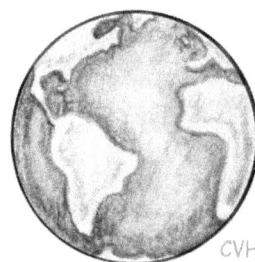

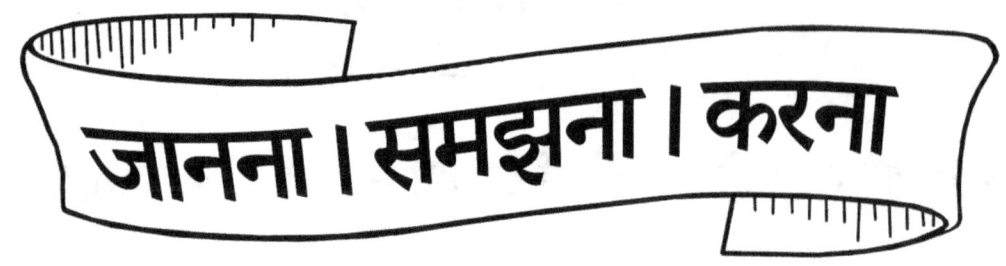

जानना । समझना । करना

पक्षी का पंजिरा

जानें:

एक 3D पक्षी पंजिरा बनाने के सरल उपाय

समझें:

• एक ट्रांसपेरेंट सिलेंडर हमें सभी एंगल्स पर फॉर्म के बीच से देखने की अनुमति देता है
• लाइन्स जो शेप के शीर्ष के चारों ओर लपेटती हैं, फॉर्म का इल्यूशन पैदा करने में मदद करती हैं

करें

• पक्षी का पंजिरा बनाने के लिए दिए गए स्टेप्स को फॉलो करें। 3D के इल्यूशन को इंडीकेट करने के लिए "सामने" और "पीछे" पर लाइन्स बनाना सुनिश्चित करें
• "एक्स्ट्रास" जोड़ें, जैसे पक्षी

शब्दावली:

सिलिंडर - एक ट्यूब जो थ्री डायमेंशनल दिखाई देता है

एलिप्स - एक एंगल पर देखा गया सर्कल (ओवल रूप में ड्रॉ किया जाता है)

ट्रांसपेरेंट – आर-पार दिखने वाला

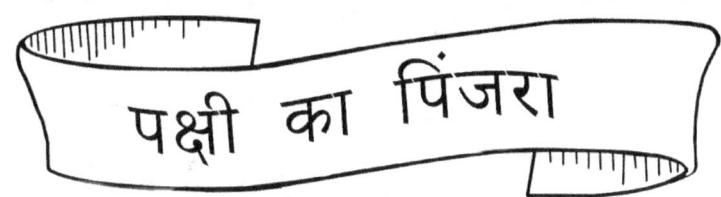

पक्षी का पिंजरा

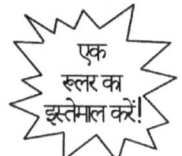

एक रूलर का इस्तेमाल करें!

1. शीर्ष पर गोल रेक्टेंगल से शुरू करें

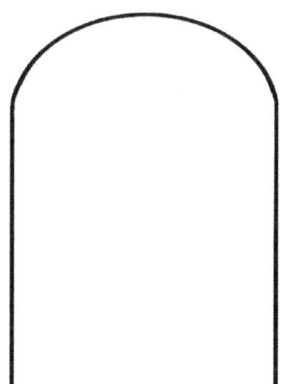

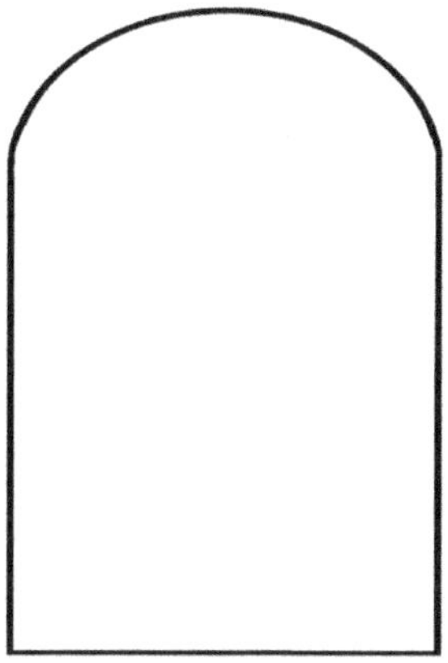

2. नीचे से थोड़ा ऊपर/पास अंदर एक ओवल जोड़ें

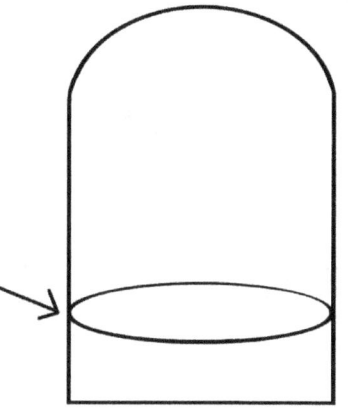

3. ओवल को "मोटा" करने के लिए एक घुमावदार लाइन जोड़ें

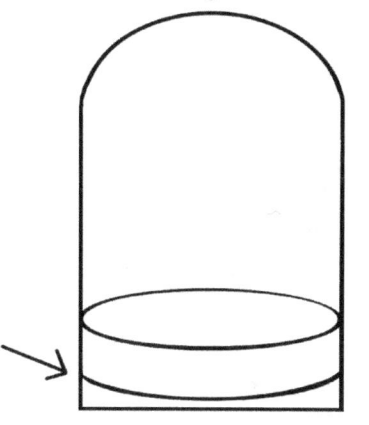

4. ओवल के नीचे का हिस्सा मिटाएँ (डॉट वाले हिस्से देखें)

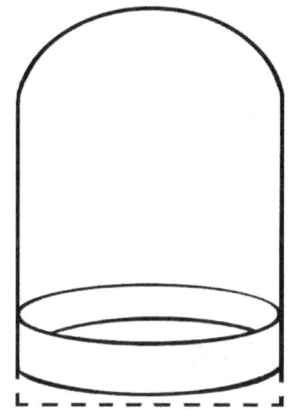

5. 2 और ओवल जोड़ें

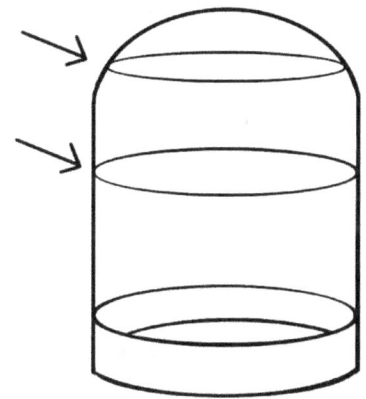

6. सलाखों के लिए शीर्ष के पास घुमावदार समानांतर लाइन्स जोड़ें

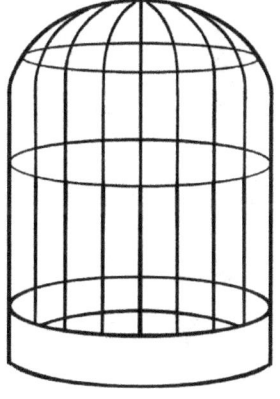

7. पिंजरे के "दूर के अंत" में बार जोड़ें

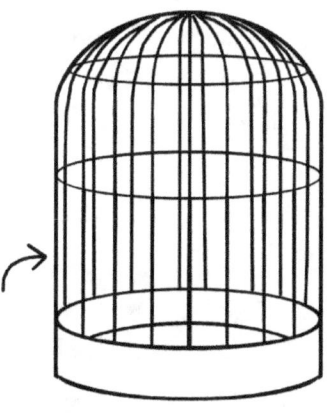

8. एक सजावटी शीर्ष और एक खुला दरवाजा जोड़ें

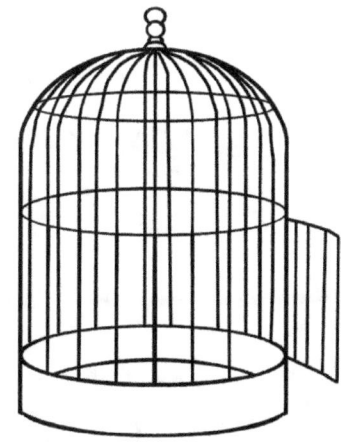

9. शेडिंग विवरण और "एक्स्ट्रास" जोड़ें

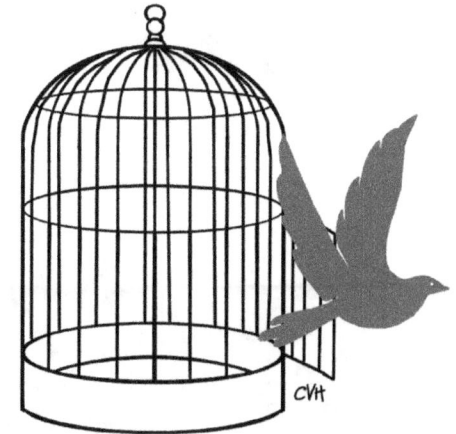

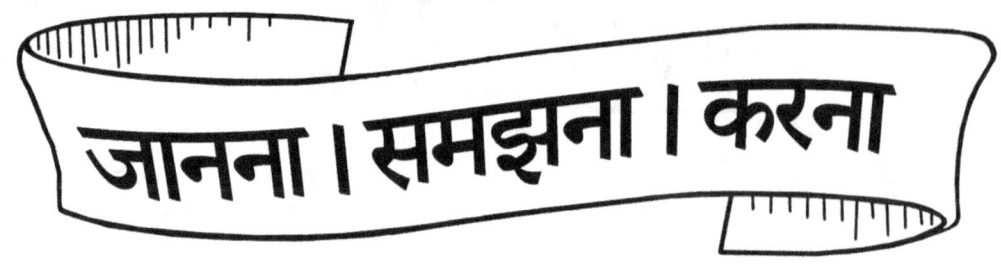

जानना । समझना । करना

पंजे और नखून

जानें:

पंजा प्रटिं और रपिगिं पंजे बनाने के सरल उपाय

समझें:

- सरल शेप एक साथ मलिकर पहचानने योग्य फॉर्म बना सकते हैं
- छोटे डटिेल ड्राइंग में शक्तशिाली इफेक्ट पैदा कर सकते हैं

करें

एक पंजा प्रटिं और रपिगिं पंजे का एक सेट बनाने के लएि दएि गए स्टेप्स को फॉलो करें

शब्दावली:

इफेक्ट - कसिी क्रयिा या प्रक्रयिा का परणिाम या नतीजा

ऑर्गैनकि शेप - मकैनकिल क या एंगुलर शेप के बजाय एक अनयिमति शेप जो प्रकृत मिें पाई जा सकती है

वर्टकिल - सीधे ऊपर और नीचे जाने की दशिा

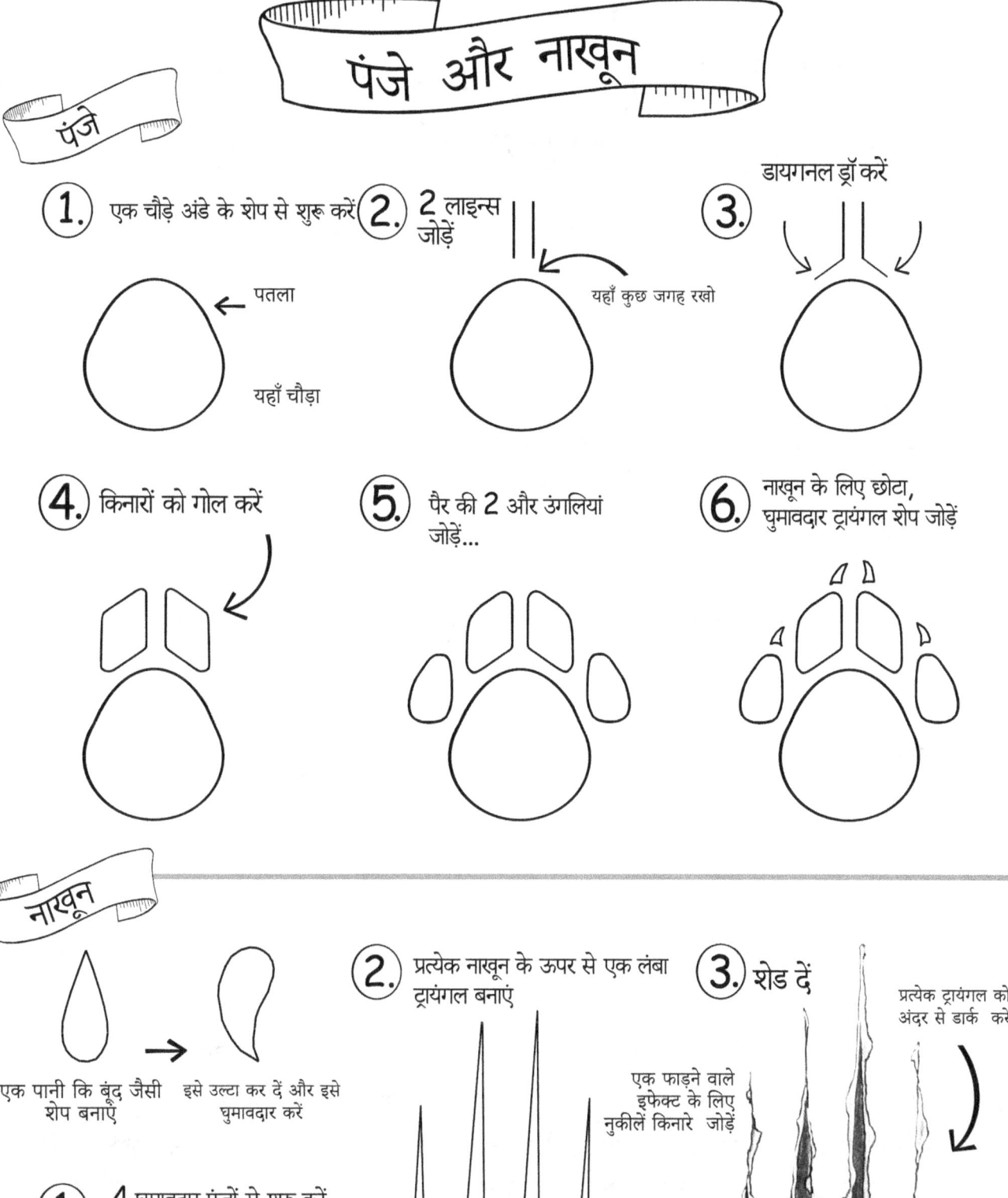

पंजे और नाखून

पंजे

1. एक चौड़े अंडे के शेप से शुरू करें
पतला
यहाँ चौड़ा

2. 2 लाइन्स जोड़ें
यहाँ कुछ जगह रखो

3. डायगनल ड्रॉ करें

4. किनारों को गोल करें

5. पैर की 2 और उंगलियां जोड़ें...

6. नाखून के लिए छोटा, घुमावदार ट्रायंगल शेप जोड़ें

नाखून

एक पानी कि बूंद जैसी शेप बनाएं
इसे उल्टा कर दें और इसे घुमावदार करें

1. 4 घुमावदार पंजों से शुरू करें

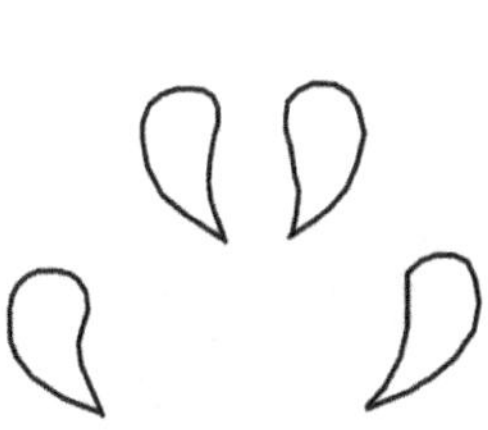

2. प्रत्येक नाखून के ऊपर से एक लंबा ट्रायंगल बनाएं

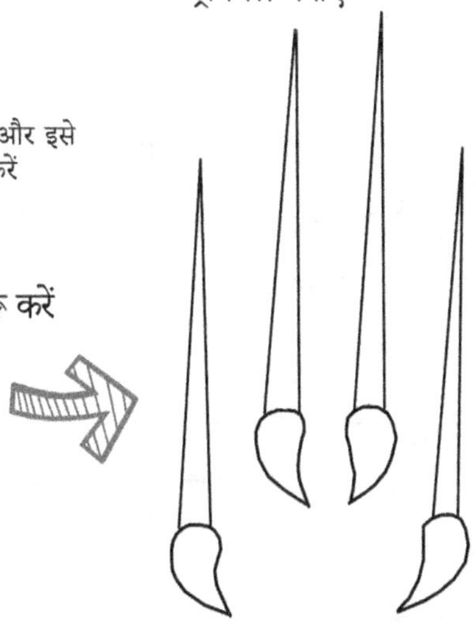

3. शेड दें
प्रत्येक ट्रायंगल को अंदर से डार्क करें
एक फाड़ने वाले इफेक्ट के लिए नुकीलें किनारे जोड़ें

CVH

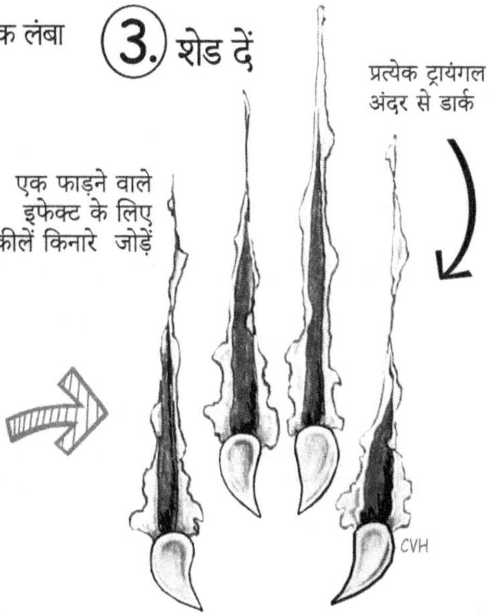

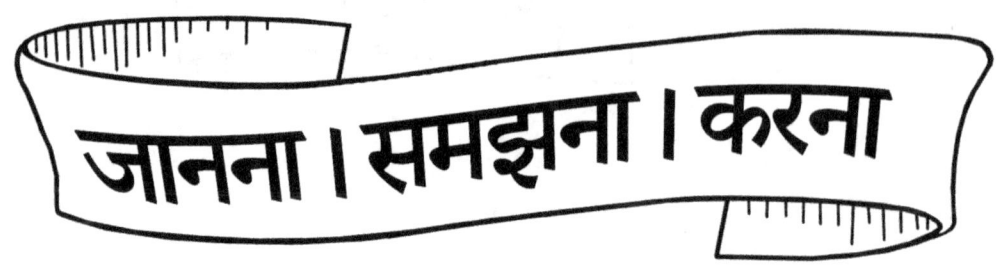

जानना । समझना । करना

एनमि

जानें:

एनीमे, अतशियोक्तपूिर्ण फीचर्स, कैरकिेचर

समझें:

• एनमिी आर्ट की वशिषताएं

• एक वशिष स्टाइल बनाने के लएि एक कलाकृत मिें अतशियोक्त और डस्टिॉर्शन का प्रयोग

करें

मूल “एनीमे” स्टाइल का करैक्टर बनाने के लएि दएि गए स्टेप्स को फॉलो करें

शब्दावली:

एनीमे - एनीमेशन की जापानी स्टाइल, अक्सर एक करैक्टर पर चेहरे की फीचर्स को बढ़ा-चढ़ाकर पेश करती है। यह शब्द एनीमेशन के लएि फ्रेंच शब्द से लयिा गया है और अमेरकिी स्टाइल के करैक्टर डजिाइन के साथ पारंपरकि जापानी वुडब्लॉक स्टाइल के प्रटि को मशि्रति करता है।

कैरकिेचर - एक प्रतनिधित्वि जसिमें सब्जेक्ट की वशिष वशिषताओं या अनोखापन को हास्य या वचित्रि इफेक्ट उत्पन्न करने के लएि जानबूझकर बढ़ा-चढ़ा कर दखिाया जाता है

डस्टिॉर्शन - जसि तरह से कुछ दखिता है उसे बदलने के लएि - कभी-कभी कसिी ऑब्जेक्ट को बगिाड़ना स्ट्रेच करना या फीचर्स को बढ़ा-चढ़ाकर पेश करने के लएि उसके सामान्य शेप से बाहर नकिलना

अतशियोक्त – बढ़ा चढ़ाकर कहना, सजाना; शेप में बड़ा या छोटा करना

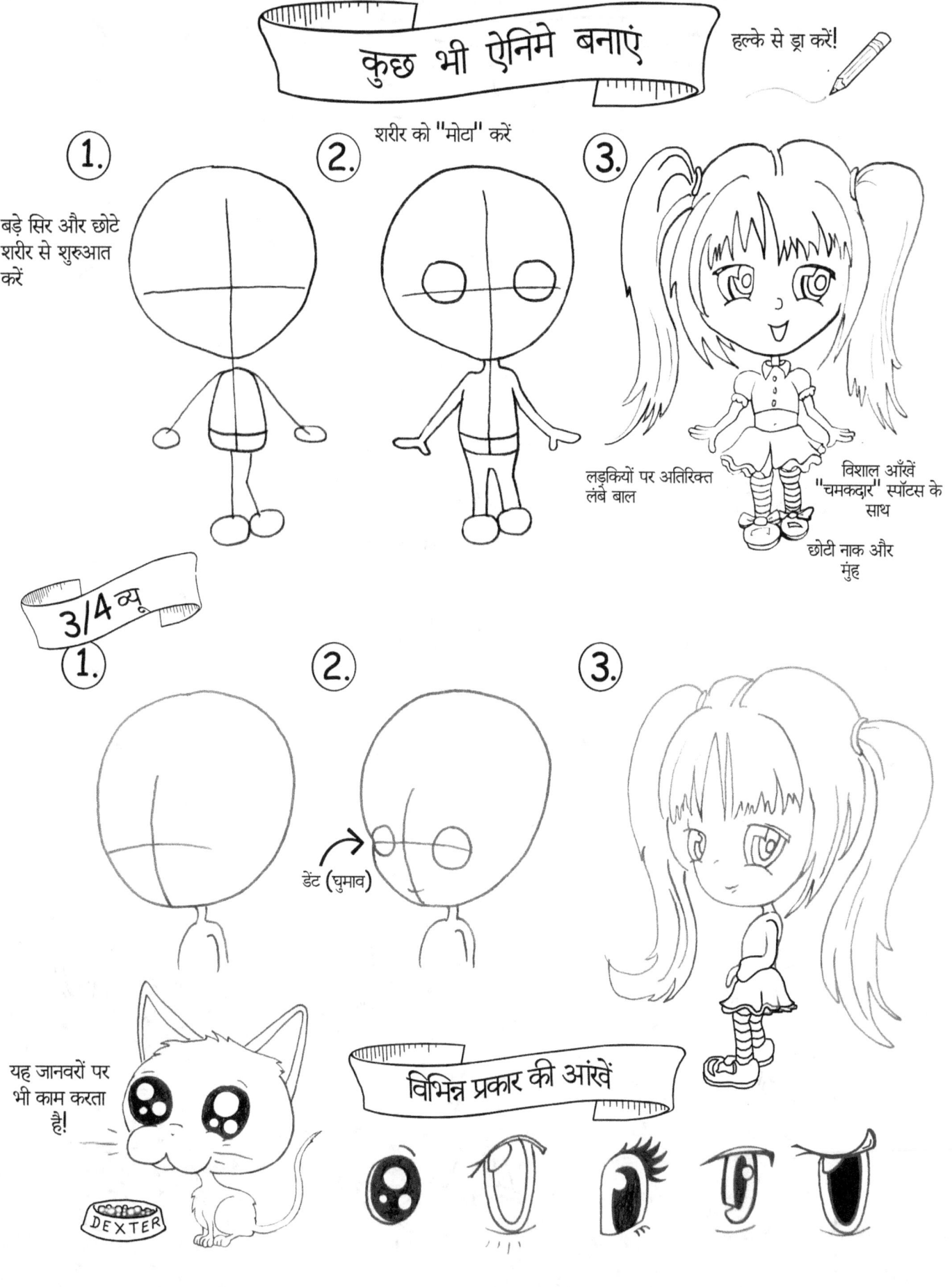

कुछ भी ऐनिमे बनाएं

हल्के से ड्रा करें!

1. बड़े सिर और छोटे शरीर से शुरुआत करें

2. शरीर को "मोटा" करें

3. लड़कियों पर अतिरिक्त लंबे बाल

विशाल आँखें "चमकदार" स्पॉटस के साथ

छोटी नाक और मुंह

3/4 व्यू

1.

2. डेंट (घुमाव)

3.

यह जानवरों पर भी काम करता है!

DEXTER

विभिन्न प्रकार की आंखें

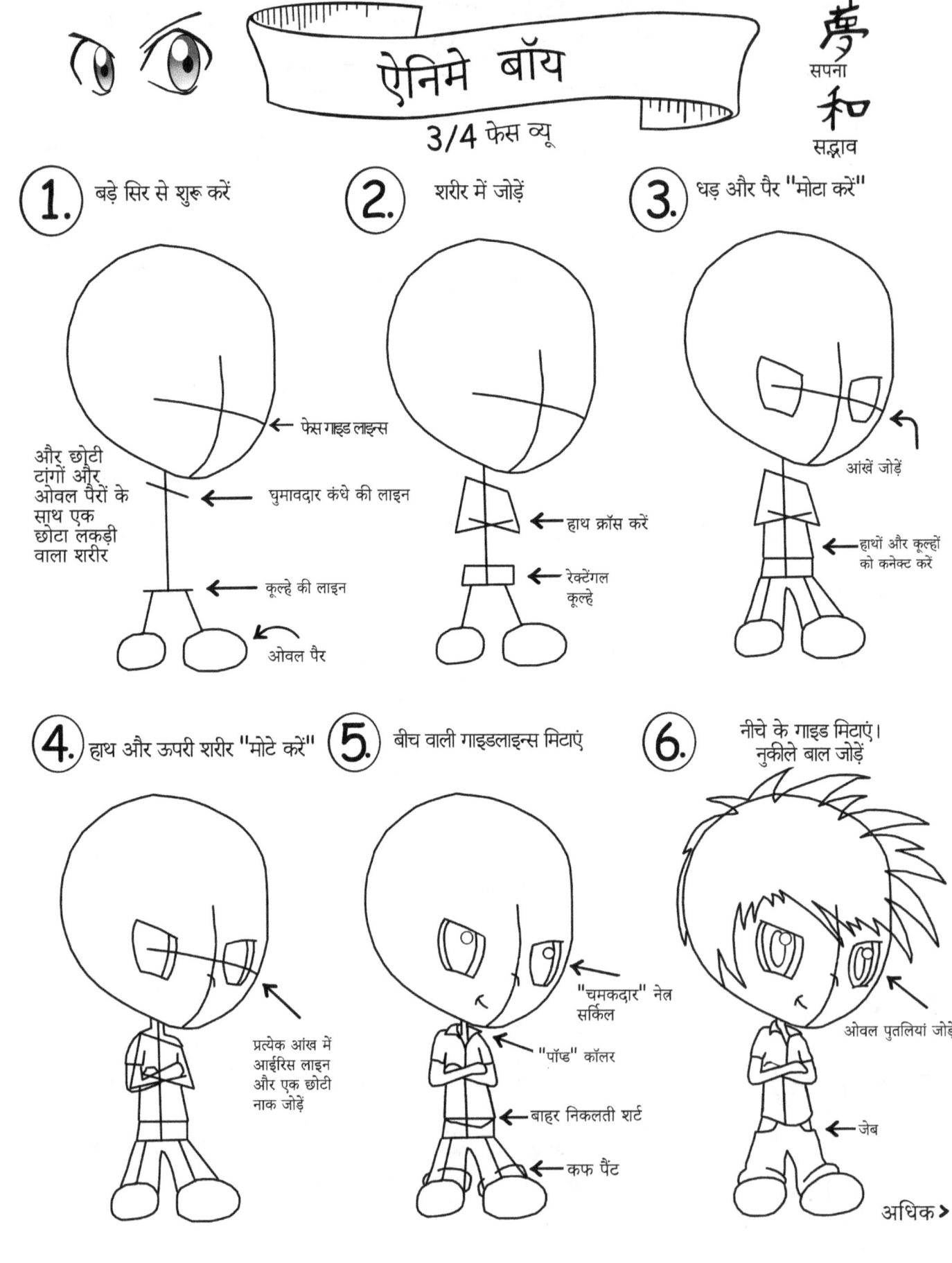

ऐनिमे बॉय

3/4 फेस व्यू

सपना

सद्भाव

1. बड़े सिर से शुरू करें

← फेस गाइड लाइन्स

← घुमावदार कंधे की लाइन

और छोटी टांगों और ओवल पैरों के साथ एक छोटा लकड़ी वाला शरीर

← कूल्हे की लाइन

← ओवल पैर

2. शरीर में जोड़ें

← हाथ क्रॉस करें

← रेक्टेंगल कूल्हे

3. धड़ और पैर "मोटा करें"

← आंखें जोड़ें

← हाथों और कूल्हों को कनेक्ट करें

4. हाथ और ऊपरी शरीर "मोटे करें"

← प्रत्येक आंख में आईरिस लाइन और एक छोटी नाक जोड़ें

5. बीच वाली गाइडलाइन्स मिटाएं

← "चमकदार" नेत्र सर्किल

← "पॉप्ड" कॉलर

← बाहर निकलती शर्ट

← कफ पैंट

6. नीचे के गाइड मिटाएं। नुकीले बाल जोड़ें

← ओवल पुतलियां जोड़ें

← जेब

अधिक ▸

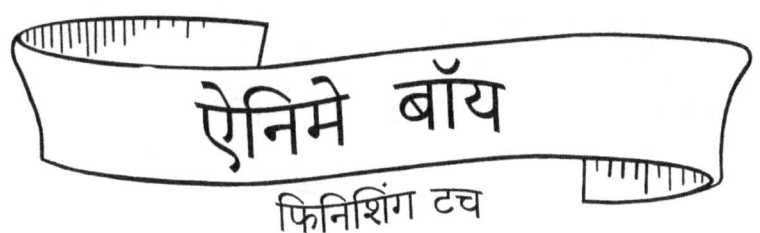

ऐनिमे बॉय

फिनिशिंग टच

7. सिर और शर्ट की गाइड लाइन मिटाएं

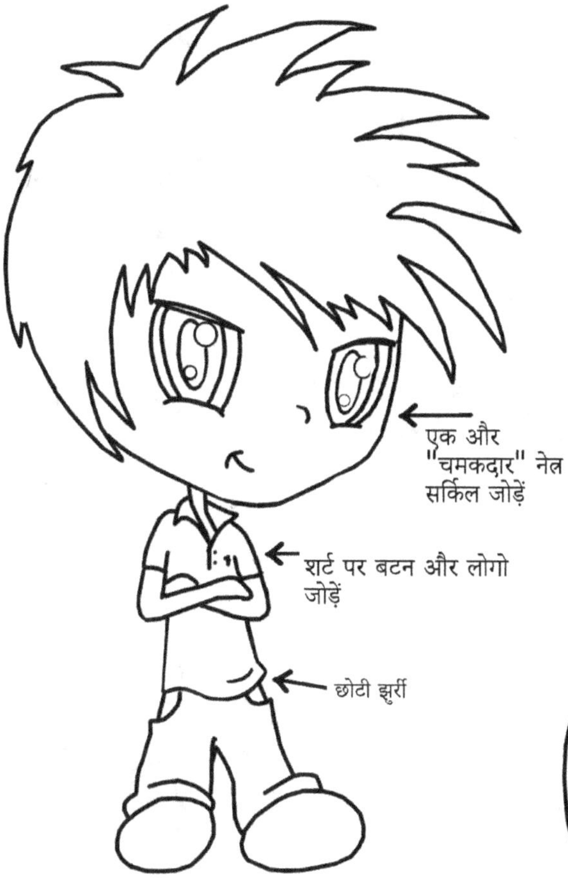

एक और "चमकदार" नेत्र सर्किल जोड़ें

शर्ट पर बटन और लोगो जोड़ें

छोटी झुर्री

8. विवरण जोड़ें

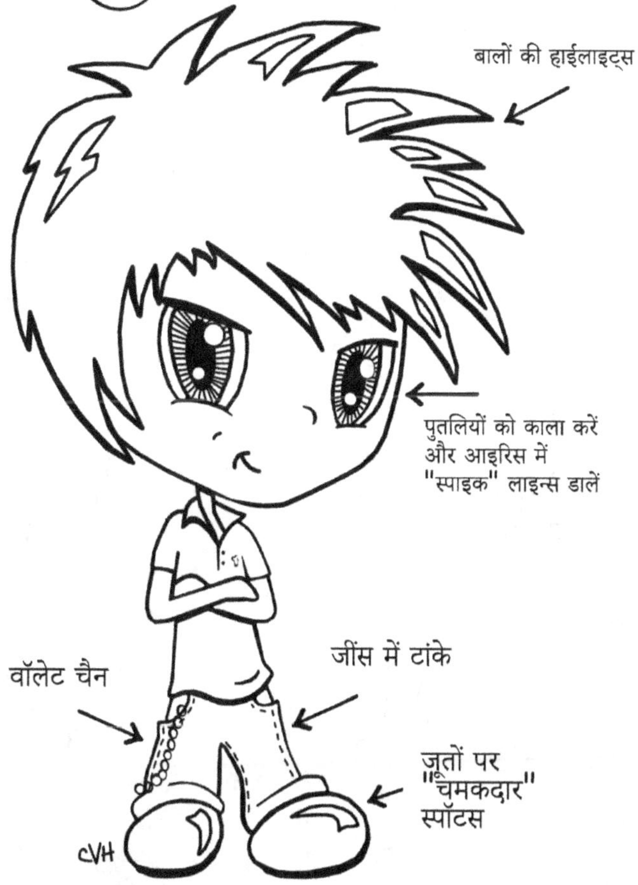

बालों की हाईलाइट्स

पुतलियों को काला करें और आइरिस में "स्पाइक" लाइन्स डालें

वॉलेट चैन

जींस में टांके

जूतों पर "चमकदार" स्पॉटस

CVH

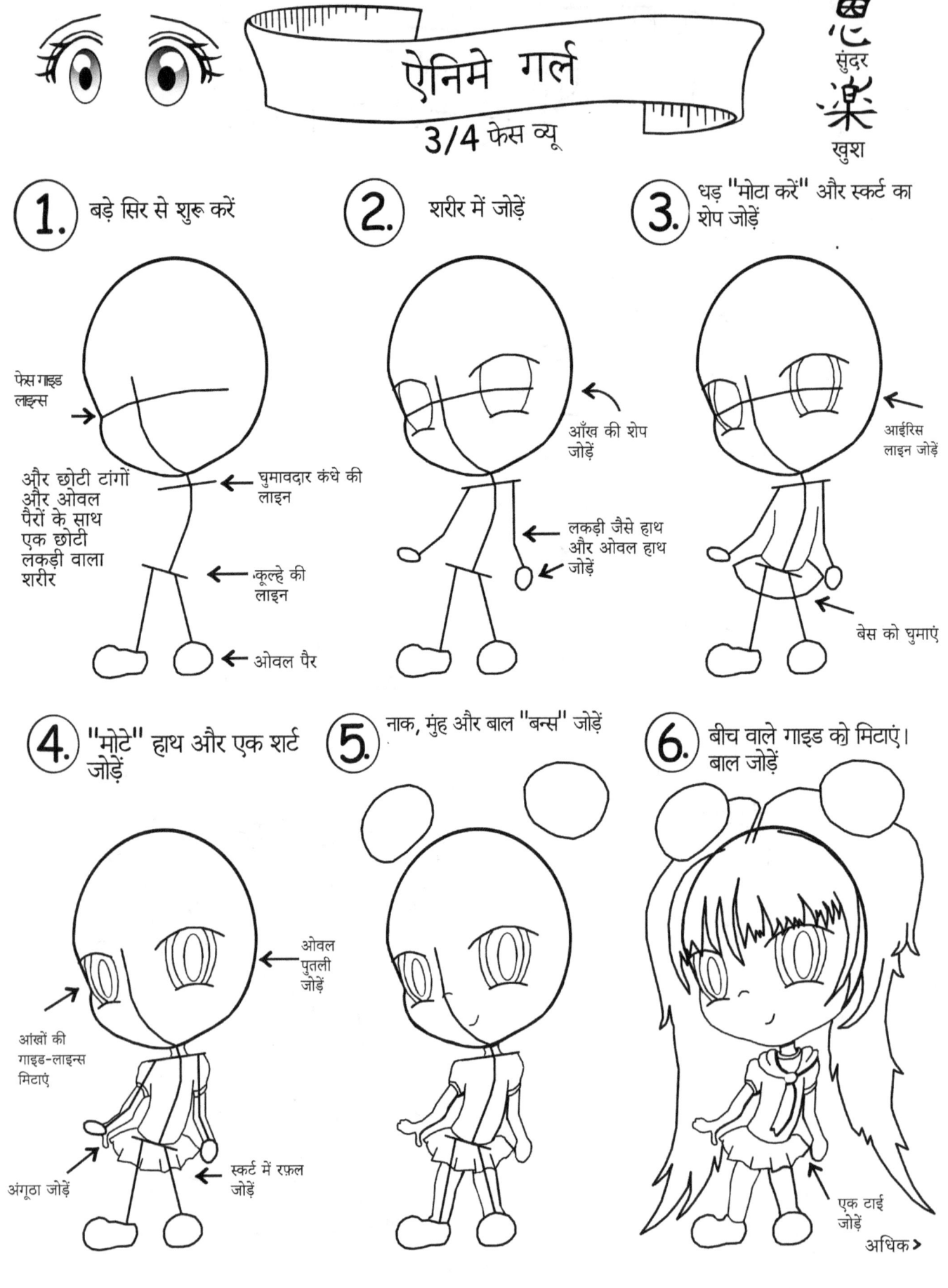

ऐनिमे गर्ल

3/4 फेस व्यू

1. बड़े सिर से शुरू करें

फेस गाइड लाइन्स

और छोटी टांगों और ओवल पैरों के साथ एक छोटी लकड़ी वाला शरीर

घुमावदार कंधे की लाइन

कूल्हे की लाइन

ओवल पैर

2. शरीर में जोड़ें

आँख की शेप जोड़ें

लकड़ी जैसे हाथ और ओवल हाथ जोड़ें

3. धड़ "मोटा करें" और स्कर्ट का शेप जोड़ें

आईरिस लाइन जोड़ें

बेस को घुमाएं

4. "मोटे" हाथ और एक शर्ट जोड़ें

ओवल पुतली जोड़ें

आंखों की गाइड-लाइन्स मिटाएं

अंगूठा जोड़ें

स्कर्ट में रफ़ल जोड़ें

5. नाक, मुंह और बाल "बन्स" जोड़ें

6. बीच वाले गाइड को मिटाएं। बाल जोड़ें

एक टाई जोड़ें

अधिक▶

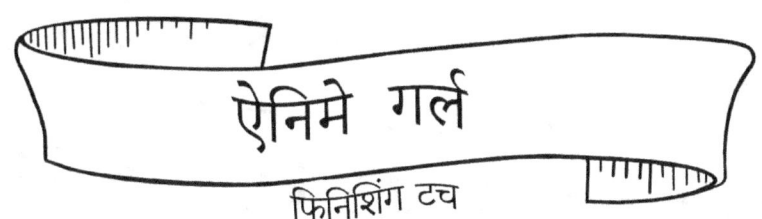

ऐनिमे गर्ल

फिनिशिंग टच

7. सिर की लाइन्स मिटाएँ

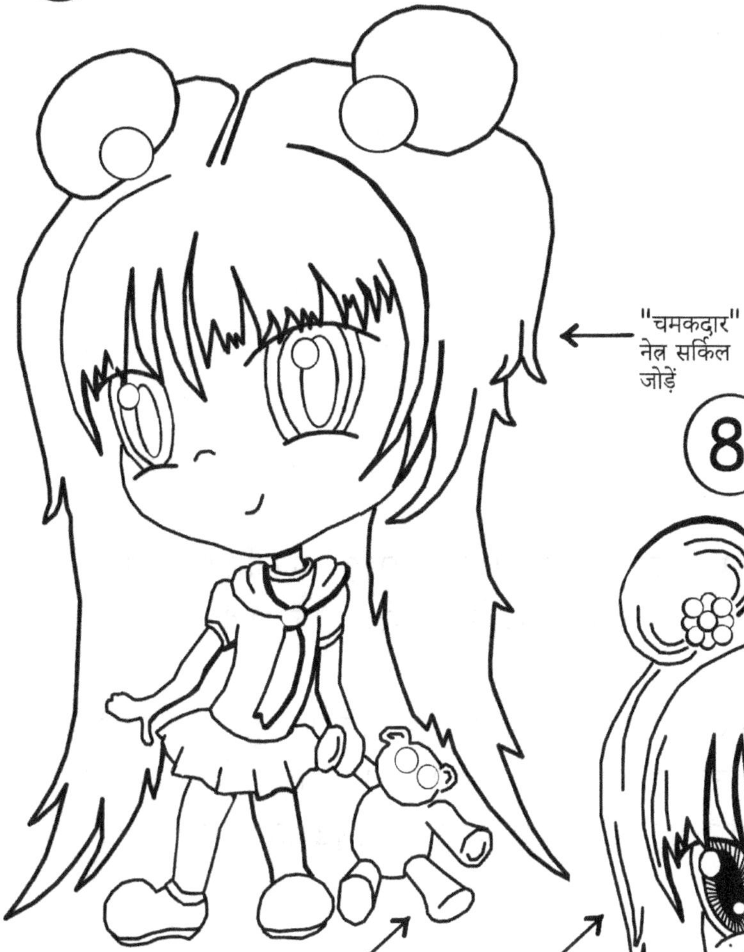

"चमकदार" नेत्र सर्किल जोड़ें
यदि आप चाहें तो एक टेडी बियर जोड़ें

8. विवरण जोड़ें

बालों में क्लिप लगाएं
नाक पर फ्रेकल्स
मोजों पर धारियाँ
और अन्य "एक्स्ट्रास"
बालों की हाईलाइट्स
पुतलियों को गहरा करें और आईरिस में "स्पाइक" लाइन्स डालें
जूतों पर "चमकदार"
CVH

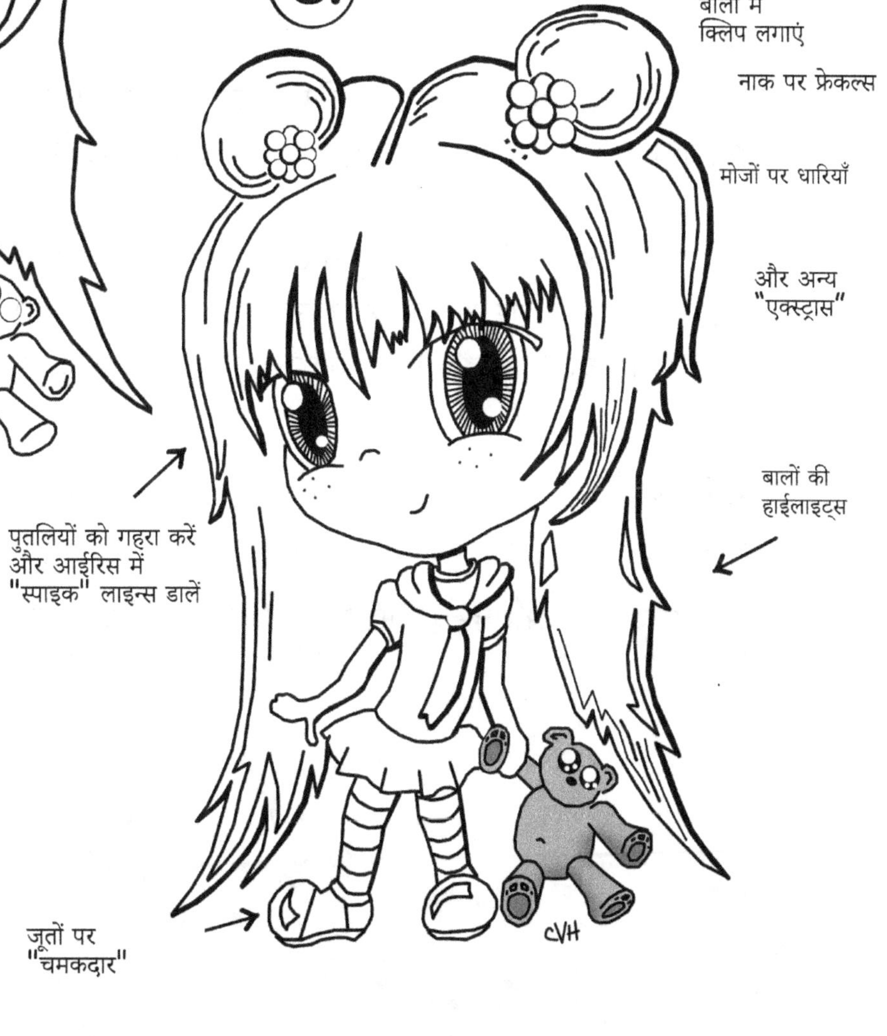

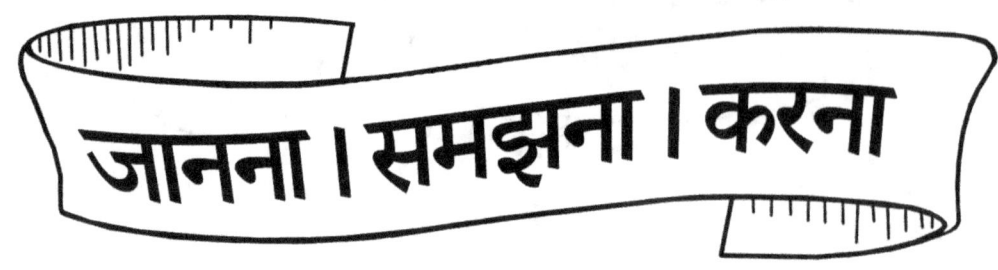

जानना । समझना । करना

एक लस-अप कार्सट ड्रा कर

जानें:

ओवरलैपगि

समझें:

लेयर्स का इल्यूशन कैसे पैदा करें ताकि ड्रॉइंग्स के पार्ट अन्य पार्ट्स के सामने या पीछे दखिाई दें

करें

• टू-डायमेंशनल इमेजेस के उदाहरणों पर चर्चा करें जनिमें पास और दूर के एलमिंट्स (तत्व) हैं, इस बात पर ध्यान फोकस करते हुए कि कैसे ओवरलैप और शेप में अंतर गहराई का इल्यूशन प्राप्त करने में मदद करते हैं

• लेयर्ड/ओवरलैपगि लेस का लुक बनाने के लए हैंडआउट में दए गए स्टेप्स को फॉलो करें। ओवरलैपगि और शेप के अंतर पर्सपेक्टवि (नजरयिा) दखिाएंगे। छात्र इंडीकेट करेंगे कि उनके चत्रि के कौन से हस्सि शीर्ष पर दखिाई देते हैं और कौन से पार्ट नीचे दखिाई देते हैं।

शब्दावली:

ओवरलैप - जब एक चीज दूसरे के ऊपर होती है और आंशकि रूप से कुछ और ढक जाती है

पर्सपेक्टवि (नजरयिा) - वह पॉइंट जसिमें कोई ऑब्जेक्ट या सीन देखा जाता है

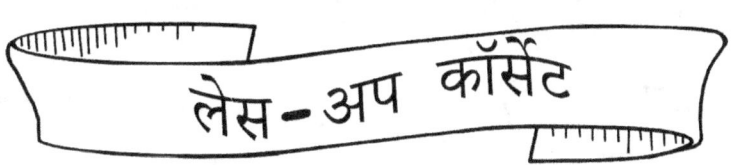

लेस-अप कॉर्सेट

1. नीचे एक "V" शेप के साथ शुरू करें

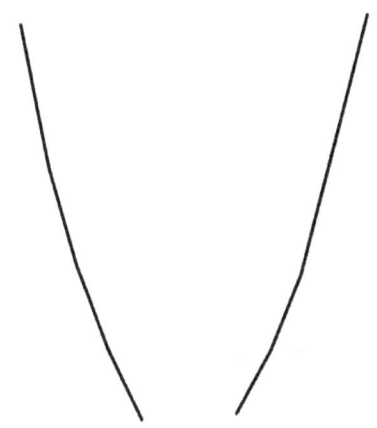

2. "हुक" के लिए प्रत्येक साइड 1/2 ओवल जोड़ें

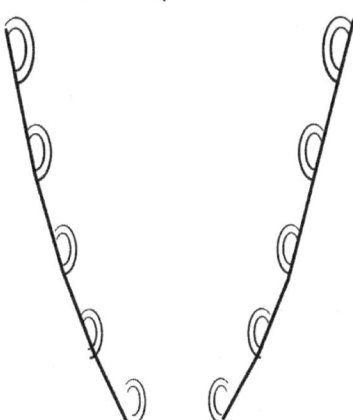

3. "V" गाइड लाइन मिटाएं। ज़िग्ज़ैग जैसा कि देखा गया है

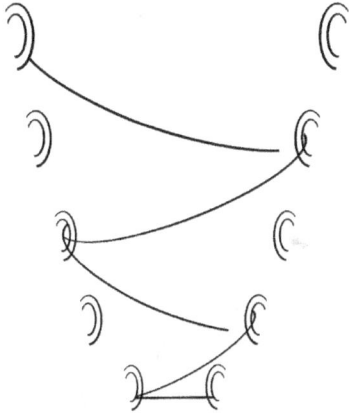

4. घुमावदार "X" शेप बनाते हुए विपरीत दिशा में ज़िग्ज़ैग जोड़ें

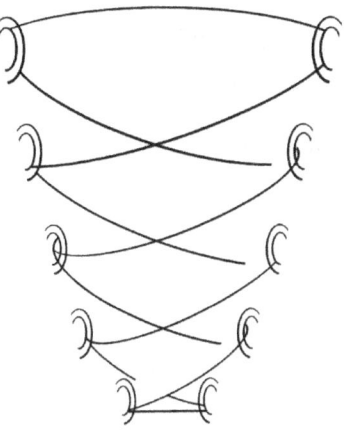

5. प्रत्येक "X" में एक और लाइन जोड़कर लेस को "मोटा" करें

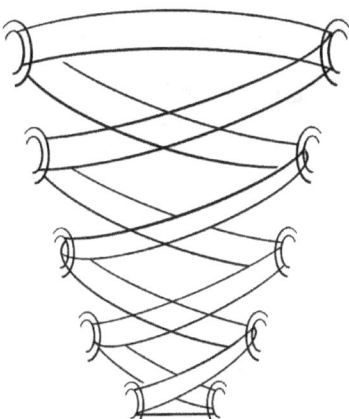

6. कुछ लाइनों को मिटाएं ताकि ऐसा लगे कि कुछ लेस दूसरों को ओवरलैप कर रहे हैं

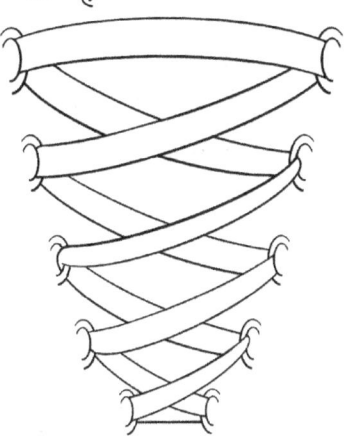

7. एक बौ जोड़ें

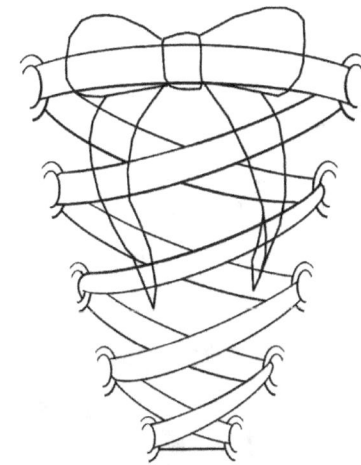

8. बौ के पीछे का हिस्सा मिटाएं

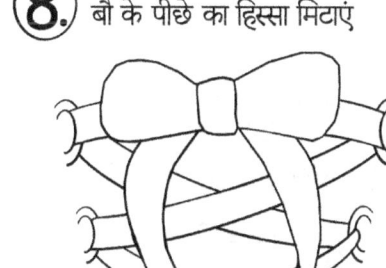
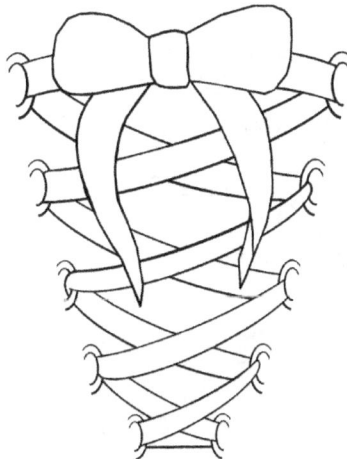

9. शेड दें

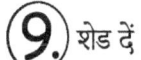
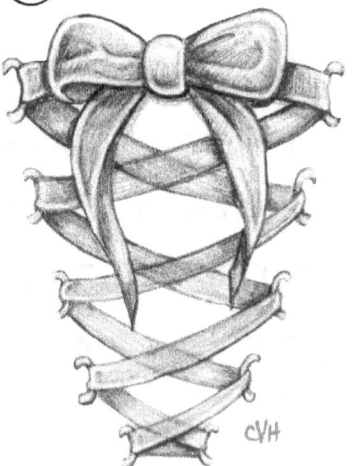

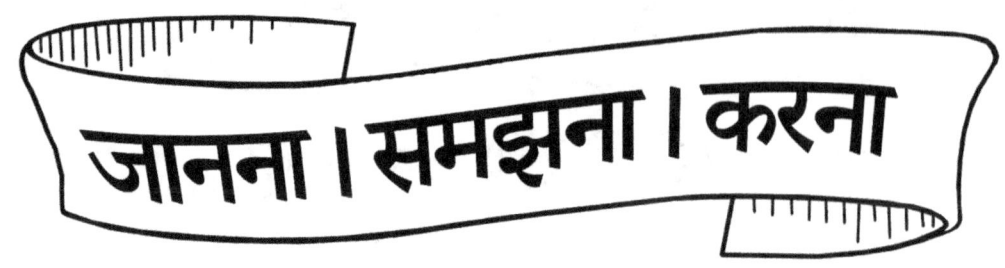

जानना । समझना । करना

एक फंसा चाय कप

जानें:

- सरल शेप कंबाइन रूप से जटलि ऑब्जेक्ट्स बनाते हैं
- एक कोन पर क्रॉस सेक्शन एक बर्तन (चाय कप) का इल्यूशन पैदा कर सकता है
- कसिी ऑब्जेक्ट में पैटर्न और शेडगि जोड़ने से उसे फॉर्म और डायमेंशन मलिता है

समझें:

- वॉल्यूम धारण करने वाली प्रतीत होने वाली ऑब्जेक्ट बनाने के लिए एक सलिंडर (गोलाकार बेस और एक एलप्सि टॉप) के सद्धिांतों का इस्तेमाल करना
- कसिी ऑब्जेक्ट के चारों ओर लाइन्स और पैटर्न को "लपेटने" की तकनीक ताकि वह शेप में दखिाई दे

करें

चाय के कप और प्याले की ओरजिनल कलाकृति बनाएं जो ओवरलैपगि दखिाती है। "एक्स्ट्रास" जोडें. जैसे एक टीबैग या चम्मच और शेड दें।

शब्दावली:

कोन - एलप्सि के कनिारे पर दो लाइन्स जो अंत में मलिती हैं

एलप्सि - एक एंगल पर देखा गया सर्कलि (ओवल रूप में ड्रॉ कयिा जाता है)

ओवरलैप - जब एक चीज दूसरी के ऊपर आ जाती है, आंशकि रूप से उसे ढक लेती है

वॉल्यूम - एक फॉर्म के भीतर स्पेस को रेफर करता है

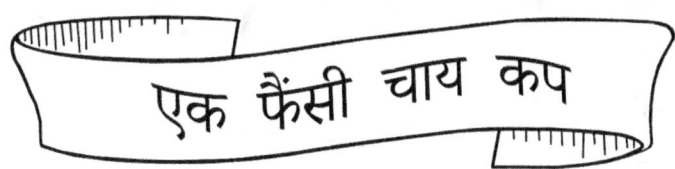

एक फैंसी चाय कप

1. एक लंबे, पतले ओवल से शुरू करें

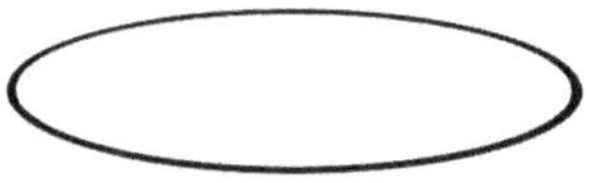

2. 2 एंगल वाली वर्टिकल लाइन्स जोड़ें

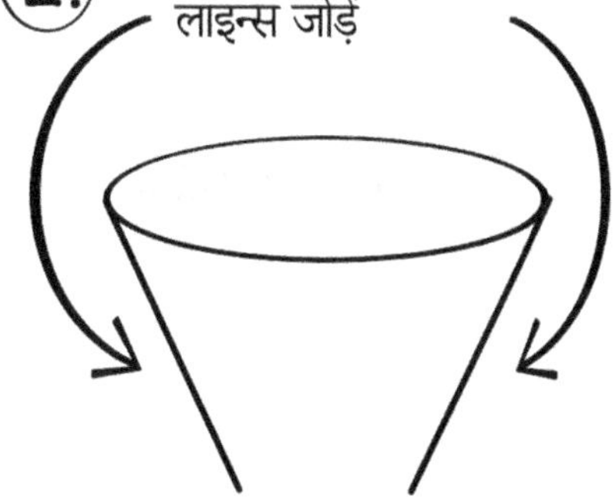

3. नीचे हिस्से को गोल करें

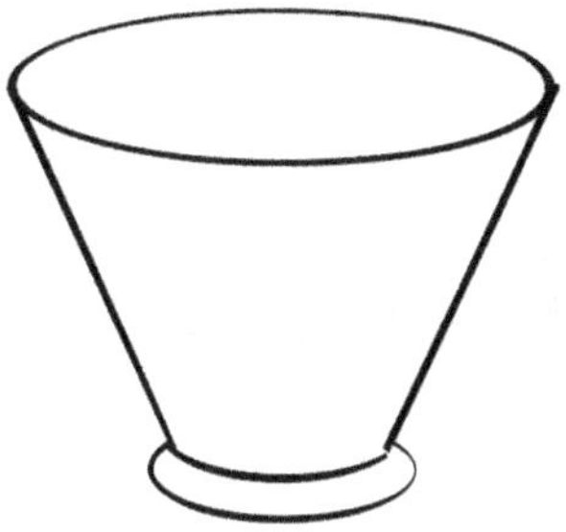

4. दोनों तरफ घुमाव जोड़ें

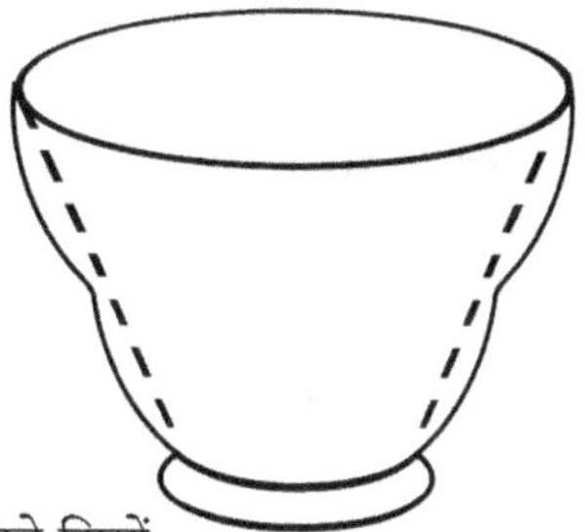

डॉट वाले हिस्सों को मिटाएं

5. दो ओवल जोड़ें

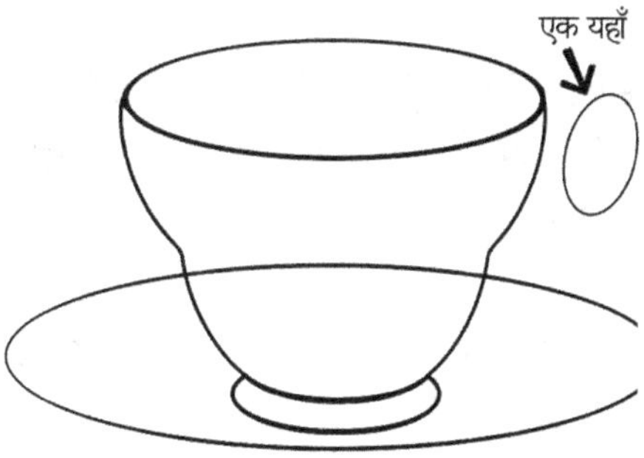

एक यहाँ

सॉसर के लिए बड़ा यहाँ

6.

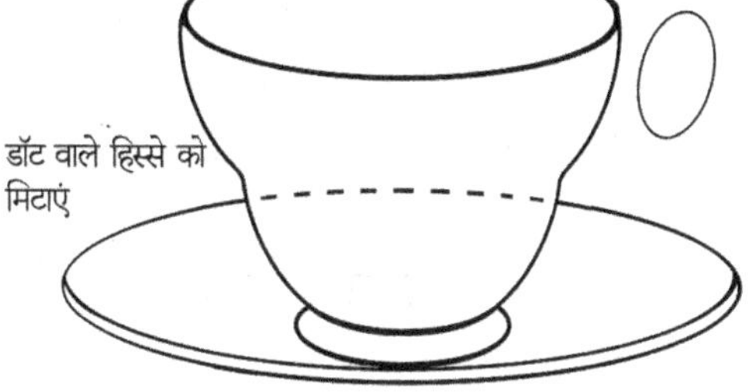

डॉट वाले हिस्से को मिटाएं

रिम में "मोटाई" जोड़ें

7.

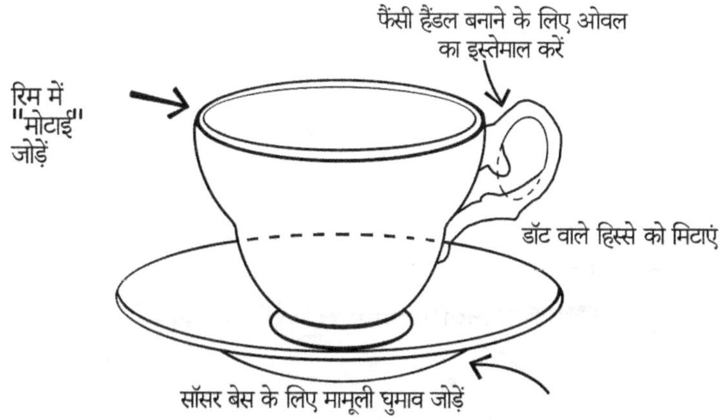

रिम में "मोटाई" जोड़ें

फैंसी हैंडल बनाने के लिए ओवल का इस्तेमाल करें

डॉट वाले हिस्से को मिटाएं

सॉसर बेस के लिए मामूली घुमाव जोड़ें

8. फूल या भंवर जैसी फैंसी डिज़ाइन जोड़ें

शेड दें

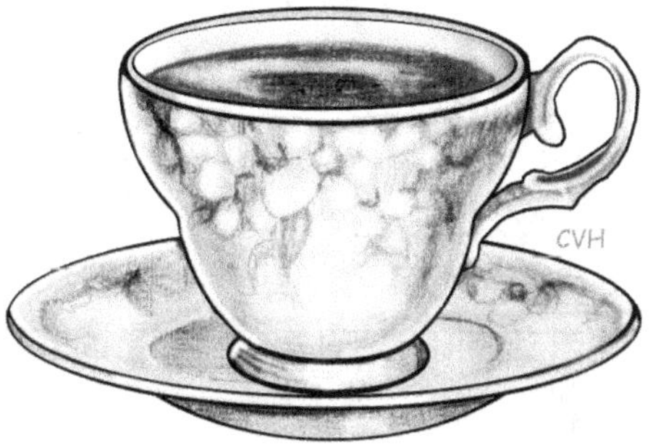

CVH

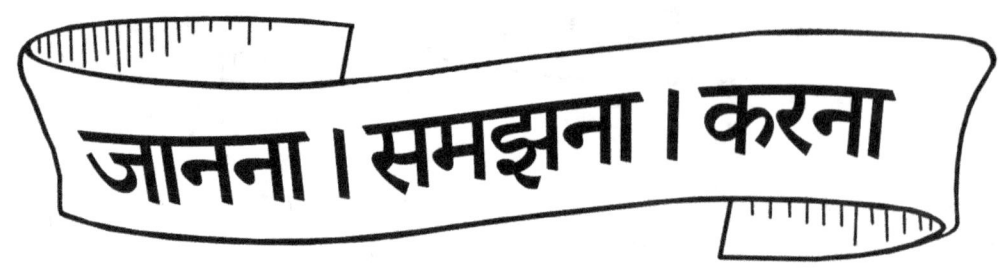

जानना । समझना । करना

स्नीकर डजिाइन

जानें:

बैलेंस, डजिाइन, कार्य, लाइन, रेपटिशिन (दोहराव)

समझें:

- कैसे फैशन सामाजकि स्ट्रक्चर्स को बना और बाँट सकता है
- फैशन पहचान को रफि्लैक्ट कर सकता है और कसिी के व्यक्तत्वि का डटिेल हो सकता है
- मौजूदा स्ट्रक्चर से ओरजिनिल डजिाइन कैसे तैयार करें

करें

वचिार से लेकर अंतमि प्रॉडक्ट तक, छात्र एक जूता डजिाइन तैयार करेंगे। जूता डजिाइन करते समय उद्योग के ट्रेंड्स, डजिाइन कान्सैप्टस, पैटर्न, सामग्री, रंग, लाइन, समिेट्री, पहनने वाले के व्यक्तत्वि, लगिं, आयु, पसंद/नापसंद आद पिर वचिार करें।

मत भूलना: जूते का उद्देश्य (स्पोर्ट्स, कैजुअल वयिर, आदा), शू शेप (हाई टॉप, लो, आदा), सलिाई, रीइन्फोर्स्ड एरयिा, लोगो, लेस/स्ट्रैप्स/ वेल्क्रो क्लोजर, ग्रोमेट्स, सोल टेक्सचर, हैंग टैग आदा

प्रस्तुतआिैर रफि्लेक्शन :

आपको अपनी जरूरत के साथ एक कलाकार कथन/ सेल्फ रफि्लेक्शन शामलि करना होगा। पैराग्राफ के फॉर्म में, कृपया नम्निलखिति जानकारी के साथ-साथ कक्षा में इस्तेमाल की जाने वाली प्रमुख शब्दावली भी शामलि करें।

1. अपने जूते के डजिाइन और अपनी प्रेरणाओं का वर्णन करें। आप कौन सी पहचान बताने की कोशशि कर रहे हैं? (जूते कसिके लएि हैं? आदा)
2. डजिाइन प्रक्रयिा में कौन से एरयिा सरल या चुनौतीपूर्ण रहे हैं?
3. अपने जूते के डजिाइन की ताकत और कमजोरयिों का वर्णन करें।
4. यदआिपको इस प्रोजेक्ट को दोहराना पडे, तो आप क्या अलग तरीके से करेंगे और क्यों?

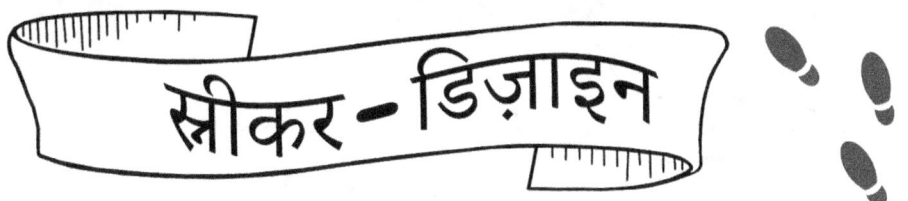

जूते केवल कार्यात्मक कपड़ों से कहीं अधिक हैं

स्नीकर-डिज़ाइन

कार्य: एक ऑरिजनल स्नीकर डिज़ाइन बनाएँ। नीचे दिए गए विचारों का इस्तेमाल करके अपनी अवधारणा पर मंथन करें

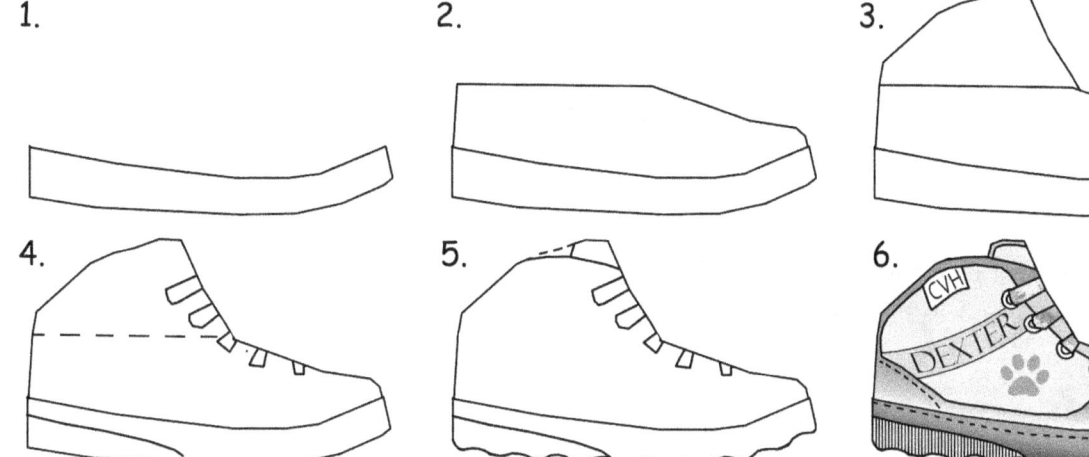

1.
2.
3.
4.
5.
6.

आपके जूते आपके बारे में क्या कहते हैं?

1. उन डिजाइन तत्वों के बारे में सोचें जो आपको पसंद हैं और एक सूची बनाएं। इसमें शब्द, फोंट, डूडल, पैटर्न आदि शामिल हो सकते हैं।
2. तय करें कि आप अपने डिजाइन में किन तत्वों को शामिल करना चाहते हैं। (पंक्ति, फ़ॉन्ट, टेक्स्ट, ग्राफिटी, आदि)
3. तय करें कि आप किस पहचान को संप्रेषित करने का प्रयास कर रहे हैं। जूते किसके लिए हैं?

कुछ सामान्य स्नीकर शेप्स

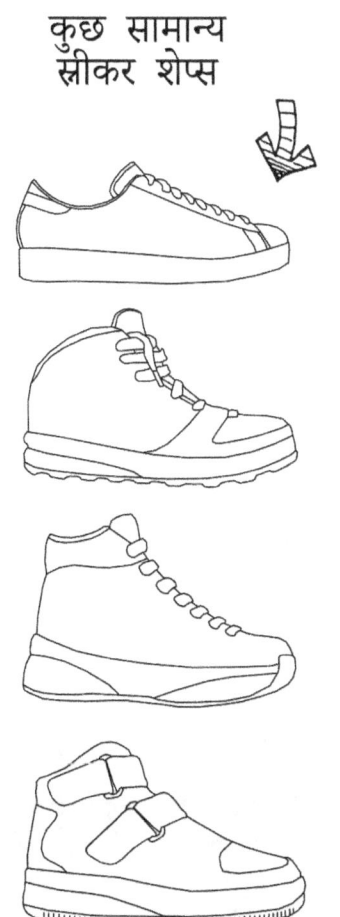

कला संबंधी बातें:

इंडस्ट्री ट्रेंड्स
पैटर्न
सामग्री
रंग
बैलेंस
लाइन
सिमेट्री

भूलना नहीं:

जूते का उद्देश्य
जूते की शेप
सिलाई
लोगो (अनुमोदन?)
लेस / पट्टियाँ
ग्रोमेट्स
जूते के तले की बनावट

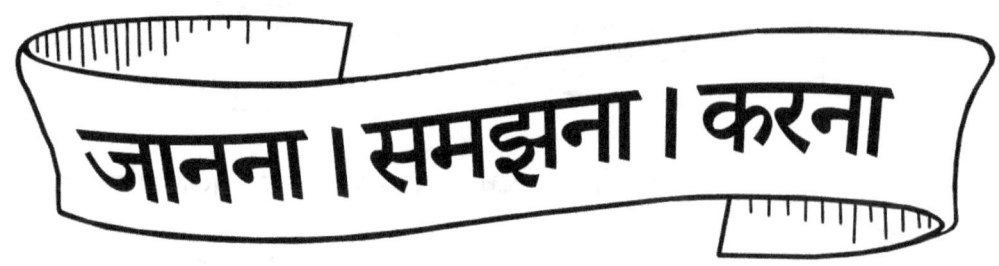

जानना । समझना । करना

ट्रेशर चेस्ट

जानें:

• सरल शेप कंबाइन रूप से जटलि ऑब्जेक्ट्स बनाते हैं

• कसिी ऑब्जेक्ट में पैटर्न और शेडगि जोड़ने से उसे फॉर्म और डायमेंशन मलिता है

समझें:

• क्यूब के सद्धिांतों का इस्तेमाल करके एक ऐसे ऑब्जेक्ट का नर्िमाण करना जो वॉल्यूम होल्ड करता प्रतीत हो

• पर्सपेक्टवि (नजरयिा) दखिाने के लिए रसीडगि लाइन्स का इस्तेमाल

• सरल 3D क्यूब बनाने की एक तरीका

करें

ट्रेशर की एक ओरजिनल कलाकृत बिनाएं जो पर्सपेक्टवि (नजरयिा) प्रदर्शति करती है। चेस्ट के अंदर बहुत सारे "एक्स्ट्रास" जोड़ें। इसे एक सीन में लगाएं।

शब्दावली:

क्यूब - छह स्क्वायर फेस वाला एक पॉलीहेड्रॉन; एक स्क्वायर जो 3D दखिाई देता है

पर्सपेक्टवि (नजरयिा) - वह पॉइंट जहाँ से कोई ऑब्जेक्ट या सीन देखा जाता है

रसीडगि लाइन्स - लाइनें जो फोरेग्रॉउंड से पीछे या दूर जाती हैं

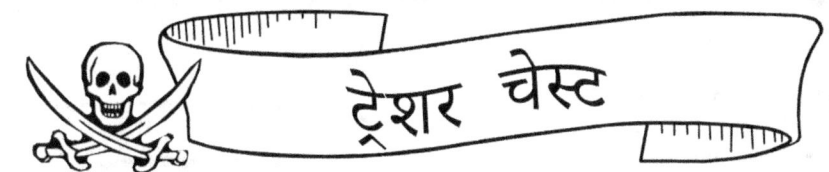

ट्रेशर चेस्ट

1. एक एंगल वाले रेक्टेंगल से शुरू करें
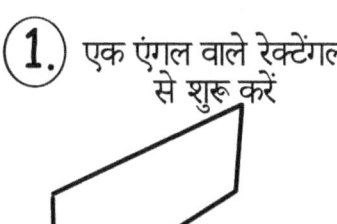

2. 3 रिसीडिंग लाइन्स जोड़ें
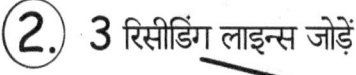
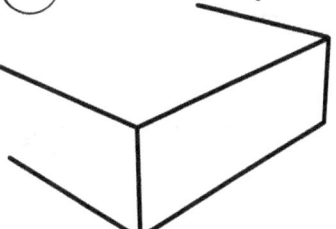

3. कनेक्ट करें
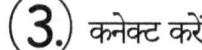
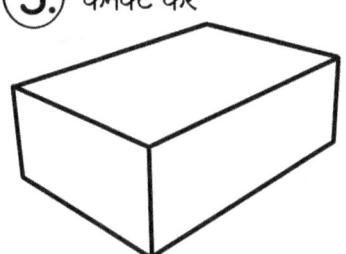

4. खुला फ्लैप ड्रा करें
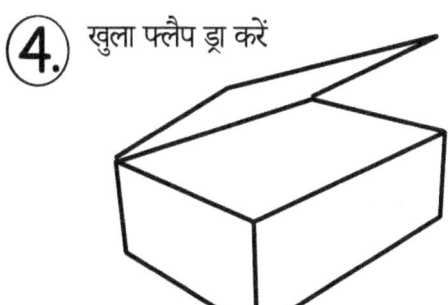

5. फ्लैप में "मोटाई" जोड़ें
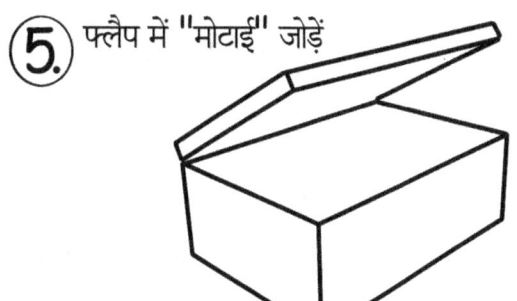

6. आर्च बनाएं

हैंडल जोड़ें
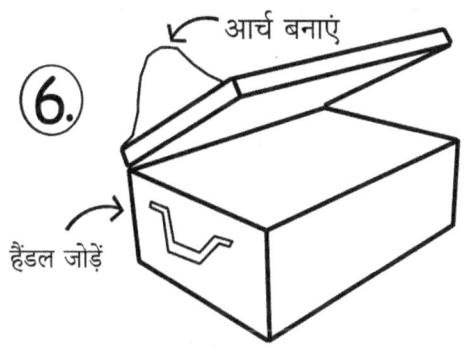

7. connect box top

विवरण जोड़ें
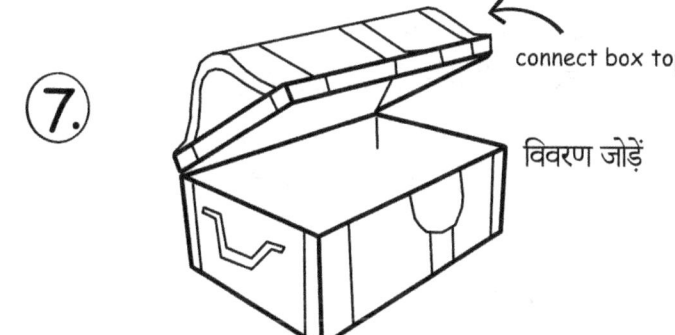

ताले में डिटेल दें...

1.

2.
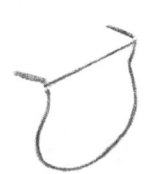

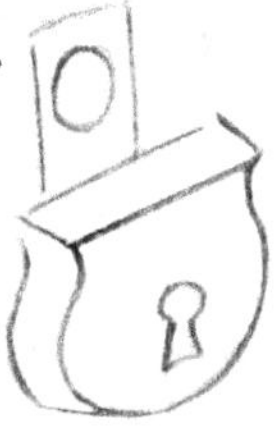

3.
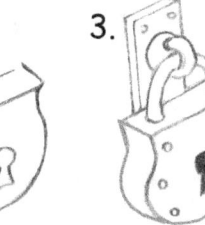

8.
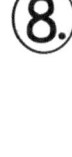
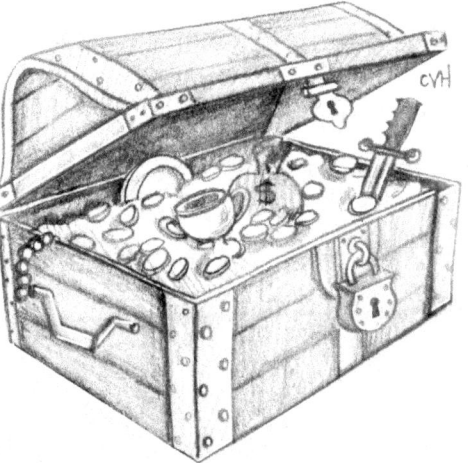

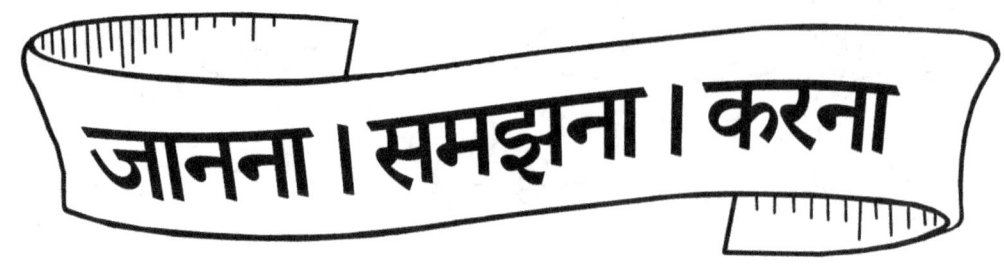

जानना । समझना । करना

स्केलेटन समुद्री डाकू

जानें:

जयिोमेट्रकि शेप, ओवरलैपगि और लेयरगि

समझें:

- जटलि फॉर्म्स को बनाने के लिए सरल शेप्स की लेयर्स बनाना पहला कदम हो सकता है
- सामान्य मानव शरीर को "7 सरि ऊँचे" के रूप में मापा जा सकता है

करें

- एक अनोखा "स्केलेटन" समुद्री डाकू का अपना रूप बनाने के लिए दिए गए स्टेप्स को फॉलो करें
- खजाने की तजिोरी, समुद्री डाकू जहाज, या स्क्रॉल खजाने के नक्शे जैसे बहुत सारे "एक्स्ट्रास" जोड़ें.
- उसे एक सीन में रखें और शेड दें।

शब्दावली:

जयिोमेट्रकि - गणतिीय डजिाइन वाली कोई शेप या फॉर्म। जयिोमेट्रकि डजिाइन आमतौर पर जयिोमेट्री से सीधी लाइन्स या शेप्स के साथ बनाए जाते हैं (ऑर्गैनकि, फ्री-फॉर्म लाइनों के वपिरीत)

लेयरगि - कसिी ऑब्जेक्ट को कसिी अन्य सतह या ऑब्जेक्ट के ऊपर रखना

ओवरलैपगि - जब एक चीज दूसरे के ऊपर होती है और आंशकि रूप से कुछ और ढक जाती है

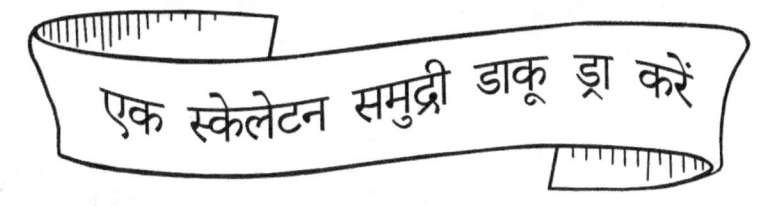

एक स्केलेटन समुद्री डाकू ड्रा करें

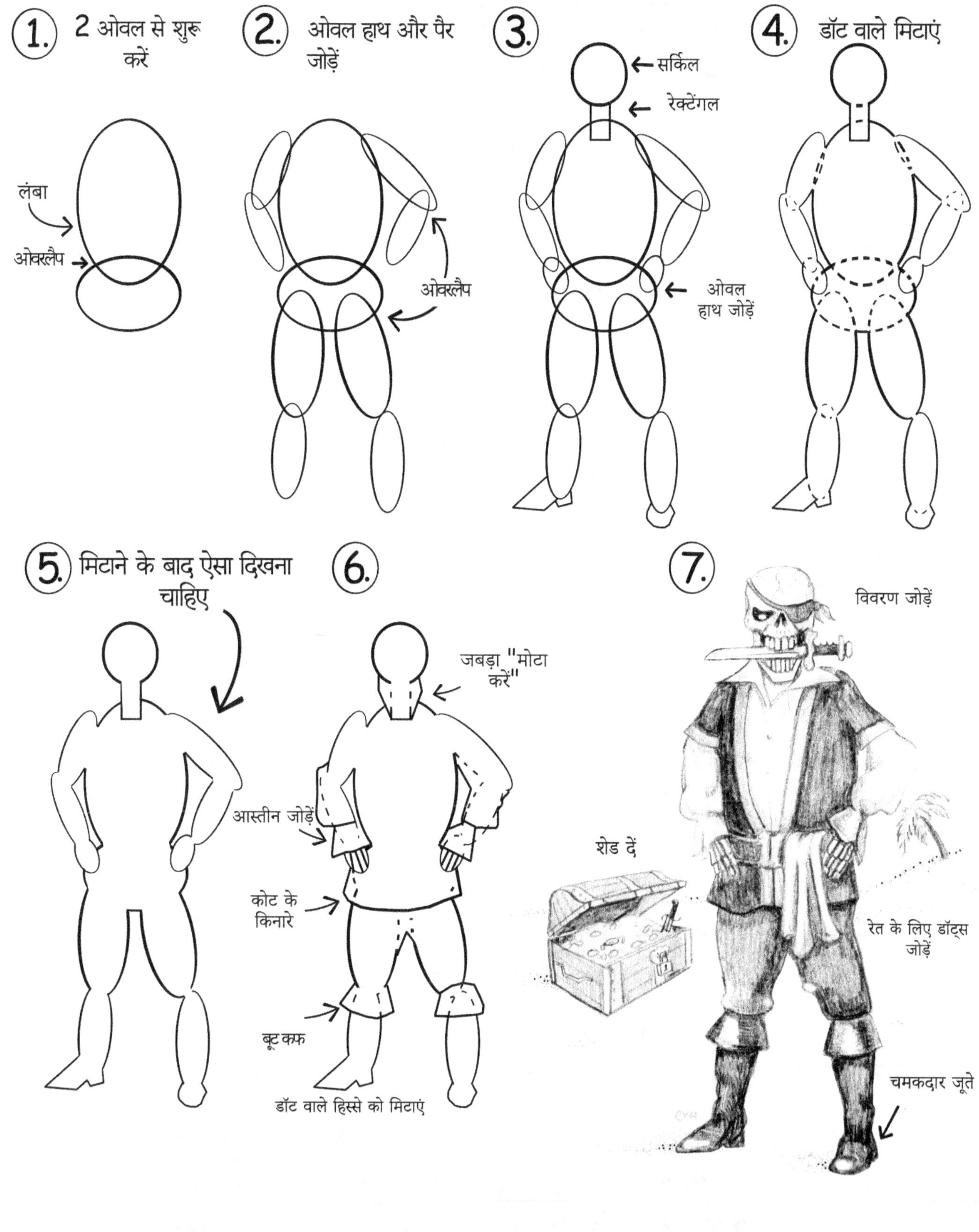

1. 2 ओवल से शुरू करें
लंबा
ओवरलैप
2. ओवल हाथ और पैर जोड़ें
ओवरलैप
3.
सर्किल
रेक्टेंगल
ओवल हाथ जोड़ें
4. डॉट वाले मिटाएं
5. मिटाने के बाद ऐसा दिखना चाहिए
6.
जबड़ा "मोटा करें"
आस्तीन जोड़ें
कोट के किनारे
बूट कफ
डॉट वाले हिस्से को मिटाएं
7.
विवरण जोड़ें
शेड दें
रेत के लिए डॉट्स जोड़ें
चमकदार जूते

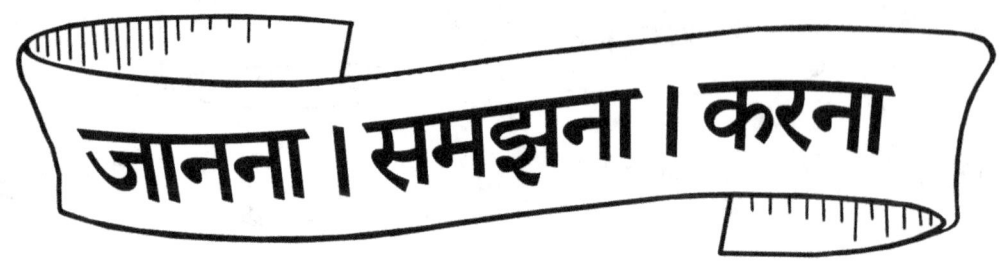

जानना । समझना । करना

<u>लकड़ी का क्रॉस</u>

<u>जानें:</u>

टेक्स्चर (बनावट)

<u>समझें:</u>

• सरल शेप्स से जटलि फॉर्म बनाना

• टेक्स्चर (बनावट) का इस्तेमाल कलाकारों द्वारा यह दखिाने के लए कयिा जाता है कि कोई चीज़ कैसी महसूस हो सकती है या यह कसि चीज से बनी है

<u>करें</u>

एक ओरजिनल क्रॉस बनाएं जसिमें "वुड-लुक" टेक्स्चर (बनावट) शामलि हो और पर्सपेक्टवि (नजरयिा) दखिाता हो

<u>शब्दावली:</u>

पर्सपेक्टवि (नजरयिा) - वह पॉइंट जहाँ से कोई ऑब्जेक्ट या सीन देखा जाता है

टेक्स्चर (बनावट) - कोई चीज कैसी दखिती है, कलाकृति में उसका एहसास देना। एक कलाकार द्वारा अलग-अलग ब्रशस्ट्रोक, पेंसलि लाइन आदि के साथ नकली टेक्स्चर (बनावट) का सुझाव दयिा जाता है।

वैल्यू - कसिी रंग का हल्कापन या गहरापन

वर्टकिल - पैरेलल लाइन्स जो सीधे ऊपर और नीचे ड्रॉ की जाती हैं

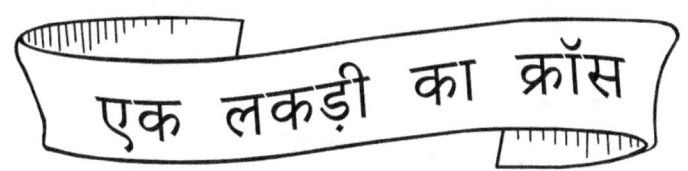

एक लकड़ी का क्रॉस

1. 2 वर्टिकल लाइन्स से शुरू करें

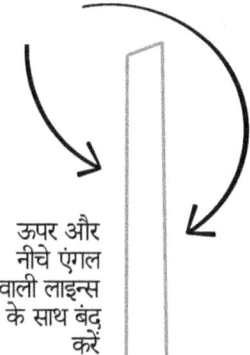

ऊपर और नीचे एंगल वाली लाइन्स के साथ बंद करें

2. छोटे अक्षर **"t"** के लिए 2 हॉरिजोंटल लाइन्स जोड़ें

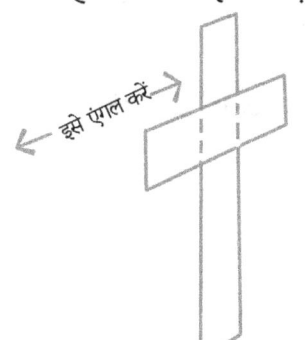

इसे एंगल करें

3. 7 छोटी एंगल वाली लाइन्स ड्रॉ करें

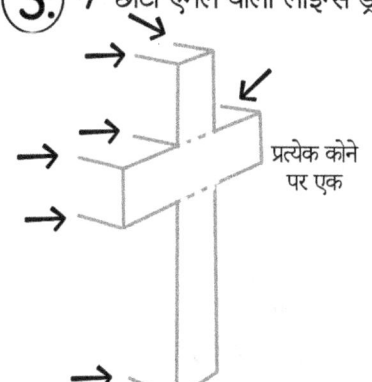

प्रत्येक कोने पर एक

4. जुड़ी हुई लाइनें 3-D जैसा भ्रम देती हैं

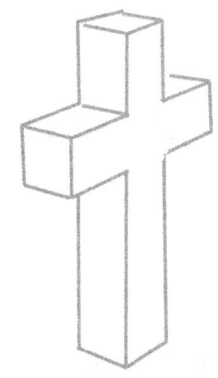

5. 2 समानांतर एंगल वाली लाइन्स जोड़ें

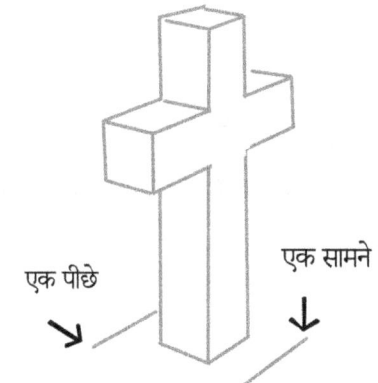

एक पीछे

एक सामने

6. बेस बनाने के लिए लाइनों को कनेक्ट करें

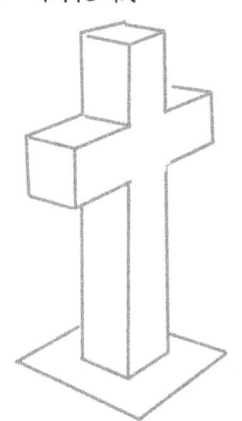

7. बेस के लिए 2 " शेप्स जोड़ें

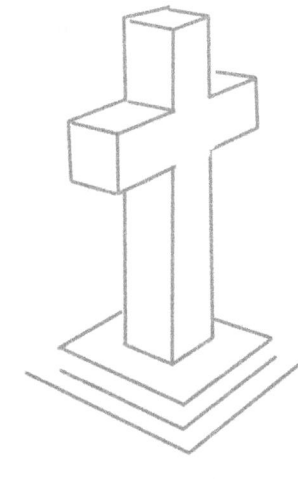

8. बेस को वर्टिकल लाइन्स से बंद करें

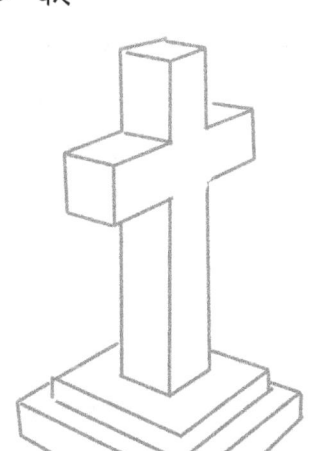

9. "वुड लुक" के साथ शेड दें

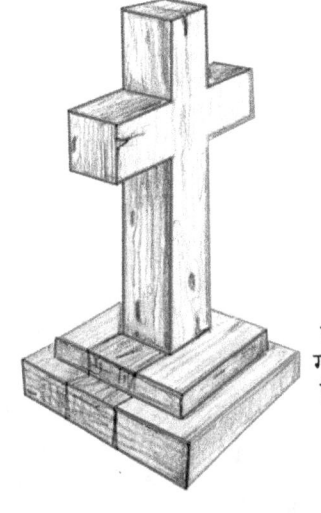

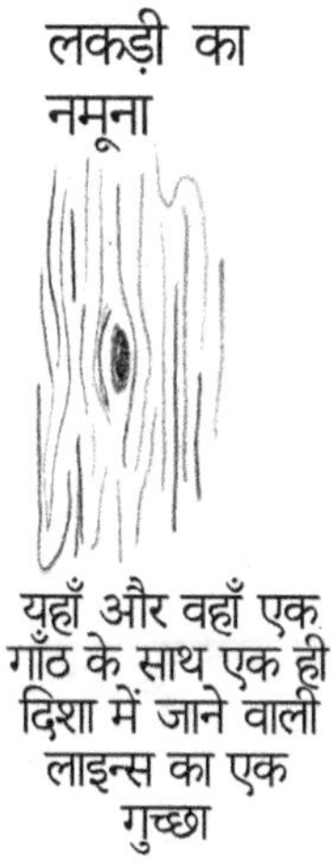

लकड़ी का नमूना

यहाँ और वहाँ एक गाँठ के साथ एक ही दिशा में जाने वाली लाइन्स का एक गुच्छा

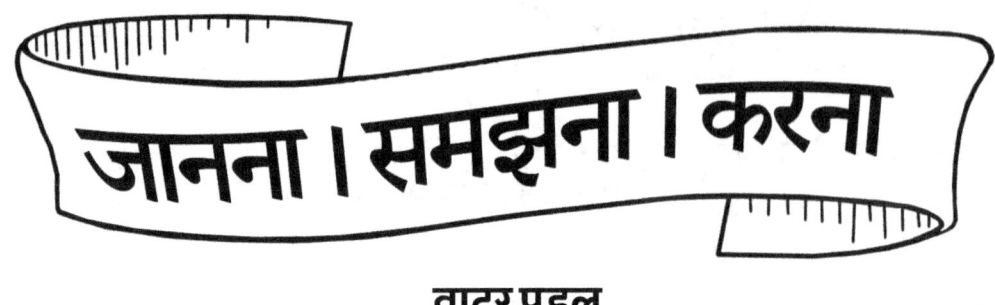

जानना । समझना । करना

वाटर पडल

जानें:

ऑर्गेनकि शेप, रफि्लेक्शन, गहराई

समझें:

ऑर्गैनकि फॉर्म्स को चति्रति करते समय गहराई की दखिावट कैसे बनाएं

करें

प्रदान की गई टपि्स का इस्तेमाल करके गहराई, मोटाई और रफि्लेक्टवि क्वालटिी दखिाते हुए एक ओरजिनल वाटर पडल बनाएं। शेड दें। पानी की बूंदों को मत भूलना!

शब्दावली:

गहराई - एक कलाकृत मिें आगे से पीछे या पास से दूर तक की स्पष्ट दूरी। जब गहराई कसिी ऑब्जेक्ट के सबसे छोटे डायमेंशन को रेफर करती है, तो इस दूरी को उसकी मोटाई भी कहा जा सकता है।

ऑर्गेनकि - एक अनयिमति शेप जो प्रकृत मिें पाई जा सकती है, ना की कोई नयिमति, मैकेनकिल शेप

रफि्लेक्शन - एक रफि्लेक्टवि सतह द्वारा वापस दी गई एक इमेज, जैसे क मिरिर या ठहरा पानी

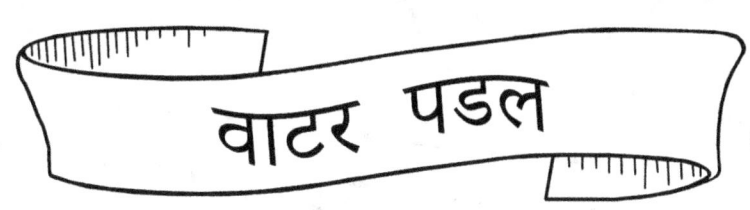

वाटर पडल

1. एक ऑर्गेनिक शेप से शुरू करें

2. एक "मोटाई" जोड़ें जो एक तरफ शेप की रूप-रेखा को फॉलो करती है

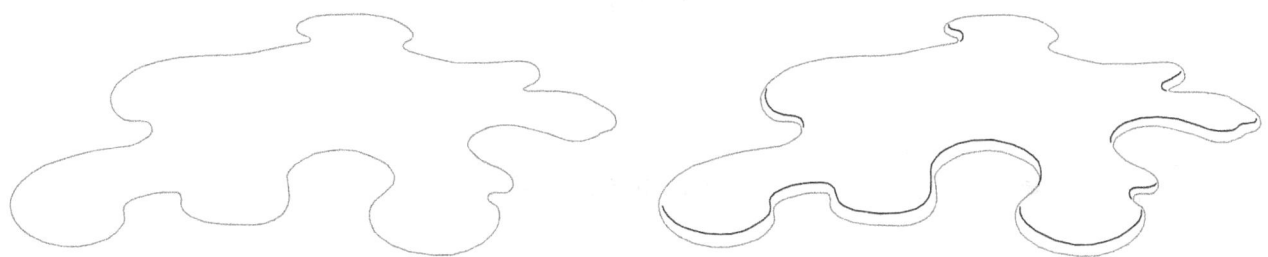

3. आपके द्वारा अभी बनाए गए रिम को शेड दें

"हाइलाइट्स" के लिए कुछ सफेद स्पॉटस छोड़ दें

4. कुछ यादृच्छिक ओवल छोटी-छोटी बूंदें जोड़ें

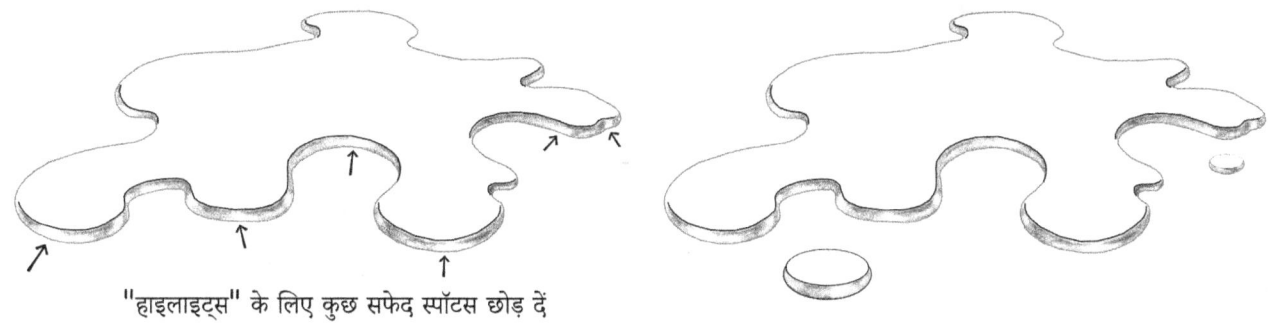

5. पडल के "शीर्ष" पर गोल किनारों को हल्के से शेड दें

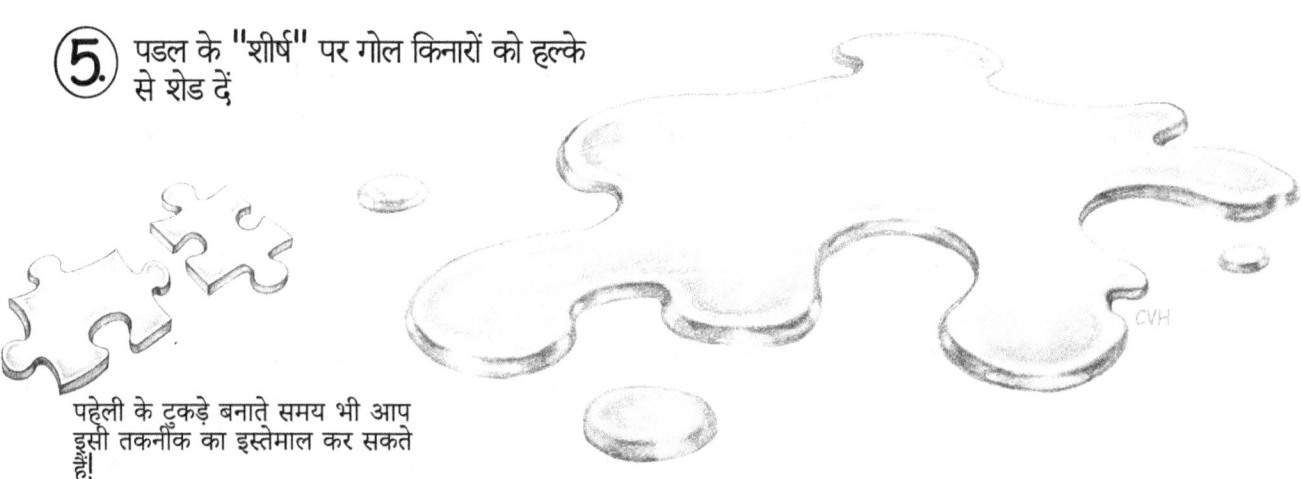

पहेली के टुकड़े बनाते समय भी आप इसी तकनीक का इस्तेमाल कर सकते हैं!

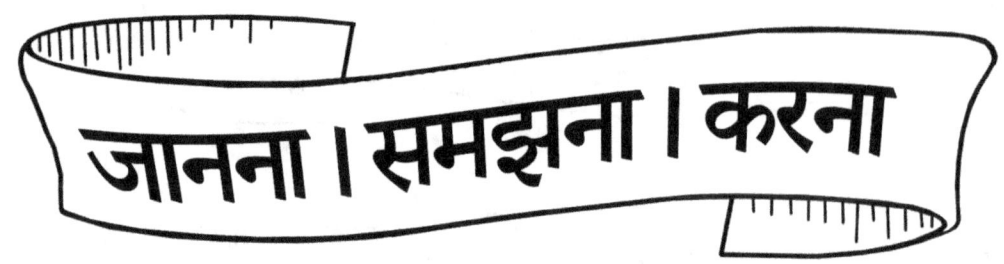

जानना । समझना । करना

वाटर पडल फ्लोटर्स

जानें:

- ड्राइंग में सामान्य शेप का नरि्माण
- शेप और फॉर्म कला के सात एलमिंट्स (तत्वों) में से दो हैं

समझें:

- शेप और फॉर्म में अंतर
- वॉल्यूम
- शेडगि
- लेयरगि/ओवरलैपगि

करें

पडल बनाने के लिए "वाटर पडल्स" ड्राइंग प्रोजेक्ट में सीखे गए ज्ञान का इस्तेमाल करें। "वाटर पडल फ्लोटर्स" शीट से एक आइटम चुनें (या अपना खुद का चुनें) जो आपके पडल पर "फ्लोट" करेगा। अपने ऑब्जेक्ट को शेड देना न भूलें, वचिारात्मक क्वालटिीस को इंडीकेट करने के लिए पडल के हस्सिों को मटि दें और गत दखिाने के लिए पानी के रगि्स जोड़ें!

शब्दावली:

फॉर्म - एक थ्री-डायमेंशनल शेप (ऊंचाई, चौड़ाई और गहराई) जसिमें वॉल्यूम होती है

रफि्लेक्शन - एक रफि्लेक्टवि सतह द्वारा वापस दी गई एक इमेज, जैसे कमिरिर या ठहरा पानी

शेप - एक बंद स्पेस

वॉल्यूम - एक फॉर्म के भीतर स्पेस

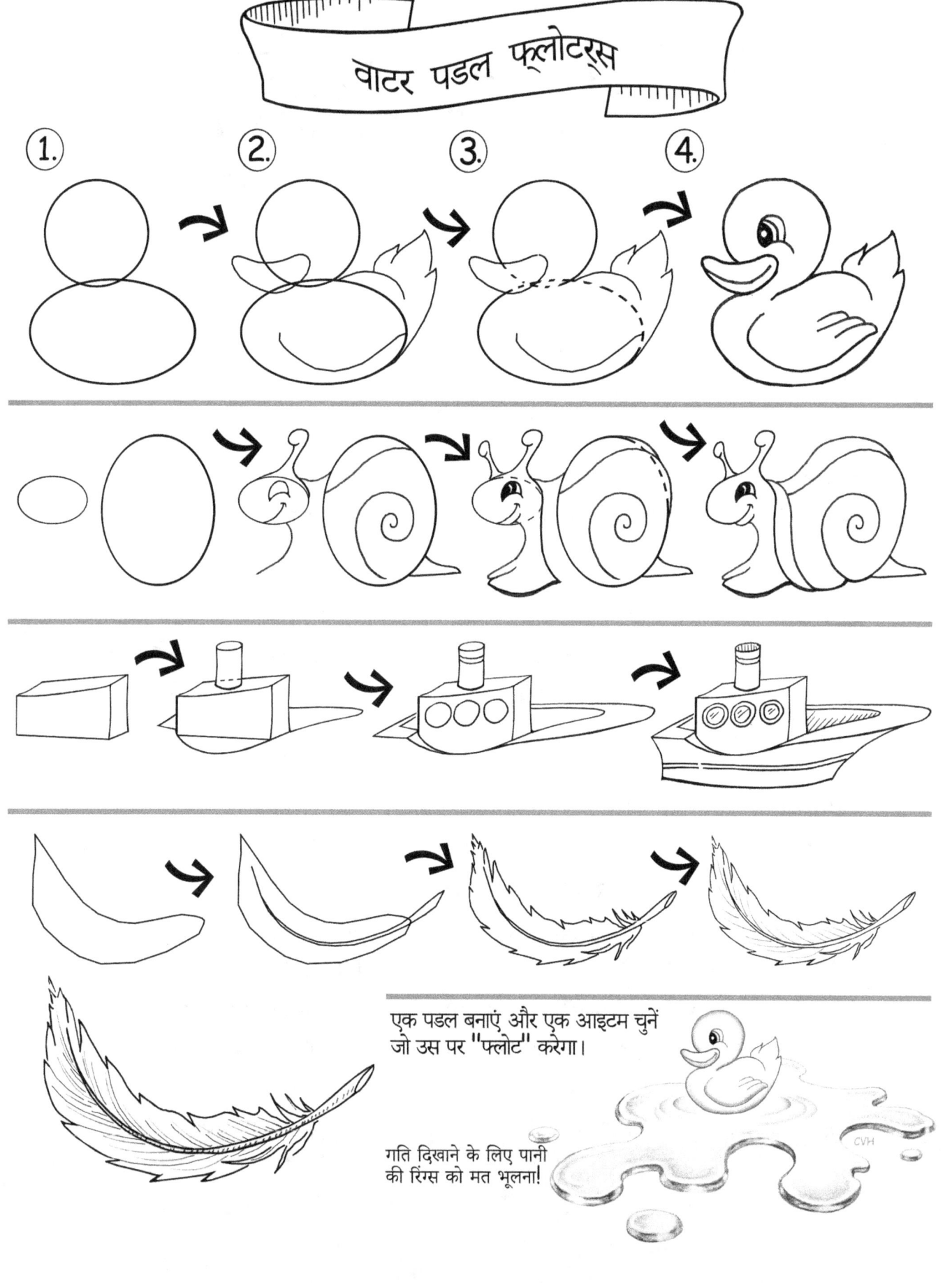

वाटर पडल फ्लोटर्स

1. 2. 3. 4.

एक पडल बनाएं और एक आइटम चुनें
जो उस पर "फ्लोट" करेगा।

गति दिखाने के लिए पानी
की रिंग्स को मत भूलना!

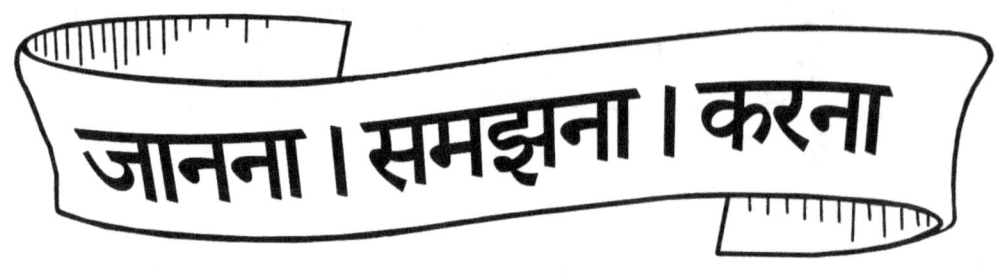

जानना । समझना । करना

फुटप्रटिंस

जानें:

“मनिी फुटप्रटिं” बनाने के लएि सरल टप्सि और ट्रकि्स

समझें:

आप प्रटिं बनाने और डजिाइन और पैटर्न बनाने के लएि रोजमर्रा की ऑब्जेक्ट्स का इस्तेमाल कर सकते हैं

करें

“मनिी-फुटप्रटिं” डजिाइन बनाने के लएि दएि गए स्टेप्स को फॉलो करें। बाएँ और दाएँ दोनों पैर बनाने की कोशशि करें और उन्हें स्टैगर्ड पैटर्न में रखें ताकि वे एक रीयलस्टिकि पैरों के नशिान का प्रतनिधित्वि करें।

शब्दावली:

पैरों के नशिान - चलने या दौड़ने वाले व्यक्ति द्वारा छोड़े गए छाप या चत्रि

पैटर्न – शेप्स, लाइन्स या रंगों सहति कसिी भी चीज़ का रेपटिशिन (दोहराव)

प्रटिं - एक ब्लॉक, प्लेट या अन्य ऑब्जेक्ट से बना एक शेप या नशिान जो गीले रंग (आमतौर पर स्याही या पेंट) से ढका होता है और फरि एक सपाट सतह पर दबाया जाता है।

रेपटिशिन (दोहराव) - कला के एलमिंट्स (तत्वों) के संयोजन का एक तरीका ताकि समान एलमिंट्स (तत्वों) का बार-बार इस्तेमाल कयिा जाए। इस प्रकार, एक ही चत्रि में एक नश्चिति रंग या शेप का कई बार इस्तेमाल कयिा जा सकता है।

स्टैगर - असमान फॉर्म से या अलग-अलग ज़गिज़ैग या ओवरलैपगि स्थतिि में व्यवस्थति करना

इसे ठीक करने के लिए थोड़ा प्रैक्टिस करनी पड़ सकती है लेकिन यह फुटप्रिंट बनाने का एक मजेदार और दिलचस्प तरीका है

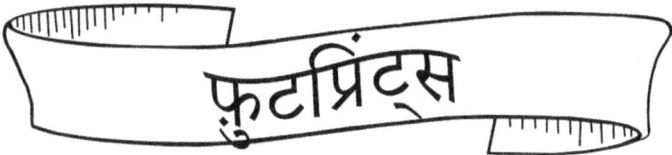

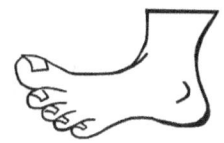

फ़ुटप्रिंट्स

1. पानी आधारित ऐक्रेलिक या टेम्परा पेंट से शुरू करें

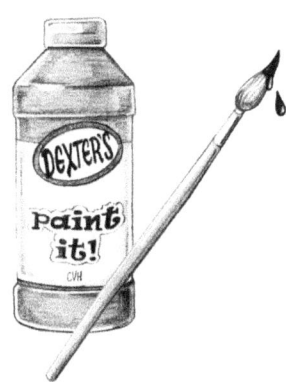

CVH

2. मुट्ठी बनाएं। अपने हाथ के पिछले हिस्से को पेंट करें

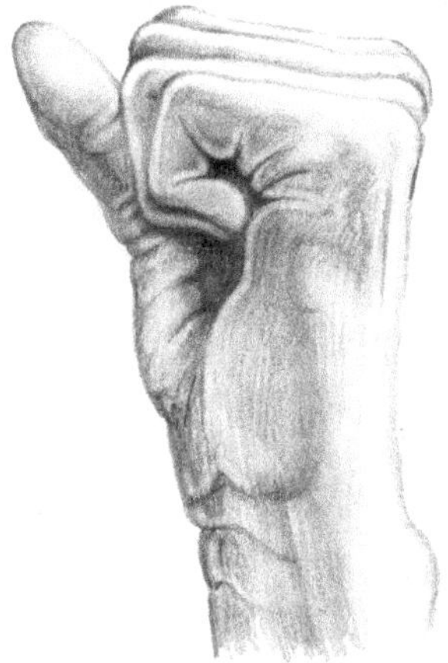

3. स्क्रैप पेपर पर, किसी भी अतिरिक्त पेंट को हटाने के लिए अपने हाथ से मुहर लगाएं

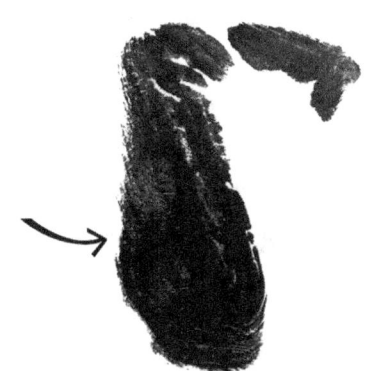

4. फिर से मुहर लगाएं और एक बड़े पैर की अंगुली जोड़ें। (अपने अंगूठे का इस्तेमाल करें!)

5. दूसरा पैर का अंगूठा जोड़ें..

(अपनी इंडेक्स अंगुली (तर्जनी) का इस्तेमाल करें)

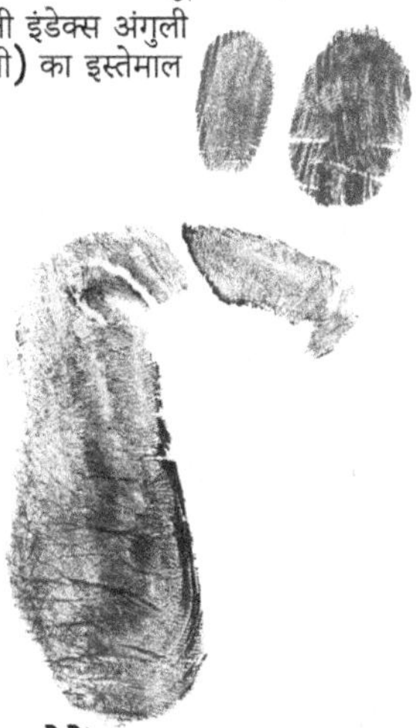

6. पैर का तीसरा अंगूठा...

(अपनी रिंग अंगुली (अनामिका) का इस्तेमाल करें)

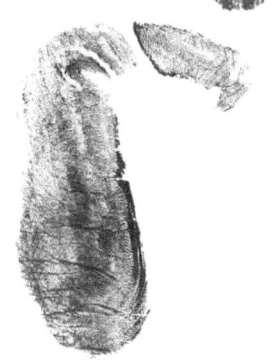

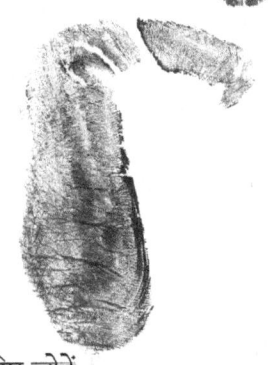

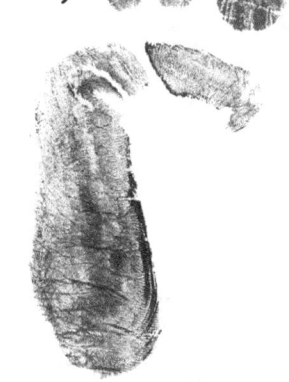

7. चौथा जोड़ें...

अपनी रिंग अंगुली (अनामिका) का इस्तेमाल करें

8. अंतिम जोड़ें..

अपनी पिंकी (कनिष्ठा) उंगली का इस्तेमाल करें

9. अपने दूसरे हाथ से फिर से कोशिश करें और एक पेयर बनाएं

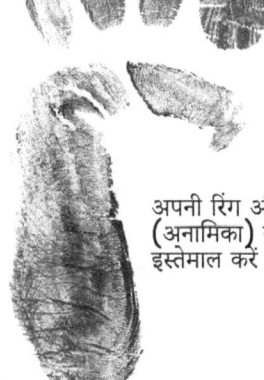

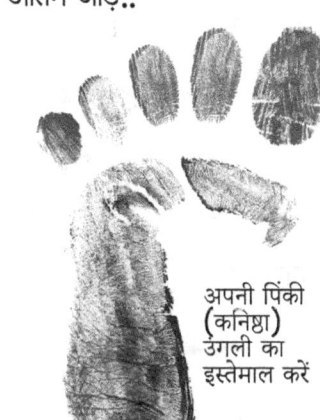

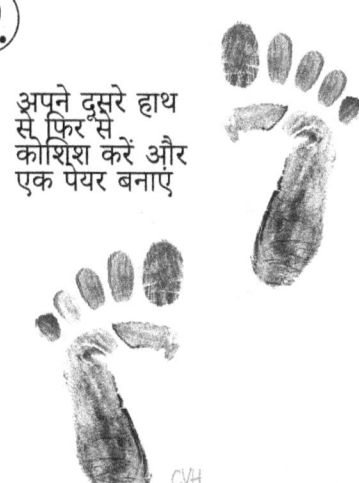

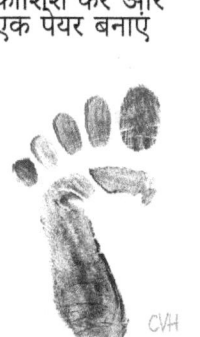

CVH

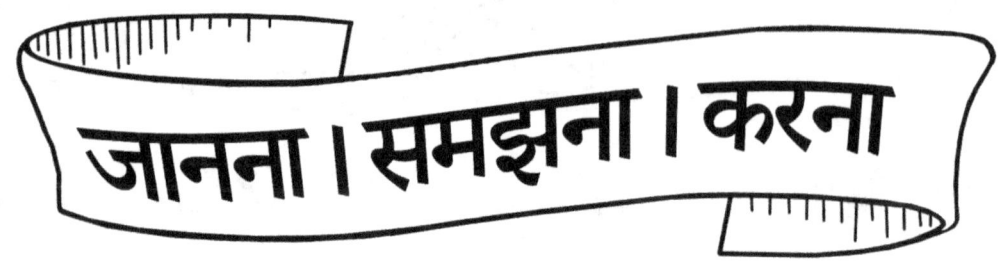

जानना । समझना । करना

आग कैसे ड्रॉ करें

जानें:

रैंडम लाइन्स, ओवरलैपिंग, हाइलाइट, वैल्यू

समझें:

• सरल शेप्स की लेयर्स लगाने से गहराई दखिाने और फॉर्म बनाने में मदद मलिती है

• शेडिंग करते समय टोन्स के वैल्यू में परविर्तन करने से इंटरेस्ट और यथार्थवाद पैदा करने में मदद मलि सकती है

करें

• आग का अपना चत्रिण बनाने के लिए दिए गए स्टेप्स को फॉलो करें

• गहरेपन और हल्केपन के जगहों को इंडीकेट करने के लिए वैल्यू का इस्तेमाल करें

• हाइलाइट बनाने के लिए कुछ जगहों को मटिा दें

शब्दावली:

हाइलाइट - कसिी सतह पर वह जगह जो सबसे ज़्यादा लाइट रफि्लेक्ट करती है; वैल्यू के इस्तेमाल के माध्यम से ड्राइंग के एक एरयिा पर ध्यान आकर्षति करना या उस पर जोर देना

ओवरलैपगि - जब एक ऑब्जेक्ट दूसरी ऑब्जेक्ट के ऊपर आ जाता है, आंशकि रूप से उसे ढँक देता है

रैंडम लाइन्स – लापरवाही या संयोग से, कोई पैटर्न नही होना

वैल्यू - कसिी रंग या टोन का हल्कापन या गहरापन

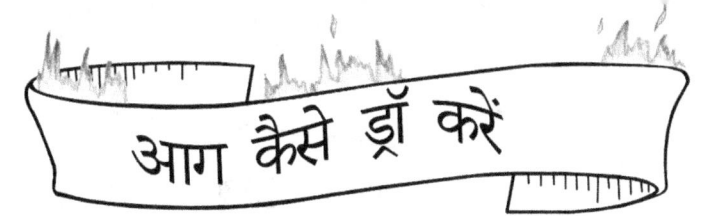

आग कैसे ड्रॉ करें

1. आंसू की बूंद के शेप से शुरू करें

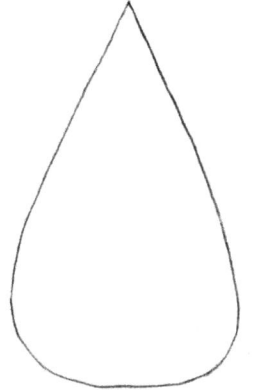

2. अंदर याद्दच्छिक घुमावदार लाइन्स ड्रॉ करें

डॉट वाले हिस्से को मिटाएं

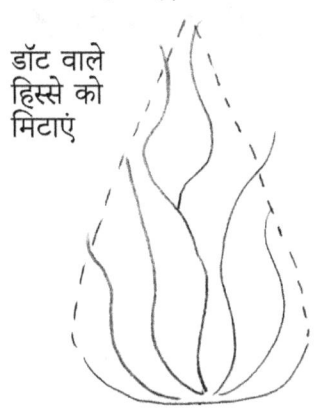

3. लपटों को "मोटा" करने के लिए डॉट वाले हिस्से में लाइन्स जोड़ें

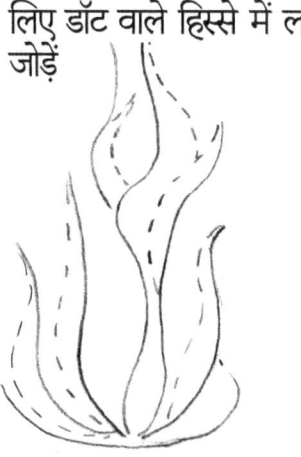

4. कुछ और याद्दच्छिक, घुमावदार लपटें जोड़ें

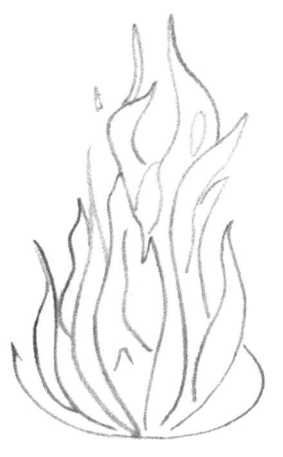

5. बीच वाली लाइन्स को आंशिक रूप से मिटाते हुए, पूरी लपटों को हल्के से शेड करें

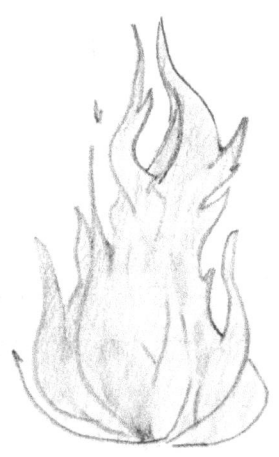

6. शेड दें

छोटी, अलग लपटें जोड़ें

टिप्स डार्क करें

उन्हें हाइलाइट करने के लिए कुछ हिस्से को मिटाएं

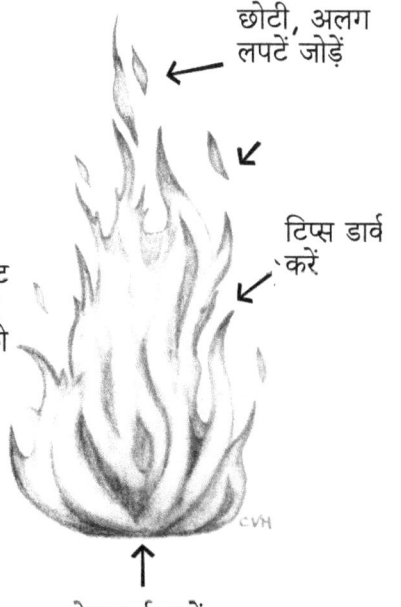

बेस डार्क करें

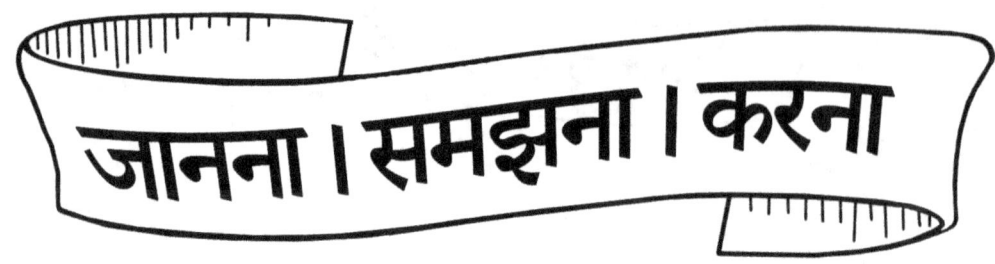

जानना । समझना । करना

मोमबत्ती कैसे ड्रा करें

जानें:

सलिंडर, हाइलाइट, वैल्यू

समझें:

• कला में सलिंडर एक 3D गोलाकार ट्यूब का आभास देते हैं

• शेडगिं करते समय टोन्स के वैल्यू में परविर्तन करने से इंटरेस्ट और यथार्थवाद पैदा करने में मदद मलि सकती है

करें

• जलती हुई मोमबत्ती का अपना चत्रिण बनाने के लए दए गए स्टेप्स को फॉलो करें

• गहरेपन और हल्केपन के जगहों को इंडीकेट करने के लए वैल्यू का इस्तेमाल करें

• हाइलाइट्स बनाने के लए कुछ जगहों को मटा दें (लौ के ज्यादा पास)

शब्दावली:

सलिंडर - एक ट्यूब जो थ्री डायमेंशनल दखिाई देता है

हाइलाइट - कसिी सतह पर वह जगह जो सबसे ज्यादा लाइट रफि्लेक्ट करती है ; वैल्यू के इस्तेमाल के माध्यम से ड्राइंग के एक एरयिा पर ध्यान आकर्षति करना या उस पर जोर देना

वैल्यू - कसिी रंग या टोन का हल्कापन या गहरापन

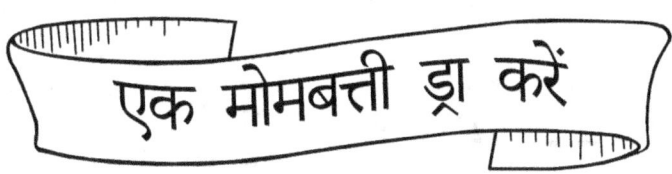

एक मोमबत्ती ड्रा करें

1. एक लम्बे, पतले रेक्टेंगल से शुरू करें

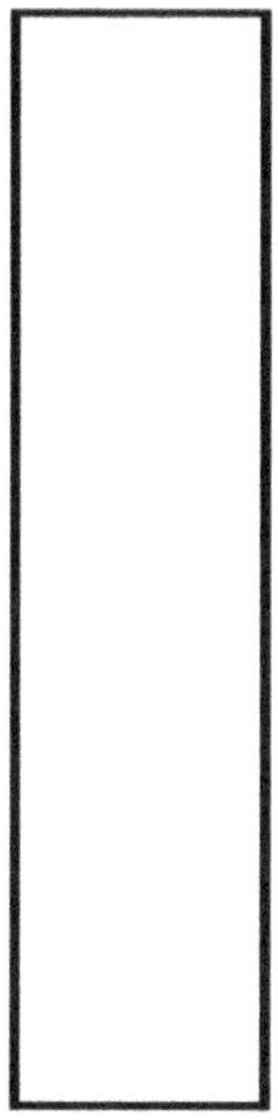

2. एक सिलेंडर बनाने के लिए ऊपर और नीचे एक ओवल जोड़ें

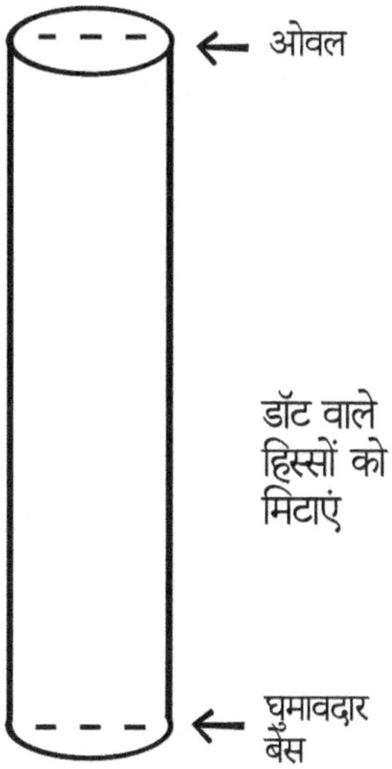

← ओवल

डॉट वाले हिस्सों को मिटाएं

← घुमावदार बेस

3. ओवल जोड़ें →

बाती के लिए लाइन

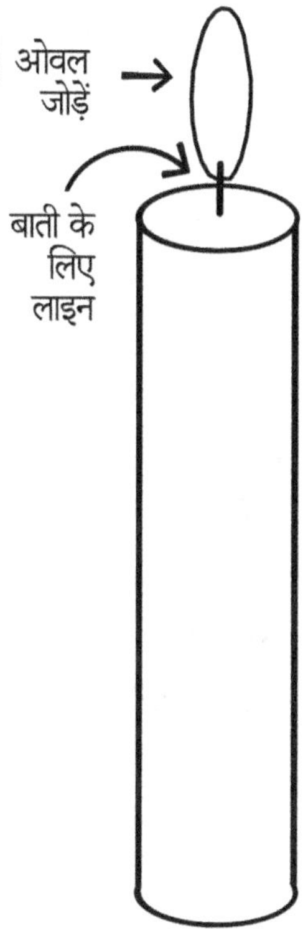

4. पॉइंट जोड़ें

घुमावदार लौ का बेस

"ड्रिप्स" जोड़ें

डॉट वाले हिस्से को मिटाएं

ड्रिप

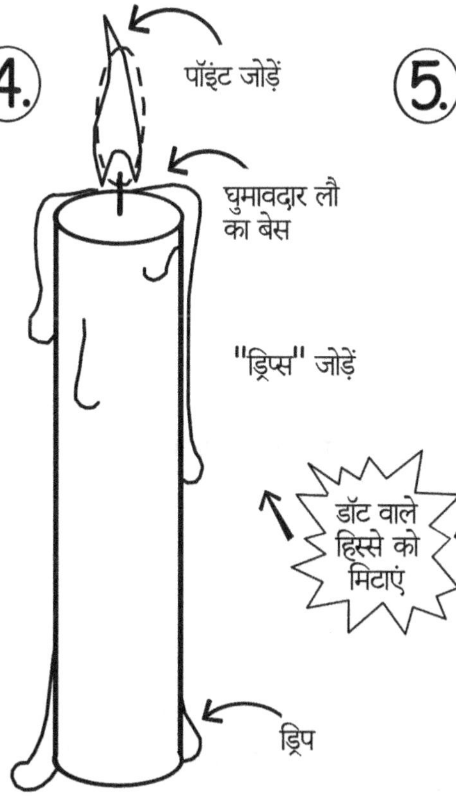

5.

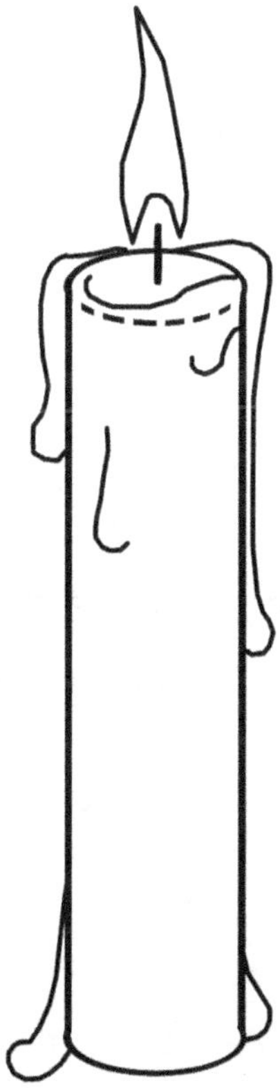

6. शेड दें

हाइलाइट्स बनाने के लिए कुछ हिस्सों को मिटाएं (लौ के निकट ज्यादा)

बाती का विवरण इस तरह दिखता है

cVH

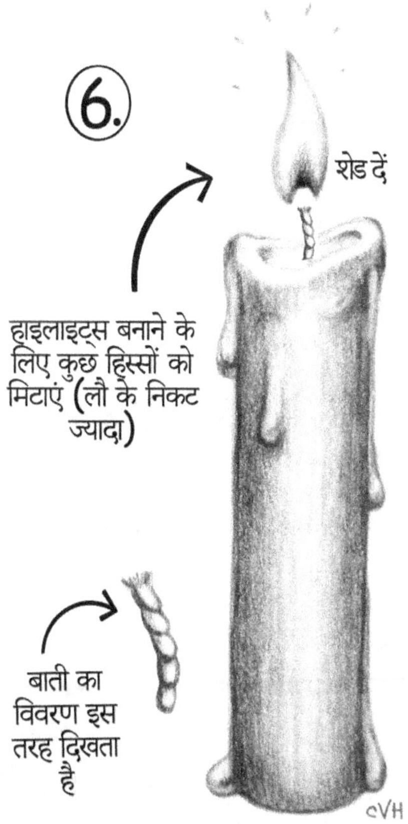

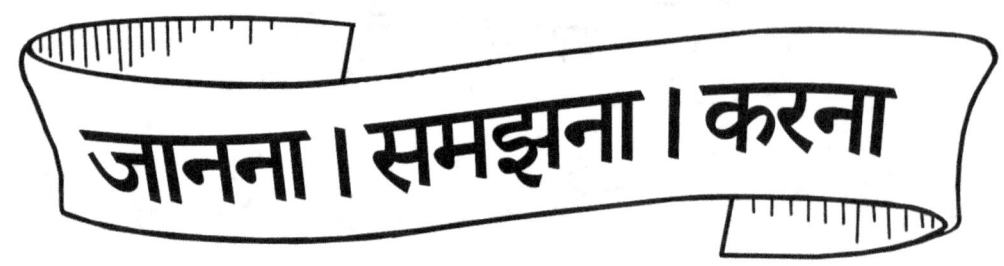

जानना । समझना । करना

आग की लपटों के साथ खोपडी़

जानें:

अतशियोक्तपूिर्ण फीचर्स, हाइलाइट, वैल्यू

समझें:

स्टाइल बनाने के लिए एक कलाकृति में अतशियोक्ति और डसि्टॉर्शन का प्रयोग

करें

• प्रदान की गई गाइडलाइन्स का इस्तेमाल करके एक आग की लपटों वाली खोपडी़ का अपना वर्ज़न बनाएं या एक सामान्य मानव खोपडी़ को चत्रिति करने और फीचर्स को बढा़-चढा़ कर पेश करने का अभ्यास करें

• "एक्स्ट्रास" और शेड जोडें.

• लपटों को उजागर करने के लिए कुछ जगहों को मटिा दें

शब्दावली:

डसि्टॉर्शन - जसि तरह से कुछ दखिता है उसे बदलने के लिए - कभी-कभी कसिी ऑब्जेक्ट को बगिाड़ना स्ट्रेच करना

अतशियोक्ति – बढा़ चढा़कर कहना, सजाना; शेप में बडा़ या छोटा करना

हाइलाइट - कसिी सतह पर वह जगह जो सबसे ज्यादा लाइट रफि्लेक्ट करती है ; वैल्यू के इस्तेमाल के माध्यम से ड्राइंग के एक एरयिा पर ध्यान आकर्षति करना या उस पर जोर देना

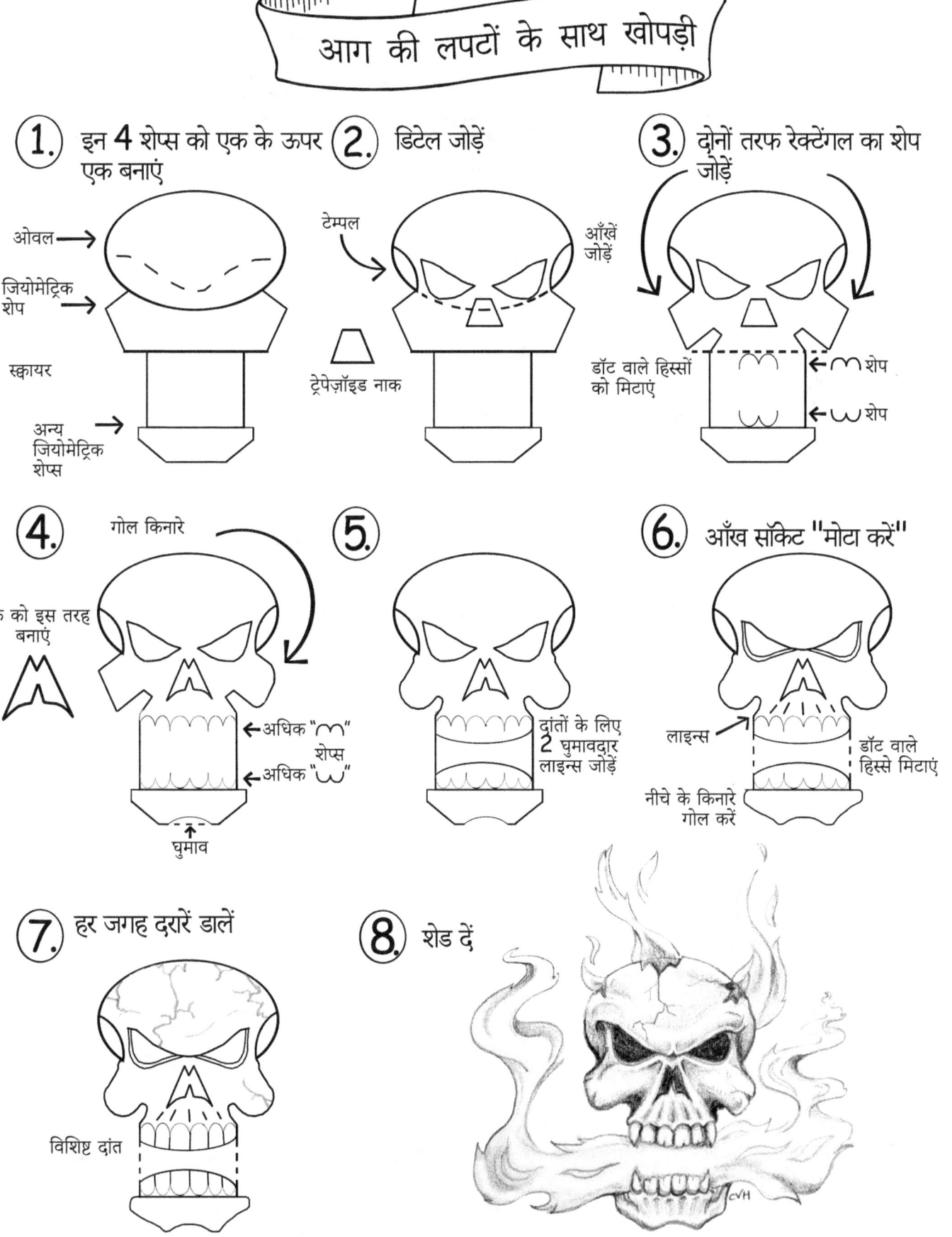

आग की लपटों के साथ खोपड़ी

1. इन **4** शेप्स को एक के ऊपर एक बनाएं

ओवल →

जियोमेट्रिक शेप →

स्क्वायर

अन्य जियोमेट्रिक शेप्स →

2. डिटेल जोड़ें

टेम्पल

ट्रेपेज़ॉइड नाक

3. दोनों तरफ रेक्टेंगल का शेप जोड़ें

आँखें जोड़ें

डॉट वाले हिस्सों को मिटाएं

← ⌒ शेप

← ⌣ शेप

4.

गोल किनारे

नाक को इस तरह बनाएं

← अधिक "⌒" शेप्स

← अधिक "⌣"

घुमाव

5.

दांतों के लिए **2** घुमावदार लाइन्स जोड़ें

6. आँख सॉकिट "मोटा करें"

लाइन्स →

नीचे के किनारे गोल करें

डॉट वाले हिस्से मिटाएं

7. हर जगह दरारें डालें

विशिष्ट दांत

8. शेड दें

CVH

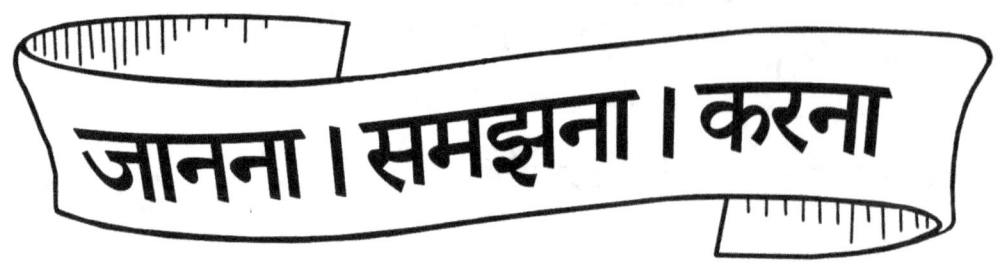

जानना । समझना । करना

<u>स्पोर्ट्स बॉल ड्रा करें</u>

<u>जानें:</u>

कई प्रकार की स्पोर्ट्स बॉल बनाने के सरल तरीका

<u>समझें:</u>

- बेसकि शेप्स में छोटे परविर्तन/जोड़ने से वशिष पहचानने योग्य चत्रि बनाने में मदद मलि सकती है
- शेप और फॉर्म में अंतर
- शेडगिं और पैटर्न शेप्स को फॉर्म्स में बदलने में मदद कर सकते हैं

<u>करें</u>

चत्रित चार खेल उपकरणों में से कम से कम दो बनाने के लएि दएि गए स्टेप्स को फॉलो करें। शेड दें।

<u>शब्दावली:</u>

फॉर्म - एक थ्री-डायमेंशनल शेप (ऊंचाई, चौड़ाई और गहराई) जसिमें वॉल्यूम होती है

शेप - एक बंद स्पेस

वॉल्यूम - एक फॉर्म के भीतर स्पेस को रेफर करता है

स्प्रॉट बॉल्स ड्रा करें

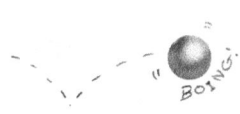

1. बास्केटबाल एक सर्कल बनाएं
2. थोड़ा घुमावदार डायगोनल लाइन जोड़ें
3. नीचे दिए गए अनुसार 3 घुमाव जोड़ें
4. शेड दें

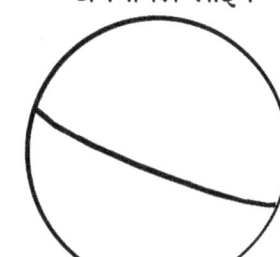

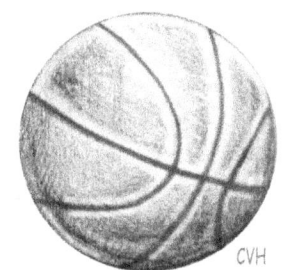

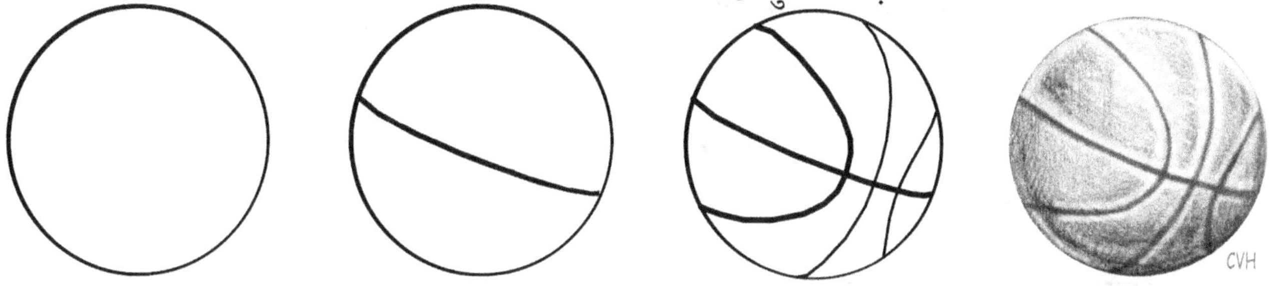

1. फुटबॉल ओवल से शुरू करें
2. अंतिम सिरे पर गोल धारियाँ जोड़ें
3. लेस के लिए "H" शेप जोड़ें
4. शेड दें

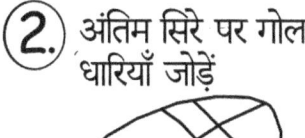

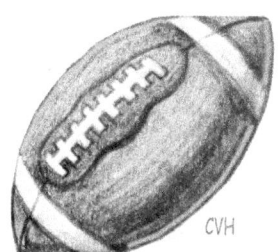

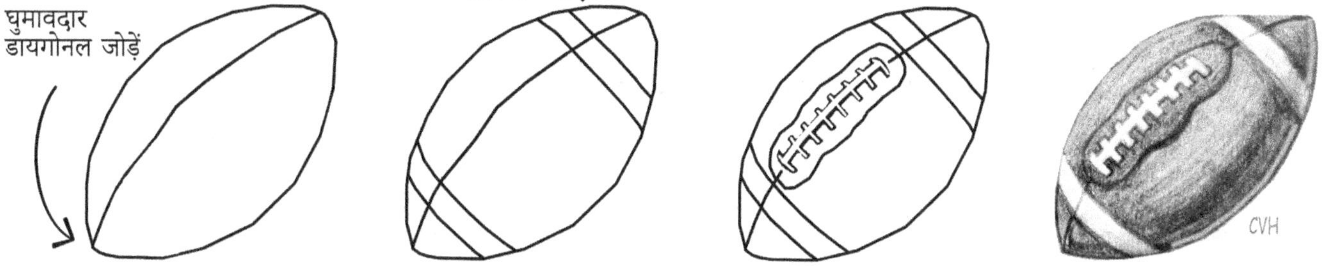

घुमावदार
डायगोनल जोड़ें

1. बेसबॉल सर्कल से शुरू करें
2. बीच में से 2 हल्की घुमावदार लाइन्स जोड़ें
3. Add open "V" for stitch detail
4. शेड दें

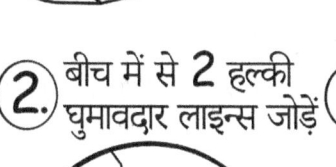

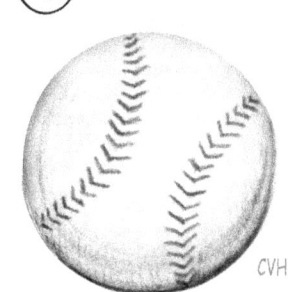

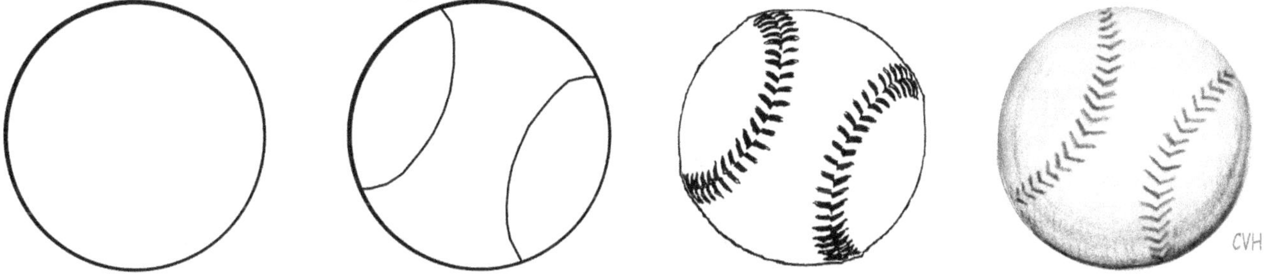

1. HOCKEY PUCK Start with oval
2. Draw 2 parallel lines on sides
3. Round base to connect
4. शेड दें

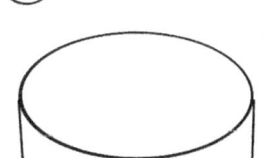

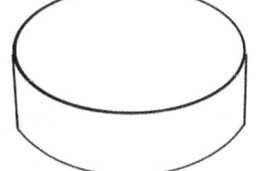

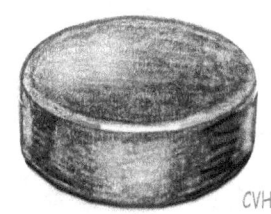

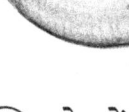

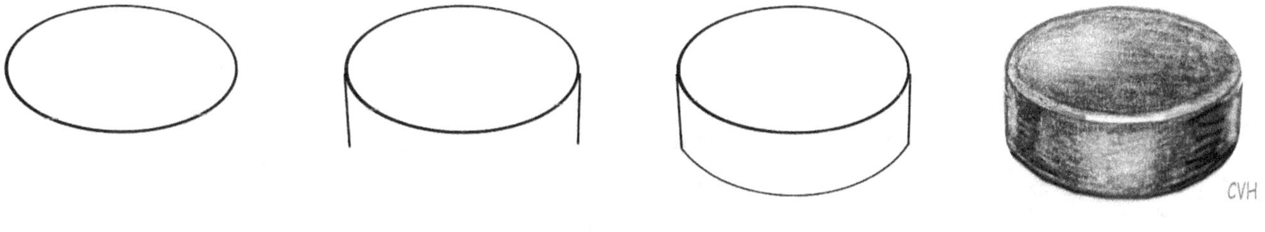

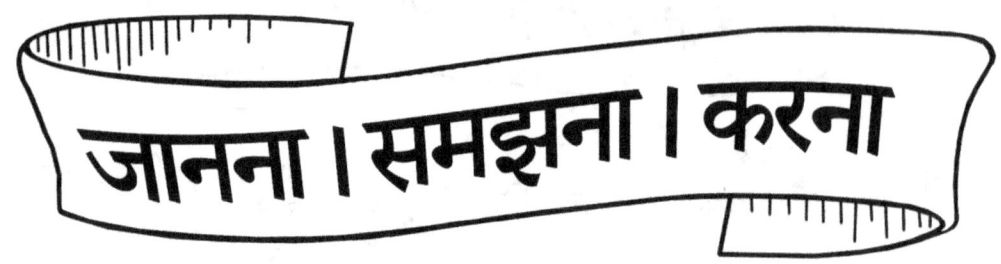

जानना । समझना । करना

बास्केटबॉल का हूप

जानें:

• सरल शेप एक साथ मलिकर ज़्यादा जटलि ऑब्जेक्ट्स बना सकते हैं

• ओवरलैपगि

समझें:

• ओवरलैपगि और लेयरगि आइटम यथार्थवाद का एहसास पैदा करने में मदद करते हैं

• ऑब्जेक्ट के हसि्सों के शेप में अंतर गहराई के इल्यूशन को प्राप्त करने में मदद कर सकता है

करें

प्रदान कएि गए स्टेप्स का पालन करते हुए बास्केटबॉल घेरा के अपने वर्ज़न की एक ओरजिनल कलाकृत बिनाएँ। पहले सरल वर्ज़न का प्रयास करें, फरि ज़्यादा कठनि वर्ज़न का प्रयास करें। ट्रेस नहीं करें। शेड दें।

शब्दावली:

ओवरलैप - जब एक चीज दूसरे के ऊपर होती है और आंशकि रूप से कुछ और ढक जाती है

पर्सपेक्टवि (नजरयिा) - तकनीक का इस्तेमाल 2D सतह पर 3D का इल्यूशन पैदा करने के लएि कयिा जाता है। पर्सपेक्टवि (नजरयिा) गहराई या घटती हुई जगह का एहसास पैदा करने में मदद करता है।

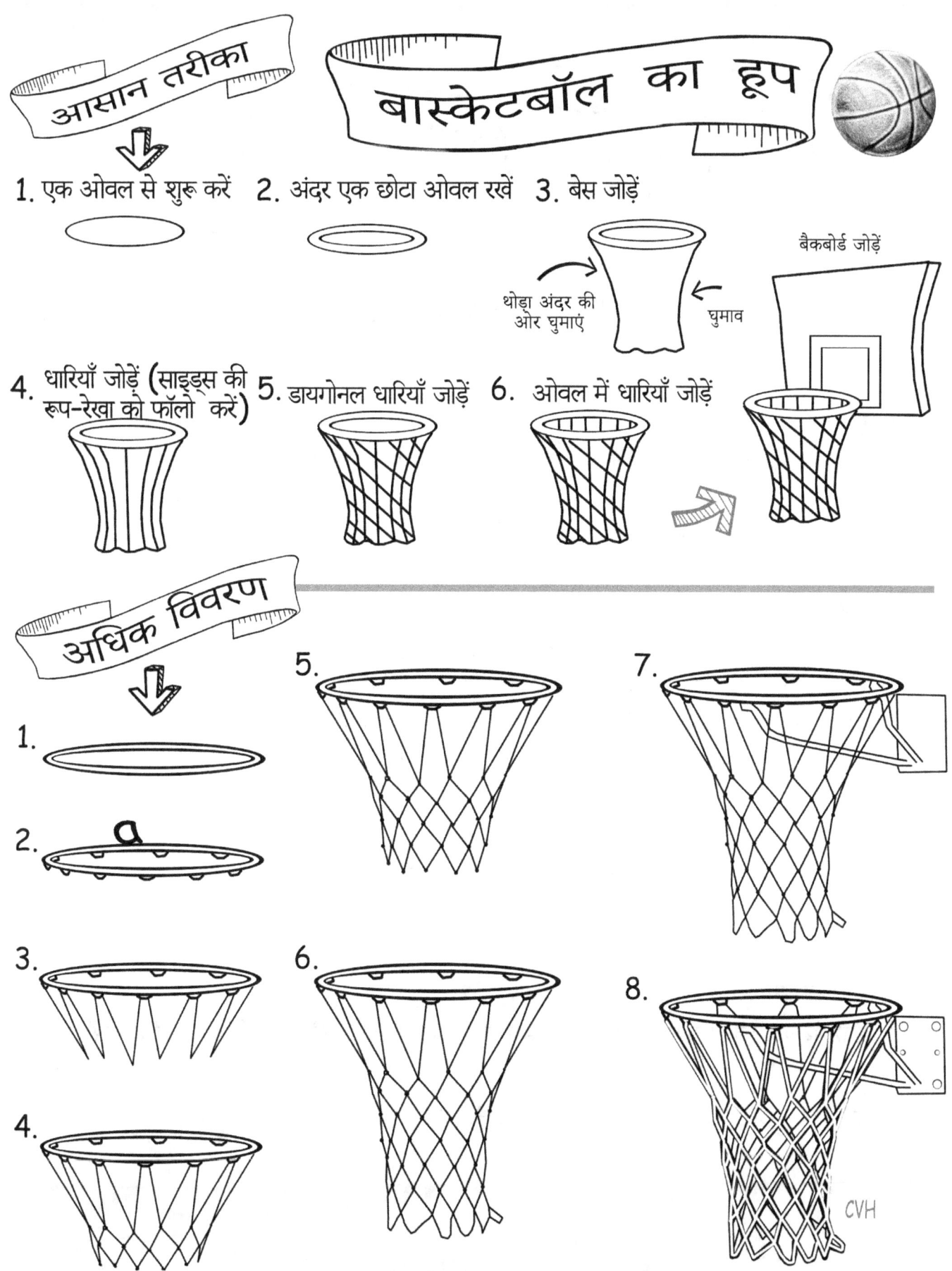

आसान तरीका

बास्केटबॉल का हूप

1. एक ओवल से शुरू करें

2. अंदर एक छोटा ओवल रखें

3. बेस जोड़ें

थोड़ा अंदर की ओर घुमाएं

घुमाव

बैकबोर्ड जोड़ें

4. धारियाँ जोड़ें (साइड्स की रूप-रेखा को फॉलो करें)

5. डायगोनल धारियाँ जोड़ें

6. ओवल में धारियाँ जोड़ें

अधिक विवरण

1.

2.

3.

4.

5.

6.

7.

8.

CVH

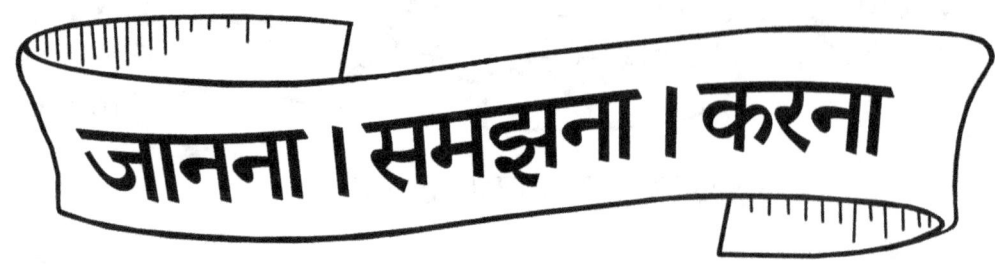

जानना । समझना । करना

एक खाली पेड़ को ड्रा करें

जानें:

- एक बेसकि पेड़ के शेप को सलिंडर के फॉर्म में सरल बनाया जा सकता है
- ऐसमिट्री
- 'Y' ट्रकि (शाखाएं अक्षर Y की तरह दखिाई देती हैं)

समझें:

- कला में सलिंडर एक 3D गोलाकार ट्यूब का आभास देते हैं
- अधकिांश पेड़ों पर शाखाएँ ऊपर बढ़ती और नकिलती हैं (नीचे नही)
- प्रत्येक पेड़ अनोखा है - कोई भी दो बल्कुिल एक जैसे नही होते हैं
- पेड़ दोनों तरफ समान हो सकते हैं लेकनि समिट्रकिल नही

करें

- 'Y' ट्रकि' तकनीक का इस्तेमाल करके अपना खुद का पेड़ बनाएं
- शेड दें।

शब्दावली:

ऐसमिट्री - एक डजिाइन के हस्सिे कुछ इस तरह से व्यवस्थति होते हैं ताकि एक साइड दूसरे से अलग हो

सलिंडर - एक ट्यूब जो थ्री डायमेंशनल दखिाई देता है

एक पेड़ ड्रॉ करें

कई पेड़ों पर, शाखाएं सूर्य की ओर बढ़ती हैं

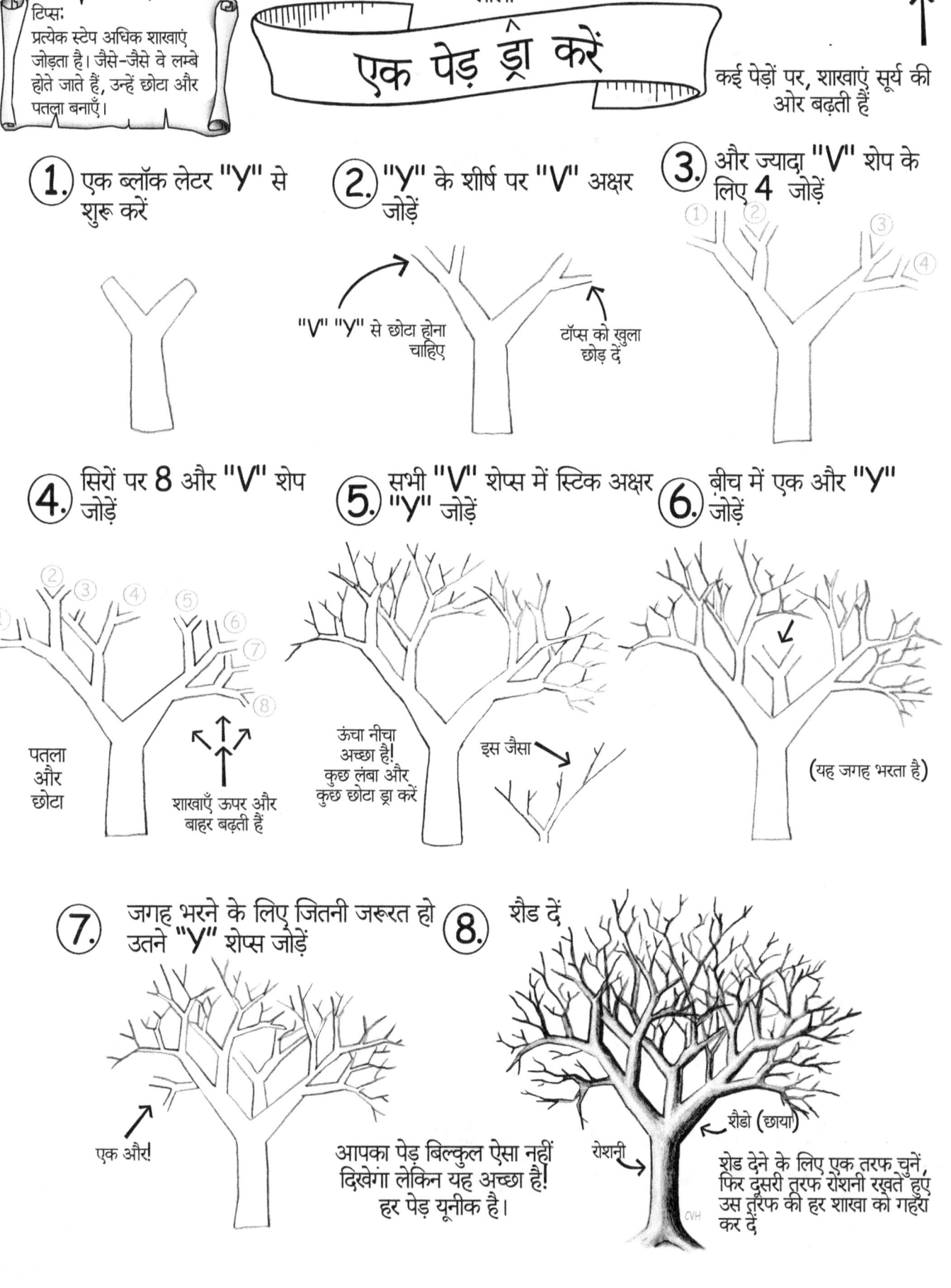

1. एक ब्लॉक लेटर "Y" से शुरू करें

2. "Y" के शीर्ष पर "V" अक्षर जोड़ें

"V" "Y" से छोटा होना चाहिए
टॉप्स को खुला छोड़ दें

3. और ज्यादा "V" शेप के लिए 4 जोड़ें

4. सिरों पर 8 और "V" शेप जोड़ें

पतला और छोटा
शाखाएँ ऊपर और बाहर बढ़ती हैं

5. सभी "V" शेप्स में स्टिक अक्षर "Y" जोड़ें

ऊंचा नीचा अच्छा है! कुछ लंबा और कुछ छोटा ड्रा करें
इस जैसा

6. बीच में एक और "Y" जोड़ें

(यह जगह भरता है)

7. जगह भरने के लिए जितनी जरूरत हो उतने "Y" शेप्स जोड़ें

8. शैड दें

CVH

आपका पेड़ बिल्कुल ऐसा नहीं दिखेगा लेकिन यह अच्छा है! हर पेड़ यूनीक है।

शेड देने के लिए एक तरफ चुनें, फिर दूसरी तरफ रोशनी रखते हुए उस तरफ की हर शाखा को गहरा कर दें

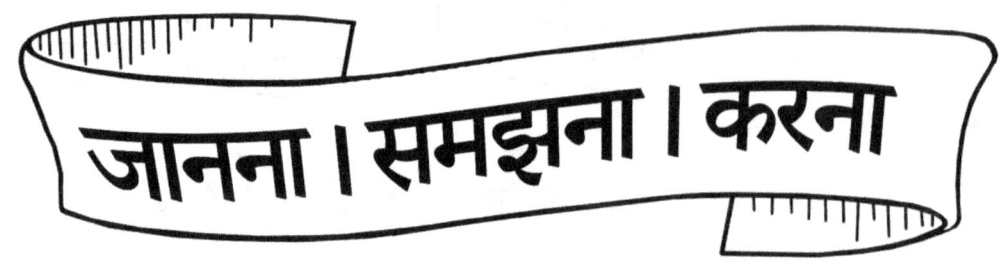

जानना । समझना । करना

<u>ताड़ के पेड़ को ड्रा करें</u>

जानें:

• एक बेसकि पेड़ के शेप को सलिंडर के फॉर्म में सरल बनाया जा सकता है

• ऐसमिट्री

समझें:

• कसिी कलाकृत कि सरल बनाने में कसिी ऑब्जेक्ट के प्रमुख पार्ट्स को सरल शेप में तोड़ना शामलि है

• प्रत्येक पेड़ अनोखा है - कोई भी दो बलि्कुल एक जैसे नहीं होते हैं

• पेड़ ऐसमिट्रीकल होते हैं

करें

• सरल लाइन्स से शुरू होने वाले डटिेल्ड ताड़ के पेड़ को बनाने के लएि दएि गए स्टेप्स को फॉलो करें

• गहराई का इल्यूशन प्रकट करने के लएि सलिंडर ट्रंक का इस्तेमाल करें। छात्र शेप, पोजीशन, डटिेल और शेडगिं पर भी वचिार करेंगे।

शब्दावली:

ऐसमिट्री - एक डजिाइन के हसि्से कुछ इस तरह से व्यवस्थति होते हैं ताक एिक साइड दूसरे से अलग हो

सलिंडर - एक ट्यूब जो थ्री डायमेंशनल दखिाई देता है

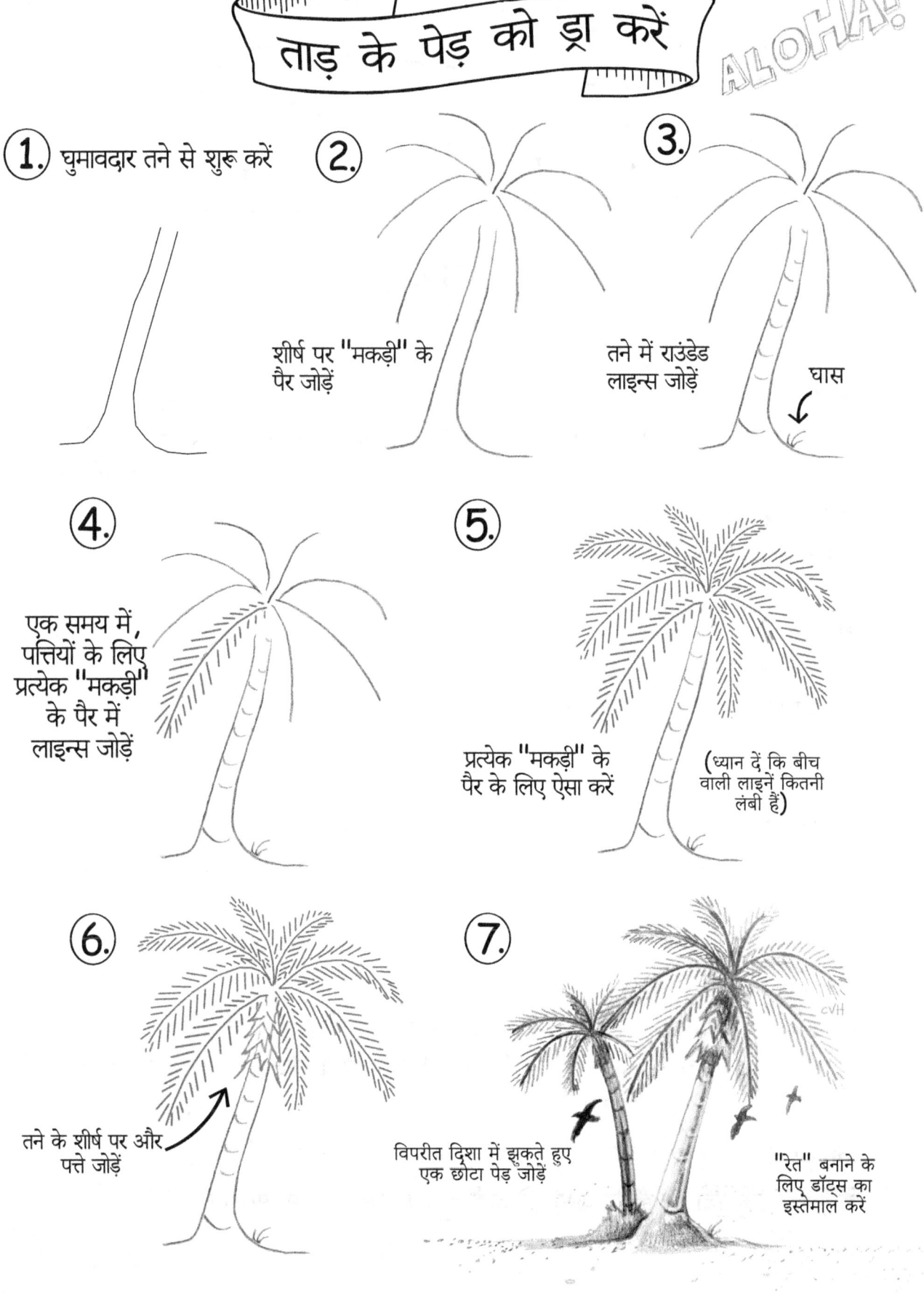

ताड़ के पेड़ को ड्रा करें

ALOHA!

1. घुमावदार तने से शुरू करें

2. शीर्ष पर "मकड़ी" के पैर जोड़ें

3. तने में राउंडेड लाइन्स जोड़ें

घास

4. एक समय में, पत्तियों के लिए प्रत्येक "मकड़ी" के पैर में लाइन्स जोड़ें

5. प्रत्येक "मकड़ी" के पैर के लिए ऐसा करें

(ध्यान दें कि बीच वाली लाइनें कितनी लंबी हैं)

6. तने के शीर्ष पर और पत्ते जोड़ें

7. विपरीत दिशा में झुकते हुए एक छोटा पेड़ जोड़ें

"रेत" बनाने के लिए डॉट्स का इस्तेमाल करें

cVH

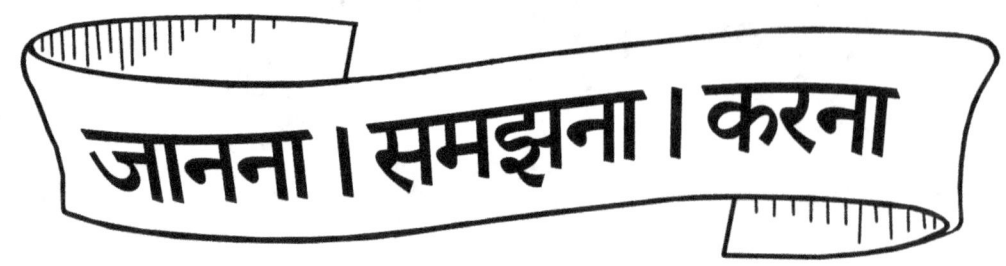

जानना । समझना । करना

ग्राफटिी आर्ट

जानें:

• ग्राफटिी आर्ट और रैप संगीत 1970 के दशक की शुरुआत में लोकप्रयि हुआ जब कला और संगीत की कक्षाओं को न्यू यार्क स्कूलों से हटा दयिा गया और छात्रों को उनकी क्रएिटविटिी के लएि एक आउटलेट की जरूरत थी।

• टेक्स्चर (बनावट)

समझें:

• कलात्मक एक्सप्रेशन की जरूरत

• लाइन और शैडो (छाया) के साथ टेक्स्चर (बनावट) को वजिुअली बनाया जा सकता है

करें

• सीखी हुई तकनीकों का इस्तेमाल करके टेक्स्चर (बनावट) वाली ईंट की दीवार बनाएं

• अपनी दीवार पर लगाने के लएि कोई फ़ॉन्ट और/या डजि़ाइन चुनें या बनाएं। शैडो (छाया) जोड़ना सुनश्चिति करें।

शब्दावली:

कलात्मक एक्सप्रेशन – वजिुअल कला कृतयिों, गीतों, कवतिा आदि के माध्यम से खुद को एक्सप्रेस करने के लएि। एक कलाकार की भावनाओं को रंग, सब्जेक्ट ऑब्जेक्ट और स्टाइल के माध्यम से कम्यूनकिेट कयिा जाता है।

फ़ॉन्ट – एक प्रकार के आकार का स्पेसगिं और करैक्टर्स का एक पूरा सेट

टेक्स्चर (बनावट) - कोई चीज कैसी दखिती है, कलाकृति में उसका एहसास देना

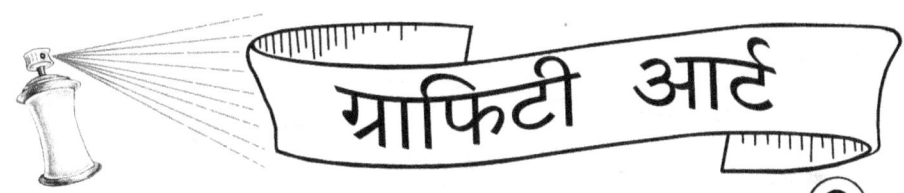

ग्राफिटी आर्ट

(1.) 2 लंबे रेक्टेंगल से शुरू करें

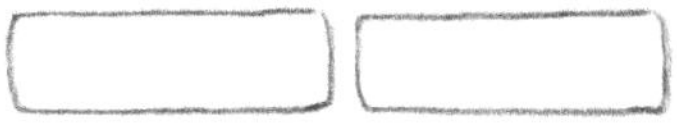

(2.) एक तीसरी ईंट को नीचे केन्द्र में बनाएं

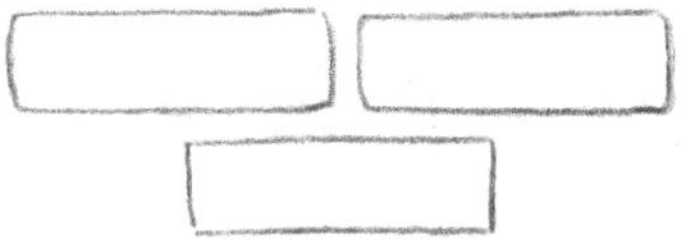

(3.) एक और जोड़ें (उन्हें क्रम में रखें)

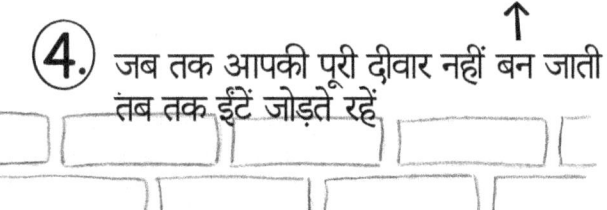

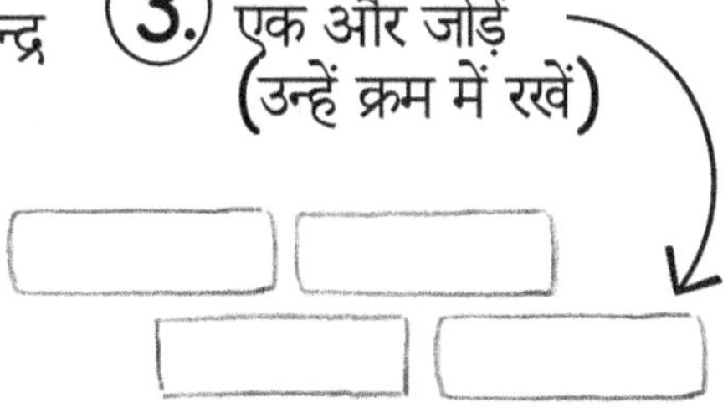

(4.) जब तक आपकी पूरी दीवार नहीं बन जाती तब तक ईंटें जोड़ते रहें

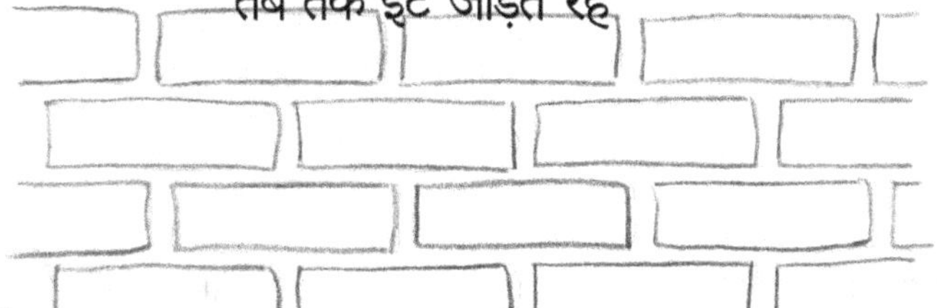

उंगली से स्मज करें

(5.)

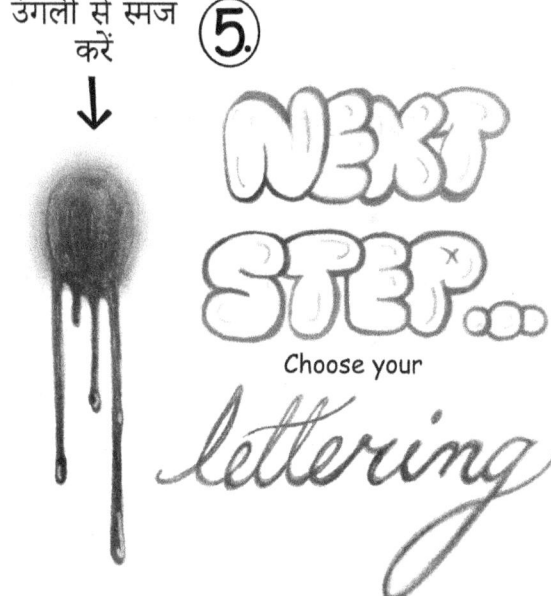

टिप:
आप ईंटों को समान रूप से जगह देने के लिए एक रूलर का इस्तेमाल कर सकते हैं और फिर बीच की लाइन्स को मिटा सकते हैं, लेकिन, यदि ईंटें सही रेक्टेंगल नहीं हैं तो यह अधिक प्रामाणिक लगती है

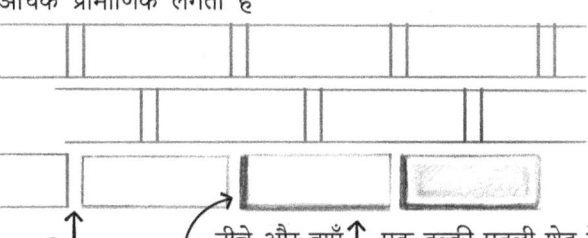

↑
मिटाएं

नीचे और बाएँ↑ किनारों को "मोटा" करें

एक हल्की पतली शेड देते हुए, किनारे सफेद रखें

Choose your *lettering*

ईंटों के ऊपर मोटे अक्षरों में अपना शब्द ड्रॉ करें

अक्षरों के अंदर से थोड़ा मिटाएं (आप अभी भी चाहते हैं की कुछ ईंट दिखाई दें)

प्रत्येक अक्षर के बेस पर कुछ "ड्रिप्स" जोड़ें

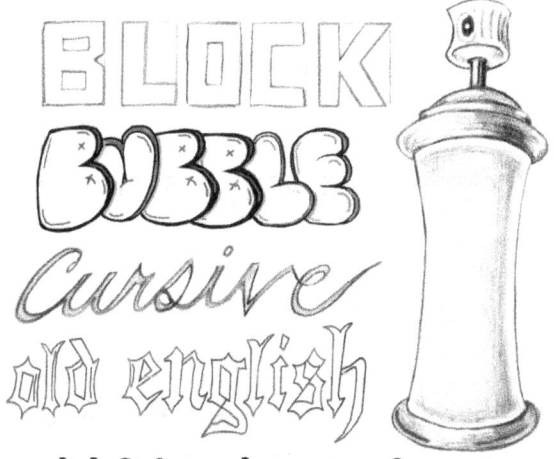

इनमें से किसी एक को चुनकर अपनी खुद की लेटरिंग की स्टाइल बनाएं

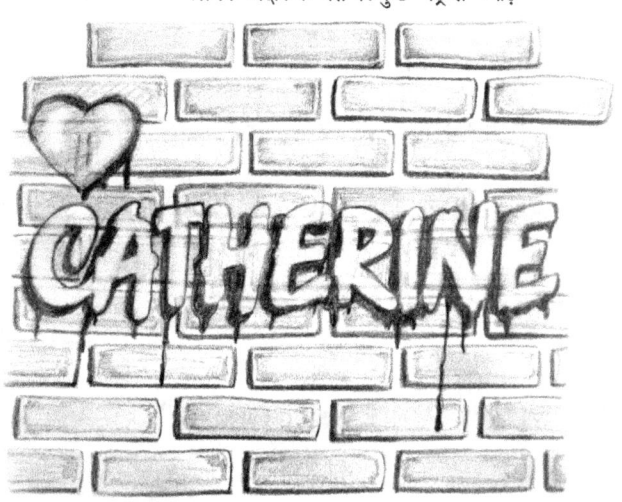

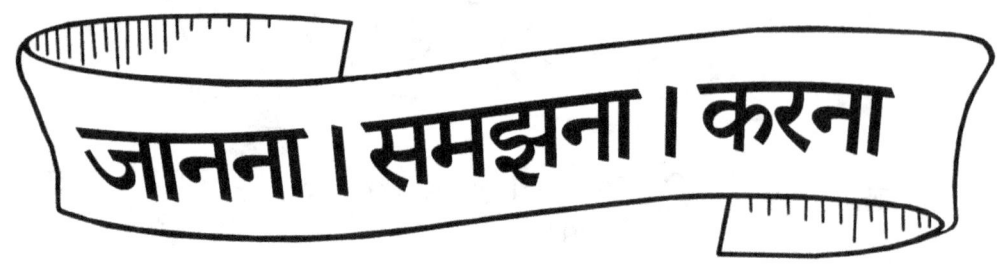

जानना । समझना । करना

<u>मजेदार लेटरगि स्टाइल्स</u>

<u>जानें:</u>

• फॉन्ट, टाइपफेस, लेटरगि

<u>समझें:</u>

"टाइप" इलेक्ट्रॉनकि या फोटोग्राफकि फॉर्म से नर्मिति एक लेटरफॉर्म है, जो अक्सर कंप्यूटर के साथ होता है। बीसवीं सदी में देर से कंप्यूटरों द्वारा इस कार्य को संभालने से पहले, टाइप धातु या लकड़ी का एक छोटा सा ब्लॉक था जसिके ऊपरी सरि पर एक उठा हुआ अक्षर या करैक्टर होता था जो कागज पर स्याही लगाने और दबाने पर एक प्रन्टिडि छाप छोड़ता था।

<u>करें</u>

• अपना खुद का टाइपफेस बनाएं या हैंडआउट पर देखी गई स्टाइल चुनें

• अपने नाम की स्पेलगि लखिें या अपने फॉन्ट से अक्षर को पूरा करें। डटिेल, मोटाई या शेडगि जोड़ना सुनश्चिति करें

<u>शब्दावली:</u>

फ़ॉन्ट – एक प्रकार के आकार का स्पेसगि और करैक्टर्स का एक पूरा सेट

टाइपफेस - सुसंगत दृश्य गुणों (जसि फॉन्ट भी कहा जाता है) द्वारा एकीकृत अक्षरों, अंकों, वरिाम चहि्नों और अन्य वर्णों का एक पूरा सेट

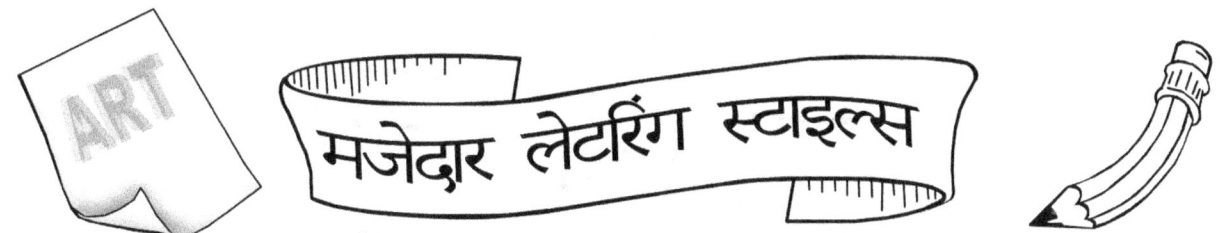

मजेदार लेटरिंग स्टाइल्स

ब्लॉक लेटर्सः एक बॉक्स बनाएं, (बिना किसी घुमाव के) सीधी लाइन्स के साथ अक्षर को अंदर से काटें, फिर बॉक्स के उन हिस्सों को मिटाएं जिनका इस्तेमाल लेटर के लिए नहीं किया गया है।

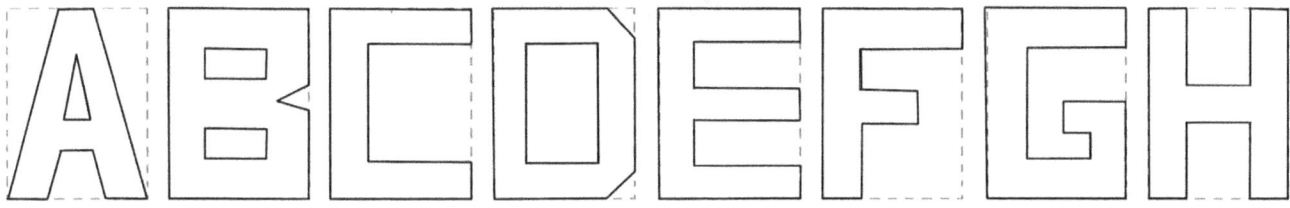

बबल लेटर्सः ब्लॉक लेटर लें और इसे "फुलाएं" ताकि कोई सीधी लाइन न रहे। यह एक गुब्बारा बन जाता है!

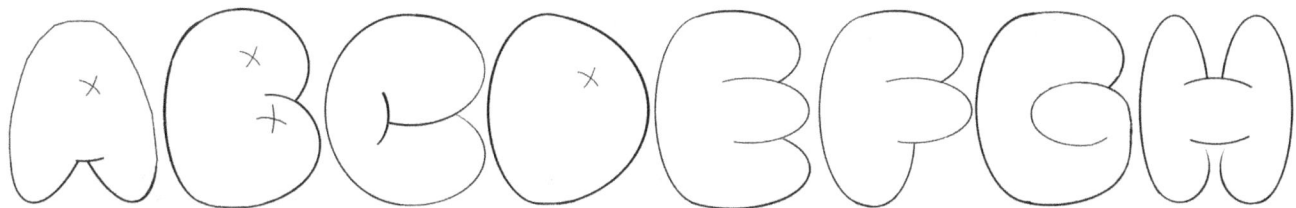

शैडो लेटरिंगः अक्षर छायांकित 3-D किनारे के बीच से दिखता है- वास्तविक अक्षर नहीं

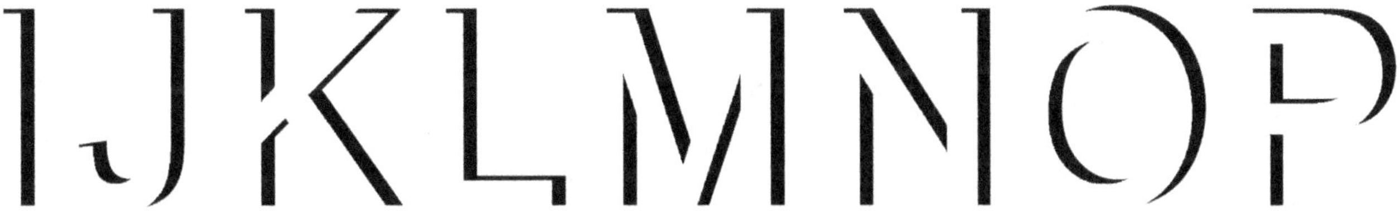

IJKLMNOP

फैंसीः अक्षर के एक हिस्से को दूसरे से पतला बनाएं। आखिर में कर्ली-क्यू लगाएं।

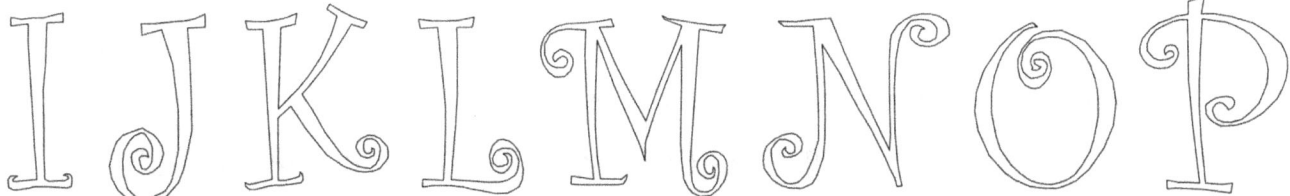

IJKLMNOP

ग्राफिटी बनाने के लिए टिप्सः
अपने अक्षरों को ओवरलैप करें, उनके अंदर एक दिलचस्प पैटर्न बनाएं, उन्हें एक के ऊपर एक रखें (पेज पर कुछ अक्षर थोड़े नीचे रखें)और एक शैडो बनाएं!

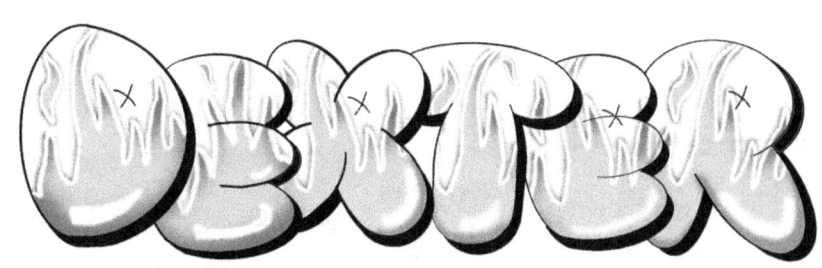

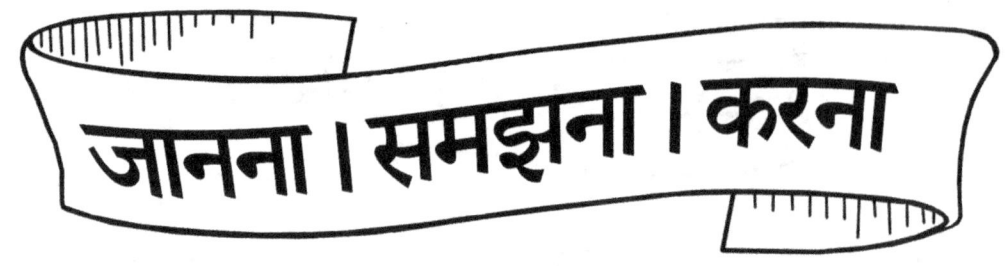

जानना । समझना । करना

होमबॉय खोपड़ी

जानें:

अतशियोक्तपूर्ण फीचर्स, डस्टिोर्शन, वैल्यू

समझें:

स्टाइल बनाने के लिए एक कलाकृत में अतशियोक्त और डस्टिॉर्शन का प्रयोग

करें

• प्रदान की गई गाइडलाइन्स का इस्तेमाल करके एक टोपी के साथ एक स्टाइलशि खोपड़ी का अपना वर्ज़न बनाएं या एक सामान्य मानव खोपड़ी को चत्रिति करने और फीचर्स को बढ़ा-चढ़ा कर पेश करने का अभ्यास करें

• "एक्स्ट्रास" और शेड जोड़ें

• हाइलाइट इंडीकेट करने के लिए कुछ जगहों को मटि दें

शब्दावली:

डस्टिॉर्शन - जसि तरह से कुछ दखिता है उसे बदलने के लिए - कभी-कभी कसिी ऑब्जेक्ट को बगिाड़ना स्ट्रेच करना

अतशियोक्त – बढ़ा चढ़ाकर कहना, सजाना; शेप में बड़ा या छोटा करना

हाइलाइट - कसिी सतह पर वह जगह जो सबसे ज्यादा लाइट रफ्लिेक्ट करती है ; वैल्यू के इस्तेमाल के माध्यम से ड्राइंग के एक एरयि पर ध्यान आकर्षति करना या उस पर जोर देना

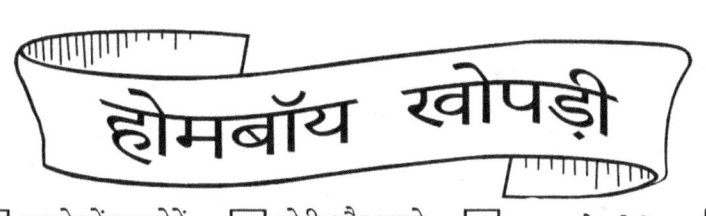

होमबॉय खोपड़ी

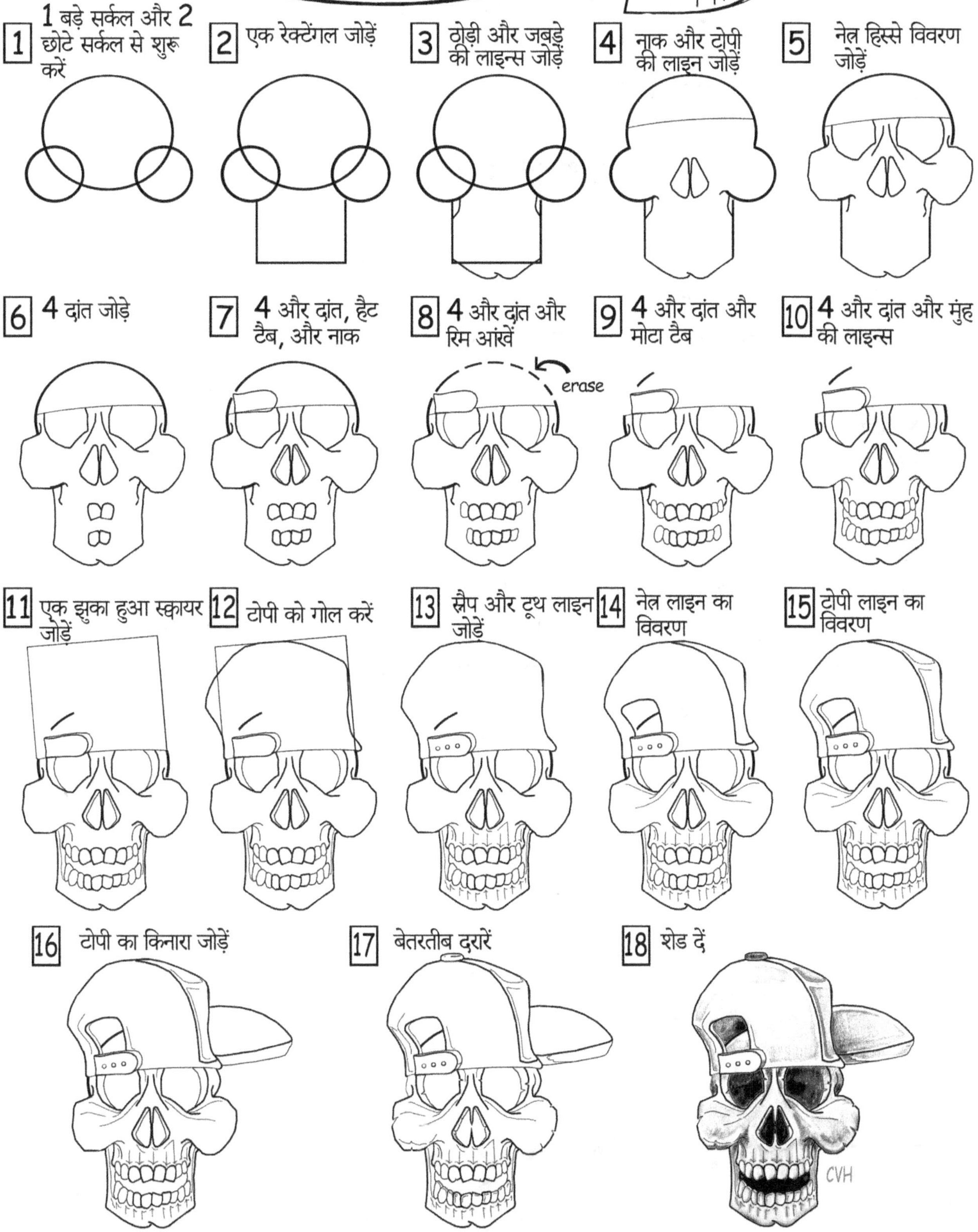

1 बड़े सर्कल और 2 छोटे सर्कल से शुरू करें

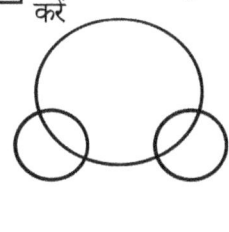

2 एक रेक्टेंगल जोड़ें

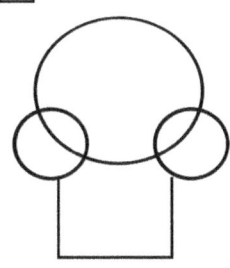

3 ठोड़ी और जबड़े की लाइन्स जोड़ें

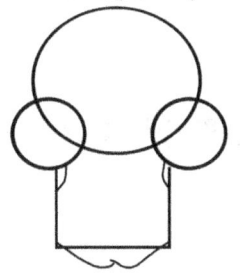

4 नाक और टोपी की लाइन जोड़ें

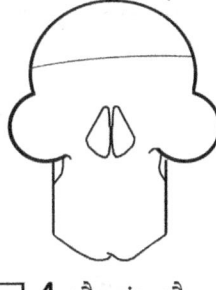

5 नेल हिस्से विवरण जोड़ें

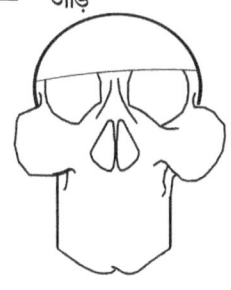

6 4 दांत जोड़ें

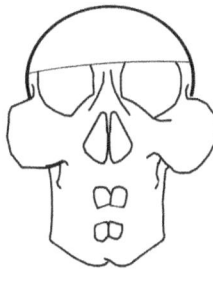

7 4 और दांत, हैट टैब, और नाक

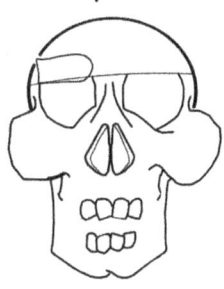

8 4 और दांत और रिम आंखें

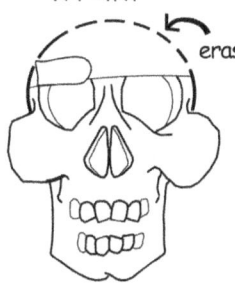

erase

9 4 और दांत और मोटा टैब

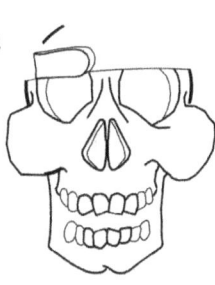

10 4 और दांत और मुंह की लाइन्स

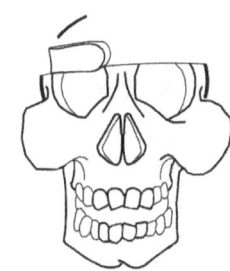

11 एक झुका हुआ स्क्वायर जोड़ें

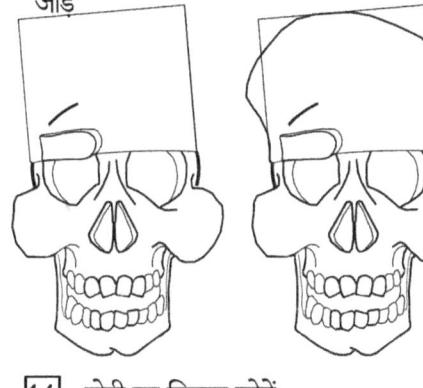

12 टोपी को गोल करें

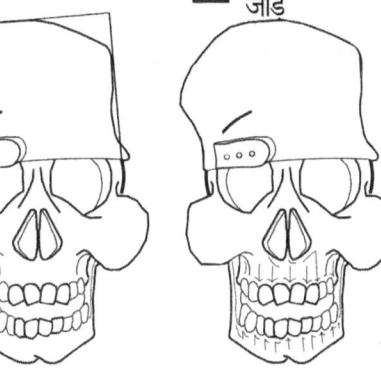

13 स्नैप और टूथ लाइन जोड़ें

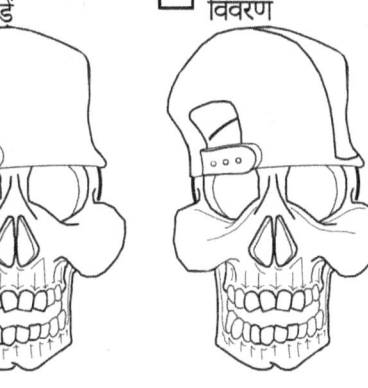

14 नेल लाइन का विवरण

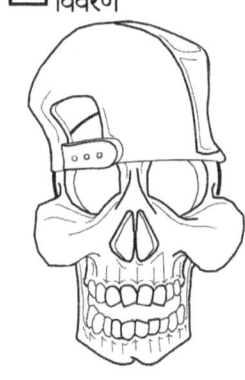

15 टोपी लाइन का विवरण

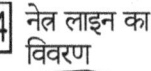
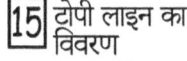

16 टोपी का किनारा जोड़ें

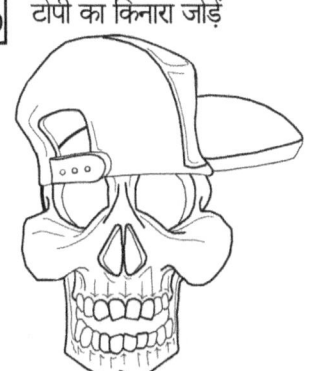

17 बेतरतीब दरारें

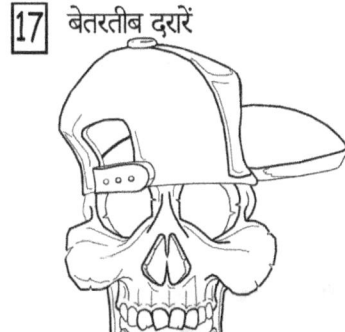

18 शेड दें

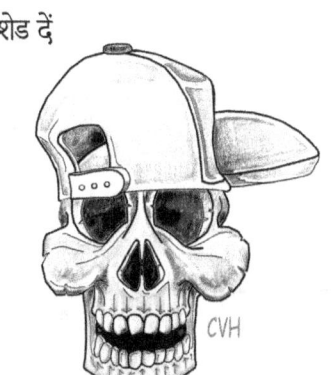

CVH

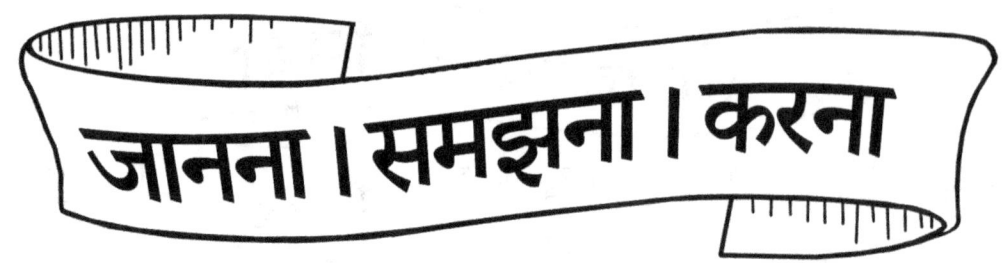

जानना । समझना । करना

<u>हाथ का पछिला पार्ट</u>

<u>जानें:</u>

- ऑब्जरवेशन से एक समानता बनाना
- कई ऑब्जेक्ट्स (मानव नर्मिति और प्राकृतकि) सलिंडर पर आधारति हैं

<u>समझें:</u>

वैल्यू स्केल टोन का इस्तेमाल करके शेडगि करने से ज्यादा रीयलस्टिकि रेंडरगि प्राप्त होगी

<u>करें</u>

- बताई गई तकनीकों का इस्तेमाल करके अपना हाथ ड्रॉ करने का अभ्यास करें
- उँगलयिों और अंगुली के जोड़ के बीच सबसे गहरी वैल्यू बनाएं। प्राकृतकि हाइलाइट इफेक्ट बनाने के लएि उंगलयिों के पैड पर और क्रीज के बीच कुछ धब्बे मटिा दें।

<u>शब्दावली:</u>

सलिंडर - एक ट्यूब जो थ्री डायमेंशनल दखिाई देता है

हाइलाइट - कसिी सतह पर वह जगह जो सबसे ज्यादा लाइट रफि्लेक्ट करती है ; वैल्यू के इस्तेमाल के माध्यम से ड्राइंग के एक एरयिा पर ध्यान आकर्षति करना या उस पर जोर देना

हाथ का पछिला भाग

1.

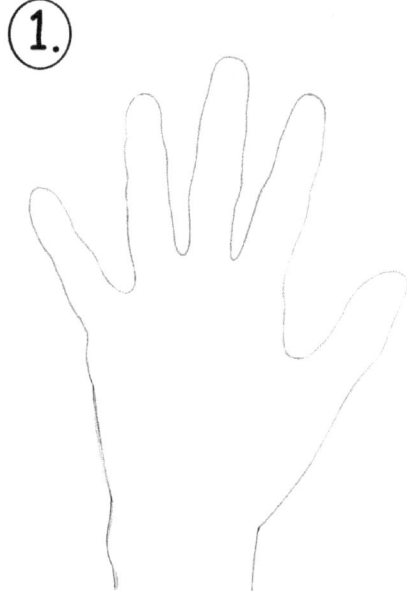

अपना हाथ ट्रेस करके शुरू करें।
यदि आप दाएँ हाथ के हैं, तो अपने बाएँ हाथ को ट्रेस करें, आदि।
टिप: हाथ का बेहतरीन शेप पाने के लिए अपनी पेंसिल को 90 डिग्री के एंगल पर रखें।

2.

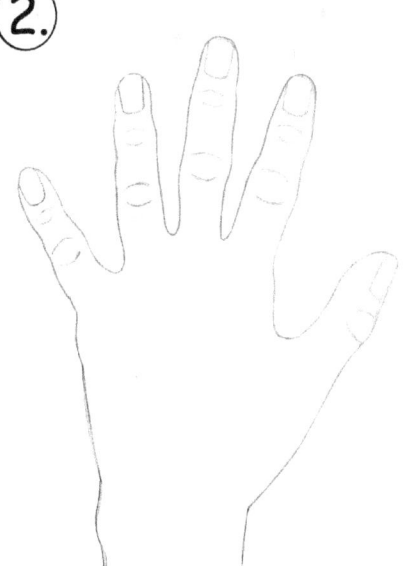

अगला, नाखूनों और प्रत्येक अंगुली के लिए एक आकृति जोड़ें।
नोट: वास्तविक उंगली में 2 पोर जोड़ होते हैं

3.

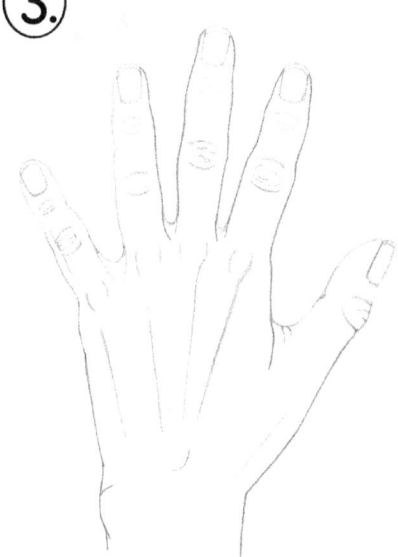

अपना हाथ देखें।
क्या आपको नाखूनों के ऊपर की त्वचा दिखाई देती है?
क्या आपके नाखूनों पर सफेद टिप्स हैं?
क्या आप हाथ की बारीक हड्डियाँ देख सकते हैं?
क्या आपके पास बहुत सारी पोर लाइन्स हैं?
यदि हां - उन्हें जोड़ें

Lorem Ipsum

4.

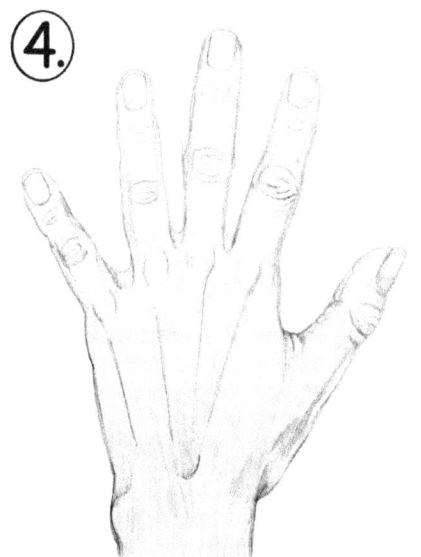

पूरे हाथ को हल्के से ग्रे शेड करें। हाथ के किनारों और पोर की रूपरेखा को गहरा करें

5.

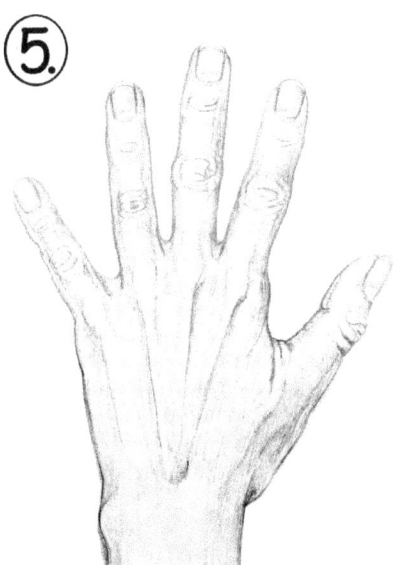

हाथ के किनारों और प्रत्येक उंगली को शेड करें।
अपने असली हाथ को देखें और गहरे और हल्के हिस्से पर ध्यान दें। गहरे हिस्सों को गहरा करें।

6.

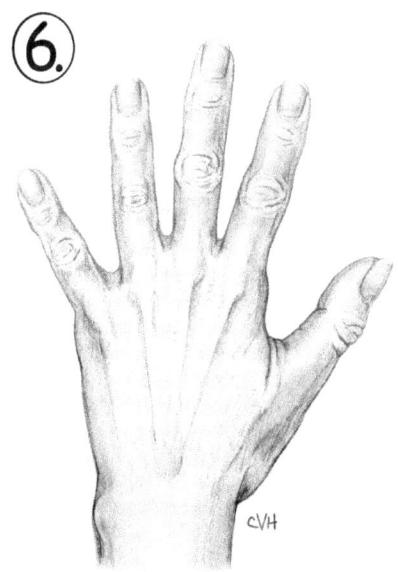

फिनिशिंग टच जोड़ें।
पोरों और अंगुलियों के मध्य भाग को हल्का करने के लिए अपने इरेज़र का उपयोग करें।

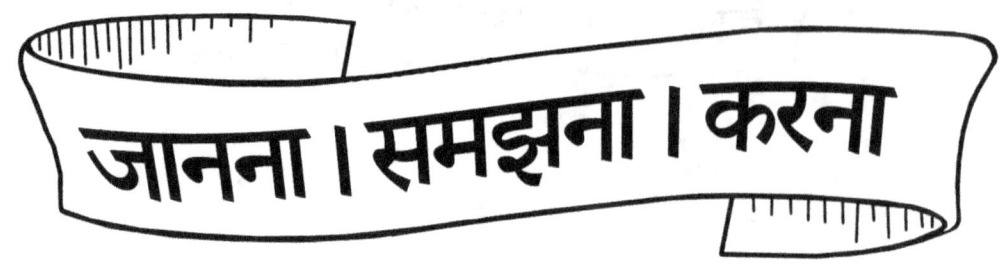

जानना । समझना । करना

हाथ की हथेली

जानें:

• ऑब्जरवेशन से एक समानता बनाना

• कई ऑब्जेक्ट्स (मानव नर्िमति और प्राकृतकि) सलिंडर पर आधारति हैं

समझें:

वैल्यू स्केल टोन का इस्तेमाल करके शेडगिं करने से ज्यादा रीयलस्टिकि रेंडरगिं प्राप्त होगी

करें

• बताई गई तकनीकों का इस्तेमाल करके अपना हाथ ड्रॉ करने का अभ्यास करें

• उँगलयिों और अंगुली के जोड़ के बीच सबसे गहरी वैल्यू बनाएं। प्राकृतकि हाइलाइट इफेक्ट बनाने के लएि उंगलयिों के पैड पर और क्रीज के बीच कुछ धब्बे मटिा दें।

शब्दावली:

सलिंडर - एक ट्यूब जो थ्री डायमेंशनल दखिाई देता है

हाइलाइट - कसिी सतह पर वह जगह जो सबसे ज्यादा लाइट रफि्लेक्ट करती है ; वैल्यू के इस्तेमाल के माध्यम से ड्राइंग के एक एरयिा पर ध्यान आकर्षति करना या उस पर जोर देना

हाथ की हथेली

1.

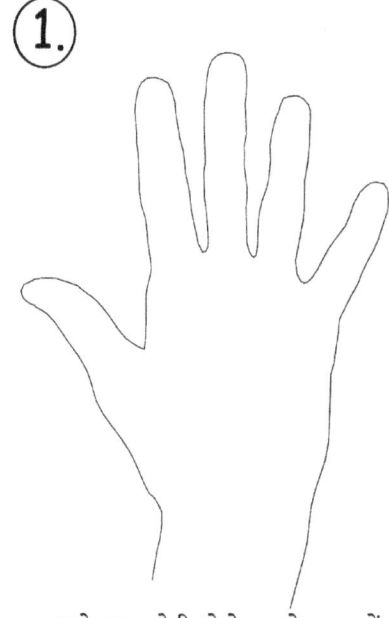

अपने हाथ-हथेली को ट्रेस करके शुरू करें।
टिप: नेस्ट हैंड शेप पाने के लिए अपनी पेंसिल
को **90** डिग्री के एंगल पर रखें।

2.

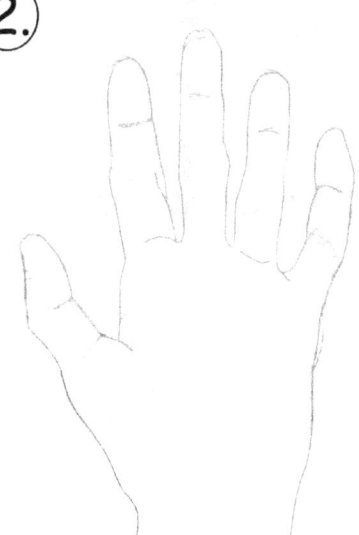

अपने हाथ को आराम दें। उंगलियां थोड़ी सी
मुड़ जाएंगी। उंगली के एंगल्स में परिवर्तनों को
हल्के ढंग से स्केच करें।

3.

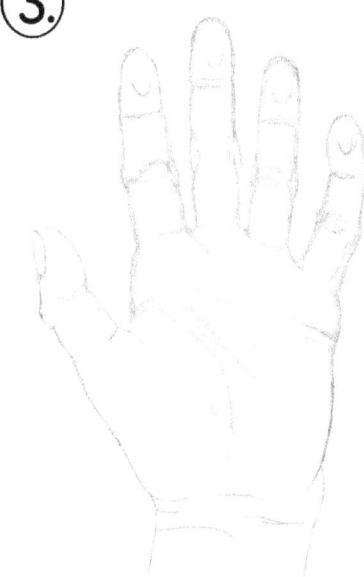

अपना हाथ देखें।
क्या आपको अपनी उंगली के नाखून का कोई
हिस्सा दिखाई देता है?
हर किसी की हथेली में अलग-अलग लाइन्स का
पैटर्न होता है। अपना ड्रॉ करें

4.

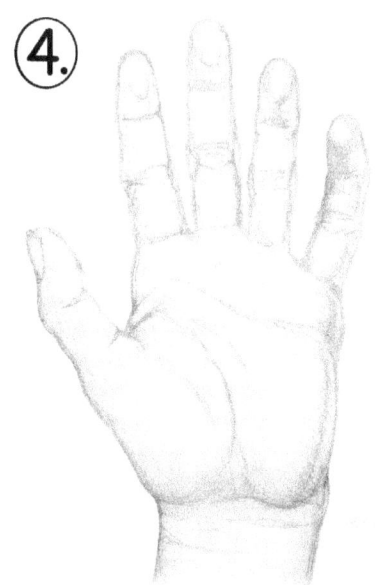

पूरे हाथ को हल्के से ग्रे शेड करें। हाथ के
किनारों और पोर की आउटलाइन को गहरा करें

5.

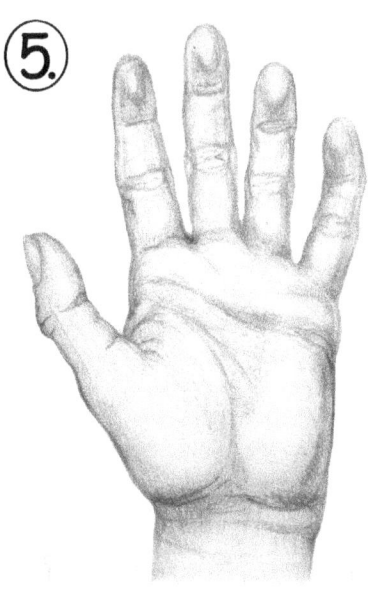

हाथ के किनारों और प्रत्येक उंगली को शेड
करें। अपने असली हाथ को देखें और गहरे
और हल्के हिस्सों पर ध्यान दें। गहरे हिस्सों को
गहरा करें।

6.

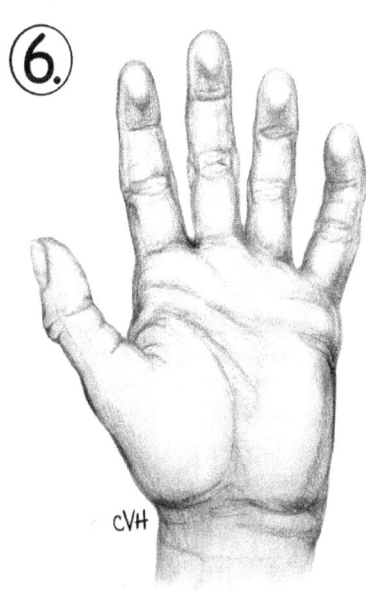

फिनिशिंग टच जोड़ें।
हथेलियों को हल्का करने के लिए क्रीज़ और
उंगलियों के पैड के बीच अपने इरेज़र का
इस्तेमाल करें।

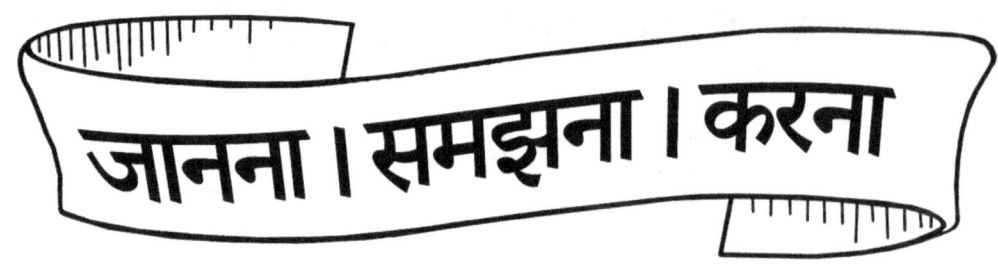

जानना । समझना । करना

हास्य और त्रासदी मास्क

जानें:

• एक्सप्रेशन

• हास्य/त्रासदी मास्क की उत्पत्ति

समझें:

• इन मास्क्स की उत्पत्ति प्राचीन यूनान में हुई थी

• नाटक के इतहिास में मास्क्स ने महत्वपूर्ण भूमकिा नभिाई है

• रंगमंच के लिए वर्तमन प्रतीक

• अभव्यिक्त एिक गैर-मौखकि व्यवहार है जो भावनाओं को व्यक्त करता है या चेहरे का एक मूवमेंट जो भावनात्मक स्थति बिताता है

करें

प्रदान कएि गए स्टेप्स का इस्तेमाल करके एक मओरजिनल हास्य/त्रासदी मास्क चत्रि बनाएं जो अभव्यिक्त दिखिाता है

शब्दावली:

कॉमेडी - मजेदार मनोरंजन

मास्क - चेहरे को ढकने वाला। आम तौर पर यह चेहरे पर पहना जाता है, आंखों के लिए खुली जगह के साथ, कसिी की पहचान छुपाने के लिए, या तो पार्टी करने के लिए (एक मुखौटा नृत्य में), डराने या मनोरंजन करने के लिए (हेलोवीन में), रविाज़ के लिए, या अभनिताओं द्वारा प्रदर्शन के लिए ग्रीक, रोमन और जापानी थएिटर में।

त्रासदी - नाटक

हास्य और त्रासदी मास्क

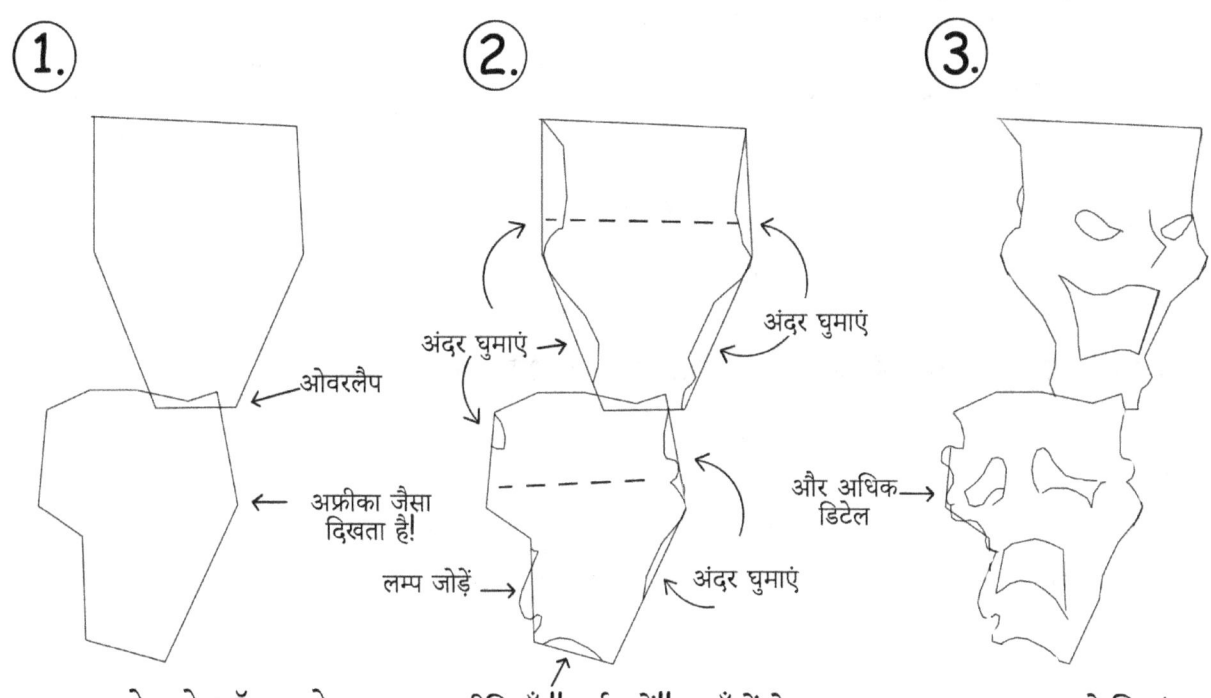

1.

ओवरलैप
अफ्रीका जैसा दिखता है!

मूल मास्क शेप को ब्लॉक करके शुरू करें। हल्के से बनाएं क्योंकि स्टेप 3 में इन गाइड्स को मिटाएंगे।

2.

अंदर घुमाएं
अंदर घुमाएं
अंदर घुमाएं
लम्प जोड़ें

बारीकियाँ "कार्व करें"। आँखों के लिए गाइड लाइन्स जोड़ें।

3.

और अधिक डिटेल

मूल गाइडलाइन्स को मिटाएं । आंखें, नाक और मुंह जोड़ें।

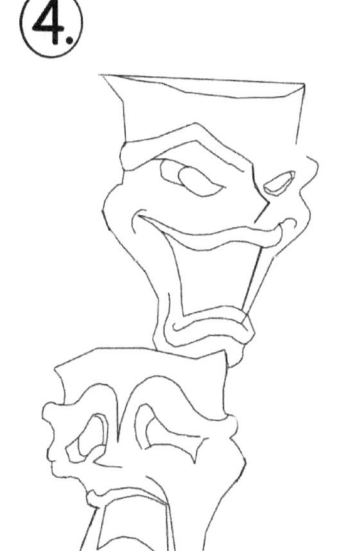

4.

आंखों में भौहें, होंठ और "मोटाई" जोड़ें

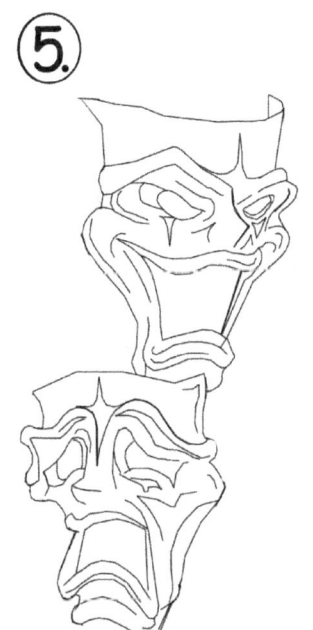

5.

डिजाइन लाइनें जोड़ें

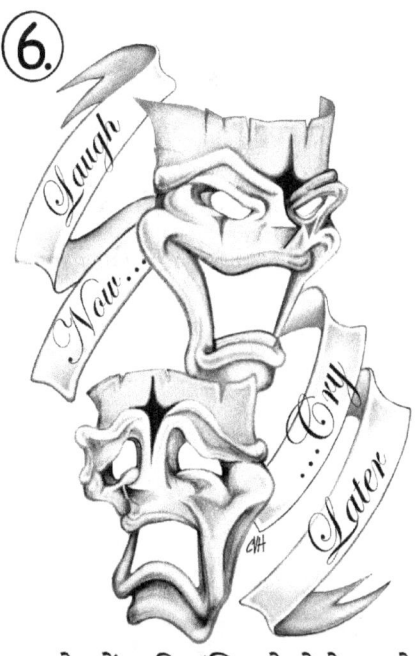

6.

Laugh
Now...
...Cry
Later

शेड दें, यदि वांछित हो तो टेक्स्ट के साथ बैनर जोड़ें।

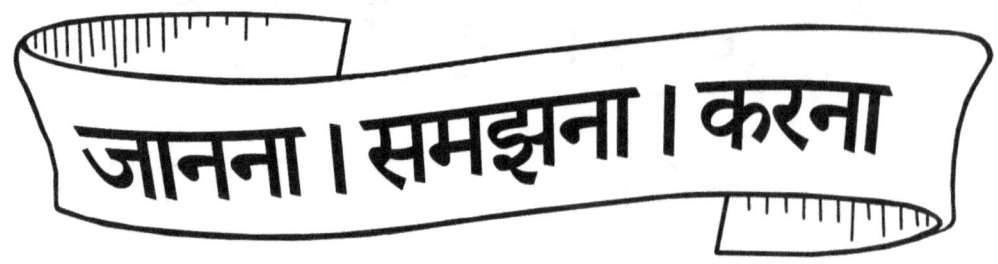

जानना । समझना । करना

<u>कैश के ढेर</u>

<u>जानें:</u>
कसिी ऑब्जेक्ट में पैटर्न और शेडगिं जोड़ने से उसे फॉर्म और डायमेंशन मलिता है

<u>समझें:</u>
- एक 3D रेक्टेंगल बनाने के लिए क्यूब के सद्धिांतों का इस्तेमाल करना
- पर्सपेक्टवि (नजरयिा) दखिाने के लिए रसिीडगिं लाइन्स का इस्तेमाल

<u>करें</u>
"कैश के ढेर" की एक ओरजिनिल कलाकृत बिनाएं जो पर्सपेक्टवि (नजरयिा) प्रदर्शति करे। कम से कम 3 ढेर और बहुत सारे "एक्स्ट्रास" जोडें। शैडो (छाया) मत भूलना!

<u>शब्दावली:</u>

क्यूब - छह स्क्वायर फेस वाला एक पॉलीहेड्रॉन; एक स्क्वायर जो 3D दखिाई देता है

पर्सपेक्टवि (नजरयिा) - वह पॉइंट जसिसे कोई ऑब्जेक्ट या सीन देखा जाता है

रसिीडगि लाइन्स - लाइन्स जो फोरेग्रॉउंड से पीछे या दूर जाती हैं

कैश के ढेर

1.

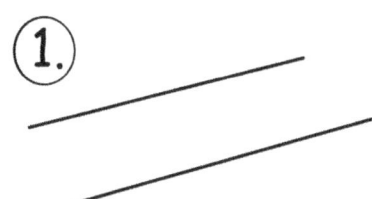

नीचे की ओर एंगल वाली **2** समानांतर लाइन्स से शुरू करें

2.

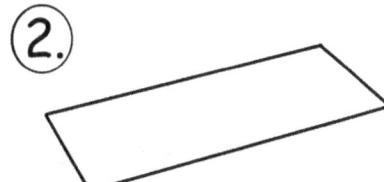

तिरछा रेक्टेंगल बनाने के लिए किनारों पर कनेक्ट करें

3.

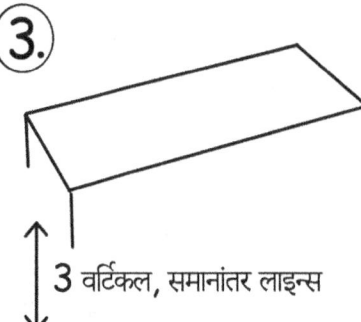

3 वर्टिकल, समानांतर लाइन्स

4.

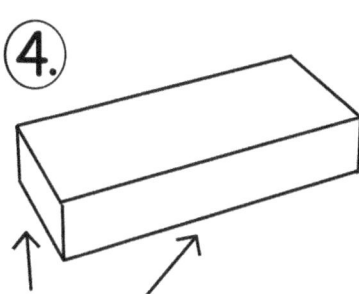

2 एंगल वाली रेखाओं से कनेक्ट करें

5.

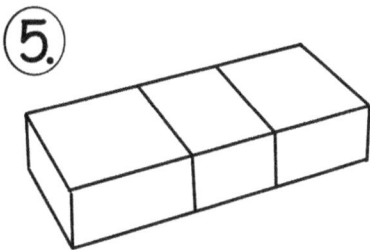

बीच वाले **3-D** रेक्टेंगल को "लपेटें"

6.

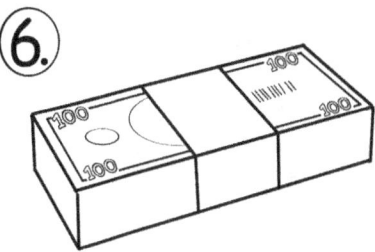

डिज़ाइन विवरण जोड़ें

7.

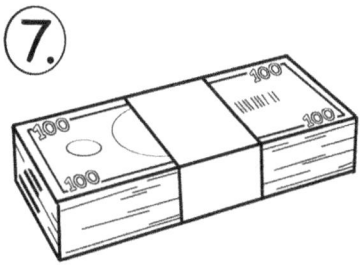

बहुत सारे पैसे के ढेर दिखाने के लिए याद्दच्छिक समानांतर डैशदार लाइन्स जोड़ें।

8.

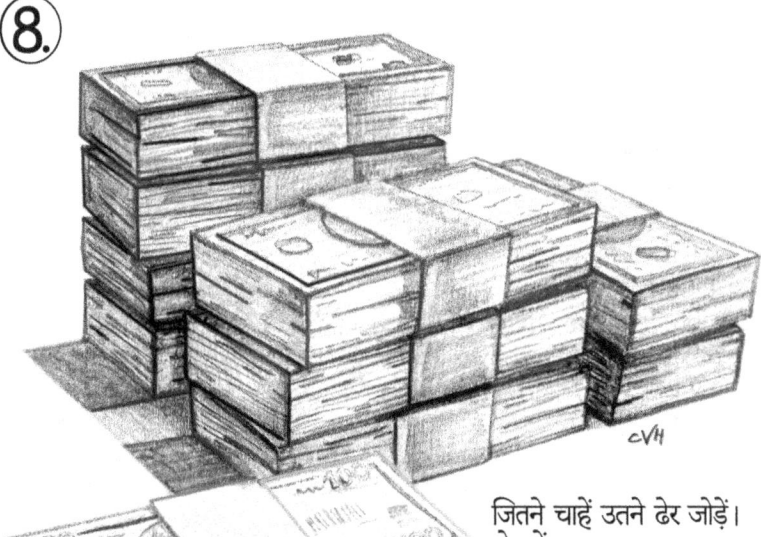

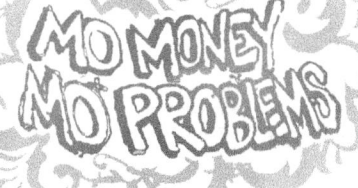

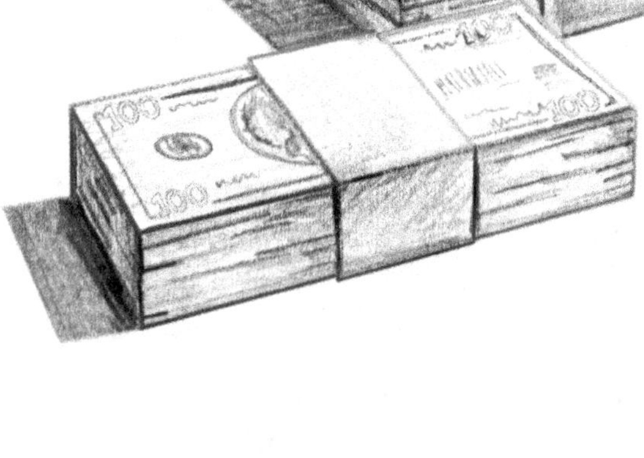

जितने चाहें उतने ढेर जोड़ें। शेड दें

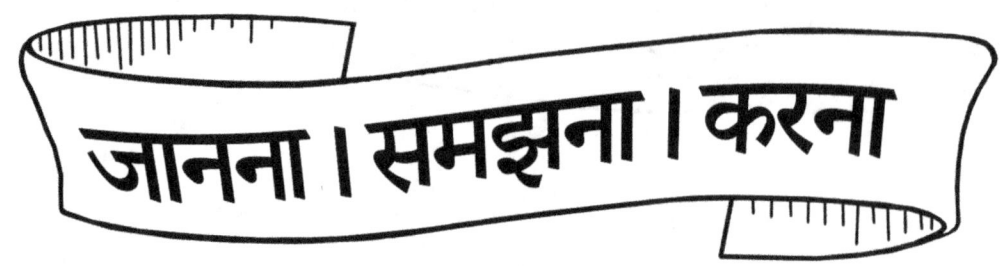

जानना । समझना । करना

<u>सरल स्पाइडर वेब</u>

<u>जानें:</u>

समिट्री, ऐसमिट्री, रेडयिल बैलेंस

<u>समझें:</u>

एक स्पाइडर वेब एक सर्कलि पर आधारति होता है, जसिकी डजि़ाइन उसके केंद्र से वसि्तारति होती हुई या उस पर फोकस्ड होती है

<u>करें</u>

• रेडयिल बैलेंस के आधार पर एक ओरजिनल स्पाइडर वेब डजि़ाइन बनाएं

• एक मकड़ी और अन्य "एक्स्ट्रास" जोड़ें.

<u>शब्दावली:</u>

समिट्री - (या समिट्रकिल बैलेंस) - एक इमेज या ऑब्जेक्ट के हस्सि कुछ इस तरह व्यवस्थति होते हैं ताकि एक तरफ दूसरे को डुप्लकेिट, या मरिर करता है

समिट्री पैटर्न के दस वर्गों में से एक है

रेडयिल या रोटेशनल बैलेंस कसिी भी प्रकार का बैलेंस है जो एक सर्कलि पर आधारति होता है, जसिकी डजि़ाइन इसके केंद्र से वसि्तारति या फोकस्ड होती है

आसान स्पाइडर वेब

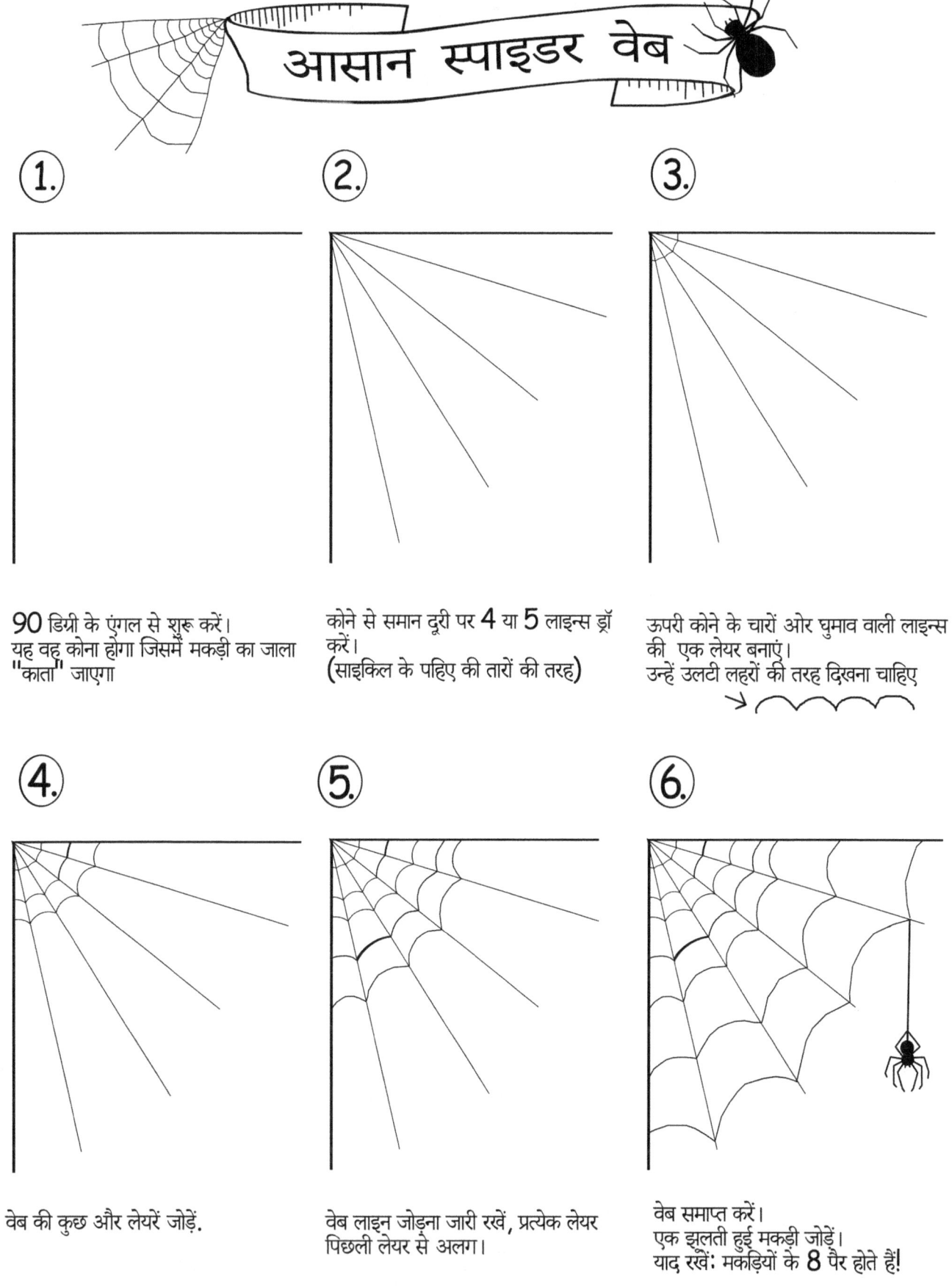

1.

90 डिग्री के एंगल से शुरू करें।
यह वह कोना होगा जिसमें मकड़ी का जाला "काता" जाएगा

2.

कोने से समान दूरी पर 4 या 5 लाइन्स ड्रॉ करें।
(साइकिल के पहिए की तारों की तरह)

3.

ऊपरी कोने के चारों ओर घुमाव वाली लाइन्स की एक लेयर बनाएं।
उन्हें उलटी लहरों की तरह दिखना चाहिए

4.

वेब की कुछ और लेयरें जोड़ें.

5.

वेब लाइन जोड़ना जारी रखें, प्रत्येक लेयर पिछली लेयर से अलग।

6.

वेब समाप्त करें।
एक झूलती हुई मकड़ी जोड़ें।
याद रखें: मकड़ियों के 8 पैर होते हैं!